सुदामा पाण्डेय धू

पूरा नाम : सुदामा पाण्डेय

जन्म : 9 नवम्बर, 1936; बनारस के खेवली गाँव में।

शिक्षा : आरम्भिक शिक्षा गाँव की प्राइमरी पाठशाला से। 1953 में हाईस्कूल की परीक्षा द्वितीय श्रेणी में हरहुआ से उत्तीर्ण। हरिश्चन्द्र इंटर कॉलेज, वाराणसी की ग्यारहवीं कक्षा में दाखिला, लेकिन अर्थाभाव के कारण पढ़ाई छूट गई।

आजीविका की तलाश में काशी से कलकत्ता तक भटकते रहे, फिर 1958 में औद्योगिक प्रशिक्षण संस्थान, वाराणसी से प्रथम स्थान के साथ विद्युत-डिप्लोमा।

12 जुलाई, 1958 को वहीं विद्युत-अनुदेशक के पद पर नियुक्त।

आजीवन इसी संस्था के विभिन्न पदों पर स्थानान्तरण की यंत्रणा से ब्रेन ट्यूमर की लम्बी बीमारी से पीड़ित।

रचनाएँ : लेखन की शुरुआत कक्षा सात से। आरम्भिक गीत विभिन्न पत्र-पत्रिकाओं में छपे लेकिन संग्रह कभी प्रकाशित नहीं हुआ। पहली कहानी 'फिर भी वह जिन्दा है', 'साकी' जून, 1960 में प्रकाशित। 1972 में प्रथम कविता-संग्रह 'संसद से सड़क तक' (1965-'70 के बीच लिखी कविताएँ) प्रकाशित। 1977 में 'कल सुनना मुझे' का प्रकाशन। 'सुदामा पाँड़े का प्रजातंत्र' (1970 के बाद की कविताओं का संकलन) 1984 में प्रकाशित।

पुरस्कार : 1975 में 'संसद से सड़क तक' को मध्य प्रदेश शासन साहित्य परिषद का 'मुक्तिबोध पुरस्कार'। 1979 का 'साहित्य अकादमी पुरस्कार' कविता-संग्रह 'कल सुनना मुझे' को।

निधन : 10 फरवरी, 1975 को के.जी. मेडिकल कॉलेज, लखनऊ।

धूमिल समग्र

खंड-1

कविता

संकलन-सम्पादन

डॉ. रत्नशंकर पाण्डेय

राजकमल पेपरबैक्स

राजकमल पेपरबैक्स में
पहला संस्करण : 2021
दूसरा संस्करण : 2023

राजकमल पेपरबैक्स : उत्कृष्ट साहित्य के जनसुलभ संस्करण

राजकमल प्रकाशन प्रा.लि.
1-बी, नेताजी सुभाष मार्ग, दरियागंज
नई दिल्ली-110 002
द्वारा प्रकाशित

शाखाएँ : अशोक राजपथ, साइंस कॉलेज के सामने, पटना-800 006
पहली मंजिल, दरबारी बिल्डिंग, महात्मा गांधी मार्ग, प्रयागराज-211 001

वेबसाइट : www.rajkamalprakashan.com
ई-मेल : info@rajkamalprakashan.com

बी.के. ऑफसेट
नवीन शाहदरा, दिल्ली-110 032
द्वारा मुद्रित

मूल्य : ₹ 1500
(3 खंडों में)

DHOOMIL SAMGRA (Vo.1)
Compilation and editing by Dr. Ratna Shankar Pandey

ISBN : 978-93-89598-87-2

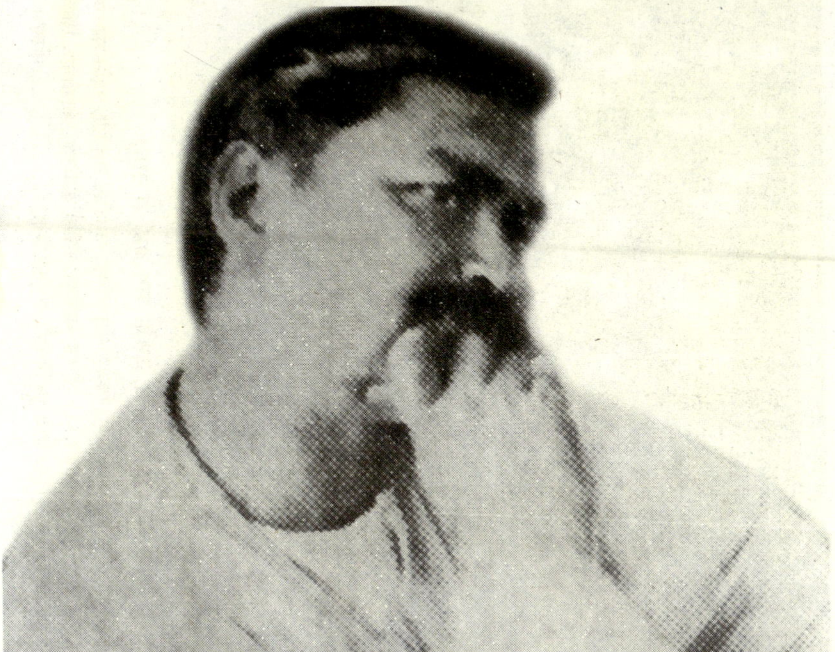

धूमिल : 1969

युवा लेखक (पटना)

27-28 दिसम्बर, 1970

चित्र साभार श्री भारत भारद्वाज (जिनको भारत जी पहचान सके, उनके नाम बाएँ से दाएँ)

(कुर्सी पर बैठे हुए) : सर्वश्री विश्वनाथ प्रसाद तिवारी, परमानन्द श्रीवास्तव, धूमिल, पंकज सिंह, विजय मोहन सिंह, जगदीश चतुर्वेदी, नंदकिशोर नवल, अशोक वाजपेयी, नामवर सिंह, ममता कालिया, रमेश गौड़, शिव शंकर सिंह, सौमित्रा मोहन, ..., जीतेन्द्र भाटिया, रवीन्द्र कालिया, काशीनाथ सिंह, ..., (खड़े हुए) पहली पंक्ति : सर्वश्री नरेन्द्र मोहन, बलदेव वंशी, ..., शिवदेओ सिंह, ..., शिवराम तिवारी, मधुकर सिंह, ..., ..., ..., ..., नीलाभ

काशीनाथ सिंह और धूमिल

धूमिल

प्रौढ़-शिक्षा → कल्पना १९७० I (9)

धूमिल

काले तख़्ते पर सफ़ेद खड़िया से
मैं तुम्हारे लिए लिखता हूँ – 'अ'
और तुम्हारा मुख
किसी अंधी गुफा के द्वार की तरह
खुल जाता है – 'आऽऽ!'

यह भविष्य है यानी कि शब्दों की दुनिया में
आने की सहमति । तुमने पहली बार
बीते दिनों की यातना के खिलाफ़
मुँह खोला है .

और यह उस आदमी का भविष्य है जिसका गूँगापन
बेसिर्फ़, आत्महत्या की सरहद पर बोलता है
मुहावरों के हवाई हमलों से बचने के लिए
जिसके दिमाग़ में शताब्दियों का अंधकूप है
जो खोये हुए साहस की तलाश में
पशुओं की पूँछ के नीचे टटोलता है
जो किसानों के बीच में
जानवर-सा चुप है

यह उस आदमी का भविष्य है जो अचानक,
टूटते-टूटते, इस तरह तन गया है
कि कल तक जो मवेशीखाना था उसके लिए
आज पंचायत-भवन बन गया है .

लालटेन की लौ ज़रा और तेज़ करो
उसे यहाँ –
पेड़ में गड़ी हुई कील से
लटका दो
हाँ — अब ठीक है

हस्तलिपि

आज का ~~[illegible]~~ सबक शुरू करने से पहले
मैं एक बार फिर वह सब बतलाना चाहूँगा
जिसे मैंने कल कहा था
क्योंकि पिछले पाठ का दुहराना
हर नयी शुरुआत में शरीक है

कल मैंने कहा था कि वह दुनिया
जिसे ढँकने के लिए तुम नंगे हो रहे थे
उसी दिन उघर गयी थी
जिस दिन हर भाषा
तुम्हारे अँगूठा-निशान की स्याही में डूबकर
मर गयी थी

तुम अपढ़ थे
गँवार थे
सीधे इतने कि बस-
'दो और दो चार' थे

मगर चालाक 'सुराजिये'
आज़ादी के बाद के अँधेरे में
अपने पुरखों का रंगीन बलगम
और ग़लत इरादों का मौसम जी रहे थे

अपने-अपने दराज़ों की भाषा में बैठकर
गर्म कुत्ता खा रहे थे
सफ़ेद घोड़ा पी रहे थे

उन्हें तुम्हारी भूख पर भरोसा था

सबसे पहले उन्होंने एक भाषा तैयार की
जो तुम्हें न्यायालय से लेकर नींद से पहले की-
प्रक्रिया तक, ग़लत रास्तों पर डालती थी
'यह सच्चा पृथ्वीपत्र है'

हस्तलिपि

(3)

'यह संसार का अन्नदाता है'

मगर तुम्हारे लिये कहा गया हर वाक्य
एक धोखा है जो तुम्हें दलदल की ओर
ले जाता है.

लहलहाती हुयी फ़सलें...
बहती हुयी नदी...
उड़ती हुयी चिड़ियाँ...

यह सब, सिर्फ़, तुम्हें गुमराह करने की चाल है
क्या तुमने कभी सोचा कि तुम्हारा—
यह जो बुरा हाल है
इसकी वजह क्या है ?

इसकी वजह वह खेत है
जो तुम्हारी भूख का दलाल है

आह! मैं समझता हूँ कि यह एक ऐसा सत्य है
जिसे स्वीकारते हुये हर आदमी झिझकता है

मगर तुम खुद सोचो कि डबरे में
डूबता हुआ सूरज
खेत की मेंड़ पर खड़े आदमी को
एक लम्बी परछाईं के सिवा और क्या दे सकता है

काफ़ी दुविधा के बाद
मुझे यह सचाई स्वीकारनी पड़ी है
क्योंकि यह सही है कि सूरज
तुम्हारी जेब-घड़ी है

तुम्हारी पसलियों पर
मौसम की लटकती हुयी जंजीर
हवा में हिलती है और
पशुओं की हरकतों से

(6)

तुम्हें आने वाले खतरों की गंध
मिलती है

लेकिन इतना ही काफी नहीं है

इसीलिए मैं फिर कहता हूँ कि हर हाथ में

गीली मिट्टी की तरह - हाँ - हाँ - मत करो

तनो
अकड़ो

अमरबेलि की तरह मत जिओ,
जड़ पकड़ो

बदलो - अपने-आपको बदलो
यह दुनिया बदल रही है

और यह रात है, सिर्फ़ रात...

इसका स्वागत करो
यह तुम्हें ~~[illegible]~~
शब्दों के नये परिचय की ओर लेकर -
चल रही है।

— [illegible]

[illegible]
[illegible]
[illegible]

हस्तलिपि

धूमिल समग्र : कुछ बातें

अशोक जी ने विशेष आग्रह किया कि 'धूमिल-समग्र' का एक परिचय लिख दिया जाए। उन्होंने भूमिका लिखने जैसी बात नहीं की, और शायद इसलिए नहीं की कि कवि धूमिल की जब पहली कृति, उनके जीवन-काल की पहली और अन्तिम कृति, 'संसद से सड़क तक' (1972) छपी थी तो उसमें उन्होंने न उसकी भूमिका किसी से लिखवाई और न ही अपनी कविताओं के बारे में अलग से कुछ लिखकर जोड़े या यूँ कहें कि पारम्परिक ढंग से अपनी कविताओं पर गद्यमय 'दो शब्द' लिखे। अपने पाठक से कवि 'दो शब्द' के बहाने विशेष आग्रह करता या फिर अपनी कविताओं के लिए किसी विशेष पूर्वग्रह की ओर इशारा करता? उन्होंने 'संसद से सड़क तक' की कविताओं को पहले 'सार्थक वक्तव्य' कहा और पहली 'कविता' शीर्षक कविता के माध्यम से अपनी नई धारणाओं का प्रकाशन किया जिस पर विगत दशकों में खूब चर्चाएँ हुईं।

अगर वह चाहते, तो नामवर सिंह यानी अपने 'मास्टर साहब' से शुभाशंसा के दो शब्द लिखवाते लेकिन ऐसा उन्होंने कुछ नहीं किया, जबकि 'संसद से सड़क तक' जब आई तो उसके आने के पहले ही मास्टर साहब उनकी कविताओं के बदले हुए तेवर की प्रशंसा में लिख चुके थे।

फिर भी भूमिका—किसके लिए भूमिका—उन पाठकों के लिए जो अब आलोचना के सहारे नहीं रहते बल्कि समझदार हैं और मूल पढ़ रहे हैं? और जब मूल पढ़ने का विश्वास है तो धूमिल का कवि, अपनी कविताओं की भूमिका, कविता में ही लिखते चलता है। साथ ही साथ अपनी कविता विषयक मान्यताओं पर निबन्धों, डायरियों एवं पत्रों में खूब लिखते हैं। उसमें अपनी भाषा की तलाश, उसके रचाव की चर्चा बराबर करते रहते हैं। इसके बावजूद उस पर अलग से लिखना पाठक के हाथ में जबरन बैसाखी थमाने जैसा ही उन्हें लगता। शायद इसीलिए कविता क्यों, कैसे, किसके लिए, किसके द्वारा आदि विषयों पर अपनी कविता में ही अपने समकालीनों से कहीं ज्यादा कहते-सुनते नजर आते हैं।

लिखने तो वे मिडिल स्कूल की कक्षा सात से ही लगे थे, तब उम्र रही होगी—बारह साल। वर्ष रहा होगा—1949। समय—आजादी के ठीक बाद। लिखने का

आरम्भ भी लख कर हुआ—सहपाठियों के साथ रास्ते में, बरना नदी का किनारा, साँझ का वक्त। विषय तय हुआ : 'वह पत्थर जिस पर वे बैठे हैं'। लिखा :

पड़ा हुआ है, बरना के तट पर
एक बड़ा—काला सा पत्थर

संशोधन भी शुरू हुआ। सहपाठी ने कलम उठाई, दो मात्रा अधिक होने के कारण पहली पंक्ति से 'के' काट दी। राय मान ली गई। तब से जीवन भर रस्ते-पैड़े, खड़े-बैठे, बोलते-बतियाते, सोचते-विचारते, लखने-लिखने और काटने की प्रक्रिया से रचनाएँ बनती गईं। और तब चीजों के प्रति नहीं, अपने पद्यों के प्रति सचेष्ट। उनके नजदीक अधिक आत्मीय। इसके बावजूद उसकी पांडुलिपियाँ कहीं नहीं मिलतीं। लगता है, वस्तुहीनता के नाते ऐसा हुआ।

प्राप्त पहली पांडुलिपियों में 1956 का लिखा हुआ 'पाँच बिरहा' मिला है जो किसी बिरहिये के विशेष आग्रह पर लिखा गया है। वस्तुनिष्ठ होने के कारण हमने इसे 'धूमिल समग्र-2' की आरम्भिक रचनाओं के क्रम में शामिल कर लिया है। इसी खंड में प्राप्त उनकी कहानियाँ, लघुकथा तथा नाटकों को भी संकलित किया है।

जब मैं 'सुदामा पाँड़े का प्रजातंत्र' की कविताओं का संकलन-सम्पादन कर रहा था तो मेरे मन में एक बात आई थी कि इसमें 'संसद से सड़क तक' के बाद की कविताओं को ही रखा जाए। उसी समय 'संसद से सड़क तक' के पूर्ववर्ती रचनाओं की पांडुलिपियों एवं प्रकाशित-अप्रकाशित रचनाओं को संकलित किया।

उस समय उनके बारे में प्रचारित किया जा रहा था कि धूमिल 'संसद से सड़क तक' के बाद अक्सर चुप रहने लगे थे। उन्होंने बहुत कम लिखा। वे ठप पड़ गए थे।' इसी प्रचारात्मक उलाहने के खिलाफ प्रकाशित हुआ था—कविता-संग्रह : 'सुदामा पाँड़े का प्रजातंत्र', जिसके बारे में उन्होंने लीलाधर जगूड़ी को अपने पत्र में लिखा था :

'इसका मतलब यह नहीं कि मैं ठप हो गया हूँ। मैं इन दिनों मुकदमा लड़ रहा हूँ। घर-गृहस्थी, बाल-बच्चों की देखभाल कर रहा हूँ। सड़क पर या गाँव के कच्चे रास्ते पर, हर कहीं छूट रहा हूँ। कुल मिलाकर कहो तो बुरी तरह 'सुदामा पाण्डेय' हो गया हूँ। मेरा हर मुद्दे से इस तरह सुदामा पाण्डेय होना दुर्घटना हो, ऐसा नहीं है। क्योंकि इसी आदमी का पीछा करते-करते मैंने आदमी को जाना है। कानून की दफाओं से परिचित हुआ हूँ और समझा है कि आदमी का यह सारा कुछ टूटना, छूटना, थकना, पकना, ऊबना, ऐंठना कविता के लिए है। और एकदम अकेला होकर लगातार सात महीने ऊबने के बाद एक

लम्बी कविता—करीब 55 पृष्ठ 'फुलस्केप' तैयार हुई है—'सुदामा पाँड़े का प्रजातंत्र'। आदमी के समूचे संघर्ष को तुम वहाँ देख सको, ऐसा दावा तो नहीं, मगर विश्वास जरूर है।'

यद्यपि यह, वह नहीं थी। वह '55 फुलस्केप' तो पांडुलिपियों में एक जगह कहीं नहीं दिखाई पड़ीं लेकिन इसी शीर्षक से कुछ कविताएँ जो उनके जीवनकाल में प्रकाशित नहीं हो सकीं, उन्हें मैंने 'सुदामा पाँड़े का प्रजातंत्र' में संकलित करने के साथ ही साथ उन प्रकाशित कविताओं को भी संकलित किया जो 'संसद से सड़क तक' के बाद विभिन्न पत्र-पत्रिकाओं में प्रकाशित-प्रचारित हो चुकी थीं।

उसी समय सोचा था कि 'संसद से सड़क तक' से पहले लिखी उनकी कविताओं, गीतों को अलग से नहीं देना चाहिए क्योंकि ये उनके जीवन के आरम्भिक दौर की रचनाएँ थीं। यही उनके मित्रों की राय थी। जबकि 'संसद से सड़क तक' उनकी प्रकाशित प्रथम एवं अन्तिम कृति थी और मानक भी।

मरणोपरान्त 'कल सुनना मुझे' चाचा श्री कन्हैया पांडेय के श्रम तथा माताजी श्रीमती मूरत के आर्थिक सहयोग से, कविवर राजशेखर के सम्पादन में, 1977 में छपी जिसे 1979 में साहित्य अकादमी ने सम्मानित किया। इसमें एक साथ 'जवाहरलाल नेहरू की मृत्यु पर' (1964) तथा 'धूमिल की अन्तिम कविता' (1975) को चयनित कर लिया गया था।

बाद के दोनों काव्य-संग्रहों को उनके विशाल पाठक वर्ग ने बड़ी जिज्ञासा और रुचि के साथ लिया। मेरा मनोबल बढ़ा। 'संसद से सड़क तक' के बाद की कविताओं ने धूमिल के कवि को दूसरे आयामों में समझाने का काम किया। ये कविताएँ पक्ष-विपक्ष के राजनीतिक चौखटों को चटकाते हुए, 'घर में वापसी' की कविताएँ सिद्ध हुईं। पहली बार कवि को, 'संसद से सड़क तक' से हटकर, घर में समझने का अवसर मिला : 'जनतंत्र जनता से नहीं, घर के जंग से शुरू होता है।'

जब भी उनकी पांडुलिपियों को उठाता हूँ, एक अजीब किस्म के संघर्ष से भरी अनुभूति से गुजरता हूँ—कहीं कोई कागज का टुकड़ा, कहीं कोई नोट-बुक, कहीं किसी के द्वारा समर्पित डायरी या फिर अलग-अलग तारीख पड़े डायरी की तरह के पन्ने, कहीं पत्र या पत्रिकाओं के हाशिए पर रचनाएँ बिखरी पड़ी हैं। बार-बार सोचता हूँ—कठिन जीवन के बिखराव को। जी-तोड़ मेहनत। फिर अनायास कविता लेखन। लिखते हुए अपने को बौद्धिक विमर्शों में शामिल रखना। सम्पादकों के आग्रह पर कविता भेज देना, फिर 'छपा या नहीं छपा' की सुधि से बेखबर। कहीं किसी पत्रिका में छपा उसका अंक मिला या नहीं मिला, कोई जिज्ञासा नहीं। अनुक्रम या विषय-सूची में नाम है लेकिन रचना अमुक

पृष्ठ से गायब। कहीं छपा हुआ पृष्ठ है तो पत्रिका का नाम, समय का पता न चले। कहीं किसी सम्पादक-मित्र का पत्र कि चार कविताएँ मिलीं। बाद में वे कविताएँ कहाँ छपीं, कब छपीं, छपीं भी कि नहीं, कुछ अता-पता नहीं। कहीं किसी पत्रिका में लिखा मिला कि अगले अंक में चर्चित कवि धूमिल का लेख, गीत, कविता या साक्षात्कार छप रहा है लेकिन बहुत ढूँढ़ने पर भी कहीं उसका थाह-पता नहीं लगा।

इस बिखराव को समेटने के लिए मैंने उनके समकालीन मित्रों, सम्पादकों को पत्र लिखा। व्यक्तिगत मिला। पत्र-पत्रिकाओं में ज्ञापन दिया। गरज मात्र इतना कि उनकी रचनाएँ प्रकाशित-अप्रकाशित जिस किसी के पास हों, जानकारी में हों तो मेरे पते पर भेज दें। लेकिन आह! कहीं से एक पत्र भी नहीं आया।

साहित्य समाज के बदलाव के साथ अनवरत बदलता रहता है। बदलाव की लम्बी प्रक्रिया के बाद जो एक फैलाव दिखाई पड़ता है, वह एक लम्बे समय के अन्तराल का है। साठ साल पूर्व लिखी उनकी रचनाएँ आज कहाँ बैठती हैं, इसकी चर्चा हम अपने मित्रों से अक्सर करते रहे हैं। कविता की भाषा, उसकी बनावट सम्बन्धी धूमिल की मान्यताएँ, आज प्रासंगिक ही नहीं, विचारणीय एवं अनुकरणीय भी हैं।

रचना के मूल्यांकन की स्थिति में आलोचना की दृष्टि हमेशा से दोयम दर्जे की रही है। रचना का सही मूल्यांकन अक्सर उसके समकालीनों द्वारा नहीं हो पाया है। रचना की पीड़ा, वर्षों बाद, समाज में समादृत हुआ है। इसीलिए पुराने से पुराने कवि को न सुने जाने की पीड़ा सताती रही और धूमिल को भी : 'आज मैं लड़ रहा हूँ। कल सुनना मुझे।' इसी आग्रह ने मुझे बार-बार उनके एक-एक पंक्ति को, रद्दी-से दिख रहे कागज के एक-एक टुकड़े को, सँभालकर रखने के लिए विवश किया है।

धूमिल जी के सम्पूर्ण रचनाकाल को, उनकी भाषा और कथ्य के धरातल पर, चार भागों में विभाजित किया गया है। प्रथमतया शुरुआत गीत से करते हैं जो सन् '60-'61 तक चलता है। '60 के बाद '65 तक नई कविता। '65 से '70 तक की कविताओं का प्रतिनिधित्व करता है : 'संसद से सड़क तक'। इसके बाद की कविताएँ 'सुदामा पाँड़े का प्रजातंत्र' संग्रह में संकलित हैं। इन चार काल-खंडों को अलग-अलग भाषा और भाव के धरातल पर रखकर जाँचना-परखना चाहिए। भाषा का यह विविध कलेवर इतने कम समय में अकेले किसी एक कवि में बहुत कम दिखाई पड़ता है। भाषा और भाव के विभिन्न बदलाव के परिप्रेक्ष्य में धूमिल के कवि को पढ़ना अभी भी शेष है।

पिताश्री धूमिल के किसी मित्र ने चर्चा के दौरान बतलाया कि धूमिल जी किसी चर्चित कवि की कविता की चार-छह पंक्तियाँ सुनने या पढ़ने के बाद यह बता

देते थे कि यह अमुक कवि की कविता है। आज हम जब धूमिल जी को पढ़ते हैं तो बार-बार लगता है, ऐसी कविता धूमिल जी ही रच सकते हैं।

भाषा की प्रौढ़ता पाने के बाद कवि की एक अलग पहचान बनती है। बहुधा यह गद्य के साथ नहीं होता। जब तक कवि भाषा नहीं पाता, पहचाना नहीं जा सकता। एक सच्चे कवि के लिए आवश्यक हो उठता है उसकी भाषायी निजता। भाषागत निजत्व के अभाव में कवि, कविता की भीड़ में गुम हो जाता है।

पिताजी ने अपने सन्दर्भ में इस बात को 'कविता की भाषाहीनता' के माध्यम से व्याख्यायित किया है : 'भाषा की एक समझ होती है। एक विवेक होता है और एक रंग। और अन्ततः भाषा का एक आदमी होता है।' खुद धूमिल जी के भाषा सम्बन्धी निकषों के सहारे चलें तो स्वयं उनके गीत तथा गीत के बाद की रचनाओं में एक स्पष्ट फाँक दिखाई पड़ती है। उनके गीत लय एवं तुक की पद्यात्मक उपज हैं। उनकी मान्यताओं के अनुसार : 'ये खड़ी बोली में लिखे गए पद्य हैं, न कि खड़ी बोली की कविता।' अपने किशोर मित्रों के साथ, जिन पद्यों के प्रति आत्मीय और सचेष्ट थे, उसकी वस्तुनिष्ठता तो बढ़ी लेकिन खड़ी बोली का खड़ापन नहीं मिला। मिला तो बोली की पद्यात्मक तरलता। धूमिल की इसी वस्तुनिष्ठ पद्यात्मक तरलता के गीतों ने मुझे बरबस आकर्षित ही नहीं किया बल्कि अपने से बाँधे रखा जिससे मैं उसे नष्ट होने से बचाये रख सका।

धूमिल जी ने गीत से लिखना शुरू किया था। यह सिलसिला '60-'61 तक चला। गीत लिखने का मंचीय शौक रहा होगा, क्योंकि बनारस में कवि सम्मेलन की बहुत पुरानी परम्परा रही है। प्रकाशित रूप में दो-चार गीत मिले हैं, जो पहली बार 'नीहार' और 'चाँद-सितारे' में छपे हैं। 'चाँद-सितारे' 1951 में स्थापित की गई थी। 'चाँद-सितारे' के सम्पादक श्री देवी प्रसाद गुप्त 'किशोर' ने बताया : 'यही 'चाँद-सितारे' आगे चलकर 'नीहार' नाम से निकलने लगी।'

धूमिल जी 'चाँद-सितारे' : मार्च, 1961 के अंक में बतौर सहकारी (अवैतनिक) के रूप में कार्य करते थे। 'चाँद-सितारे' से 'नीहार' की यात्रा दिलचस्प है। कुछ लोगों ने नाम सुझाया : 'निहारिका' लेकिन बाद में तय हुआ कि 'नीहार' ही उपयुक्त रहेगा। धूमिल जी आई.टी.आई. (काशी हिन्दू विश्वविद्यालय) से जब छूटते थे तो साइकिल से इसी रास्ते अपने गाँव की ओर जाते थे। मित्रों के साथ बैठक और उनकी यात्रा का एक पड़ाव था सिकरौल।

'नीहार' सिकरौल (वाराणसी) से छपती थी। 'नीहार' और 'चाँद-सितारे' के हमारे पास उपलब्ध अंकों में मन्मथनाथ गुप्त, शिवमंगल सिंह 'सुमन', केदारनाथ अग्रवाल प्रभृति लोगों की रचनाएँ छपी हैं।

'नीहार' : जून, 1961 के अंक में धूमिल जी का एक गीत 'पूछता भँवरा कली से, फूल से' छपा है। इसी अंक के आवरण पृष्ठ पर 'बाँसुरी जल गई' गीत के

अगले अंक में प्रकाशित होने की सूचना है। परन्तु यह गीत उनकी पांडुलिपियों में नहीं मिला और न ही 'नीहार' का अगला अंक। यद्यपि 'बाँसुरी जल गई' उनकी कोई गीत रचना थी जिसे अक्सर वे गाकर सुनाया करते थे :

श्वास के उच्छ्वास से जल गई बाँसुरी
बाँसुरी जल गई।

हालाँकि उनका कोई गीत-संकलन प्रकाशित नहीं हुआ था। हाँ, उपलब्ध गीतों की संख्या को देखते हुए, यह सोचा जा सकता है कि गीतों के संकलन के प्रकाशन की उनकी योजना अवश्य रही होगी।

पिताजी के निधन के बाद कुछ आलोचकों ने उनके गीत-संकलन—'बाँसुरी जल गई'—के प्रकाशन की बात कही है। कुछ ने उसके 'नागरी प्रचारिणी सभा, वाराणसी' के पुस्तकालय में उपलब्ध होने की बात भी कही है और उसकी समीक्षा भी कर दी गई है।

'बासंती' : मई, 1962 के अंक में धूमिल जी का एक कविता-गीत 'फागुन' छपा है। यह कविता के रूप में छपी उनकी पहली कविता है जिसकी प्रशंसा में जून, 1962 के अंक में अलवर, राजस्थान के कवि-लेखक श्री जुगमिन्दर तायल ने लिखा है कि 'मई, '62 के अंक में 18 कविता-गीत हैं जिनमें मुझे दो ही अच्छी लग पाई : 'धूमिल का फागुन और...'।'

यही समय है जब धूमिल जी गीत से कविता में प्रवेश करते हैं ('यह सन् 1960 की बात है जब मैं अपनी कविताओं की हद फाँद रहा था'—आत्मस्वीकृति : 'संसद से सड़क तक' : मकान)। उनके अपने लिखे गीत बहुत जल्दी पुराने पड़ गए। उन्होंने पुराने गीतों की तर्ज पर लिखना बिलकुल बन्द कर दिया। यहाँ तक कि पूरे जीवनकाल में फिर उस तरह की गीतों वाली तुकबन्दियाँ देखने को नहीं मिलतीं। अपने ही बनाये गीतों की पुरानी लयात्मकता का पूर्णतया निषेध। फिर भी उनकी भाषा पर लिखते हुए कुछ लोगों ने जल्दी में यह निर्णय दे दिया कि 'धूमिल में लय के प्रति आग्रह उनके गीतों से कविता में आने के कारण हुआ।' दरअसल ऐसा नहीं हुआ। धूमिल जी की कविताओं का लय, उनके गीतों का लय नहीं है, बल्कि गाँव की सीधी-सरल जुबान के कारण कविता में ज्यों-का-त्यों स्वीकार कर लेने से है। यही सहज गँवई जुबान उनकी कविता की भाषागत प्रौढ़ता की शक्ति है। इसी तरह के नये प्रयोग से धूमिल का कवि अनवरत भाषा की प्रौढ़ता के साथ आगे बढ़ता दिखाई पड़ता है।

1962 के साहित्यिक माहौल को देखा जाए तो उस समय कविता 'सप्तकों' की सवारी कर रही थी। वही कवि सक्रिय माना जाता था जो अज्ञेय जी द्वारा सम्पादित 'सप्तकों' से आता था। 'तारसप्तक' से आए मुक्तिबोध पर दूर-दूर तक उस तरह

से चर्चा भी न थी जो बहुत बाद में हुई और 'सप्तक' के बाहर प्रगतिवादी दौर के कवियों—नागार्जुन, त्रिलोचन, केदार—पर भी कहीं चर्चा न थी जबकि ये त्रयी पूर्ण रूप से सक्रिय थे। नई कविता में लघुमानव की हताशा, निराशा, संत्रास, कुंठा की जो अभिव्यक्ति हो रही थी, उसके कारकों पर सीधे-सीधे हाथ रखना मुश्किल का काम था। भारत-चीन सीमा-संघर्ष भी शुरू हो चुका था। इस प्रकार यह दौर देश के लिए ही नहीं, साहित्य के लिए भी परिवर्तन बिन्दु है। यहाँ से साहित्य में एक नये दौर की शुरुआत होती है और यही विषमकाल धूमिल की कविता का प्रस्थान-बिन्दु है। इसके पहले का नवलेखन-दौर खत्म हो रहा था। इसका मोहभंग अपने गह्वर कलेवर के साथ उतरा था। ऐसे समय में धूमिल जी का कविता में आना न तो आकस्मिक था और न ही किसी गुरुमंत्र का परिणाम। धूमिल के साथ आनेवाली कविता, कविता के आत्मसंघर्ष की वह परम्परा है जिसे अपने समय में कवि स्वयं के साथ संघर्ष से सींचता है। यह परम्परा विरल है। इसे अलग से पढ़ने की जरूरत है। हम साथ-साथ सब कुछ पढ़ते हैं और पढ़ते रहते हैं। पाठ्यक्रम की आतुरता इस संघर्ष को समय से पहचान नहीं पाती या जब पहचानती है तब तक बहुत देर हो चुकी होती है। परिणामस्वरूप पठनीय चीजें भी गड्डमड्ड की स्थिति में चली जाती हैं।

भारत-चीन युद्ध चल रहा था। वाराणसी के मंच से एक गीत गाया जा रहा था : 'काली के खप्पर में और शक्कर और शक्कर...और चीनी और चीनी...' लेकिन काली के खप्पर में कितनी चीनी थी—यह बात किसी से छिपी नहीं थी। भारत-चीन सीमा के ग्लेशियर से 'गैंग्रीन' लेकर लौटे सैनिकों की जो दुर्गति हुई थी, धूमिल का कवि उस यथार्थ की अभिव्यक्ति के लिए भाषा तलाश रहा था जिसे गीत के गद्गद कंठ से गाया नहीं जा सकता। ऐसे में उन्हें निराला याद आए और उन्होंने 'राम की शक्ति-पूजा : भारत-चीन सीमा संघर्ष के परिप्रेक्ष्य में' एक लेख लिखा जो 'भारती' : मार्च-अप्रैल, 1963 में छपा। उसी समय नौकरी के सिलसिले में आई.टी.आई. वाराणसी से, आई.टी.आई. बलिया उनका स्थानान्तरण हो चुका था। बलिया प्रवास के समय गीत की तुकबन्दियों से पूर्ण रूप से मुक्त होकर कविता लिखने लगे थे। बलिया में उन्हें प्रकाशित करने के लिए एक मंच मिला—उन्मेष जी का 'कुटज'। पढ़ने का नया अड्डा मिला—नागरी प्रचारिणी सभा। संग मिला संत साहित्य के मर्मज्ञ पं. परशुराम चतुर्वेदी का। परशुराम चतुर्वेदी पेशे से वकील थे लेकिन साहित्य में, खास तौर से संत साहित्य में, उनकी मान्यताएँ अकाट्य थीं। धूमिल जी बलिया में, अपनी नई साहित्यिक अभिरुचि के कारण, ऐसे ही पढ़े-लिखे लोगों के बीच अपनी जगह बना रहे थे। यह संयोग ही था कि हिन्दी खड़ी बोली को गद्य का स्वरूप प्रदान करनेवाले भारतेन्दु बाबू हरिश्चन्द्र ने बलिया जाकर ददरी मेला में एक भाषण दिया था : 'भारतवर्षोन्नति कैसे हो'। उसी प्रकार धूमिल ने लगभग सौ साल बाद बनारस से बलिया जाकर, नागरी प्रचारिणी सभा, बलिया

द्वारा आयोजित 'तुलसी-जयन्ती' के अवसर पर 'तुलसी और समकालीन लेखकों की समस्याएँ' पर विचार व्यक्त किया था जिसे अक्टूबर, 1963 में 'कुटज' ने उसकी विचारोत्तेजकता को देखते हुए—आयोजन के अध्यक्ष संत साहित्य के मर्मज्ञ पं. परशुराम चतुर्वेदी तथा सुधी श्रोताओं के विशेष आग्रह पर—ज्यों-का-त्यों छापा है। यह था धूमिल की कविता का समकालीनता से आग्रह। जो लोग धूमिल को जुमलों के गढ़ने की बात करते हैं, उन्हें इस लेख के तुलसी को धूमिल के समानान्तर रखकर पढ़ने-समझने की आवश्यकता है। धूमिल की 'आस्था' कविता बलिया प्रवास के समय ही लिखी गई थी। यह कविता पहली बार 'रणभेरी' और फिर बाद में 'कुटज' में छपी जिसके ताजेपन की प्रशंसा सर्वप्रथम नामवर सिंहजी ने 'ज्ञानोदय' में 'नई कविता पर क्षण भर' शीर्षक अपने लेखमाला के अन्तर्गत की थी। उसका युद्ध विषयक प्रसंग यह था :

मुझमें पूरे समूह का भय
चीखता है—
दिग्विजय! दिग्विजय!! दिग्विजय!!!

यहाँ तक आते-आते सम्पादकों ने 'धूमिल का परिचय : उन्हीं के शब्दों में' प्रकाशित करने के लिए विशेष आग्रह करना शुरू कर दिया :

'जन्म : 9 नवम्बर, 1936 ई.। सामान्य टेक्निकल प्रशिक्षण के बाद औद्योगिक प्रशिक्षण केन्द्र—काशी हिन्दू विश्वविद्यालय—में प्रशिक्षक। दिनभर का ऐकांतिक व्यवसाय मशीनों की अनियंत्रित भीड़ में नये आकार-रूपों की खोज। रोजी-रोटी का भी यही जरिया है। वैसे सामान्य मशीनी ही बनकर रह जाना लक्ष्य नहीं। शायद इसीलिए बाहर के जागरूक बौद्धिक आयामों के हलचल का एक सदस्य...। विशेषत: हिन्दी की वर्तमान विधाओं में अभिरुचि...। नई कविता के समर्थकों में अपने को गिनने का हौसला...। किन्तु उसमें लघुमानव की स्थिति स्वीकारते हुए भी उसी स्थिति-बोध को काव्य की सम्पूर्ण उपलब्धि मानकर समर्थन देने के खिलाफ।

कुल मिलाकर साहित्यिक पूँजी के रूप में अप्रकाशित कविता-संग्रह 'शीशे पर लोटती रोशनी' और सम्पादकों के नाम अनुत्तरित रचनाओं की कुछ अन्य पांडुलिपियाँ, जिनमें निबन्ध भी हैं और कहानियाँ तथा कविताएँ भी...'

['नये कवि और नई दिशाएँ' स्तम्भ से प्रकाशित, मराल; जनवरी, 1963]

उनके इस परिचय से स्पष्ट है कि उन्होंने गीत संग्रहण का रास्ता छोड़कर, अपनी बिम्बधर्मी कविताओं का संग्रह प्रकाशित करवाने को उत्सुक थे। लेकिन यह संग्रह भी नहीं छपा।

उस दौर की यानी 1961 से 1965 तक की सभी प्रकाशित-अप्रकाशित कविताओं को 'समग्र' के इस प्रथम खंड में शामिल कर लिया गया है। जिस कविता की

रचना-तिथि मिल गई है, उसको उसके नीचे लिख दिया गया है, जबकि बहुत-सी कविताओं की रचना-तिथि नहीं मिलने पर उसी क्रम में संकलित किया गया है जिस क्रम में पांडुलिपियों में हैं।

आरम्भिक कविताओं में जो बिम्ब-प्रतीक आए हैं, वे धूमिल जी के साथ बहुत दूर तक साथ-साथ चलते हुए दिखाई पड़ते हैं। मसलन—बसंत, जंगल, चिड़िया, सपना, सूर्य, सूर्यास्त, सूर्योदय, अन्धकार, रात, सन्नाटा, कविता, शब्द, भाषा, लोहा, धूप, तारा आदि। इन प्राकृतिक बिम्बधर्मी कविताओं में—आवाजों की चिट्‌ठी, साँझ, सूर्यास्त से क्षणभर पहले, ठंड, बरसात, पुच्छल तारा, प्रात, अँधेरा, सूरज के संकेत, धूप, सूर्य, अन्धकार, चाँद, पार्क में साँझ, शिशिर, सूर्यास्त इत्यादि—छोटे-छोटे बिम्बों के माध्यम से जहाँ एक ओर कवि के सौन्दर्यबोध का पता चलता है :

बिखरी है मेरे आँगन में
सोने जैसी धूप।
है पछोरती उषा सुहागिन
उसको भर-भर सूप

या

रात ढले
हेम रश्मि माल
गले।
कनक रथारूढ़
मूढ़-तोम-सन्निपात—
प्रात आ रहा।
पात हिले—
ओस-शुभ्र-बिन्दु
ढले।
भूमि तले
जाग उठा प्राण सद्य:स्नात,
गीत गा रहा
प्रात आ रहा;

वहीं दूसरी ओर जीवन जीने की उद्दाम इच्छा के साथ :

कल भी आना
ओ देव!
लाना जिजीविषाएँ
जीने की इच्छाएँ।

और देखें तो धूमिल जी के बिम्बों की यही शक्ति है जो उन्हें मात्र बिम्बधर्मी कवि नहीं बनाता बल्कि बिम्बों के संयोजन में जीवन जीने की इच्छा का गीत गाता हुआ, प्रात की तरह नई ताजगी लिये प्रस्तुत होता है :

नींद के बाद
अब तारे नहीं चमक रहे हैं कहीं
सोये हुए बच्चे के होंठ
हलकी हँसी से रँगे हैं
पिता की आँखों में फैसले की नमी है
और पूरब में फैली हुई लालिमा
उसके विचारों का रंग बन चुकी है।

['सुदामा पाँड़े का प्रजातंत्र']

धूमिल का सबसे प्रिय शब्द है—'बसंत'। धूमिल ने बसंत को कई रूपों में लिया है। बसंत का चित्र उनके गीतों से लेकर 'प्रस्ताव' कविता तक फैला हुआ है, जहाँ 'बसंत श्री' में कवि बसंत का स्वागत करता है :

आ, अरी ओ चिरप्रतीक्षित
आ;
तेरे लिए मैंने
झरे कास फूलों की
हरियर पगडंडी पर
पलाश के फूल बिछा दिये हैं।

वहीं 'संसद से सड़क तक' में 'बसंत बिलों के भुगतान का मौसम है' तो 'मोचीराम' तक आते-आते 'बसंत' दिन को ताँत की तरह तानता है। पेड़ों पर लाल पत्तों के हजारों सुखतल्ले धूप में सीझने के लिए लटकाता है। और धूमिल जी ने अपनी मृत्यु के लगभग दो वर्ष पहले प्रस्तुत कविता 'प्रस्ताव' में लिखा :

लिखो बसंत!
ठीक—बस—अन्त लिखो!!

धूमिल के कवि की यह बसंत-यात्रा बड़ी लम्बी जान पड़ती है लेकिन बसंत के ये विविध रूप मात्र दस-बारह वर्ष के हैं। इसी प्रकार 1962 में हुए भारत-चीन सीमा-संघर्ष के परिप्रेक्ष्य में उनकी युद्ध विषयक कविताएँ, चीन द्वारा थोपे गए युद्ध की पीड़ा को, दो राष्ट्रों के वैचारिक दृष्टि को भी स्पष्ट करती हैं। विश्व पर जब

भी युद्ध के बादल मँडराएँगे, इन कविताओं के प्रश्न, उत्तर पाने के लिए आपके सामने होंगे और यही है 'कविता के द्वारा हस्तक्षेप', जो 'मुनासिब कार्रवाई' में तब्दील हो जाता है और यहीं 'आदमी होने की तमीज' में एक नदारद-सा आदमी सहसा समूची कविता की जुबान बन जाता है।

1964 तक की कविताओं के संग्रह की एक सूची उनकी पांडुलिपियों में है जिसमें छब्बीस कविताओं का अनुक्रम इस प्रकार है : जाड़े की सुबह, इति लिखितम्, जिन्दगी : चार किश्तें, प्रतीक्षा, एकलव्य से, कैंचियों के कैद, परकटे परबत, सहयात्री से, संयोग, मेरे चारों ओर, प्लेटफॉर्म, खंड व्यक्तित्व, नदी तट, साँझ के क्षण, अकर्मण्य चेतना, वर्षान्त के क्षण, सुधियों के..., आस्था, संघर्ष का अन्त, बेड नम्बर 2, ओ मेरे बच्चे, प्रश्न, साँझ, दो अनुभूतियाँ, अस्तित्व : एक अनुभूति, सावन की अरथी पर, आलोक जंम। —ये सभी कविताएँ उनकी पांडुलिपियों में नहीं हैं, लेकिन जो हैं, वे 'समग्र-1' में शामिल हैं। कुछ 'दस्तक' में भी हो सकती हैं। और कुछ ऐसी भी होंगी जो इसमें भी न हों। यथा—'एकलव्य से', 'कैंचियों की कैद', 'परकटे परबत' जैसी कविताओं के चिह्न भी पांडुलिपियों में नहीं दिखाई पड़ते। इन कविताओं को या तो दूसरे शीर्षक मिल गए हों या फिर ये कविताएँ उनकी पांडुलिपियों में ही न हों।

धूमिल जी ने पं. जवाहरलाल नेहरू की मृत्यु पर दो कविताएँ लिखी थीं। एक गीत की शक्ल में है जो उसी समय दैनिक समाचार-पत्र 'आज' में प्रकाशित हुई थी। दूसरी अप्रकाशित कविता उनके मरणोपरान्त प्रकाशित कविता-संग्रह 'कल सुनना मुझे' में संकलित है। इन दोनों रचनाओं का रचनाकाल लगभग एक ही समय रहा होगा। लेकिन इनको पढ़ने से लगता है कि ये दोनों एक ही रचनाकार की कृति नहीं हैं। छपने के पश्चात् रचनाएँ 'कुछ ऐसे ही' लगने लगती थीं। 1966 के 'विभक्त' में 'प्रार्थना-सभा' पहली बार प्रकाशित हुई। प्रकाशन के बाद, कविता पढ़कर, उस पर नीचे उन्होंने लिखा है : 'छपने के बाद कुछ ऐसे ही'। इससे लगता है कि धूमिल के कवि को एक कविता लिखने के पश्चात् 'कुछ ऐसे ही' बन पाई है। अभी कहने के लिए बहुत कुछ शेष है। इसी शेष ने उनसे बार-बार लिखवाया है। और आगे जब बढ़ते हैं तो नित-नये की तलाश में पुराने के प्रति निर्मम होते हैं।

'संसद से सड़क तक' से पहले इस संग्रह का नाम उन्होंने दिया था : 'भाषा की रात' या 'हत्यारी सम्भावनाओं के नीचे'। अब ये दोनों इस संग्रह की कविताएँ हैं। लेकिन इन दोनों को हटाकर 'संसद से सड़क तक'—यह राजनीतिक नाम दिया गया। इस नाम की कोई कविता भी नहीं है। इसका ध्वन्यात्मक संकेत भारतीय संसद और आम लोगों की ओर है। इस संग्रह के लिए एक वाक्य भी लिखा गया था : 'एक सही कविता, एक सार्थक वक्तव्य होती है।'

सर्वप्रथम इस संग्रह में कुल अट्ठाईस कविताएँ संगृहीत की गईं। विषय-सूची भी तीन बार में बनाई गई है। पहले 'पटकथा' संग्रह की पहली कविता थी और अन्तिम 'एक आदमी' और 'कविता' इक्कीसवें स्थान पर थी, फिर उसको सही करते हुए अनुक्रम बना—'कविता' संग्रह की पहली कविता हुई और 'पटकथा' अन्तिम। पहले जिन अट्ठाईस कविताओं की सूची है, उसमें से तीन कविताएँ—'कुछ सूचनाएँ', 'प्रार्थना-सभा' तथा 'सुबह गली से गुजरते हुए'—निकाल दी गईं। डॉ. नामवर सिंह को एक पत्र में उन्होंने लिखा कि ''प्रार्थना-सभा' निकालकर उसकी जगह 'शहर का व्याकरण' सम्मिलित कर लिया जाए।' इस प्रकार अट्ठाईस कविताओं की जगह पचीस कविताएँ संकलित हुईं। इसमें 'मोचीराम' 1965 में लिखी कविता है जबकि 'कवि : 1970', 1970 में पूरी हुई क्योंकि पांडुलिपियों में पहले इसका शीर्षक 'कवि : 1969' था, बाद में 'कवि : 1970' हुआ।

'संसद से सड़क तक' 1972 में प्रकाशित हुई। और यह जब छपी तो इसके पूर्व के लिखे गीत, कविता इसमें संकलित नहीं किए गए थे। यहाँ तक कि 'आस्था' भी इसमें शामिल नहीं थी, जबकि उसकी भाषायी ताजगी पर नामवर सिंह ने एक टिप्पणी की थी। अब 'आस्था' 'कल सुनना मुझे' संग्रह में शामिल है।

'संसद से सड़क तक' के फ्लैप मैटर (बैक) का जो प्रारूप धूमिल जी ने बनाया था, उसमें प्रकाश्य कृतियों के रूप में 'सुदामा पाँड़े का प्रजातंत्र' (एक लम्बी कविता), 'बीस मादा कविताएँ' तथा 'समकालीन लेखकों से दो टूक बातें' का उल्लेख है।

'संसद से सड़क तक' के पूर्व के लिखे गीतों, कविताओं, कहानियों, नाटकों, निबन्धों को उन्होंने कभी उलटकर नहीं देखा। गीतों और कविताओं के संग्रह की योजना बनाकर भी संकलित नहीं किया। उन्होंने रचनाओं को लाल, नीली, काली पेंसिल अथवा लाल, नीली कलम से लिखा है। अपने लिखने के तरीके में भी वे एकदम आम आदमी की तरह थे। किसी बड़े कवि की नफासत उनमें नहीं थी। जब कविता मन में उठी तो उस समय जैसा कागज मिला या चाहे जैसी चीज मिली, उस पर उन्होंने कविता लिख ली। वे अपनी कविताओं के लिए विषय के चुनाव और अभिव्यक्ति में ही आम आदमी के करीब नहीं थे बल्कि रहन-सहन, कपड़े-लत्ते, बोली-भाषा और लिखने के लिए इस्तेमाल करने वाली चीजों में भी एकदम आम आदमी जैसे ही थे। एक बार लिखकर दोबारा बेहतर बनाने का प्रयास, भाषा को जोरदार बनाना था। इतिवृत्तात्मक अथवा एकदम सपाटबयानी वाली पंक्तियों को वे निकाल दिया करते थे। यही उनका रियाज था। उनका रियाज कथ्य को अधिक से अधिक धारदार बनाने के लिए था। रीतिकालीन कवि शिल्प के लिए रियाज करते थे लेकिन वे कथ्य के लिए।

रचना की ऐसी बनावट के लिए वे रियाज करते थे ताकि कोई शब्द अपनी जद से बाहर न हो जाए और समय की संवेदना अधिक सम्प्रेषणीय और प्रभावशाली बने। वे जुमले नहीं गढ़ते थे। जहाँ शिल्प-परिवर्तन से काम चल जाता है, वहाँ वे शब्दों को इस तरह संयोजित, परिवर्तित करते हैं कि कथ्य को नई धारदार अभिव्यक्ति मिल सके।

'संसद से सड़क तक' की बहुचर्चित कविता 'पटकथा' है। 'पटकथा' की कई पांडुलिपियाँ हैं। अधिकांश में पेन और पेंसिल, दोनों का प्रयोग हुआ है। एक पांडुलिपि में आरम्भिक दो पृष्ठ स्याही से लिखे गए हैं। इसमें काफी संशोधन किया गया है। दूसरी पांडुलिपि में बाईस पृष्ठों में पूरी कविता लिखी गई है। आरम्भिक बारह पृष्ठ रूलदार रजिस्टर कागज है और दस पृष्ठ सादा कागज है। यहाँ भी कविता दोनों ओर लिखी गई है। इस समय की प्रकाशित पूरी कविता है, किन्तु अन्त में उन्होंने लिखा है : 'अपूर्ण'। इससे लगता है कि वे इस कविता को और बढ़ाना चाहते थे। इस कविता की दोनों पांडुलिपियों को मिलाने से लगता है कि दूसरी वाली पांडुलिपि पहले की है क्योंकि उसमें शुरुआत में ही काट-छाँट की गई है और इसमें रूलदार कागज के पाँच पृष्ठों तक प्राय: कटिंग नहीं है। बाईस पृष्ठों के रूलदार और सादे कागज पर जहाँ पेंसिल से लिखावट है, वहाँ कटिंग नहीं है। जहाँ स्याही में कविता लिखी गई है, वहाँ मामूली कटिंग है। रूलदार कागज पर पाँच पृष्ठ तक कविता में काट-छाँट का नामोनिशान नहीं है। यह धूमिल जी की प्रकृति के विरुद्ध है। वे अन्तिम समय तक परिवर्तन करते रहते थे। एकाध कविता के पत्रिका में छप जाने के बाद भी परिवर्तन कर दिया। छठे पृष्ठ पर चार पंक्तियाँ बढ़ा दी गई हैं : 'शब्दों के जंगल में हम एक-दूसरे को/काटते थे/भाषा की खाई को जुबान से कम—जूतों से/ज्यादा पाटते थे।' सातवें पृष्ठ पर 'घृणा' को काटकर उसकी जगह 'नफरत' लिख दिया। आठवें पृष्ठ पर 'कथाकली की एक अद्‌भुत मुद्रा है' में 'अद्‌भुत मुद्रा' की जगह 'अमूर्त मुद्रा' कर दिया गया है। इसी पृष्ठ पर 'वह समझती है' की जगह 'उसको समझा दिया गया है।' यहाँ पहली अभिवृद्धि से संवेदना को सम्प्रेषणीय बनाने के लिए बिम्ब-योजना की गई है। दूसरे परिवर्तन में 'नफरत' की आम आदमी में प्रभाव-सघनता है, तीसरे में 'अद्‌भुत' से अधिक 'अमूर्त' ज्यादा सम्प्रेषणीय है और चौथे में दूसरे की समझ से अधिक अपने को समझाने की शक्ति पर बल दिया गया है। इस तरह के तमाम परिवर्तन हैं जो उनकी कविता को स्वत:स्फूर्त ही नहीं करते बल्कि उसमें नये अर्थ का संचार भी करते हैं, इसके विपरीत उन्होंने एक जगह लिखा है कि 'उस नि-जड़े युग के कवियों की शिल्प कल्प रचनाएँ अर्थ-उदास हैं (कविता/सावधान!)। जैसे, रान घोड़े की पीठ कसती है/और ट्रिगर को तर्जनी/उसी तरह शब्द कविताओं को एड़ लगाते हैं (मोर्चा)' और तभी तो 'शब्द किस तरह कविता

बनते हैं/इसे देखो/अक्षरों के बीच गिरे हुए आदमी को पढ़ो।' इसीलिए तो 'कविता में एक शब्द हटाना उतना ही खतरनाक है जितना कि रेल की पटरी से फिश प्लेट को हटाना (कविता में जाना)।'

कहीं-कहीं एक ही शीर्षक से दो या तीन कविताएँ अलग-अलग पांडुलिपियों में लिखी पड़ी हैं, जैसे : 'हरित क्रान्ति'। इसे मैंने 'हरित क्रान्ति : 1-2 एवं 3' कर दिया है। इसी तरह 'प्लेटफार्म-1' एवं 'प्लेटफार्म-2' अलग-अलग बिम्ब हैं, जो दो तरह की मन:स्थिति की उपज हैं, इसे मैंने सुविधा की दृष्टि से एक जगह संकलित कर लिया है। 'हत्यारे-2' सर्वप्रथम 'परिवेश' में प्रकाशित हुआ था लेकिन इसी शीर्षक से उनकी दूसरी कविता 'हत्यारे-1' अप्रकाशित पांडुलिपियों से ली गई है। 'बीस मादा कविताएँ' जिसका जिक्र उन्होंने 'संसद से सड़क तक' के आवरण पृष्ठ (बैक) पर किया है, इसमें केवल नौ कविताएँ एक क्रम में मिली हैं जिन्हें पहली बार 'सुदामा पाँड़े का प्रजातंत्र' में संकलित कर लिया गया है। 'कल सुनना मुझे' में संकलित कविता 'मैं हूँ', ठीक इससे मिलती-जुलती 'कवि के बारे में एक कविता' है, जो असंकलित है, ऊपर-ऊपर एक ही ताने-बाने से बनी जान पड़ती है लेकिन अपने अर्थ के तनाव में अलग-अलग संवेदना देती है।

'संसद से सड़क तक' के प्रकाशन (1972) के बाद 'जिन्दा कौम' (पाक्षिक प्रकाशन), वाराणसी, शुक्रवार, 1 दिसम्बर, 1972 में एक विज्ञापन छपा है : 'धूमिल का नया काव्य-संग्रह 'अगला दस्ता' त्रिलोचन अध्ययन केन्द्र, नवाबगंज, वाराणसी से शीघ्र प्रकाशित हो रहा है।' इसी तरह 'ग्रंथ-कुटीर' पटना की शीघ्र प्रकाशित पुस्तकों की सूची में धूमिल का नया कविता-संग्रह 'कविता श्रीकाकुलम' के छपने का विज्ञापन मिला। लेकिन ये संग्रह कभी छपे नहीं। ये सब संकलन तो कभी प्रकाशित नहीं हुए लेकिन उनकी पांडुलिपियों में बहुत सारी ऐसी पंक्तियाँ हैं, जो कुछ बदले हुए रूप में उनकी कविता में चली गई होंगी या फिर ज्यों की त्यों कविता में न जा पाने की स्थिति में अप्रकाशित पड़ी रह गई हैं, जिन्हें यहाँ 'समग्र-2' में 'दस्तक' शीर्षक से दिया जा रहा है। धूमिल जी ने अपने संकलन का नाम पहले 'दस्तक' रखने को सोचा था लेकिन बाद में क्षणिकाओं के रूप में लिखी गई इन पंक्तियों का शीर्षक 'दस्तक' रखना ही उचित समझा। ये पंक्तियाँ पाठक की समझदारी अथवा उसके मन पर आज भी दस्तक देती हैं।

धूमिल की 1958 से 1963 तक की पांडुलिपियों में कुल पाँच कहानियाँ मिली हैं। प्रकाशित रूप में सबसे पहले उनकी एक कहानी 'फिर भी वह जिन्दा है' ('साकी' : जून, 1960) मिली है। यह कहानी मूल रूप से तो नहीं मिल

पाई लेकिन 'साकी' का एक पन्ना प्रकाशित रूप में मिला जिसमें कहानी का थोड़ा अंश ही मिल सका है जिसे ज्यों-का-त्यों दिया जा रहा है। इसी प्रकार 'कल्पना' के मई, 1963 में 'सीमाओं का बोझ' कहानी भी प्रकाशित रूप में मिली है।

इस प्रकार पाँच प्राप्त कहानियों में से दो उनके जीवनकाल में प्रकाशित हो चुकी थीं, शेष तीन पहली बार 'समग्र-2' में प्रकाशित हो रही हैं।

पाँच छोटी कहानियाँ भी पांडुलिपियों से ली गई हैं जो अपनी आकृति में लघु और पूर्ण होने की दशा में उसे 'लघुकथा' शीर्षक में रखना उचित समझा गया है।

धूमिल जी गाँव की 'रामलीला' से गहरे जुड़े हुए थे। 'रामलीला' के मंच से दर्शकों के मनोरंजन एवं विषयांतर के उद्देश्य से वे नाटक, एकांकी या प्रहसन का मंचन करते-करवाते थे। यहाँ जो नाटक संकलित किये गए हैं, लगता है, यह उसी मंच की उपलब्धि हैं।

'निबन्ध एवं समीक्षा' में उनके निबन्धों एवं उनके द्वारा लिखी हुई समीक्षाओं को समाहित किया गया है। इसको उसके प्रकाशन-काल के क्रम में रखने का प्रयास किया गया है। इसमें 'औद्योगिक शिक्षा ही भारतीय उन्नति का साधन' शीर्षक लेख उनकी 1958 की पांडुलिपि से लिया गया है।

धूमिल जी ने 1973 में बांग्ला के अत्यन्त लोकप्रिय, क्रान्तिकारी कवि सुकान्त भट्टाचार्य (1926-1947) के कविता-संकलन 'छाड़पत्र' का अनुवाद 'पारपत्र' नाम से कंचन कुमार के साथ किया जो जनवादी प्रकाशन, वाराणसी से प्रकाशित हुआ। इससे पहले विष्णुचन्द्र शर्मा द्वारा सम्पादित 'सर्वनाम' के 'सुकान्त केन्द्रित' 11वें अंक (सितम्बर, 1973) एवं 'आवेग-11' में इन अनूदित कविताओं को प्रकाशित किया गया था। बिकते समय धूमिल का नाम ब्लेड से काटकर 'पारपत्र' की बिक्री हुई, जिसकी खबर उन्होंने अपनी डायरी में ली है। मेरे घर के संग्रह में ब्लेड से कटी और बिना कटी, दोनों प्रतियाँ हैं।

धूमिल को समग्र रूप से समझने के लिए 'धूमिल समग्र : तीन' पढ़ना अनिवार्य है। इसमें उनकी 1969, से 1971 तक की अप्रकाशित डायरी संकलित है तथा कुल 60-61 पत्र हैं जो समय-समय पर लिखे गए हैं। इसे रचनाकाल-क्रम के अनुसार संकलित किया गया है।

'धूमिल समग्र' के तीनों खंडों को, ज्यों-का-त्यों आपके सामने रखते हुए मुझे इस बात की खुशी है कि छोटे से जीवन में अब तक के समय को समझने की धार जो धूमिल ने पैदा की, वह अब मुनासिब कार्रवाई में तब्दील हो रही है। अच्छी धातुएँ अपने अयस्कों में अक्सर घुली-मिली होती हैं, इसी तर्ज पर यहाँ हम उनको ज्यों-का-त्यों आपके सामने रख रहे हैं। आप पारखी हैं—अच्छा तलाश लेंगे और त्रुटियों के लिए मुझे क्षमा करेंगे।

अन्त में उन सुधी पाठकों को यह 'धूमिल समग्र' समर्पित है जिन्हें मौजूदा लोकतंत्र नाकाफी लगता है और वे दूसरे प्रजातंत्र की तलाश में तत्पर हैं, धूमिल के विचारों के साथ...।

—रत्नशंकर पाण्डेय

धूमिल शोध संस्थान
खेवली, वाराणसी

यह खंड

'धूमिल समग्र' के इस खंड में धूमिल की वे कविताएँ हैं जिन्हें उन्होंने गीत से मुक्त होकर लिखा है।

आजादी के कुछ ही वर्षों बाद, 'तेलंगाना किसान क्रान्ति : 1949' का जिस अमानवीय ढंग से देशी सत्ता द्वारा दमन किया जाता है, वह हमारे साहित्यकारों की आँख पहली बार खोलती है। यहीं से तथाकथित प्रजातांत्रिक सत्ता की जन-विरोधी राजनीति से 'मोहभंग' की शुरुआत होती है। धूमिल तुकबंद लयात्मकता को छोड़कर कविता में आ रहे थे, तब यह वही समय था, जब न केवल हिन्दी में अपितु देश के लगभग सभी भाषाओं में विभिन्न छोटी-बड़ी पत्रिकाओं के माध्यम से दर्जनों कविता-आन्दोलन, कुछ ही वर्षों में सामने आते हैं। इस प्रकार भारत-चीन सीमा-संघर्ष के आसपास ही इन आन्दोलनों की शुरुआत 1962 के बाद ही क्यों? यह विचारणीय है! यही वह संक्रमण बिन्दु है जहाँ गीतकार धूमिल सोचने लगते हैं : 'नव गीतात्मकता क्या समकालीन प्रौढ़ता को अवरुद्ध करती है?' नये-पुराने के बीच के अन्तर्द्वन्द्व में 'मोहभंग' यहीं से और गहराने लगता है : 'यह रही तुम्हारी स्वतंत्रता, 2/3 लुच्चापन और 1/3 बेबसी! (मेरे जिले का आदमी : पृष्ठ 330)। आज सारा हिन्दुस्तान उस वायुयान की तरह बेचैन है जिसे बेतार के तार से खबर मिली है कि उसमें टाइम बम है (कार्टून और चुटकुले : पृष्ठ 378)। और तभी तो उस समय की आलोचना में भी बदले हुए प्रतिमानों की विशद चर्चा होने लगी। 'नई कविता के प्रतिमान' की जगह 'कविता के नये प्रतिमान' ढूँढ़े जाने लगे। लेकिन इसके अधिकांश स्थिर प्रतिमान पूर्व प्रचलित नई कविता से ही लाए गए, न कि युद्ध की विसंगतियों से। जनमानस के मोहभंग को और गहराने से लाए गए जो आगे चलकर 'नक्सलबाड़ी' और 'कविता—श्रीकाकुलम्' का विद्रोही प्रवाह पाकर और प्रबल धार बनकर आगे बढ़े। इन आन्दोलनों को जिस तरह कविता में बाँधने की कोशिश धूमिल ने की है, वह अन्यत्र दुर्लभ है। इस तरह के जन-आन्दोलनों से जो भाषागत परिवर्तन हुए, उसे हमारे समीक्षकों ने आत्मसात् नहीं किया। समय के ताप से तपाए गए शब्दों की ताकत को सही ढंग से न पढ़कर जल्दी-जल्दी में निर्णय दे दिया।'

'चाकू-सा लगता है कंधे पर रखा हुआ दोस्त का दाहिना हाथ। वे जो मुझे अपमानित करने के लिए अपनी डफलियाँ सेंक रहे थे, अपने बिरादर थे। भूख ने उन्हें पशु बना दिया था। और मेरा दोष? मैंने उन्हें लालच की रोटी खाने से मना किया था' (बादाम पहाड़ : पृष्ठ 392)। इसलिए विगत पचास वर्षों में उनमें किसी को 'लोहिया का समाजवाद' दिखा, किसी को 'वामपंथ' दिखा, किसी को 'जनसंघी मुहावरा' दिखा, और जिसको यह सब नहीं दिखा तो उन्होंने नितान्त 'विपक्ष का कवि' बताकर अराजकतावादी कह दिया।

''कविता में आना', (पृष्ठ 332) शब्दों में अनुभव उड़ेलकर उसे अपने माफिक बनाना, मेरे लिए बिलकुल नया है। मैंने कविता में उन दिनों वापस होने की कोशिश की है जब उससे, तकरीबन, लोगों का विश्वास उठ गया है—उस वक्त जबकि वह चीजों को एक अन्धी सुरंग से बाहर निकालकर नंगा करने के लिए काफी बदनाम है। सचमुच उस वक्त कविता में आना एक जोखिम का काम है। मगर यह मैं हूँ कि मैंने नाम लेकर आवाज देती हुई चीजों को अपने होने की पूरी सच्चाई के साथ उत्तर दिया है, जबकि पठार पर बोलते हुए तीतर अन्धे हो चुके हैं।' इसीलिए 'अनुभव की आँखें, व्याकरण से आगे देखती हैं' (किताब : पृष्ठ 292)। 'अक्सर जो कुछ शब्दों के अभाव में छूट जाता है, उसे आँखें पूरी तत्परता से उठाकर, मेरे साथ हो लेती हैं' (मौन के सिवाय क्या है : पृष्ठ 259)। इसीलिए 'वह आदमी (चाहे जो भी रहा है) अपने व्याकरण से बड़ा कलाकार था' (अन्धापुल पर शिलालेख : पृष्ठ 303)।

दरअसल, धूमिल का जो आम आदमी है, वह किसी 'वाद' या 'पार्टी लाइन' के आम आदमी की परिभाषा का परिणाम न होकर, उनके लगाव की अभिव्यक्ति है। यही कारण है कि धूमिल की कविता का जन विभिन्न मतवादी चश्मों से विभिन्न रूपों में दिखाई पड़ता है और पूर्वग्रही महत्त्वाकांक्षी आलोचक मित्रों ने 'शब्दों की सघनता को जल्दी-जल्दी में न पढ़ पाने की स्थिति में' नितान्त विपक्ष का कवि बताकर, अराजकतावादी कहकर, अनायास उनकी मुरादों से डरने लगते हैं। पिताजी खुलकर चीजों का विरोध करते थे या पक्षधरता प्रस्तुत करते थे। डायरी और पत्रों के कई प्रकरण उनके विरोध या पक्ष की पहल करते हैं। वही कवि का पक्ष या विपक्ष होता है और यही उनकी कविता के द्वारा सामाजिक हस्तक्षेप समझा जाए। वे कलम-घिस्सू पिस्सुओं से सर्वथा भिन्न थे। उन्हें अपने-आप पर पूरा विश्वास था। उन्हें अपनी भाषा की तासीर पर पूरा भरोसा था इसीलिए वे अपनी पहचान के मुहताज नहीं थे, न कभी पहचान पाने के लिए पगलाए। वे जितना अपनी कविता के लिए याद किए जाएँगे, उतना अपने व्यक्तिगत गुणों के लिए भी। नामवर सिंह ने अपने प्रिय भाई काशी को दिनांक 9.2.1968 को एक पत्र में लिखा : 'धूमिल जी बनारस आ गए, इससे खुशी हुई। अब तुम्हें

भी आत्मबल मिलेगा। मैंने उनके लिए कुछ नहीं किया। उनमें शक्ति है और अपनी शक्ति से वे आज के वातावरण पर छा रहे हैं। जल्द ही लोग मान लेंगे कि धूमिल इस समय के सबसे सशक्त कवि हैं। कहानी का मैदान तुम्हारे लिए खाली है। धूमिल जी से सबक लो,' और आगे चलकर धूमिल के व्यक्तित्व की तुलना निराला से करते हैं (लेखन)। 'धूमिल आनेवाले कल के कवि हैं। जैसे-जैसे समय बीतेगा, धूमिल आम आदमी की जुबान पर चढ़कर बोलेंगे, ठीक वैसे ही, जैसे 'अकाल में खेत गाये जाते हैं'।'

धूमिल जी ने एक जगह लिखा है : 'मैंने उस अकेले दु:ख को कला में ढालने की कोशिश की है। गरीब की जिन्दगी को रोजनामचा बनाया। मुझे एक जीवित कविता रचने के लिए उस आदमी की देह तोड़कर बाहर आना पड़ा। मुझे कविता में जीवित रहने के लिए उस आदमी की खाल की आड़ में जाना पड़ा (गरीब जिन्दगी का रोजनामचा : पृष्ठ 505)। मैंने उन्हें कीचड़ से पानी निथारकर पीते हुए देखा है। मैंने उन्हें गोबर में से अनाज निकालकर खाते हुए देखा है। भूख और अन्न का आत्मीय सम्बन्ध मैंने इतने पास से देखा है कि मेरी आँखें भर आई हैं (आत्मीय सम्बन्ध : पृष्ठ 374), इसीलिए 'मैं उस बसन्त की चर्चा नहीं करता, जो पेड़ों की सेहत है। रोटी के टुकड़े पर छीना-झपटी करने के बाद, उस बच्चे के घुटने से, बहनेवाले लहू से जिसका कोई ताल्लुक नहीं है' (गुस्से की बनावट में रद्दोबदल : पृष्ठ 391)। इसीलिए कविता के इतिहास में धूमिल की कविताएँ पहली बार समानान्तर सरकार हैं।

'शाम-1' (पृष्ठ 292), रचनाकाल 1969 तथा 'शाम-2' (पृष्ठ 439), रचनाकाल 1964—एक ही शीर्षक होने के बावजूद दोनों की प्रतीक और बिम्ब-योजना अलग-अलग है। दोनों की अलग-अलग मन:स्थिति है। इसी तरह 'रात्रिभाषा' भी है। एक को 'सुदामा पाँड़े का प्रजातंत्र' में संकलित किया है जिसका रचनाकाल 1970 के बाद का है जबकि दूसरी 1968 की अप्रकाशित पांडुलिपियों से ली गई है। इस तरह की कविताओं को विकास के कालक्रम में पढ़ने की आवश्यकता है।

कुछ समान मन:स्थितियों में लिखी कविताएँ विभिन्न स्थानों पर लिखी मिली हैं, यथा : 'बसंत और चूहा-1' और 'बसंत और चूहा-2'। इसे एक जगह लाकर 'अमोला और खेत' के क्रम में इसलिए रख दिया है कि ये तीनों कविताएँ लगभग एक ही विषयवस्तु की ओर इशारा करती हैं।

धूमिल जी की एक कविता है : 'मुल्का'। यह कविता बिना किसी बनावट के, मुल्का के वक्तव्य से बनी है। इस कविता में कोई बुनावट नहीं है। यह एकालाप शैली में सार्थक वक्तव्य है। यह कविता की पूर्ण अभिव्यक्ति है जो आम आदमी की संवेदना से ज्यों-की-त्यों मिलती है। अपनी पूरी वचन-वक्रता के

साथ। यह कवि की जड़ से जुड़ी चेतना की छटपटाहट है। यही है उनकी कविता की भाषाहीनता। यहीं आकर कवि अपनी सहजता के साथ कविता में बिना किसी बनावट के प्रस्तुत होता है जहाँ आम आदमी की जुबान और कविता की भाषा में कोई अन्तर नहीं रह जाता। यही स्वत:स्फूर्ति धूमिल की कविता की उपलब्धि है।

पिताजी ने मृत्यु विषयक सात कविताएँ लिखी हैं : दो पारिवारिक सम्बन्धों पर, दो जवाहरलाल नेहरू की मृत्यु पर। एक—'राजकमल चौधरी के लिए', दूसरी—'जनतंत्र : एक हत्या-सन्दर्भ' (छात्र नेता सन्तोष कुमार कपूरिया के लिए) और 'आतिश के अनार-सी वह लड़की'। ये कविताएँ लगभग दस साल के अन्तराल में लिखी गई हैं लेकिन सिर्फ 'राजकमल चौधरी के लिए' कविता खूब पढ़ी गई है, शेष अभी भी पढ़ने के लिए बाकी हैं। दस-बारह वर्षों के बीच लिखी इन कविताओं को विचार और भाषा के विकास-क्रम में पढ़कर समझा जा सकता है।

कविताओं को छोटी-बड़ी न समझकर उसके ऐतिहासिक विकास-क्रम में पढ़ने की आवश्यकता है। 'निराला' की कविता आजादी के पूर्व 'वह तोड़ती पत्थर' (1935) के 'नत नयन', 'करती बार-बार प्रहार' की तुलना 'मोचीराम' (1965) के 'राँपी से उठी हुई आँखों ने मुझे क्षण-भर टटोला और फिर पतियाये हुए स्वर में हँसते हुए बोला' में एक खास तरह का बदला हुआ, स्पष्ट दृश्य-बोध होता है। जहाँ 'वह तोड़ती पत्थर' में 'नत नयन' है, वहीं 'मोचीराम' की 'उठी हुई आँखें क्षण भर में टटोलकर, पतियाये हुए स्वर में बोलती हैं'। 'नत नयन' की आनुप्रासिक लयात्मकता के 1965 तक आते-आते, खड़ी बोली की पूरी ठसक के साथ उठी हुई आँखों ने क्षण भर में ही टटोलकर, पतियाये हुए स्वर में बोलने का साहस पैदा कर दिया। 'मुक्तिबोध' की कविता का केन्द्रीय चरित्र 'ब्रह्मराक्षस' विराट महाज्ञानी पुरुष है जो दार्शनिक ऊँचाई से अपनी बात शुरू करके 'जन-संग की ऊष्मा' का पड़ताल करता है, वहीं धूमिल की कविता का केन्द्रीय चरित्र एक निचले तबके का साधारण व्यक्ति है। वह अपने आसपास से, अपने घर, अपने पेशे या अपने सामने की सड़क से बात शुरू करते हुए, स्थितियों को अपने चारों तरफ बिखरे बिम्बों के माध्यम से बाँधकर विश्लेषित करते हुए, जिन्दा रहने के पीछे स्पष्ट रूप से 'सही तर्क' की माँग करता है। इसी प्रकार 'नागार्जुन' की कविता 'अकाल और उसके बाद' यथार्थ के विविध मन:स्थितियों का चित्रण प्रस्तुत करके रह जाती है लेकिन धूमिल के यहाँ अकाल एक जीवन-दर्शन बन जाता है। वह निरा यथार्थ चित्रण ही नहीं रह जाता। जब वह अकाल को दर्शन कहते हैं तो वह अकाल का साधारण चित्र प्रस्तुत करके नहीं रह जाते बल्कि वह आजादी और गांधी के नाम पर चल रहे इस देश के 'प्रजातांत्रिक नुस्खे' में उस आदमी की नीयत को समझाना चाहते हैं जो पूरे समुदाय से अपनी गिजा वसूलता

है—कभी 'गाय' से और कभी 'हाय' से, जिसकी वजह से न भूख मिट रही है और न मौसम बदल रहा है। कविता का यही वस्तुबोध उसकी तात्कालिकता से उठाकर सार्वकालिक प्रासंगिकता से जोड़ता है। जब भी समाज में भावनाओं का अकाल पड़ेगा, धूमिल की सार्थक वक्तव्यों में घुली भावनाएँ याद आती रहेंगी। हो सकता है, घटना-विशेष इतिहास बन जाए लेकिन उस घटना से जुड़ी कवि की पीड़ा इतिहास नहीं बल्कि आपको अपनी बात कहने के लिए बहुत दिनों बाद भी ताकत प्रदान करेगी। सैकड़ों साल बाद कवि की आर्त भावनाएँ आपकी भावनाओं का शब्दश: संवाहक रहेंगी। तभी तो कविता अनादि काल तक तर्कसंगत कोटेशन बनती हैं। यह धूमिल की कविता की सबसे बड़ी ताकत है।

कहीं-कहीं एक ही कविता की पंक्तियाँ दो अलग-अलग कविताओं में दुहराई गई हैं। हो सकता है, यह एक कविता में आतीं। विभिन्न समयों पर, दो कविताओं में, एक ही रूप में समाई हैं जिसे मैंने ज्यों-का-त्यों इसलिए रहने दिया कि ये पंक्तियाँ दो जगहों पर रहकर, अपने अर्थ-प्रवाह में वहीं संलग्न हैं। इन्हें जहाँ-का-तहाँ अलग-अलग पढ़कर ही पूरी कविता का अर्थ ग्रहण किया जा सकता है। इसकी विशेषता यह है कि इन्हें वहाँ से विस्थापित करने से वह कविता अर्थहीन हो जाती।

धूमिल का निधन होता है 10 फरवरी, 1975 को और आपातकाल लागू होता है 25 जून, 1975 को, लेकिन आपातकाल की अमानवीय हरकतों की धमक उनकी 1970 के बाद की कविताओं में स्पष्ट दिखाई पड़ने लगती है : 'अपनी दुविधाओं में लहूलुहान एक गद्दीनसीन औरत टाँगों में धमाका दबाए बैठी है और सारा हिन्दुस्तान जबड़े में भिंची हुई कलेजी की तरह बमक रहा है' (नौजवान : पृष्ठ 214)। 'अपने सुझावों से उन्हें ठगा है/उस साजिश में शरीक होने के ठीक बत्तीसवें दिन/पिछलग्गू चेहरा नंगा होता है और उत्तेजित भीड़ का कार्यक्रम राष्ट्रपति शासन में बदल जाता है' (दूसरा शहर : पृष्ठ 390)—'हम आपकी पसलियाँ हैं रानी जी...हम आपकी जनता हैं रानी जी...रानी जी, आपके गोश्त में लोकतंत्र बरक्कत कर रहा है तभी तो अन्धकार भी उल्लू को ही आँखें देता है' (हम आपके हैं रानी जी : पृष्ठ 394)। उनकी कविता हर छोटी-बड़ी घटना की तहकीकात करती है तभी तो 'लोहसाँय' पर ठठाकर हँसने वाली हँसी के बीच ठेलू लोहार ठीहे पर मतलब दहाकर मुसकराता है और आँच लहकाता है' (लोहसाँय : पृष्ठ 234)।

1970 के बाद की कविताओं में—किस्सा जनतंत्र, कविता—श्रीकाकुलम्, मुक्ति के तुरन्त बाद, रोटी और संसद, शब्द जहाँ सक्रिय हैं, खेवली, खून के बारे में कविता, कविता के द्वारा हस्तक्षेप, आज मैं लड़ रहा हूँ, कविता के भ्रम में, संसद-समीक्षा, संयुक्त मोर्चा, घर में वापसी, लोकतंत्र, नौजवान, मुक्ति का रास्ता,

जनतंत्र : एक हत्या-सन्दर्भ, गुफ्तगू, मतदाता, चुनाव, सिलसिला, हरित क्रान्ति, हत्यारे, वापसी, लोहसाँय, कमरा, खून का हिसाब, नींद के बाद, भूख, प्रस्ताव जैसी कविताओं में—अपने-आपको फिर से नये सिरे से बदलते हैं। ठीक वैसे ही जैसे गीतकार धूमिल के गीत बाद में कविता में आते ही बहुत पीछे छूट गए और 'संसद से सड़क तक' को सम्पादित करते समय उसे किसी ओर का नहीं रहने दिया। इसी प्रकार इन कविताओं में 'संसद' और 'सड़क' उसी विकास-क्रम में नहीं रहे बल्कि इसमें वे ज्यादा खुले लगने लगते हैं। यहाँ आते-आते अभावग्रस्त समय का भावसमृद्ध चित्र प्रस्तुत करने लगते हैं जिसकी भाषा ज्यादा सहज, खड़ी और खुली हुई दिखाई पड़ती है।

उनकी कविता में वे कौन से तत्त्व थे जिससे उनके पूर्ववर्ती, समकालीन तथा परवर्ती रचनाकारों ने इसे हाथोंहाथ लिया जो विगत साठ वर्षों से कविता के केन्द्र में बहस का विषय बना हुआ है? जमीन के जुड़ाव के चलते धूमिल ने समकालीन कविता में सबसे अधिक उद्धरणीय पंक्तियाँ दीं। यह बड़े गौरव की बात है कि पं. विद्यानिवास मिश्र जी जैसे भाषाविद् इन कविताओं के प्रशंसक रहे और प्रो. नामवर सिंह जी इन कविताओं की ताजगी पर अपनी मुग्धता जताते रहे। इन कविताओं को नेमिचन्द्र जैन, त्रिलोचन शास्त्री और शमशेर बहादुर सिंह ने बहुत सराहा है। हरिनारायण व्यास, प्रभात कुमार त्रिपाठी, चन्द्रकांत देवताले, अशोक वाजपेयी, विष्णु खरे, राजीव सक्सेना, रमेशचन्द्र शाह, परमानन्द श्रीवास्तव, काशीनाथ सिंह, राजेश जोशी, अक्षय उपाध्याय जैसी प्रखर प्रतिभाओं को ये कविताएँ पहली बार उल्लेखनीय मोड़ की तरह दिखाई पड़ीं।

ये कविताएँ उनके काम की तो हैं ही, जो धूमिल की कविता-यात्रा की संघर्ष-गाथा में दिलचस्पी रखते हैं—यह उन जिज्ञासुओं के काम की भी हैं, जो धूमिल की भाषागत समझ और उसकी बनावट को जानना और समझना चाहते हैं कि किस तरह 'आम आदमी' उनकी कविता में पूरी सहजता से आकर समा जाता है। कैसे आते हैं वे संघर्ष करते हुए 'जन' और कैसे-कैसे जीवनानुभवों से मिलकर उठते हैं प्रश्न, जो यक्ष-प्रश्न के उत्तर की तरह किसी मनोरचना से नहीं गुजरते बल्कि समाज के विविध आयामों में सोचने-समझने के लिए आज भी आपको उकसाते हैं, और इन्हीं सवालों के उत्तर में, बदलाव के लिए तत्पर, बेहतर मनुष्यता का बेमिसाल समूह तैयार हो जाता है।

—रत्नशंकर पाण्डेय

धूमिल शोध संस्थान
खेवली—वाराणसी

अनुक्रम

संसद से सड़क तक

कल सुनना मुझे

सुदामा पाँड़े का प्रजातंत्र

असंगृहीत कविताएँ

संसद से सड़क तक

[1972]

एक सही कविता
पहले एक सार्थक वक्तव्य होती है।

कविता

उसे मालूम है कि शब्दों के पीछे
कितने चेहरे नंगे हो चुके हैं
और हत्या अब लोगों की रुचि नहीं—
आदत बन चुकी है।
वह किसी गँवार आदमी की ऊब से
पैदा हुई थी और
एक पढ़े-लिखे आदमी के साथ
शहर में चली गई।

एक सम्पूर्ण स्त्री होने के पहले ही
गर्भाधान की क्रिया से गुजरते हुए
उसने जाना कि प्यार
घनी आबादीवाली बस्तियों में
मकान की तलाश है।
लगातार बारिश में भीगते हुए
उसने जाना कि हर लड़की
तीसरे गर्भपात के बाद
धर्मशाला हो जाती है और कविता
हर तीसरे पाठ के बाद।

नहीं—अब वहाँ कोई अर्थ खोजना व्यर्थ है
पेशेवर भाषा के तस्कर-संकेतों
और बैलमुत्ती इबारतों में
अर्थ खोजना व्यर्थ है

हाँ, हो सके तो बगल से गुजरते हुए आदमी से कहो—
लो, यह रहा तुम्हारा चेहरा,
यह जुलूस के पीछे गिर पड़ा था।

इस वक्त इतना ही काफी है

वह बहुत पहले की बात है
जब कहीं, किसी निर्जन में
आदिम पशुता चीखती थी और
सारा नगर चौंक पड़ता था
मगर अब—
अब उसे मालूम है कि कविता
घेराव में
किसी बौखलाए हुए आदमी का
संक्षिप्त एकालाप है।

बीस साल बाद

बीस साल बाद
मेरे चेहरे में
वे आँखें वापस लौट आई हैं
जिनसे मैंने पहली बार जंगल देखा है :
हरे रंग का एक ठोस सैलाब जिसमें सभी पेड़ डूब गए हैं।

और जहाँ हर चेतावनी
खतरे को टालने के बाद
एक हरी आँख बनकर रह गई है।

बीस साल बाद
मैं अपने-आपसे एक सवाल करता हूँ
जानवर बनने के लिए कितने सब्र की जरूरत होती है?
और बिना किसी उत्तर के चुपचाप
आगे बढ़ जाता हूँ
क्योंकि आजकल मौसम का मिजाज यूँ है

कि खून में उड़नेवाली पत्तियों का पीछा करना
लगभग बेमानी है।

दोपहर हो चुकी है
हर तरफ ताले लटक रहे हैं
दीवारों से चिपके गोली के छर्रों
और सड़कों पर बिखरे जूतों की भाषा में
एक दुर्घटना लिखी गई है
हवा से फड़फड़ाते हुए हिन्दुस्तान के नक्शे पर
गाय ने गोबर कर दिया है।

मगर यह वक्त घबराए हुए लोगों की शर्म
आँकने का नहीं
और न यह पूछने का—
कि संत और सिपाही में
देश का सबसे बड़ा दुर्भाग्य कौन है!

आह! वापस लौटकर
छूटे हुए जूतों में पैर डालने का वक्त यह नहीं है
बीस साल बाद और इस शरीर में
सुनसान गलियों से चोरों की तरह गुजरते हुए
अपने-आप से सवाल करता हूँ—
क्या आजादी सिर्फ तीन थके हुए रंगों का नाम है
जिन्हें एक पहिया ढोता है
या इसका कोई खास मतलब होता है?

और बिना किसी उत्तर के आगे बढ़ जाता हूँ
चुपचाप।

जनतंत्र के सूर्योदय में

रक्तपात—
कहीं नहीं होगा

सिर्फ, एक पत्ती टूटेगी!
एक कन्धा झुक जाएगा!
फड़कती भुजाओं और
सिसकती हुई आँखों को
एक साथ लाल फीतों में लपेटकर
वे रख देंगे
काले दराजों के निश्चल एकान्त में
जहाँ रात में
संविधान की धाराएँ
नाराज आदमी की परछाईं को
देश के नक्शे में
बदल देती हैं।

पूरे आकाश को
दो हिस्सों में काटती हुई
एक गूँगी परछाईं गुजरेगी
दीवारों पर खड़खड़ाते रहेंगे
हवाई हमलों से सुरक्षा के इश्तहार
या
ता
या
त
को
रा
स्ता
देती हुई जलती रहेंगी
चौरस्तों की बत्तियाँ।

सड़क के पिछले हिस्से में
छाया रहेगा
पीला अन्धकार
शहर की समूची
पशुता के खिलाफ
गलियों में नंगी घूमती हुई
पागल औरत के 'गाभिन पेट' की तरह

सड़क के पिछले हिस्से में
छाया रहेगा पीला अन्धकार
और तुम
महसूसते रहोगे कि जरूरतों के
हर मोर्चे पर
तुम्हारा शक
एक की नींद और
दूसरे की नफरत से
लड़ रहा है
अपराधियों के झुंड में शरीक होकर
अपनी आवाज का चेहरा टटोलने के लिए
कविता में।

अब कोई शब्द छोटा नहीं पड़ रहा है :
लेकिन तुम चुप रहोगे;
तुम चुप रहोगे और लज्जा के
उस निरर्थ गूँगेपन-से सहोगे—
यह जानकर कि तुम्हारी मातृभाषा
उस महरी की तरह है, जो
महाजन के साथ रात-भर
सोने के लिए
एक साड़ी पर राजी है
सिर कटे मुर्ग की तरह फड़कते हुए
जनतंत्र में
सुबह—
सिर्फ, चमकते हुए रंगों की चालबाजी है
और यह जानकर भी, तुम चुप रहोगे
या शायद, वापसी के लिए पहल करनेवाले—
    आदमी की तलाश में
एक बार फिर
तुम लौट जाना चाहोगे मुर्दा इतिहास में
मगर तभी—
यादों पर पर्दा डालती हुई सबेरे की
फिरंगी हवा बहने लगेगी

अखबारों की धूप और
वनस्पतियों के हरे मुहावरे
तुम्हें तसल्ली देंगे
और जलते हुए जनतंत्र के सूर्योदय में
शरीक होने के लिए
तुम, चुपचाप, अपनी दिनचर्या का
पिछला दरवाजा खोलकर
बाहर आ जाओगे
जहाँ घास की नोक पर
थरथराती हुई ओस की एक बूँद
झड़ पड़ने के लिए
तुम्हारी सहमति का इन्तजार
कर रही है।

अकाल-दर्शन

भूख कौन उपजाता है :
वह इरादा जो तरह देता है
या वह घृणा जो आँखों पर पट्टी बाँधकर
हमें घास की सट्टी में छोड़ आती है?

उस चालाक आदमी ने मेरी बात का उत्तर
नहीं दिया।
उसने गलियों और सड़कों और घरों में
बाढ़ की तरह फैले हुए बच्चों की ओर इशारा किया
और हँसने लगा।

मैंने उसका हाथ पकड़ते हुए कहा—
'बच्चे तो बेकारी के दिनों की बरकत हैं'
इससे वे भी सहमत हैं
जो हमारी हालत पर तरस खाकर, खाने के लिए
रसद देते हैं।

उनका कहना है कि बच्चे
हमें बसंत बुनने में मदद देते हैं।

लेकिन यही वे भूलते हैं
दरअस्ल, पेड़ों पर बच्चे नहीं
हमारे अपराध फूलते हैं
मगर उस चालाक आदमी ने मेरी किसी बात का उत्तर
नहीं दिया और हँसता रहा—हँसता रहा—हँसता रहा
फिर जल्दी से हाथ छुड़ाकर
'जनता के हित में' स्थानान्तरित
हो गया।

मैंने खुद को समझाया—यार!
उस जगह खाली हाथ जाने से इस तरह
क्यों झिझकते हो?
क्या तुम्हें किसी का सामना करना है?
तुम वहाँ कुआँ झाँकते आदमी की
सिर्फ पीठ देख सकते हो।

और सहसा मैंने पाया कि मैं खुद अपने सवालों के
सामने खड़ा हूँ और
उस मुहावरे को समझ गया हूँ
जो आजादी और गांधी के नाम पर चल रहा है
जिससे न भूख मिट रही है, न मौसम
बदल रहा है।
लोग बिलबिला रहे हैं (पेड़ों को नंगा करते हुए)
पत्ते और छाल
खा रहे हैं
मर रहे हैं, दान
कर रहे हैं।
जलसों-जुलूसों में भीड़ की पूरी ईमानदारी से
हिस्सा ले रहे हैं और
अकाल को सोहर की तरह गा रहे हैं।
झुलसे हुए चेहरों पर कोई चेतावनी नहीं है।

मैंने जब भी उनसे कहा है देश, शासन और राशन...
उन्होंने मुझे टोक दिया है।
अक्सर, वे मुझे अपराध के असली मुकाम पर
अँगुली रखने से मना करते हैं।
जिनका आधे से ज्यादा शरीर
भेड़ियों ने खा लिया है
वे इस जंगल की सराहना करते हैं—
'भारतवर्ष नदियों का देश है।'

बेशक, यह खयाल ही उनका हत्यारा है।
यह दूसरी बात है कि इस बार
उन्हें पानी ने मारा है।

मगर वे हैं कि असलियत नहीं समझते।
अनाज में छिपे 'उस आदमी' की नीयत
नहीं समझते
जो पूरे समुदाय से
अपनी गिजा वसूल करता है—
कभी 'गाय' से
और कभी 'हाय' से

'यह सब कैसे होता है' मैं उन्हें समझाता हूँ
मैं उन्हें समझाता हूँ—
वह कौन-सा प्रजातांत्रिक नुस्खा है
कि जिस उम्र में
मेरी माँ का चेहरा
झुर्रियों की झोली बन गया है
उसी उम्र की मेरे पड़ोस की महिला
के चेहरे पर
मेरी प्रेमिका के चेहरे-सा
लोच है!

वे चुपचाप सुनते हैं।
उनकी आँखों में विरक्ति है;

पछतावा है;
संकोच है
या क्या है कुछ पता नहीं चलता।
वे इस कदर पस्त हैं :

कि तटस्थ हैं।
और मैं सोचने लगता हूँ कि इस देश में
एकता युद्ध की और दया
अकाल की पूँजी है।
क्रान्ति—
यहाँ के असंग लोगों के लिए
किसी अबोध बच्चे के—
हाथों की जूजी है।

बसंत

इधर मैं कई दिनों से प्रतीक्षा
कर रहा हूँ : कुर्सी में
टिमटिमाते हुए आदमी की आँखों में
ऊब है और पड़ोसी के लिए
लम्बी यातना के बाद
किसी तीखे शब्द का आशय
अप्रत्याशित ध्वनियों के समानान्तर
एक खोखला मैदान है
और मासिक धर्म में डूबे हुए लत्ते-सा
खड़खड़ाता हुआ दिन
जाड़े की रात में
जले हुए कुत्ते का घाव
सूखने लगा है
मेरे आस-पास
एक अजीब-सा स्वाद-भरा रूखापन है
उधार देनेवाले बनिये के
नमस्कार की तरह

जिसे मैं मात्र इसलिए सहता हूँ
कि इसी के चलते मौज से
रहता हूँ
मेरे लिए अब कितना आसान हो गया है
नामों और आकारों के बीच से
चीजों को टटोलकर निकालना
अपने लिए तैयार करना—
और फिर उस तनाव से होकर—
गुजर जाना
जिसमें जिम्मेदारियाँ
आदमी को खोखला करती हैं
मेरे लिए बसंत
बिलों के भुगतान का मौसम है
और यह वक्त है कि मैं भी वसूल करूँ—
टूटती हुई पत्तियों की उम्र
जाड़े की रात जले कुत्ते का दुस्साहस
वारंट के साथ आए अमीन की उतावली
और पड़ोसियों का तिरस्कार
या फिर
उन तमाम लोगों का प्यार
जिनके बीच
मैं अपनी उम्मीद के लिए
अपराधी हूँ
यह वक्त है कि मैं
तमाम झुकी हुई गरदनों को
उस पेड़ की ओर घुमा दूँ
जहाँ बसंत
दिमाग से निकले हुए पाषाणकालीन पत्थर की तरह
डाल से लटका हुआ है
यह वक्त है कि हम
कहीं न कहीं सहमत हों
बसंत
मेरे उत्साहित हाथों में एक
जरूरत है

जिसके सन्दर्भ में समझदार लोग
चीजों को
घटी हुई दरों में कूतते हैं
और कहते हैं :
सौन्दर्य में स्वाद का मेल
जब नहीं मिलता
कुत्ते महुवे के फूल पर
मूतते हैं।

एकान्त-कथा

मेरे पास उत्तेजित होने के लिए
कुछ भी नहीं है :
न कोकशास्त्र की किताबें
न युद्ध की बात
न गद्‌देदार बिस्तर
न टाँगें, न रात
चाँदनी
कुछ भी नहीं

बलात्कार के बाद की आत्मीयता
मुझे शोक से भर गई है
मेरी शालीनता—मेरी जरूरत है
जो अक्सर मुझे नंगा कर गई है

जब कभी
जहाँ कहीं जाता हूँ
अचूक उद्‌दंडता के साथ देहों को
छायाओं की ओर सरकते हुए पाता हूँ
भट्ठियाँ सब जगह हैं
सभी जगह लोग सेंकते हैं शील
उम्र की रपटती ढलानों पर
ठोकते हैं जगह-जगह कील—

कि अनुभव ठहर सकें
अक्सर लोग आपस में बुनते हैं
गहरा तनाव
वह शायद इसलिए कि थोड़ी देर ही सही
मृत्यु से उबर सकें।
मेरी दृष्टि जब भी कभी
जिन्दगी के काले कोनों में पड़ी है
मैंने वहाँ देखी है—
एक अन्धी ढलान
बैलगाड़ियों को पीठ पर लादकर
खड़ी है
(जिनमें व्यक्तित्व के सूखे कंकाल हैं)
वैसे यह सच है—
जब
सड़कों में होता हूँ
बहसों में होता हूँ;
रह-रह चहकता हूँ
लेकिन हर बार वापस घर लौटकर
कमरे के अपने एकान्त में
जूते से निकाले गए पाँव-सा
महकता हूँ।

शान्ति-पाठ

अखबारों की सुर्खियाँ मिटाकर दुनिया के नक्शे पर
अन्धकार की एक नई रेखा खींच रहा हूँ,
मैं अपने भविष्य के पठार पर आत्महीनता का दलदल
उलीच रहा हूँ।
मेरा डर मुझे चर रहा है।
मेरा अस्तित्व पड़ोस की नफरत की बगल से उभर रहा है।
अपने दिमाग के आत्मघाती एकान्त में
खुद को निहत्था साबित करने के लिए
मैंने गांधी के तीनों बन्दरों की हत्या की है।

देश-प्रेम की भट्ठी जलाकर
मैं अपनी ठंडी मांसपेशियों को विदेशी मुद्रा में
ढाल रहा हूँ
फूट पड़ने के पहले, अणुबम के मसौदे को बहसों की प्याली में
उबाल रहा हूँ।
जरायमपेशा औरतों की सावधानी और संकटकालीन क्रूरता
मेरी रक्षा कर रही है।
गर्भ-गद्गद औरतों में अजवाइन का सत्त और मिस्सी
बाँट रहा हूँ।

युवकों को आत्महत्या के लिए रोजगार दफ्तर भेजकर
पंचवर्षीय योजनाओं की सख्त चट्टान को
कागज से काट रहा हूँ।
बूढ़ों को बीते हुए का दर्प और बच्चों को विरोधी
चमड़े का मुहावरा सिखा रहा हूँ।
गिद्धों की आँखों के खूनी कोलाहल और ठंडे लोगों की
आत्मीयता से बचकर
मैकमोहन रेखा एक मुर्दे की बगल में सो रही है
और मैं दुनिया के शान्ति-दूतों और जूतों को
परम्परा की पालिश से चमका रहा हूँ।
अपनी आँखों में सभ्यता के गर्भाशय की दीवारों का
सुरमा लगा रहा हूँ।
मैं देख रहा हूँ एशिया में दाएँ हाथों की मक्कारी ने
विस्फोटक सुरंगें बिछा दी हैं।
उत्तर-दक्षिण-पूरब-पश्चिम-कोरिया, वियतनाम
पाकिस्तान, इजराइल और कई नाम
उसके चारों कोनों पर खूनी धब्बे चमक रहे हैं।
मगर मैं अपनी भूखी अँतड़ियाँ हवा में फैलाकर
पूरी नैतिकता के साथ अपने सड़े हुए अंगों को सह रहा हूँ।
भेड़िए को भाई कह रहा हूँ।

कबूतर का पर लगाकर
विदेशी युद्धप्रेक्षकों ने
आजादी की बिगड़ी हुई मशीन को

ठीक कर दिया है।
वह फिर हवा देने लगी है।
न मैं कमन्द हूँ
न कवच हूँ
न छन्द हूँ
मैं बीचोबीच से दब गया हूँ।
मैं चारों तरफ से बन्द हूँ।
मैं जानता हूँ कि इससे न तो कुर्सी बन सकती है
और न बैसाखी
मेरा गुस्सा—
जनमत की चढ़ी हुई नदी में
एक सड़ा हुआ काठ है।
लन्दन और न्यूयार्क के घुंडीदार तसमों से
डमरू की तरह बजता हुआ मेरा चरित्र
अँगरेजी का 8 है।

उस औरत की बगल में लेटकर

मैंने पहली बार महसूस किया है
कि नंगापन
अन्धा होने के खिलाफ
एक सख्त कार्यवाही है

उस औरत की बगल में लेटकर
मुझे लगा कि नफरत
और मोमबत्तियाँ जहाँ बेकार
साबित हो चुकी हैं और पिघले हुए
शब्दों की परछाईं
किसी खौफनाक जानवर के चेहरे में
बदल गई हैं, मेरी कविताएँ
अँधेरा और कीचड़ और गोश्त की
खुराक पर जिन्दा हैं

वक्त को रगड़कर
मिटा देने के लिए
सिर्फ उछलते शरीर ही काफी नहीं हैं
जबकि हमारा चेहरा
रसोईघर की फूटी पतीलियों के ठीक
सामने है और रात
उस वक्त रास्ता नहीं होती
जब हमारे भीतर तरबूज कट रहे हैं
मगर हमारे सिर तकियों पर
पत्थर हो गए हैं।
उस औरत की बगल में लेटकर
मैंने महसूस किया है कि घर
छोटी-छोटी सुविधाओं की लानत से
बना है
जिसके अन्दर जूता पहनकर टहलना मना है
यह घास है यानी कि हरा डर
जिसने मुझे इस तरह
सोचने पर मजबूर कर दिया है
इस वक्त यह सोचना कितना सुखद है
कि मेरे पड़ोसियों के सारे दाँत
टूट गए हैं
उनकी जाँघों की हरकत
पाला लगी मटर की तरह
मुर्झा गई है, उनकी आँखों की सेहत
दीवार खा गई है

उस औरत की बगल में लेटकर
(जब अचानक
बुझे हुए मकानों के सामने
दमकलों के घंटे चुप हो गए हैं)
मुझे लगा है कि हाँफते हुए
दलदल की बगल में जंगल होना
आदमी की आदत नहीं अदना लाचारी है
और मेरे भीतर एक कायर दिमाग है

जो मेरी रक्षा करता है और वही
मेरी बटनों का उत्तराधिकारी है।

राजकमल चौधरी के लिए

[युक्लिप्टस के दरख्त में एक भी पत्ती नहीं है अब
बरामदे में पड़ी लाश का चेहरा
ढकने के लिए। —**राजकमल चौधरी**]

—कहीं कुछ भी नहीं है सिर्फ
उसका मरना है, इस भ्रम के साथ-साथ
जिसे मैंने अपनी कविता का गवाह
कर लिया है। औरतें
योनि की सफलता के बाद
गंगा का गीत गा रही हैं
देह के अँधेरे में
उड़द और अजवाइन के पौधों का सपना
उग रहा है
बच्चे उस्तुरों के नीचे सिसकते हुए
सिर मुँड़ा रहे हैं और दोपहर
ररों की रेलिंग पर झुकी हुई है

लोलार्क कुंड की बनावट पर गौर करते हुए
उसने कहा था
मासिक धर्म रुकते ही सुहागिन औरतें
सोहर की पंक्तियों का रस
(चमड़े की निर्जनता को गीला करने के लिए)
नये सिरे से सोखने लगती हैं
जाँघों में बढ़ती हुई लालच से
भविष्य के रंगीन सपनों को
जोखने लगती हैं
मगर अब वह नहीं है

उसका मर जाना पतियों के लिए
अपनी पत्नियों के पतिव्रता होने की
गारंटी है

मैं सोचता हूँ और शहर
श्मशान के पिछले हिस्से के परिचित अँधेरे में
किसी 'मरी' की तरह बँधा खड़ा है
घंटाघर में वक्त की कैंची
कबूतरों के पंख कतर रही है
चौराहों पर
भीड़ किसी अपभ्रंश का शुद्ध रूप जानने के लिए
उस प्रागैतिहासिक कथा की मुट्ठी
खोलने में व्यस्त है जहाँ रात
बनैले पशुओं ने विश्राम किया था। कविता में
कुछ लोग मनुष्य की आत्मा और गाँजे की
चिलम पर
अँगुलियों के निशान की शिनाख्त कर रहे हैं
मगर वह—
अब वहाँ नहीं है
मौसम की सूचना के साथ वक्त के काले हाशिए में
एक मौत दर्ज कर दी गई है
'रा...ज...क...म...ल...चौ...ध...री'

और मैं वापस छूट गया हूँ
वर्तमान की बजबजाती हुई सतह पर
हिजड़ों की एक पूरी पीढ़ी लूप और अन्धा कूप के मसले पर
बहस कर रही है
आजादी—इस दरिद्र परिवार की बीससाला 'बिटिया'
मासिक धर्म में डूबे हुए क्वाँरेपन की आग से
अन्धे अतीत और लँगड़े भविष्य की
चिलम भर रही है
वर्तमान की सतह पर
अस्पताल की अन्तर्धाराओं और नर्सों का
सामुद्रिक सीखने के बाद

‘स्वप्न—सुखद हो’ छाप तकियों को फाड़कर
मैं
मृत्यु और मृत्यु नहीं के बीच की सरल रेखा
तलाश करता हूँ मगर वहाँ
सिर्फ चूहों की लेड़ियों
बिनौलों और स्वप्नभंग की आतुर मुद्राओं की
मौसमी नुमाइश है
जिसके भीतर कविता
किसी छूटी हुई आदत को दुहराते हुए जीने की
गुंजाइश है और अन्धकार है
जिसने चीजों को आसान कर दिया है

मेरे देखते ही देखते
उसकी तसवीर के नीचे ‘स्वर्गीय’ लिखकर
फूलदान की बगल में
बुद्धिमानों का अन्धापन और अन्धों का विवेक
मापने के लिए
सफेद पालतू बिल्ली
अपने पंजों के नीचे से कुछ शब्द
काढ़कर रख देती है
अचानक सड़कें
इश्तिहारों के रोजनामचों में बदल जाती हैं
‘सिरोसिस’ की सड़ी हुई गाँठ
समकालीन कवियों की आँख बन जाती है
नफरत के अन्धे कुहराम में सैकड़ों कविताएँ
कत्ल कर दी जाती हैं
मरी हुई गिलहरी की पीठ पर पहली मुहर
लगाने के लिए और युक्लिप्टस का दरख्त
एक सामूहिक अफवाह में नंगा हो जाता है
—उसे जिन्दगी और जिन्दगी के बीच
कम-से-कम फासला
रखते हुए जीना था
यही वजह थी कि वह

एक की निगाह में हीरा आदमी था
तो दूसरी निगाह में
कमीना था

—एक बात साफ थी
उसकी हर आदत
दुनिया के व्याकरण के खिलाफ थी

—न वह किसी का पुत्र था
न भाई था
न पति था
न पिता था
न मित्र था
राख और जंगल से बना हुआ वह
एक ऐसा चरित्र था
जिसे किसी भी शर्त पर
राजकमल होना था
—वह सौ प्रतिशत सोना था
ऐसा मैं नहीं कहूँगा
मगर यह तय है कि उसकी शख्सियत
घास थी
वह जलते हुए मकान के नीचे भी
हरा था

—एक मतलबी आदमी जो अपनी जरूरतों में
निहायत खरा था
—उसे जंगल में
पेड़ की तलाश थी
—उसके पास शराब और गाँजा और शहनाई और औरतों के
दिलफरेब किस्से थे
—मगर ये सब सिर्फ उन पर्दों के हिस्से थे
जिनकी आड़ में बैठकर
वह कविताएँ बुनता था

...अपनी वासनाओं के अँधेरे में
वह खोया हुआ देश था

जीभ और जाँघ के चालू भूगोल से
अलग हटकर उसकी कविता
एक ऐसी भाषा है जिसमें कहीं भी
'लेकिन', 'शायद', 'अगर' नहीं है
उसके लिए हम इत्मीनान से कह सकते हैं कि वह
एक ऐसा आदमी था जिसका मरना
कविता से बाहर नहीं है

सैकड़ों आवाजें हैं
जिनके इर्द-गिर्द बैठकर
चायघरों में
मेरे दोस्त अगली शोकसभा का कार्यक्रम
तैयार कर रहे हैं :
एक नये कोरस की धुन और मौत की रोशनी में चमकने का साहस,
खोए हुए आदमी की हुलिया का इश्तिहार और एक रंगीन खाली बोतल,
तीन दर्जन कागों की चुप्पी और एक काला रिबन,
औसत दर्जे की टेप-रिकार्डिंग मशीन और बच्चों के खेलने की विलायती पिस्तौल का देशी मॉडल--
मेरे दोस्त चायघरों में
अगली शोकसभा का कार्यक्रम तैयार कर रहे हैं
मगर मैं उनमें शरीक नहीं होना चाहता
मैं कविताओं में उनका पीछा करना चाहता हूँ
इसके पहले कि वे उसे किसी संख्या में
या व्याकरण की किसी अपाहिज धारणा में बदल दें
मैं उन तमाम चुनौतियों के लिए
खुद को तैयार करना चाहता हूँ
जिनका सामना करने के लिए छत्तीस साल तक
वह आदमी अन्धी गलियों में
नफरत का दरवाजा खटखटाकर

कैंचियों की दलाली करता रहा
छत्तीस साल तक गुप्त रोगों के इलाज की जड़ी
ढूँढ़ता रहा वेश्याओं और गँजेड़ियों के
नींद-भरे जंगल में

अपनी रुकी हुई किडनी के अन्धे दराज में
हाथ डालकर
कविताओं में बेलौस शब्द फेंकता रहा
और अन्त में—
अपने लिए सही टोपियों का चुनाव न कर सकने की—
हालत में बौखलाकर
अघोरियों की संगत में बैठ गया

मगर नहीं—अँधेरे घाटों पर बँधी हुई नावों को
अदृश्य द्वीपों की ओर खोलकर
कल उसे लोगों ने
गाँव की तरफ जाते हुए देखा था
उसके पैर वर्तमान की कीचड़ से लथपथ थे
उसकी पीठ झुकी हुई थी
उसके चेहरे पर
अनुभव की गहरी खराश थी :
'पूरा का पूरा यह युद्ध-काव्य
मैंने गलत जिया है
गलत किया है मैंने इस
कमरे को समझकर
जहाजी बेड़ों का बन्दरगाह...
...इस अकाल बेला में
जम्बूद्वीप के प्रारम्भ से ही यह अन्धकार
बन गया था हमारा अन्तरंग संस्कार।'

बार-बार
उसकी कविताओं में
बवासीर की गाँठ की तरह शब्द
लहू उगलते हैं

और बार-बार मेरे भीतर टूटता है,
टूटता है और मुझे तैयार करता है
चुनौतियों के सामने।

उसका मरना मुझे जीने का सही कारण देता है
जबकि वे
यानी कि मेरे दोस्त
पहियों और पांडुलिपियों की रायल्टी तय करने की
होड़ में
यह नहीं जानते
कि वह
फूलदानों, मछलियों, अँधेरों और कविताओं
को कौन-सा अर्थ
देने के लिए
किस जंगल
किस समुद्र
किस शहर के अँधेरे में जाकर
गायब हो गया है

उन्होंने सिर्फ उसे
एक जलते हुए मकान की छत्तीसवीं खिड़की से
हवा में—
फाँदते हुए देखा है।

मोचीराम

राँपी से उठी हुई आँखों ने मुझे
क्षण-भर टटोला
और फिर
जैसे पतियाए हुए स्वर में
वह हँसते हुए बोला—
बाबूजी! सच कहूँ—मेरी निगाह में
न कोई छोटा है

न कोई बड़ा है
मेरे लिए, हर आदमी एक जोड़ी जूता है
जो मेरे सामने
मरम्मत के लिए खड़ा है

और असल बात तो यह है
कि वह चाहे जो है
जैसा है, जहाँ कहीं है
आजकल
कोई आदमी जूते की नाप से
बाहर नहीं है
फिर भी मुझे खयाल रहता है
कि पेशेवर हाथों और फटे हुए जूतों के बीच
कहीं-न-कहीं एक अदद आदमी है
जिस पर टाँके पड़ते हैं,
जो जूते से झाँकती हुई अँगुली की चोट छाती पर
हथौड़े की तरह सहता है

यहाँ तरह-तरह के जूते आते हैं
और आदमी की अलग-अलग 'नवैयत'
बतलाते हैं
सबकी अपनी-अपनी शक्ल है
अपनी-अपनी शैली है
मसलन एक जूता है :
जूता क्या है—चकत्तियों की थैली है
इसे एक चेहरा पहनता है
जिसे चेचक ने चुग लिया है
उस पर उम्मीद को तरह देती हुई हँसी है
जैसे 'टेलीफून' के खम्भे पर
कोई पतंग फँसी है
और खड़खड़ा रही है
'बाबूजी! इस पर पैसा
क्यों फूँकते हो?'

मैं कहना चाहता हूँ
मगर मेरी आवाज लड़खड़ा रही है
मैं महसूस करता हूँ—भीतर से
एक आवाज आती है—'कैसे आदमी हो
अपनी जाति पर थूकते हो?'
आप यकीन करें, उस समय
मैं चकत्तियों की जगह आँखें टाँकता हूँ
और पेशे में पड़े हुए आदमी को
बड़ी मुश्किल से निबाहता हूँ

एक जूता और है जिससे पैर को
'नाँधकर' एक आदमी निकला है
सैर को
न वह अक्लमन्द है
न वक्त का पाबन्द है
उसकी आँखों में लालच है
हाथों में घड़ी है
उसे कहीं जाना नहीं है
मगर चेहरे पर
बड़ी हड़बड़ी है
वह कोई बनिया है
या बिसाती है
मगर रोब ऐसा कि हिटलर का नाती है
'इशे बाँद्धो, उशे काट्टो, हियाँ ठोक्को, वहाँ पीट्टो
घिश्शा दो, अइशा चमकाओ, जुत्ते को ऐना बनाओ
...ओफ्फ! बड़ी गर्मी है' रूमाल से हवा
करता है, मौसम के नाम पर बिसूरता है
सड़क पर 'आतियों-जातियों' को
बानर की तरह घूरता है
गरज यह कि घंटे-भर खटवाता है
मगर नामा देते वक्त
साफ 'नट' जाता है
'शरीफों को लूटते हो' वह गुर्राता है

और कुछ सिक्के फेंककर
आगे बढ़ जाता है
अचानक चिहुँककर सड़क से उछलता है
और पटरी पर चढ़ जाता है
चोट जब पेशे पर पड़ती है
तो कहीं-न-कहीं एक चोर कील
दबी रह जाती है
जो मौका पाकर उभरती है
और अँगुली में गड़ती है

मगर इसका मतलब यह नहीं है
कि मुझे कोई गलतफहमी है
मुझे हर वक्त यह खयाल रहता है कि जूते
और पेशे के बीच
कहीं-न-कहीं एक अदद आदमी है
जिस पर टाँके पड़ते हैं
जो जूते से झाँकती हुई अँगुली की चोट
छाती पर
हथौड़े की तरह सहता है
और बाबूजी! असल बात तो यह है कि जिन्दा रहने के पीछे
अगर सही तर्क नहीं है
तो रामनामी बेचकर या रंडियों की
दलाली करके रोजी कमाने में
कोई फर्क नहीं है
और यही वह जगह है जहाँ हर आदमी
अपने पेशे से छूटकर
भीड़ का टमकता हुआ हिस्सा बन जाता है
सभी लोगों की तरह
भाषा उसे काटती है
मौसम सताता है
अब आप इस बसंत को ही लो,
यह दिन को ताँत की तरह तानता है
पेड़ों पर लाल-लाल पत्तों के हजारों सुखतल्ले

धूप में, सीझने के लिए
लटकाता है

सच कहता हूँ—उस समय
राँपी की मूठ को हाथ में सँभालना
मुश्किल हो जाता है
आँख कहीं जाती है
हाथ कहीं जाता है
मन किसी झुँझलाए हुए बच्चे-सा
काम पर आने से बार-बार इनकार करता है
लगता है कि चमड़े की शराफत के पीछे
कोई जंगल है जो आदमी पर
पेड़ से वार करता है
और यह चौंकने की नहीं, सोचने की बात है
मगर जो जिन्दगी को किताब से नापता है
जो असलियत और अनुभव के बीच
खून के किसी कमजात मौके पर कायर है
वह बड़ी आसानी से कह सकता है
कि यार! तू मोची नहीं, शायर है
असल में वह एक दिलचस्प गलतफहमी का
शिकार है
जो यह सोचता है कि पेशा एक जाति है
और भाषा पर
आदमी का नहीं, किसी जाति का अधिकार है
जबकि असलियत यह है कि आग
सबको जलाती है, सच्चाई
सबसे होकर गुजरती है
कुछ हैं जिन्हें शब्द मिल चुके हैं
कुछ हैं जो अक्षरों के आगे अन्धे हैं
वे हर अन्याय को चुपचाप सहते हैं
और पेट की आग से डरते हैं
जबकि मैं जानता हूँ कि 'इनकार से भरी हुई एक चीख'
और 'एक समझदार चुप'
दोनों का मतलब एक है—

भविष्य गढ़ने में, 'चुप' और 'चीख'
अपनी-अपनी जगह एक ही किस्म से
अपना-अपना फर्ज अदा करते हैं।

शहर में सूर्यास्त

अधजले शब्दों के ढेर में तुम
क्या तलाश रहे हो?
तुम्हारी आत्मीयता—
जले हुए कागज की वह तसवीर है
जो छूते ही राख हो जाएगी।
इस देश के बातूनी दिमाग में
किसी विदेशी भाषा का सूर्यास्त
फिर सुलगने लगा है
लाल-हरी झंडियाँ—
जो कल तक शिखरों पर फहरा रही थीं
वक्त की निचली सतहों में उतरकर
स्याह हो गई हैं और चरित्रहीनता
मंत्रियों की कुर्सी में तब्दील हो चुकी है
तुम्हारी तरह मुझे भी अफसोस है
मैंने भी इस देश को
एक जवान आदमी की
रंगीन इच्छाओं की पूरी गहराई से
प्यार किया था
मगर अब, अतीत में अपना चेहरा
देखने के लिए

शीशे की धूल झाड़ना बेकार है
उसकी पालिश उतर चुकी है
और अब उसके दोनों ओर, सिर्फ
दीवार है
जिसके पीछे—
राजनीतिक अफवाहों का शरदकालीन

आकाश नगर के लफंगों में
आखिर नाटक की मनपसन्द भूमिकाएँ
बाँट रहा है
'रिहर्सल' के हवा-बन्द कमरों में
खिड़कियों के गन्दे मुहावरे गूँज रहे हैं
शाम हो रही है
दिन की मुँडेर पर, अन्धकार में आधा
झुका सूरज
अपनी जाँघों पर
रोशनी की गुलेल तोड़ रहा है
रंगों की बदचलन इच्छाएँ
शहर का सबसे अच्छा 'शो केस' तैयार
कर रही हैं
उन्होंने जनता और जरायमपेशा
औरतों के बीच की
सरल रेखा को काटकर
स्वस्तिक चिह्न बना लिया है
और हवा में एक चमकदार गोल शब्द
फेंक दिया है—'जनतंत्र'
जिसकी रोज सैकड़ों बार हत्या होती है
और हर बार
वह भेड़ियों की जुबान पर जिन्दा है!

प्रौढ़ शिक्षा

काले तख्ते पर सफेद खड़िया से
मैं तुम्हारे लिए लिखता हूँ—'अ'
और तुम्हारा मुख
किसी अन्धी गुफा के द्वार की तरह
खुल जाता है—'आऽऽ!'

यह भविष्य है यानी कि शब्दों की दुनिया में
आने की सहमति। तुमने पहली बार

बीते दिनों की यातना के खिलाफ
मुँह खोला है

और यह उस आदमी का भविष्य है जिसका
गूँगापन
न सिर्फ, आत्महत्या की सरहद पर बोलता है
मुहावरों के हवाई हमले से बचने के लिए
जिसके दिमाग में शताब्दियों का अन्धा कूप है

जो खोए हुए साहस की तलाश में
पशुओं की पूँछ के नीचे टटोलता है
जो किताबों के बीच में
जानवर-सा चुप है

यह उस आदमी का भविष्य है जो अचानक,
टूटते-टूटते, इस तरह तन गया है
कि कल तक जो मवेशीखाना था उसके लिए
आज पंचायत-भवन बन गया है

लालटेन की लौ जरा और तेज करो
उसे यहाँ—
पेड़ में गड़ी हुई कील से
लटका दो
हाँ—अब ठीक है
आज का सबक शुरू करने से पहले
मैं एक बार फिर वह सब बतलाना चाहूँगा
जिसे मैंने कल कहा था
क्योंकि पिछले पाठ का दुहराना
हर नई शुरुआत में शरीक है

कल मैंने कहा था कि वह दुनिया
जिसे ढकने के लिए तुम नंगे हो रहे थे
उसी दिन उघर गई थी
जिस दिन हर भाषा

तुम्हारे अँगूठा-निशान की स्याही में डूबकर
मर गई थी

तुम अपढ़ थे
गँवार थे
सीधे इतने कि बस—
'दो और दो चार' थे

मगर चालाक 'सुराजिए'
आजादी के बाद के अँधेरे में
अपने पुरखों का रंगीन बलगम
और गलत इरादों का मौसम जी रहे थे
अपने-अपने दराजों की भाषा में बैठकर
'गर्म कुत्ता' खा रहे थे
'सफेद घोड़ा' पी रहे थे

उन्हें तुम्हारी भूख पर भरोसा था
सबसे पहले उन्होंने एक भाषा तैयार की
जो तुम्हें न्यायालय से लेकर नींद से पहले
की—
प्रार्थना तक, गलत रास्तों पर डालती थी
'वह सच्चा पृथ्वीपुत्र है'
'वह संसार का अन्नदाता है'

मगर तुम्हारे लिए कहा गया हर वाक्य,
एक धोखा है जो तुम्हें दलदल की ओर
ले जाता है

लहलहाती हुई फसलें...
बहती हुई नदी...
उड़ती हुई चिड़ियाँ...
यह सब, सिर्फ, तुम्हें गूँगा करने की चाल है
क्या तुमने कभी सोचा कि तुम्हारा—

यह जो बुरा हाल है
इसकी वजह क्या है?

इसकी वजह वह खेत है
जो तुम्हारी भूख का दलाल है
आह! मैं समझता हूँ कि यह एक ऐसा सत्य है
जिसे सकारते हुए हर आदमी झिझकता है
मगर तुम खुद सोचो कि डबरे में
डूबता हुआ सूरज
खेत की मेंड़ पर खड़े आदमी को
एक लम्बी परछाईं के सिवा और क्या दे
सकता है
काफी दुविधा के बाद
मुझे यह सच्चाई सकारनी पड़ी है
यद्यपि यह सही है कि सूरज
तुम्हारी जेब-घड़ी है
तुम्हारी पसलियों पर
मौसम की लटकती हुई जंजीर
हवा में हिलती है और
पशुओं की हरकतों से
तुम्हें आनेवाले खतरों की गन्ध
मिलती है
लेकिन इतना ही काफी नहीं है
इसीलिए मैं फिर कहता हूँ कि हर हाथ में
गीली मिट्टी की तरह—हाँ-हाँ—मत करो
तनो
अकड़ो
अमरबेलि की तरह मत जियो
जड़ पकड़ो

बदलो—अपने-आपको बदलो
यह दुनिया बदल रही है
और यह रात है, सिर्फ रात...

इसका स्वागत करो
यह तुम्हें
शब्दों के नये परिचय की ओर लेकर
चल रही है।

मकान

बस जरा-सी गफलत होती है और जंगल
आदमी की गिरफ्त से छूटकर
दीवारों की कवायद में शरीक
हो जाता है, इसके बाद
पूरे परिवार की गलतफहमी का
फायदा उठाते हुए
एक मकान उठता है और
एक बूढ़ा आदमी
उस पर झंडे की तरह उड़ने लगता है
उसके पाँच बच्चे नींव में
चुन दिये जाते हैं
और एक बूढ़ी औरत
उस मकान की खिड़की पर
बैठकर
अपनी परछाईं को
हरियाली के किस्से सुनाती है
मकान—
मारे गए आदमी के नाम पर
छतों की साजिश है जहाँ रात
रिश्तों की आड़ में
पशुओं को पालतू बनाती है
यह सन् 1960 की बात है
जब मैं अपनी कविताओं की हद
फाँद रहा था
अचानक मुझे इस बात का पता
चल गया और मैंने उस खानाबदोश

औरत की जाँघों में घुसकर
खुद को पालतू होने से बचा लिया
जिसने कहा था कि बाज
अपने लिए घोंसला नहीं बनाता
तब से सात साल गुजर चुके हैं :
मकानों को चरागाह की तरह इस्तेमाल करता हुआ
मैं देश के इस कोने से उस कोने तक
घूम रहा हूँ
अपने फालतू मित्रों के बीच वे किस्से
बाँटता रहा हूँ जो मुझे खेवली
उल्टाडाँगा और हकीकतनगर में मिले हैं
मैंने अक्सर उन्हें
उन मकानों के बारे में बतलाया है
जिनकी छतों पर हवा
कबूतरों की बीट से मैली हो जाती है
जिनकी खिड़की
गली झाँकते चेहरों को बेवजह बदनाम करती है
जिनके आँगन में धूप कभी नहीं जाती
जिसके संडासघरों में खाँसी
किवाड़ों का काम करती है
जहाँ बूढ़े
खाना खा चुकने के बाद अन्धे हो जाते हैं
जवान लड़कियाँ अँधेरा पकड़ लेती हैं
बच्चे फिल्मी गीतों की तर्ज पर अँगूठा चूसते हैं
और नौजवान अपनी जिम्मेदारियाँ
रोजगार-दफ्तरों को सौंपकर
चूहों की नस्ल पर बहस करते हैं
रात—
जब सड़कें रोशनी के आरों के नीचे होती हैं
इन मकानों की नींव में
असंख्य नावें डूबती हैं
सुबहें—
उन्हें नारंगी के डब्बों-सी खाली कर जाती हैं
और मुर्गे

जब दोपहर को अपनी बाँग से
गलत साबित कर रहे होते हैं
उनकी खिड़कियाँ नींद में
किसी मरीज की आँखों-सी
बन्द रहती हैं
मैंने देखा है
किस तरह मकानों की आड़ में
छिपे हुए मकान
दरवाजों में चाकू छिपाकर
आदमी का इन्तजार करते हैं
'स्वागत है' आहिस्ता-आहिस्ता
किसी आदमखोर के जबड़े की तरह
उस मकान का फाटक खुल जाता है
और देखते-ही-देखते
एक समूचा और मुस्कराता हुआ आदमी
उसके भीतर नमक के ढेले-सा
घुल जाता है
तुम उसे रोक नहीं सकते

कुछ आदिम मुहावरों ने
उसके दिमाग की सबसे समझदार
नस को मुर्दा बना डाला है
उसके खून में—बसंत की लय पर
हर वक्त, एक गीत बजता रहता है—
'मकान मानव सम्बन्धों की मनोहर चित्रशाला है'
मगर मैं इसका मतलब समझता हूँ
रसोईघर में खुशबूदार मसालों और उबलती हुई
मुस्कराहटों का जहर
किस तरह उसकी हत्या करता है
किस तरह रिश्ते उसे दावत की तरह खाते हैं
मैंने अपने बेलगाम मित्रों को बतलाया है
कि किस तरह इस षड्यंत्र की शुरुआत
उसी वक्त हो जाती है जब आदमी
आजादी और वक्त से ऊबकर

अपनी देशी आदतों और सस्ती किताबों के साथ
16 × 12 फुट का एक खूबसूरत कमरा हो जाता है
और उस वक्त उसकी हत्या कर दी जाती है
जब फूल और गोश्त में
फर्क करने के सारे सबूत मिटाकर
वह बिस्तर से खिड़की तक
फैलकर सो जाता है।

एक आदमी

शाम जब तमाम खुली हुई चीजों को
बन्द करती हुई चली जाती है
और दरवाजे पर
सिटकिनी का रंग बरामदे के
अन्धकार में घुल जाता है
जब मैं काम से नहीं होता
यानी कि मैं नहीं ढोता
अलमारियों में बन्द किताबों का विवेक
या हाँफते हुए घोड़ों और फेन से तरबतर—
औरतों का गर्म खयाल :
मेरे पास एक आदमी आता है
('जैसे किसी मकान में अपरिचितों के बीच—
चल रहे हों'
आप कल्पना करें—)
अपनी उपस्थिति पर अनायास
खाँसता हुआ
मेरे पास रोज एक आदमी आता है
वक्त के साथ बेचैनी से बीतता हुआ
वह एक मर्द है
उसके सूजे हुए चेहरे पर

मौसमों की अँगुलियाँ अलग-अलग
उपटी हुई हैं

उसकी नाक ऊँची है
और बरौनियाँ सटी हुई हैं
उसने एक मशीन पाल रखी है
जो उसे
चीजों के नीलाम में
मदद देती है।

उसकी गर्दन लम्बी है। उसे शक है—
किसी ने रास्ते-भर उसका पीछा किया है
उम्र के सत्ताईस साल
उसने भागते हुए जिए हैं
उसके पेशाब पर चींटियाँ रेंगती हैं
उसके प्रेम-पत्रों की आँच में
उसकी प्रेमिकाएँ रोटियाँ सेंकती हैं
अपनी अधूरी इच्छाओं में झुलसता हुआ
वह एक सम्भावित नर्क है :
वह अपने लिए काफी सतर्क है
और जब जवान औरतों को देखता है—
उसकी आँखों में कुत्ते भौंकते हैं
उसका विचार है—
कि उसके मरते ही मनुष्यता—
                    अन्धी हो जाएगी
उसे अपनी सेवाओं पर गर्व है।
देश से प्यार है।
कुर्सी के 'हाते' में उसकी हरकतें—
                    मुझे अच्छी लगती हैं
और अच्छा लगता है उसका झेंपता हुआ चेहरा
जिससे शालीनता इतनी ज्यादा टपक चुकी है
कि वहाँ एक तैरता हुआ पत्थर है
सम्भावनाओं में लगातार पहलू बदलता हुआ...
अपनी पराजित और जड़-विहीन हँसी पर
अतीत और मानसून का खोखलापन
टाँगता हुआ

जब वह हँसता है उसका मुख
धक्का खाई हुई 'रीम' की तरह
उदास—फैल जाता है
मेरे पास अक्सर एक आदमी आता है
और हर बार
मेरी डायरी के अगले पन्ने पर
बैठ जाता है।

शहर का व्याकरण

शहर का व्याकरण ठीक करने के लिए
एक हल्लागाड़ी
गश्त कर रही है
चुनाव के इश्तहार से निकलकर
एक आदमी सड़क पर आ गया है
आसमान में सन्नाटा छा गया है
शाम के सात बजे हैं
भाषा के चौथे पहर में
'मैं प्रभु हूँ' का चेहरा उतारकर
वह विदूषक
उस शो-केस के सामने खड़ा है
जिसमें जूते—
पान की गिलौरियों की तरह सजे हैं
और एक रर्रा विदेशी पर्यटक का
पीछा कर रहा है
उसकी जुबान पर अपने यहाँ गाए जानेवाले
जंगल-गीत का प्यारा-सा छन्द है
(आगे सड़क बन्द है) लाल बत्ती जल रही है
फर्माइशी गीतों की परिचित आवाज में
सीमा पर तैनात जवानों का हौसला
बुलन्द है
अब हर चीज का एक नाम है
लोगों की सुविधा के लिए

बनिया-सच्चाई है
यह महँगाई है
जिसने बाजार को चकमा दिया है
लोग आ रहे हैं—जा रहे हैं
धक्का दे रहे हैं—खा रहे हैं
और खुश हैं कि भीड़ सुख पा रहे हैं
मगर सुनो! तुमने अपने कुत्ते को
दिन में क्यों खोल दिया है
इससे पहले कि वह पकड़ लिया जाए
और चीर-फाड़ की किसी धारणा को साबित करते हुए
अस्पताल में हलाल हो
अगर तुम उसे नगरपालिका की नजर से
बचाना चाहते हो—
उसके गले में एक पट्टा डाल दो

सचमुच मजबूरी है
मगर जिन्दा रहने के लिए
पालतू होना जरूरी है।

पतझड़

ठीक यहीं से
नंगेपन की ओर
चले जाते हैं पेड़

जंगल की सरहद पर
जलते जनतंत्र में
रंगों की सुविधा का
पिछला एहसास लिये
अपने दशक की समूची युवा पीढ़ी
देखती रह जाती है
जड़ों को लेकर

जमीन की अँधेरी गहराइयों में
भागती हुई भूख
पत्तियाँ चबाती है

तुमने भी देखा है?
तुमने क्या देखा?
ठीक यहीं से
मौसम को झाँसा देता हुआ
दो पीढ़ियों के बीच की
नफरत-सा धुँधला आसमान

अनाथालय के फाटक-सी खुली हुई
पृथ्वी पर
धूप के चौंध फेंकता है
जनवादी मुद्रा में
शाखों पर चढ़ी हुई नकचढ़ी हवा
शब्द-वृद्ध पत्तों पर
समकालीनता के जनसंघी नुस्खे लिखती है
'संविद की होड़ में
एक आत्मीय चेहरा गायब
हो गया है और कविता
इतने जिन्दा शब्दों के बावजूद
हमलावरों के डर से
खाली किये गए शहर की तरह दिखती है'
तुमने भी पढ़ा है?
तुमने क्या पढ़ा?

ठीक यहीं से
रिश्तों का फालतूपन उभरता है
परिचय की सतहों पर
फैल जाता है गाढ़ा अन्धकार
आत्मीयता—
नीयत की हरजाई तुकबन्दियों में

खो जाती है। किसी
डरे हुए पेड़ के इशारे पर
हरियाली
भूँकते हुए अन्धड़ के सामने
कुछ तिनके फेंककर
वक्त की साजिश में
शरीक हो जाती है

चीजों में लोहा कमतर हो जाता है
एकाएक—
जंग लगे अचरज से बाहर
आ जाता है आदमी का भ्रम और देश-प्रेम
बेकारी की फटी हुई जेब से खिसककर
बीते हुए कल में
गिर पड़ता है :
मैंने रोजगार-दफ्तर से गुजरते हुए—
नौजवान को
यह साफ-साफ कहते सुना है—
'इस देश की मिट्टी में
अपने जाँगर का सुख तलाशना
अन्धी लड़की की आँखों में
उससे सहवास का सुख तलाशना है'
तुमने भी सुना है?
तुमने क्या सुना?

कवि : 1970

इस वक्त जबकि कान नहीं सुनते हैं कविताएँ
कविता पेट से सुनी जा रही है। आदमी
गजल नहीं गा रहा है, गजल
आदमी को गा रही है

इस वक्त जबकि कविता माँगती है
समूचा आदमी अपनी खुराक के लिए
उसके मुँह से खून की बू
आ रही है

अपने बचाव के लिए
खुद के खिलाफ हो जाने के सिवा
दूसरा रास्ता क्या है?
मैं आपसे ही पूछता हूँ

जहाँ पसीना पाप से अधिक बदबू
देता है
अपना हाथ खोकर
चिमनी के नीचे खड़ा है
निहत्था मजूर
वहाँ आप मुझे मजबूर क्यों करते हो?
कविता में जाने से पहले
मैं आपसे ही पूछता हूँ
जब इससे न चोली बन सकती है
न चोंगा;
तब आपै कहो—
इस ससुरी कविता को
जंगल से जनता तक
ढोने से क्या होगा?
आपै जवाब दो
मैं इसका क्या करूँ?
तितली के पंखों में पटाखा बाँधकर
भाषा के हलके में
कौन-सा गुल खिला दूँ?

जब ढेर सारे दोस्तों का गुस्सा
हाशिए पर

चुटकुला बन रहा है

क्या मैं व्याकरण की नाक पर
रूमाल लपेटकर
निष्ठा का तुक
विष्ठा से मिला दूँ?

आपै जवाब दो
आखिर मैं क्या करूँ?
सुविधा की तहजीब से बाहर
जहाँ चौधरी अपना चमरौधा
उतार गए हैं
कविता में
वहीं कहीं नफरत का
एक डरा हुआ बिन्दु है
आप उसे छुओ;
वह कुनमुनाएगा
आप उसे कोंचो
वह उठ खड़ा होगा

लेकिन एक जरूरतमन्द चेहरे के अलावा
वह धूमिल नहीं—
एक डरा हुआ हिन्दू है

उसके बीवी है
बच्चे हैं
घर है

अपने हिस्से का देश
ईश्वर की दी हुई गरीबी है
(यह बीवी का तुक नहीं है)
और सही शब्द चुनने का डर है

मैं एक डर चुनता हूँ
सबसे हलका
सबसे बारीक
सबसे मुलायम

कम-अज-कम जिससे मैं खुद को बाँध सकूँ
जुआ तोड़कर भागते हुए शब्दों को
कविता में नाँध सकूँ

बहरहाल, मैं एक डर चुनता हूँ
मगर उसे बाजार में रखने से पहले ही—
घर में बीमार बच्चे का
'फटे हुए दूध-सा रोना' सुनता हूँ

बच्चा क्यों रो रहा है?
मैं चुपचाप उठकर रसोईघर में जाता हूँ
और पूछता हूँ 'क्या हो रहा है'

यह जानते हुए भी कि कई दिनों बाद
भूख का जायका बदलने के लिए
आज कुम्हड़े की सब्जी पक रही है

पत्नी का उदास और पीला चेहरा
मुझे आदत-सा आँकता है

उसकी फटी हुई साड़ी से झाँकती हुई पीठ पर
खिड़की से बाहर खड़े पेड़ की
वहशत चमक रही है

मैं झेंपता हूँ
और धूमिल होने से बचने लगता हूँ
यानी बाहर का 'दुर-दुर'

और भीतर का बिल-बिल होने से
बचने लगता हूँ

आप मुस्कुराते हो?

'बढ़िया उपमा है'
'अच्छा प्रतीक है'
'हें हें हें! हें हें हें!!'
'तीक है—तीक है'

और मैं समझता हूँ कि आपके मुँह में
जितनी तारीफ है
उससे अधिक पीक है

फिर भी मैं अन्त तक
आपको सहूँगा

वादों की लालच में
आप जो कहोगे
वह सब करूँगा
लेकिन जब हारूँगा
आपके खिलाफ खुद अपने को तोड़ूँगा
भाषा को हीकते हुए अपने भीतर
थूकते हुए सारी घृणा के साथ

अन्त में कहूँगा—
सिर्फ, इतना कहूँगा—
'हाँ, हाँ, मैं कवि हूँ;
कवि—यानी भाषा में
भदेस हूँ;

इस कदर कायर हूँ
कि उत्तर प्रदेश हूँ!'

नक्सलबाड़ी

'सहमति...
नहीं, यह समकालीन शब्द नहीं है
इसे बालिगों के बीच चालू मत करो'
—जंगल से जिरह करने के बाद
उसके साथियों ने उसे समझाया कि भूख
का इलाज नींद के पास है!
मगर इस बात से वह सहमत नहीं था
विरोध के लिए सही शब्द टटोलते हुए
उसने पाया कि वह अपनी जुबान
सहुवाइन की जाँघ पर भूल आया है;
फिर भी हकलाते हुए उसने कहा—
'मुझे अपनी कविताओं के लिए
दूसरे प्रजातंत्र की तलाश है,'
सहसा तुम कहोगे और फिर एक दिन—
पेट के इशारे पर
प्रजातंत्र से बाहर आकर
वाजिब गुस्से के साथ अपने चेहरे से
कूदोगे
और अपने ही घूँसे पर
गिर पड़ोगे।

क्या मैंने गलत कहा? आखिरकार
इस खाली पेट के सिवा
तुम्हारे पास वह कौन-सी सुरक्षित
जगह है, जहाँ खड़े होकर
तुम अपने दाहिने हाथ की
साजिश के खिलाफ लड़ोगे?

यह एक खुला हुआ सच है कि आदमी—
दाएँ हाथ की नैतिकता से
इस कदर मजबूर होता है

कि तमाम उम्र गुजर जाती है मगर गाँड़
सिर्फ, बायाँ हाथ धोता है।

और अब तो हवा भी बुझ चुकी है
और सारे इश्तहार उतार लिये गए हैं
जिनमें कल आदमी—
अकाल था। वक्त के
फालतू हिस्सों में
छोड़ी गई पालतू कहानियाँ
देश-प्रेम की हिज्जे भूल चुकी हैं,
और वह सड़क—
समझौता बन गई है
जिस पर खड़े होकर
कल तुमने संसद को
बाहर आने के लिए आवाज दी थी
नहीं, अब वहाँ कोई नहीं है
मतलब की इबारत से होकर
सब-के-सब व्यवस्था के पक्ष में
चले गए हैं। लेखपाल की
भाषा के लम्बे सुनसान में
जहाँ पालो और बंजर का फर्क
मिट चुका है चन्द खेत
हथकड़ी पहने खड़े हैं।

और विपक्ष में—
सिर्फ कविता है।
सिर्फ हज्जाम की खुली हुई 'किसबत' में एक उस्तुरा—
चमक रहा है।
सिर्फ भंगी का एक झाड़ू हिल रहा है
नागरिकता का हक हलाल करती हुई
गन्दगी के खिलाफ।

और तुम हो, विपक्ष में
बेकारी और नींद से परेशान।

और एक जंगल है—
मतदान के बाद खून में अँधेरा
पछींटता हुआ।
(जंगल मुखबिर है)

उसकी आँखों में
चमकता हुआ भाईचारा
किसी भी रोज तुम्हारे चेहरे की हरियाली को,
बेमुरव्वत, चाट सकता है।

खबरदार!
उसने तुम्हारे परिवार को
नफरत के उस मुकाम पर ला खड़ा किया है
कि कल तुम्हारा सबसे छोटा लड़का भी
तुम्हारे पड़ोसी का गला
अचानक,
अपनी स्लेट से काट सकता है।
क्या मैंने गलत कहा?

आखिरकार...आखिरकार...।

कुत्ता

उसकी सारी शख्सियत
नखों और दाँतों की वसीयत है
दूसरों के लिए
वह एक शानदार छलाँग है
अँधेरी रातों का
जागरण है नींद के खिलाफ
नीली गुर्राहट है

अपनी आसानी के लिए तुम उसे
कुत्ता कह सकते हो

उस लपलपाती हुई जीभ और हिलती हुई दुम के बीच
भूख का पालतूपन
हरकत कर रहा है
उसे तुम्हारी शराफत से कोई वास्ता
नहीं है, उसकी नजर
न कल पर थी
न आज पर है
सारी बहसों से अलग
वह हड्डी के एक टुकड़े और
कौर-भर
(सीझे हुए) अनाज पर है

साल में सिर्फ एक बार
अपने खून में जहरमोहरा तलाशती हुई
मादा को बाहर निकालने के लिए
वह तुम्हारी जंजीरों से
शिकायत करता है
अन्यथा, पूरा का पूरा वर्ष
उसके लिए घास है
उसकी सही जगह तुम्हारे पैरों के पास है

मगर तुम्हारे जूतों में
उसकी कोई दिलचस्पी नहीं है
उसकी नजर
जूते की बनावट नहीं देखती
और न उसका दाम देखती है
वहाँ, वह सिर्फ बित्ता-भर
मरा हुआ चाम देखती है
और तुम्हारे पैरों से बाहर आने तक
उसका इन्तजार करती है
(पूरी आत्मीयता से)

उसके दाँतों और जीभ के बीच
लालच की तमीज है जो तुम्हें

जायकेदार हड्डी के टुकड़े की तरह
प्यार करती है

और वहाँ, हद दर्जे की लचक है
लोच है
नर्मी है
मगर मत भूलो कि इन सबसे बड़ी चीज
वह बेशर्मी है
जो अन्त में
तुम्हें भी उसी रास्ते पर लाती है
जहाँ भूख—
उस वहशी को
पालतू बनाती है।

शहर, शाम और एक बूढ़ा : मैं

सिगरेट का आखिरी कश खींचकर
मैंने उसे राखदान में डाल दिया है
और अब, मैं एक शरीफ आदमी हूँ
पूरी नागरिक सौम्यता के साथ।

छुट्टियों के दिन मैं किसी से घृणा नहीं करता
मुझे किसी मोर्चे पर नहीं
जाना है
पूरी शराब पीकर मैंने उस बोतल को
शौचालय में डाल दिया है
जिस पर लिखा है—
FOR DEFENCE SERVICES ONLY
यह मेरी जिन्दगी का लब्बोलुबाब है
(हर अच्छे नागरिक की तरह
खतरे का सायरन बजते ही
मैंने अपनी खिड़कियों के पर्दे गिरा दिये हैं

खतरा—इन दिनों—
बाहर की नहीं बल्कि भीतर की रोशनी से है)

मैंने ऐसा कुछ भी नहीं किया है
कि मेरी प्रतिमा बने और उसके
उद्घाटन समारोह में
शहर के समझदार लोगों का एक पूरा व्यस्त दिन
खराब हो
मैंने अपनी थाली के एक किनारें बैठकर
बहुत साधारण जीवन जिया है
जेल के बगल की नागरिकता
और बूचड़खाने के सामने की सज्जनता
मुझे विरासत में मिली थी
मैंने उन्हें अपनी सहूलियत के साथ जोड़कर
दो कदम आगे बढ़ाया है
नगरपालिका ने मुझे
बाएँ रहना सिखलाया है
(सफल जीवन जीने के लिए
कारनेगी की किताब की नहीं,
सड़क के यातायात चिह्नों को
समझने की जरूरत है)

छोटे-मोटे झूठ के अलावा
मुझे नहीं मालूम कि बन्दूक का वजन
क्या होता है।
चौराहे पर कवायद करते हुए
ट्रैफिक पुलिस के चेहरे पर
मुझे हमेशा, जनतंत्र का नक्शा
नजर आया है।

और अब मैं निश्चिन्त हूँ
मुझे कुछ नहीं करना है
मैं उम्र के उस मुकाम पर पहुँच गया हूँ

जहाँ फाइलें बन्द हुआ करती हैं
मैं अपने बरामदे की निजी कुर्सी पर बैठा हूँ
बेझिझक...
सूरज मेरे जूते की नोक पर डूब रहा है
दूर कहीं बिगुल बज रहा है
यह फौजियों की वापसी का वक्त है
और शहर
अपने जनून को
आहिस्ता-आहिस्ता शीशे और रोशनी में
बदल रहा है।

सच्ची बात

बाडियाँ फटे हुए बाँसों पर फहरा रही हैं
और इतिहास के पन्नों पर
धर्म के लिए मरे हुए लोगों के नाम
बात सिर्फ इतनी है
स्नानघाट पर जाता हुआ हर रास्ता
देह की मंडी से होकर गुजरता है
और जहाँ घटित होने के लिए कुछ भी नहीं है
वहीं हम गवाह की तरह खड़े किये जाते हैं
कुछ देर अपनी ऊब में तटस्थ
और फिर चमत्कार की वापसी के बाद
भीड़ से वापस ले लिये जाते हैं
वक्त और लोगों के बीच
सवाल शोर के नापने का नहीं है
बल्कि उस फासले का है जो इस रफ्तार में भी
सुरक्षित है
वैसे हम समझते हैं कि सच्चाई
हमें अक्सर अपराध की सीमा पर
छोड़ आती है
आदतों और विज्ञापनों से दबे हुए आदमी का
सबसे अमूल्य क्षण सन्देहों में

तुलता है
हर ईमान का एक चोर दरवाजा होता है
जो संडास की बगल में खुलता है
दृष्टियों की धार में बहती नैतिकता का
कितना भद्‌दा मजाक है
कि हमारे चेहरों पर
आँख के ठीक नीचे ही नाक है।

हत्यारी सम्भावनाओं के नीचे

मुर्गे की बाँग पर
सूरज को टाँगकर
सो जाओ
हत्याओं के खिलाफ
ओढ़कर
निकम्मी आदतों का लिहाफ।
क्योंकि यही वक्त है जबकि सिरहाने
घड़ी के अलार्म का टूटा हुआ होना भी—
एक अदद सुविधा है।
वरना तुम कर भी क्या सकते हो
यदि पड़ोस की महिला का एक बटन
तुम्हारी बीवी के ब्लाउज से
(कीमत में) बड़ा है
और प्यार करने से पहले
तुम्हें पेट की आग से होकर
गुजरना पड़ा है।
फिर भी तुम चाहो तो यह करो
कि
अपने इतवार में
घुसी हुई बुढ़िया को
बाहर ढकेल दो
चाहे वह तुम्हारी

गृहस्थी ही क्यों न हो
धूप कमरे में खड़ी है
अपनी देह
स्वप्नों की दीवार बनने से बचाओ
वक्त के चौकस पंजों में
उम्र की गायब शक्लों को समेटकर
खाल के नीचे घुस जाओ
और भूल जाओ
कि नींद में
पेड़ के लिए
तुमने जंगल से बहस की है
चीख जो अँधेरे में
तुमने सुनी है—सिर्फ
तुमने ही नहीं—सबने सुनी है
सबने उसे ढाल पर
गिरते हुए देखा है
और महज एक देर
सबकी आँखों में
गुस्सा गुर्राया है, आँधीनुमा
बेचैनी चेहरों पर छाई है
सबने महसूस किया—कैसा अन्याय है।
किन्तु वहाँ सामने
कोई नहीं आया है
किसी ने नहीं कहा कि जुर्म की जगह
यह है और
पत्तों का हरापन डर की वजह है।
किसी ने नहीं कहा—
हर आदमी
भीतर की बत्तियाँ बुझाकर
पड़े-पड़े सोता है
क्योंकि वह समझता है
कि दिन की शुरुआत का ढंग
सिर्फ हारने के लिए होता है
हमदर्दी

चेहरों से आँसू और चमड़ा
बटोरती है
उम्मीद के चौखटों पर
चुम्बन की तेल लगी कीलों से
तसल्ली के जुमले टाँकती है
और फिर दूसरे मरीज की तलाश में
क्षमाहीन लोगों की भीड़ में
वापस चली जाती है
और तुम पाते हो कि तुम अकेले
रह गए हो
हारी हुई चीजों ने
अपने को चुनौतियों के सामने से
हटा लिया है और
अब सवालों की ओट में
खड़ी होकर
तुम्हारे लौटने का इन्तजार
कर रही हैं
लौट जाओ
इससे पहले कि तने हुए हाथों के
ठूँठ पर
रोशनी की चील बीट कर दे
असमय का साहस
आनेवाले दिनों को
चिथड़ों और सड़े हुए दाँतों से भर दे :
इससे पहले कि
ईमानदारी तुम्हें उस जगह ले जाए
जहाँ बेटा तुम्हें बाप कहते हुए
शरमाए,
तुम वापस चले जाओ
हत्यारी सम्भावनाओं के नीचे
सहनशीलता का नाम
आज भी हथियारों की सूची में नहीं है
रात खत्म हो चुकी है

और वह सुरक्षित नहीं है
जिसका नाम हत्यारों की सूची में नहीं है।

मुनासिब कार्रवाई

अकेला कवि कठघरा होता है।
इससे पहले कि 'वह' तुम्हें
सिलसिले से काटकर अलग कर दे
कविता पर
बहस शुरू करो
और शहर को अपनी ओर
झुका लो।
यह सबूत के लिए है।
—रंगीन पत्रिकाओं में चरित्र—
पोंकता हुआ ईमान,
जो दाँतों में फँसी हुई भाषा की
तिकड़म है,
—टूटे हुए बकलस का खुफिया तनाव,
—एक बातूनी घड़ी,
—वकील का लबार चोगा,
—एक डरपोक चाकू
जिसका फल कानून की जद से
सूत-भर कम है,

शिनाख्त की इन तमाम चीजों के साथ
अपने लोगों की भीड़ में
भाषा को धीरे से धँसाओ।
बिना किसी घाव के शब्द
बाहर आ जाएँगे
जैसे परखी में बोरे का अनाज
चला आता है।
उन्हें परखो।
बाट की जगह अपना चेहरा रख दो।

यह न्याय के लिए है।
क्योंकि जिसमें थोड़ा-सा भी विवेक है;
वह जानता है कि आजकल
शहर कोतवाल की नीयत
और हथकड़ी का नम्बर एक है।
और अब देखो कि काँटे का रुख
किधर है।
कल तक वह उधर था
जिधर आढ़तिया था।
जिधर चुंगी का मुंशी बैठता था।
कल तक—
नगरपिता का सिर विरोध में
हिलता था और तुम पाते थे—
कि कविता का अर्थ
बदल गया है।

मगर अब चीजों के गलत होने का
पता चल गया है :
एक रिश्ता गलत समय देने लगा है;
उसकी मरम्मत के लिए
घड़ीसाज की दुकान पर जाना
सरासर भूल है।
तुम्हारे जिगरी दोस्त की कमर
वक्त से पहले ही झुक गई है
उसके लिए—
बढ़ई के आरी और बसूले से
लड़ना फिजूल है।
क्योंकि गलत होने की जड़
न घड़ीसाज की दुकान में है,
न बढ़ई के बसूले में
और न आरी में है
बल्कि वह इस समझदारी में है
कि वित्त मंत्री की ऐनक का
कौन-सा शीशा कितना मोटा है;

और विपक्ष की बेंच पर बैठे हुए
नेता के भाइयों के नाम
सस्ते गल्ले की कितनी दुकानों का
कोटा है।

और जो चरित्रहीन है
उसकी रसोई में पकनेवाला चावल
कितना महीन है।
इस वक्त सचाई को जानना
विरोध में होना है।
और यहीं से—
अपराधियों की नाक के ठीक नीचे
कविता पर
बहस शुरू होती है।
चेहरे से चेहरा बटोरते हुए
एक तीखा स्वर
सवाल पर सवाल करता है।

सन्नाटा टूटता है।
गूँगे के मुँह से उत्तर फूटता है।
'कविता क्या है?
कोई पहनावा है?
कुर्ता-पाजामा है?'
'ना, भाई, ना,
कविता—
शब्दों की अदालत में
मुजरिम के कठघरे में खड़े बेकसूर आदमी का
हलफनामा है।'
'क्या यह व्यक्तित्व बनाने की—
चरित्र चमकाने की—
खाने-कमाने की—
चीज है?'
'ना, भाई, ना,

कविता
भाषा में
आदमी होने की तमीज है।'

इस तरह सवाल और जवाब की मंजिलें—
तय करके
थका-हारा सच—
एक दिन अपने खोए हुए चेहरे में
वापस आता है,
और अचानक, एक नदारद-सा आदमी
समूचे शहर की जुबान बन जाता है।

लेकिन मैंने कहा—
अकेला कवि कठघरा होता है।
साथ ही, मुझे डर है कि 'वह' आदमी
तुम्हें सिलसिले से काटकर
अलग कर देने पर तुला है;
जो आदमी के भेस में
शातिर दरिन्दा है,
जो हाथों और पैरों से पंगु हो चुका है
मगर नाखून में जिन्दा है,
जिसने विरोध का अक्षर-अक्षर
अपने पक्ष में तोड़ लिया है।
जो जानता है कि अकेला आदमी झूठ होता है।
जिसके मन में पाप छाया हुआ है,
जो आज अघाया हुआ है,
और कल भी—
जिसकी रोटी सुरक्षित है,
'वह' तुम्हें अकेला कर देने पर
तुला है।

वक्त बहुत कम है।
इसलिए कविता पर बहस

शुरू करो
और शहर को अपनी ओर झुका लो
क्योंकि असली अपराधी का
नाम लेने के लिए
कविता, सिर्फ उतनी ही देर तक सुरक्षित है
जितनी देर, कीमा होने से पहले,
कसाई के ठीहे और तनी हुई गँड़ास के बीच
बोटी सुरक्षित है।

भाषा की रात

बजट के अँधेरे में
नींद का
सविनय अवज्ञा आन्दोलन
चल रहा है
नारों के पीछे
चीजों का नाटक बनाती हुई
भीड़ में
किसी बेशऊर आदमी का
बैरंग पुतला
चिटक-चिटक जल रहा है,
उसकी राख
फुटपाथ पर पड़े भिखारी के
खाली कटोरे में
गिर रही है
धुएँ से ढके हुए
आसमान के नीचे
लगता है कि हर चीज
झूठ है :
आदमी
देश
आजादी
और प्यार—

सिर्फ, नफरत सही है
नफरत सही है
इस शहर में
या उस शहर में
यानी कि मेरे या तुम्हारे शहर में
चन्द चालाक लोगों ने—
(जिनकी नरभक्षी जीभ ने
पसीने का स्वाद चख लिया है)
बहस के लिए
भूख की जगह
भाषा को रख दिया है
उन्हें मालूम है कि भूख से
भागा हुआ आदमी
भाषा की ओर जाएगा
उन्होंने समझ लिया है कि—
एक भुक्खड़ जब गुस्सा करेगा,
अपनी ही अँगुलियाँ
चबाएगा।

और अब—
वे लौटा रहे हैं उपाधियाँ
और अलंकार,
उत्तेजित भीड़ का कवच
धारण करने के लिए
उनकी बनियानों के नीचे
छिपी हुई खूनी कटार
एक बार
फिर
परोपकारी कलम में
तब्दील हो गई है
और लो,
लिपियों के अन्धे कुहराम में
देखते ही देखते
एक परिचित चेहरा

किसी तत्सम शब्द की तरह अपरिचित
हो गया है।

एक तारा टूटा है
उत्तर से दक्षिण की ओर
रोशनी की भागती हुई गूँज के
सिरे से छूटकर
गिरा है—
लुंडमुंड—चीखता हुआ आसमान
जैसे आत्महत्या की
कोशिश करता हुआ आदमी
रस्सी टूटने से
जमीन पर गिरा है
शहर
दूसरे शहर की अफवाहों से
घिरा है
बख्तरबन्द गाड़ियों का दस्ता
तुम्हारी बगल से
अभी-अभी गुजरा है,
'तीन मुँहवाली' एक खौफनाक परछाईं
तुम्हारे सामने
टाँगें पसारकर
बेझिझक लेट गई है।
यह भाषा की रात—
नंगी
और
ठंडी
और
काली
'तीन मुँहवाली' यह भाषा की रात है
तुम्हारी ऊब का
चेहरा पहनकर
हत्यारों ने
फिर

उसी जुबान में
बोलना शुरू किया है
जिसमें तुम्हारे बचपन की
लोरियों की गन्ध है
और
जो तुम्हें बेहद पसन्द है।

उनके भीतर
लाल फीतोंवाली
मौकापरस्त
बौनी भलमनसाहत
दुबारा जगी है
और सहसा
उनकी सहानुभूति
तुम्हारे पसीने की बदबू से
मेल खाने लगी है
यानी कि उन्होंने मान लिया है कि
जो बीमार है
उसे रोशनी में
नंगा होने का
पूरा अधिकार है।

उन्होंने सुरक्षित कर दिये हैं
तुम्हारे सन्तोष के लिए
पड़ोसी देशों की
भुखमरी के किस्से,
तुम्हारे गुस्से के लिए
अखबार का
आठवाँ कालम
और तुम्हारी ऊब के लिए
'वैष्णव जन तो तेणे कहिए' की
नमकीन धुन
गरज यह कि तुम्हें पूरा जाम करने का
पूरा इन्तजाम है

जहाँ चीजें
तुम्हारी शिनाख्त के अभाव में
अपनी असलियत खो रही हैं
वहाँ मादरी जुबान में
देश का
चमकता हुआ नाम है

लेकिन तुम
अपने-आपमें डूबे हुए
चुपचाप—
खड़े हो
किताब में छपे पेड़ की तरह
मौसम से बेखबर
और मैं
तुम्हें वक्त में
वापस खींच लाने की कोशिश में
लगा हूँ,
नहीं—मुझे इस तरह
डबडबाई हुई आँखों से
मत घूरो
मैं तुम्हारे ही कुनबे का आदमी हूँ
शरीफ हूँ
सगा हूँ,
फिलहाल,
तुम्हें गलत जगह डालने का
मेरा कोई इरादा नहीं है,
मगर साथ ही
यह भी साफ कर दूँ कि मेरा साहस
राशनकार्ड में लिखे—
एक फालतू नाम की दलील से
ज्यादा नहीं है।

हाँ, मैं भी भयभीत हूँ
व्यवस्था की खोह में

हर तरफ
बूढ़े और रक्तलोलुप मशालची
घूम रहे हैं
इतिहास की ताजगी
बनाये रखने के लिए
नौजवान और सफल
मौतों की टोह में

उन्हें हमारी तलाश है।
उन्होंने जलते हुए आदमी को
झंडे की तरह उठा लिया है
और उसे
हमारे चेहरों पर
गाड़ना चाहते हैं
उन्हें हमारी तलाश है।
जमीन की जली हुई जिल्द पर खड़ा
रोशनी सूँघनेवाले जासूस कुत्तों का
खतरनाक झुंड
उनके इशारों का इन्तजार कर रहा है
हर तरफ 'जागते रहो' के करिश्मे
गश्त कर रहे हैं।

कल तक मुँह में जीभ डालकर
बोलनेवाला प्यारा पड़ोसी
आज,
देशी दाँतों की दोस्ती से
डर रहा है।

यह भाषा की रात है
चीजें
या तो झुक रही हैं
या पीछे हट रही हैं
भाषा और भाषा के बीच की दरार में
उत्तर और दक्षिण की तरफ

फन पटकता हुआ
एक दोमुँहा विषधर
रेंग रहा है
रोजी के नाम पर
रोटी के नाम पर
जगह-जगह जहर
फेंक रहा है

और...और वह देखो कि—आऽऽ है
प्रान्तीयता का चेहरा लगाये हुए
कोई घुसपैठिया है?

और वह देखो वहाँ—
वे तैश-भरे चेहरे

वे मेरे देश के हमउम्र नौजवान
जिनकी आँखों में
रोजगार-दफ्तर की
नोनछही ईंटों का अक्स
झिलमिला रहा है—
वे मेरे दोस्त—
किस तेजी से तोड़ना चाहते हैं भाषा का भ्रम
लेकिन रेल का डब्बा
टूट रहा है।

वे हाँफती हुई जंगली नदी के
दहाने पर पहुँच गए हैं
(जहाँ से बैलों के भित्तिचित्रों वाली
पाषाणकालीन गुफा
शुरू होती है)
और शहर—
अपनी भूल-चूक का
अता-पता पूछनेवाला शहर—
बहुत पीछे छूट रहा है

दूर, बहुत दूर
जहाँ आसमान अपने बौने हाथों से
हिन्दुस्तान की जमीन को
नंगा कर रहा है
एक विदेशी मुद्रावाला—
अवैतनिक दुभाषिया खिलखिला रहा है—

और वह देखो—
वह निहाल—तोंदियल
कैसा मगन है
हुचुर-हुचुर हँस रहा है

भाड़े की भीड़ के अन्धे जनून पर
उसे, कतई, एतराज नहीं है

उसका कहना है कि लाभ और शुभ के बीच
सिन्दूर तो है मगर लाज
नहीं है
यह सारी अवहेलना—
यह सारा जोश
यह सारी ऊब
यह सारा रोष—
उसके लिए केवल तमाशा है
बिना किसी क्षोभ के
उसने अपने तख्तियों के अक्षर
बदल दिये हैं
क्योंकि बनिया की भाषा तो सहमति की
भाषा है
देश डूबता है तो डूबे
लोग ऊबते हैं तो ऊबें
जनता लट्टू हो
चाहे तटस्थ रहे
बहरहाल, वह सिर्फ यह चाहता है
कि उसका 'स्वस्तिक'—
स्वस्थ रहे।

ओ, भाषावार हमलों से हलकान मेरे भाई!
क्या तुम्हें अब भी
उसी का भरोसा है,
जिसके अधिकार में
हमारी लिट्टी है,
चावल है
इडली है
दोसा है?

हाय! जो असली कसाई है
उसकी निगाह में
तुम्हारा यह तमिल-दु:ख
मेरी इस भोजपुरी-पीड़ा का
भाई है
भाषा उस तिकड़मी दरिन्दे का कौर है
जो सड़क पर और है
संसद में और है
इसलिए बाहर आ!
संसद के अँधेरे से निकलकर
सड़क पर आ!
भाषा ठीक करने से पहले आदमी को ठीक कर
आ! अपने चौदहों मुखों से
बोलता हुआ आ!

ओ देश के पोर-पोर में दुखते हुए गूँगे जनून!
क्रोध की अकेली मुद्रा में
उफनते हुए सात्त्विक खून!
आ, बाहर आ,
मैं एक अदना कवि—तेरी भाषा का मुहताज,
मुझे अपनी बोली में शरीक कर!
चीख, अपने होने की पीड़ा से चीख
लीक तोड़
अब और तरह—
मत दे

साफ-साफ कह दे—
भूख जो कल तक रोशनी थी
आज, नींद से पहले का
जागरण है,
सुविधापरस्त लोगों के
ऊसर दिमाग में
थूहर की तरह उगी हुई राजनीति
शब्दों से बाहर का व्याकरण है,

साफ-साफ कह दे कि यह
सिर्फ, सकारी हुई आत्मीयता है
कि भूखा रहकर भी आदमी
अपने हिस्से का आकाश
मुस्कराते हुए ढोता है

अपने देश की मिट्टी को आँख की
पुतली समझता है
वरना, रोटी के टुकड़े पर
किसी भी भाषा में देश का नाम लिखकर
खिला देने से
कोई देशभक्त नहीं होता है।

पटकथा

जब मैं बाहर आया
मेरे हाथों में
एक कविता थी और दिमाग में
आँतों का एक्स-रे।
वह काला धब्बा
जो कल तक एक शब्द था;
खून के अँधेरे में
दवा की शीशी का ट्रेडमार्क
बन गया था।
औरतों के लिए गैर-जरूरी होने के बाद

अपनी ऊब का
दूसरा समाधान ढूँढ़ना जरूरी है,
मैंने सोचा!
क्योंकि शब्द और स्वाद के बीच
अपनी भूख को जिन्दा रखना
जीभ और जाँघ के स्थानिक भूगोल की
वाजिब मजबूरी है।
मैंने सोचा और संस्कार के
वर्जित इलाकों में
अपनी आदतों का शिकार
होने से पहले ही
बाहर चला आया।
बाहर हवा थी
धूप थी
घास थी
मैंने कहा आजादी...
मुझे अच्छी तरह याद है—
मैंने यही कहा था
मेरी नस-नस में बिजली
दौड़ रही थी
उत्साह में
खुद मेरा स्वर
मुझे अजनबी लग रहा था
मैंने कहा—आ-जा-दी
और दौड़ता हुआ खेतों की ओर
गया। वहाँ कतार के कतार
अनाज के अँकुए फूट रहे थे
मैंने कहा—जैसे कसरत करते हुए
बच्चे। तारों पर
चिड़ियाँ चहचहा रही थीं
मैंने कहा—काँसे की बजती हुई घंटियाँ...
खेत की मेंड़ पार करते हुए
मैंने एक बैल की पीठ थपथपाई...
सड़क पर जाते हुए आदमी से

उसका नाम पूछा
और कहा—बधाई...

घर लौटकर
मैंने सारी बत्तियाँ जला दीं
पुरानी तसवीरों को दीवार से
उतारकर
उन्हें साफ किया
और फिर उन्हें दीवार पर (उसी जगह)
टाँग दिया।
मैंने दरवाजे के बाहर
एक पौधा लगाया और कहा—
वन-महोत्सव...
और देर तक
हवा में गरदन उचका-उचकाकर
लम्बी-लम्बी साँस खींचता रहा
देर तक महसूस करता रहा—
कि मेरे भीतर
वक्त का सामना करने के लिए
औसतन, जवान खून है
मगर, मुझे शान्ति चाहिए
इसलिए खाली दरबे में
एक जोड़ा कबूतर लाकर डाल दिया
'गूँ...गुटरगूँ...गूँ...गुटरगूँ...'
और चहकते हुए कहा—
यही मेरी आस्था है
यही मेरा कानून है।

इस तरह जो था उसे मैंने
जी भरकर प्यार किया
और जो नहीं था
उसका इन्तजार किया।
मैंने इन्तजार किया—
अब कोई बच्चा

भूखा रहकर स्कूल नहीं जाएगा
अब कोई छत बारिश में
नहीं टपकेगी
अब कोई आदमी कपड़ों की लाचारी में
अपना नंगा चेहरा नहीं पहनेगा
अब कोई दवा के अभाव में
घुट-घुटकर नहीं मरेगा
अब कोई किसी की रोटी नहीं छीनेगा
कोई किसी को नंगा नहीं करेगा
अब यह जमीन अपनी है
आसमान अपना है
जैसा पहले हुआ करता था—
सूर्य, हमारा सपना है
मैं इन्तजार करता रहा...
इन्तजार करता रहा...
इन्तजार करता रहा...
जनतंत्र, त्याग, स्वतंत्रता...
संस्कृति, शान्ति, मनुष्यता...
ये सारे शब्द थे
सुनहरे वादे थे
खुशफहम इरादे थे

सुन्दर थे
मौलिक थे
मुखर थे
मैं सुनता रहा...
सुनता रहा...
सुनता रहा...
मतदान होते रहे
मैं अपनी सम्मोहित बुद्धि के नीचे
उसी लोकनायक को
बार-बार चुनता रहा
जिसके पास हर शंका और
हर सवाल का

एक ही जवाब था
यानी कि कोट के बटन-होल में
महकता हुआ एक फूल
गुलाब का।
वह हमें विश्वशान्ति और पंचशील के सूत्र
समझाता रहा। मैं खुद को
समझाता रहा—'जो मैं चाहता हूँ—
वही होगा। होगा—आज नहीं तो कल
मगर, सब कुछ सही होगा।'

भीड़ बढ़ती रही।
चौराहे चौड़े होते रहे।
लोग अपने-अपने हिस्से का अनाज
खाकर—निरापद भाव से
बच्चे जनते रहे।
योजनाएँ चलती रहीं
बन्दूकों के कारखानों में
जूते बनते रहे।
और जब कभी मौसम उतार पर
होता था, हमारा संशय
हमें कोंचता था। हम उत्तेजित होकर
पूछते थे—यह क्या है?
ऐसा क्यों है?
फिर बहसें होती थीं
शब्दों के जंगल में
हम एक-दूसरे को काटते थे
भाषा की खाई को
जुबान से कम और जूतों से
ज्यादा पाटते थे
कभी वह हारता रहा...
कभी हम जीतते रहे...
इसी तरह नोक-झोंक चलती रही
दिन बीतते रहे...

मगर एक दिन मैं स्तब्ध रह गया।
मेरा सारा धीरज
युद्ध की आग से पिघलती हुई बर्फ में
बह गया।
मैंने देखा कि मैदानों में
नदियों की जगह
मरे हुए साँपों की केंचुलें बिछी हैं
पेड़—
टूटे हुए रडार की तरह खड़े हैं
दूर-दूर तक
कोई मौसम नहीं है
लोग—
घरों के भीतर नंगे हो गए हैं
और बाहर मुर्दे पड़े हैं
विधवाएँ तमगा लूट रही हैं
सधवाएँ मंगल गा रही हैं
वन-महोत्सव से लौटी हुई कार्यप्रणालियाँ
अकाल का लंगर चला रही हैं
जगह-जगह तख्तियाँ लटक रही हैं—
'यह श्मशान है, यहाँ की तसवीर लेना
सख्त मना है।'

फिर भी उस उजाड़ में
कहीं-कहीं घास का हरा होना
कितना डरावना है
मैंने अचरज से देखा कि दुनिया का
सबसे बड़ा बौद्ध-मठ
बारूद का सबसे बड़ा गोदाम है
अखबार के मटमैले हाशिए पर
लेटे हुए, एक तटस्थ और कोढ़ी देवता का
शान्तिवाद, नाम है
यह मेरा देश है...
यह मेरा देश है...
हिमालय से लेकर हिन्द महासागर तक

फैला हुआ
जली हुई मिट्टी का ढेर है
जहाँ हर तीसरी जुबान का मतलब—
नफरत है।
साजिश है।
अन्धेर है।
यह मेरा देश है
और यह मेरे देश की जनता है
जनता क्या है?
एक शब्द...सिर्फ एक शब्द है :
कुहरा और कीचड़ और काँच से
बना हुआ...
एक भेड़ है
जो दूसरों की ठंड के लिए
अपनी पीठ पर
ऊन की फसल ढो रही है।
एक पेड़ है
जो ढलान पर
हर आती-जाती हवा की जुबान में
हाँऽऽ...हाँऽऽ करता है
क्योंकि अपनी हरियाली से
डरता है।
गाँवों के गन्दे पनालों से लेकर
शहर के शिवालों तक फैली हुई
'कथाकलि' की एक अमूर्त मुद्रा है
यह जनता...
जनतंत्र में
उसकी श्रद्धा
अटूट है
उसको समझा दिया गया है कि यहाँ
ऐसा जनतंत्र है जिस्में
जिन्दा रहने के लिए
घोड़े और घास को
एक-जैसी छूट है

कैसी विडम्बना है
कैसा झूठ है
दरअस्ल, अपने यहाँ जनतंत्र
एक ऐसा तमाशा है
जिसकी जान
मदारी की भाषा है।

हर तरफ धुआँ है
हर तरफ कुहासा है
जो दाँतों और दलदलों का दलाल है
वही देशभक्त है
अन्धकार में सुरक्षित होने का नाम है—
तटस्थता। यहाँ
कायरता के चेहरे पर
सबसे ज्यादा रक्त है।
जिसके पास थाली है
हर भूखा आदमी
उसके लिए, सबसे भद्दी
गाली है

हर तरफ कुआँ है
हर तरफ खाई है
यहाँ, सिर्फ, वह आदमी, देश के करीब है
जो या तो मूर्ख है
या फिर गरीब है

मैं सोचता रहा,
और घूमता रहा—
टूटे हुए पुलों के नीचे
वीरान सड़कों पर/आँखों के
अन्धे रेगिस्तानों में
फटे हुए पालों की
अधूरी जल-यात्राओं में
टूटी हुई चीजों के ढेर में

मैं खोई हुई आजादी का अर्थ
ढूँढ़ता रहा।
अपनी पसलियों के नीचे / अस्पतालों के
बिस्तरों पर / नुमाइशों में
बाजारों में / गाँवों में
जंगलों में / पहाड़ों पर
देश के इस छोर से उस छोर तक
उसी लोक-चेतना को
बार-बार टेरता रहा
जो मुझे दोबारा जी सके
जो मुझे शान्ति दे और
मेरे भीतर-बाहर का जहर
खुद पी सके।
—और तभी सुलग उठा पश्चिमी सीमान्त
...ध्वस्त...ध्वस्त...ध्वान्त...ध्वान्त...
मैं दोबारा चौंककर खड़ा हो गया
जो चेहरा आत्महीनता की स्वीकृति में
कन्धे पर लुढ़क रहा था,
किसी झनझनाते हुए चाकू की तरह
खुलकर, कड़ा हो गया...
अचानक, अपने-आपमें जिन्दा होने की
यह घटना
इस देश की परम्परा की—
एक बेमिसाल कड़ी थी
लेकिन इसे साहस मत कहो।
दरअस्ल, यह पुट्ठों तक चोट खाई हुई
गाय की घृणा थी
(जिन्दा रहने की पुरजोर कोशिश)
जो उस आदमखोर की हविस से
बड़ी थी।

मगर उसके तुरन्त बाद
मुझे झेलनी पड़ी थी—सबसे बड़ी ट्रैजेडी
अपने इतिहास की

जब दुनिया के स्याह और सफेद चेहरों ने
विस्मय से देखा कि ताशकन्द में
समझौते की सफेद चादर के नीचे

एक शान्ति-यात्री की लाश थी
और अब यह किसी पौराणिक कथा के
उपसंहार की तरह है कि इस देश में
रोशनी उन पहाड़ों से आई थी
जहाँ मेरे पड़ोसी ने मात
खाई थी।
मगर फिर मैं वहीं चला गया
अपने जनून के अँधेरे में
फूहड़ इरादों के हाथों
छला गया।
वहाँ बंजर मैदान
कंकालों की नुमाइश कर रहे थे
गोदाम अनाज से भरे पड़े थे और लोग
भूखों मर रहे थे
मैंने महसूस किया कि मैं वक्त के
एक शर्मनाक दौर से गुजर रहा हूँ
अब ऐसा वक्त आ गया है जब कोई
किसी का झुलसा हुआ चेहरा नहीं देखता है
अब न तो कोई किसी का खाली पेट
देखता है, न थरथराती हुई टाँगें
और न ढला हुआ 'सूर्यहीन कन्धा' देखता है
हर आदमी, सिर्फ, अपना धन्धा देखता है
सबने भाईचारा भुला दिया है
आत्मा की सरलता को मारकर
मतलब के अँधेरे में (एक राष्ट्रीय मुहावरे की बगल में)
सुला दिया है।
सहानुभूति और प्यार
अब ऐसा छलावा है जिसके जरिये
एक आदमी दूसरे को, अकेले—
अँधेरे में ले जाता है और

उसकी पीठ में छुरा भोंक देता है
ठीक उस मोची की तरह जो चौक से
गुजरते हुए देहाती को
प्यार से बुलाता है और मरम्मत के नाम पर
रबर के तल्ले में
लोहे की तीन दर्जन फुल्लियाँ
ठोंक देता है और उसके 'नहीं-नहीं' के बावजूद
डपटकर पैसा वसूलता है
गरज यह कि अपराध
अपने यहाँ एक ऐसा सदाबहार फूल है
जो आत्मीयता की खाद पर
लाल-भड़क फूलता है
मैंने देखा कि इस जनतांत्रिक जंगल में
हर तरफ हत्याओं के नीचे से निकलते हैं
हरे-हरे हाथ, और पेड़ों पर
पत्तों की जुबान बनकर लटक जाते हैं
वे ऐसी भाषा बोलते हैं जिसे सुनकर
नागरिकता की गोधूलि में
घर लौटते हुए मुसाफिर
अपना रास्ता भटक जाते हैं

उन्होंने किसी चीज को
सही जगह नहीं रहने दिया है
न संज्ञा
न विशेषण
न सर्वनाम
एक समूचा और सही वाक्य
टूटकर
'बि-ख-र' गया है
उनका व्याकरण इस देश की
शिराओं में छिपे हुए कारकों का
हत्यारा है
उनकी सख्त पकड़ के नीचे
भूख से मरा हुआ आदमी

इस मौसम का
सबसे दिलचस्प विज्ञापन है और गाय
सबसे सटीक नारा है
वे खेतों में भूख और शहरों में
अफवाहों के पुलिन्दे फेंकते हैं
देश और धर्म और नैतिकता की
दुहाई देकर
कुछ लोगों की सुविधा
दूसरों की 'हाय' पर सेंकते हैं
वे जिसकी पीठ ठोंकते हैं—
उसके रीढ़ की हड्डी गायब हो जाती है
वे मुस्कराते हैं और
दूसरे की आँख में झपटती हुई प्रतिहिंसा
करवट बदलकर
सो जाती है
मैं देखता रहा...
देखता रहा...
हर तरफ ऊब थी
संशय था
नफरत थी
मगर हर आदमी अपनी जरूरतों के आगे
असहाय था। उसमें
सारी चीजों को नये सिरे से बदलने की
बेचैनी थी, रोष था;
लेकिन उसका गुस्सा
एक तथ्यहीन मिश्रण था :
आग और आँसू और हाय का।

इस तरह एक दिन—
जब मैं घूमते-घूमते थक चुका था
मेरे खून में एक काली आँधी—
दौड़ लगा रही थी
मेरी असफलताओं में सोए हुए
वहशी इरादों को

झकझोरकर जगा रही थी
अचानक, नींद की असंख्य परतों में
डूबते हुए मैंने देखा
कि मेरी उलझनों के अँधेरे में
एक हम-शक्ल खड़ा है :
मैंने उससे पूछा—'तुम कौन हो?
यहाँ क्यों आए हो?
तुम्हें क्या हुआ है?'
'तुमने पहचाना नहीं—मैं हिन्दुस्तान हूँ
हाँ—मैं हिन्दुस्तान हूँ',
वह हँसता है—ऐसी हँसी कि दिल
दहल जाता है
कलेजा मुँह को आता है
और मैं हैरान हूँ।
'यहाँ आओ
मेरे पास आओ
मुझे छुओ।
मुझे जियो। मेरे साथ चलो
मेरा यकीन करो। इस दलदल से
बाहर निकलो!
सुनो!
तुम चाहे जिसे चुनो
मगर इसे नहीं। इसे बदलो।'
मुझे लगा—आवाज
जैसे किसी जलते हुए कुएँ से
आ रही है।
एक अजीब-सी प्यारभरी गुर्राहट
जैसे कोई मादा भेड़िया
अपने छौने को दूध पिला रही है और
साथ ही किसी मेमने का सिर चबा रही है
मेरा सारा जिस्म थरथरा रहा था
उसकी आवाज में
असंख्य नरकों की घृणा भरी थी
वह एक-एक शब्द चबा-चबाकर

बोल रहा था। मगर उसकी आँख
गुस्से में भी हरी थी
वह कह रहा था—
'तुम्हारी आँखों के चकनाचूर आईनों में
वक्त की बदरंग छायाएँ उलटी कर रही हैं
और तुम पेड़ों की छाल गिनकर
भविष्य का कार्यक्रम तैयार कर रहे हो
तुम एक ऐसी जिन्दगी से गुजर रहे हो
जिसमें न कोई तुक है
न सुख है
तुम अपनी शापित परछाईं से टकराकर
रास्ते में रुक गए हो
तुम जो हर चीज
अपने दाँतों के नीचे
खाने के आदी हो
चाहे वह सपना हो अथवा आजादी हो
अचानक, इस तरह, क्यों चुक गए हो
वह क्या है जिसने तुम्हें
बर्बरों के सामने अदब से
रहना सिखलाया है?
क्या यह विश्वास की कमी है
जो तुम्हारी भलमनसाहत बन गई है
या कि शर्म
अब तुम्हारी सहूलियत बन गई है
नहीं—सरलता की तरह इस तरह
मत दौड़ो
उसमें भूख और मन्दिर की रोशनी का
रिश्ता है। वह बनिये की पूँजी का
आधार है
मैं बार-बार कहता हूँ कि इस उलझी हुई
दुनिया में
आसानी से समझ में आनेवाली चीज
सिर्फ दीवार है।
और यह दीवार अब तुम्हारी आदत का

हिस्सा बन गई है
इसे झटककर अलग करो
अपनी आदतों में
फूलों की जगह पत्थर भरो
मासूमियत के हर तकाजे को
ठोकर मार दो
अब वक्त आ गया है कि तुम उठो
और अपनी ऊब को आकार दो।
'सुनो!
आज मैं तुम्हें वह सत्य बतलाता हूँ
जिसके आगे हर सच्चाई
छोटी है। इस दुनिया में
भूखे आदमी का सबसे बड़ा तर्क
रोटी है।
मगर तुम्हारी भूख और भाषा में
यदि सही दूरी नहीं है
तो तुम अपने-आपको आदमी मत कहो
क्योंकि पशुता—
सिर्फ पूँछ होने की मजबूरी नहीं है
वह आदमी को भी वहीं ले जाती है
जहाँ भूख
सबसे पहले भाषा को खाती है
वक्त सिर्फ उसका चेहरा बिगाड़ता है
जो अपने चेहरे की राख
दूसरों की रूमाल से झाड़ता है
जो अपना हाथ
मैला होने से डरता है
वह एक नहीं, ग्यारह कायरों की
मौत मरता है
और सुनो! नफरत और रोशनी
सिर्फ उसके हिस्से की चीज है
जिसे जंगल के हाशिए पर
जीने की तमीज है
इसलिए उठो और अपने भीतर

सोए हुए जंगल को
आवाज दो
उसे जगाओ और देखो—
कि तुम अकेले नहीं हो
और न किसी के मुहताज हो
लाखों हैं जो तुम्हारे इन्तजार में खड़े हैं
वहाँ चलो। उनका साथ दो
और इस तिलिस्म का जादू उतारने में
उनकी मदद करो और साबित करो
कि वे सारी चीजें अन्धी हो गई हैं
जिनमें तुम शरीक नहीं हो...'

मैं पूरी तत्परता से उसे सुन रहा था
एक के बाद दूसरा
दूसरे के बाद तीसरा
तीसरे के बाद चौथा
चौथे के बाद पाँचवाँ...
यानी कि एक के बाद दूसरा विकल्प
चुन रहा था
मगर मैं हिचक रहा था
क्योंकि मेरे पास
कुल जमा थोड़ी सुविधाएँ थीं
जो मेरी सीमाएँ थीं
यद्यपि यह सही है कि मैं
कोई ठंडा आदमी नहीं हूँ
मुझमें भी आग है—
मगर वह
भभककर बाहर नहीं आती
क्योंकि उसके चारों तरफ चक्कर काटता हुआ
एक 'पूँजीवादी' दिमाग है
जो परिवर्तन तो चाहता है
मगर आहिस्ता-आहिस्ता
कुछ इस तरह कि चीजों की शालीनता
बनी रहे।

कुछ इस तरह कि काँख भी ढकी रहे
और विरोध में उठे हुए हाथ की
मुट्ठी भी तनी रहे...
और यही वजह है कि बात
फ़ैसले की हद तक
आते-आते रुक जाती है
क्योंकि हर बार
चन्द टुच्ची सुविधाओं के लालच के सामने
अभियोग की भाषा चुक जाती है।

मैं खुद को कुरेद रहा था
अपने बहाने उन तमाम लोगों की असफलताओं को
सोच रहा था जो मेरे नजदीक थे।
इस तरह साबुत और सीधे विचारों पर
जमी हुई काई और उगी हुई घास को
खरोंच रहा था, नोच रहा था
पूरे समाज की सीवन उधेड़ते हुए
मैंने आदमी के भीतर की मैल
देख ली थी। मेरा सिर
भिन्ना रहा था
मेरा हृदय भारी था
मेरा शरीर इस बुरी तरह थका था कि मैं
अपनी तरफ घूरते हुए उस चेहरे से
थोड़ी देर के लिए
बचना चाह रहा था
जो अपनी पैनी आँखों से
मेरी बेबसी और मेरा उथलापन
थाह रहा था
प्रस्तावित भीड़ में
शरीक होने के लिए
अभी मैंने कोई निर्णय नहीं लिया था
अचानक, उसने मेरा हाथ पकड़कर
खींच लिया और मैं
जेब में जूतों का टोकन और दिमाग में

ताजे अखबार की कतरन लिये हुए
धड़ाम से—
चौथे आम चुनाव की सीढ़ियों से फिसलकर
मत-पेटियों के
गड़गच्च अँधेरे में गिर पड़ा।
नींद के भीतर यह दूसरी नींद है
और मुझे कुछ नहीं सूझ रहा है
सिर्फ एक शोर है
जिसमें कानों के पर्दे फटे जा रहे हैं
शासन सुरक्षा रोजगार शिक्षा...
राष्ट्रधर्म देशहित हिंसा अहिंसा...
सैन्यशक्ति देशभक्ति आजादी वीसा...
वाद बिरादरी भूख भीख भाषा...
शान्ति क्रान्ति शीतयुद्ध एटम बम सीमा...
एकता सीढ़ियाँ साहित्यिक पीढ़ियाँ निराशा...
झाँय-झाँय, खाँय-खाँय, हाय-हाय, साँय-साँय...
मैंने कानों में ठूँस ली हैं अँगुलियाँ
और अँधेरे में गाड़ दी है
आँखों की रोशनी।
सब कुछ अब धीरे-धीरे खुलने लगा है
मत-वर्षा के इस दादुर-शोर में
मैंने देखा हर तरफ
रंग-बिरंगे झंडे फहरा रहे हैं
गिरगिट की तरह रंग बदलते हुए
गुट से गुट टकरा रहे हैं
वे एक-दूसरे से दाँता-किलकिल कर रहे हैं
एक-दूसरे को दुर-दुर बिल-बिल कर रहे हैं
हर तरफ तरह-तरह के जन्तु हैं
श्रीमान् किन्तु हैं
मिस्टर परन्तु हैं
कुछ रोगी हैं
कुछ भोगी हैं
कुछ हिजड़े हैं
कुछ जोगी हैं

तिजोरियों के
प्रशिक्षित दलाल हैं
आँखों के अन्धे हैं
घर के कंगाल हैं
गूँगे हैं
बहरे हैं
उथले हैं, गहरे हैं

गिरते हुए लोग हैं
अकड़ते हुए लोग हैं
भागते हुए लोग हैं
पकड़ते हुए लोग हैं
गरज यह कि हर तरह के लोग हैं
एक-दूसरे से नफरत करते हुए वे
इस बात पर सहमत हैं कि इस देश में
असंख्य रोग हैं
और उनका एकमात्र इलाज—
चुनाव है।
लेकिन मुझे लगा कि एक विशाल दलदल के किनारे
बहुत बड़ा अधमरा पशु पड़ा हुआ है
उसकी नाभि में एक सड़ा हुआ घाव है
जिससे लगातार—भयानक बदबूदार मवाद
बह रहा है
उसमें जाति और धर्म और सम्प्रदाय और
पेशा और पूँजी के असंख्य कीड़े
किलबिला रहे हैं और अन्धकार में
डूबी हुई पृथ्वी
(पता नहीं किस अनहोनी की प्रतीक्षा में)
इस भीषण सड़ाँव को चुपचाप सह रही है
मगर आपस में नफरत करते हुए वे लोग
इस बात पर सहमत हैं कि
'चुनाव' ही सही इलाज है
क्योंकि बुरे और बुरे के बीच से
किसी हद तक 'कम-से-कम बुरे को' चुनते हुए

न उन्हें मलाल है, न भय है
न लाज है।

दरअस्ल, उन्हें एक मौका मिला है
और इसी बहाने
वे अपने पड़ोसी को पराजित कर रहे हैं
मैंने देखा कि हर तरफ
मूढ़ता की हरी-हरी घास लहरा रही है
जिसे कुछ जंगली पशु
खूँद रहे हैं
लीद रहे हैं
चर रहे हैं

मैंने ऊब और गुस्से को
गलत मुहरों के नीचे गुजरते हुए देखा
मैंने अहिंसा को
एक सत्तारूढ़ शब्द का गला काटते हुए देखा
मैंने ईमानदारी को अपनी चोरजेबें
भरते हुए देखा
मैंने विवेक को
चापलूसों के तलवे चाटते हुए देखा...
मैं यह सब देख ही रहा था कि एक नया रेला आया—
उन्मत्त लोगों का बर्बर जुलूस। वे किसी आदमी
को हाथों पर गठरी की तरह उछाल रहे थे
उसे एक-दूसरे से छीन रहे थे। उसे घसीट रहे थे।
चूम रहे थे। पीट रहे थे। गालियाँ दे रहे थे।
गले से लगा रहे थे। उसकी प्रशंसा के गीत
गा रहे थे। उस पर अनगिनत झंडे फहरा रहे थे।
उसकी जीभ बाहर लटक रही थी। उसकी आँखें बन्द
थीं। उसका चेहरा खून और आँसू से तर था। 'मूर्खो!
यह क्या कर रहे हो?' मैं चिल्लाया। और तभी किसी
ने उसे मेरी ओर उछाल दिया। अरे! यह कैसे हुआ?
मैं हतप्रभ-सा खड़ा था
और मेरा हमशक्ल

मेरे पैरों के पास
मूर्च्छित-सा
पड़ा था—

दुख और भय से एक झुरझुरी लेकर
मैं उस पर झुक गया
किन्तु बीच ही में रुक गया
उसका हाथ ऊपर उठा था
खून और आँसू से तर चेहरा
मुस्कराया था। उसकी आँखों का हरापन
उसकी आवाज में उतर आया था—
'दुखी मत हो। यही मेरी नियति है।
मैं हिन्दुस्तान हूँ। जब भी मैंने
उन्हें उजाले से जोड़ा है
उन्होंने मुझे इसी तरह अपमानित किया है
इसी तरह तोड़ा है।
मगर समय गवाह है
कि मेरी बेचैनी के आगे भी राह है।'

मैंने सुना, वह आहिस्ता-आहिस्ता कह रहा है
जैसे किसी जले हुए जंगल में
पानी का एक ठंडा सोता बह रहा है
घास की ताजगी-भरी
ऐसी आवाज है
जो न किसी से खुश है, न नाराज है :
'भूख ने उन्हें जानवर कर दिया है
संशय ने उन्हें आग्रहों से भर दिया है
फिर भी वे अपने हैं...
अपने हैं...
अपने हैं...
जीवित भविष्य के सुन्दरतम सपने हैं
नहीं—यह मेरे लिए दुखी होने का समय
नहीं है। अपने लोगों की घृणा के
इस महोत्सव में

मैं शापित निश्चय हूँ
मुझे किसी से भय नहीं है।

‘तुम मेरी चिन्ता न करो। उनके साथ
चलो। इससे पहले कि वे
ग़लत हाथों के हथियार हों
इससे पहले कि वे नारों और इश्तिहारों से
काले बाजार हों
उनसे मिलो। उन्हें बदलो।
नहीं—भीड़ के खिलाफ रुकना
एक खूनी विचार है
क्योंकि हर ठहरा हुआ आदमी
इस हिंसक भीड़ का
अन्धा शिकार है।
तुम मेरी चिन्ता मत करो।
मैं हर वक्त सिर्फ एक चेहरा नहीं हूँ
जहाँ वर्तमान
अपने शिकारी कुत्ते उतारता है
अक्सर मैं मिट्टी का हरकत करता हुआ
वह टुकड़ा हूँ
जो आदमी की शिराओं में
बहते हुए खून को
उसके सही नाम से पुकारता है
इसलिए मैं कहता हूँ, जाओ, और
देखो कि वे लोग...’

मैं कुछ कहना ही चाहता था कि एक धक्के ने
मुझे दूर फेंक दिया। इससे पहले कि मैं गिरता
किन्हीं मजबूत हाथों ने मुझे टेक लिया।
अचानक भीड़ से निकलकर एक प्रशिक्षित दलाल
मेरी देह में समा गया। दूसरा मेरे हाथों में
एक पर्ची थमा गया। तीसरे ने मुझे एक मुहर देकर
पर्दे के पीछे ढकेल दिया।
भय और अनिश्चय के दुहरे दबाव में

पता नहीं कब और कैसे और कहाँ—
कितने नामों और चिह्नों और शब्दों को
काटते हुए मैं चीख पड़ा—
'हत्यारा! हत्यारा!! हत्यारा!!!'

[मुझे ठीक-ठीक याद नहीं है, मैंने यह
किसको कहा था। शायद अपने-आपको,
शायद उस हमशक्ल को (जिसने खुद को
हिन्दुस्तान कहा था), शायद उस दलाल को,
मगर मुझे ठीक-ठीक याद नहीं है]

मेरी नींद टूट चुकी थी
मेरा पूरा जिस्म पसीने में
सराबोर था। मेरे आसपास से
तरह-तरह के लोग गुजर रहे थे।
हर तरफ हलचल थी, शोर था।
कुछ लोग कह रहे थे कि इन दिनों
एक खास परिवर्तन हुआ है
जनता जगी है। सब
प्रभु की माया है
एक लम्बे इन्तजार के बाद
चीजों का असली चेहरा
उजाले में आया है
और मैं चुपचाप सुनता हूँ
हाँ शायद—
मैंने भी अपने भीतर
(कहीं बहुत गहरे)
'कुछ जलता हुआ-सा' छुआ है
लेकिन मैं जानता हूँ कि जो कुछ हुआ है
नींद में हुआ है
और तब से आज तक
नींद और नींद के बीच का जंगल काटते हुए
मैंने कई रातें जागकर गुजार दी हैं
हफ्तों पर हफ्ते तह किये हैं
अपनी परेशानी के

निर्मम अकेले और बेहद अनमने क्षण
जिए हैं।
और हर बार मुझे लगा है कि कहीं
कोई खास फर्क नहीं है
जिन्दगी उसी पुराने ढर्रे पर चल रही है
जिसके पीछे कोई तर्क नहीं है।

हाँ, यह सही है कि इन दिनों
कुछ अर्जियाँ मंजूर हुई हैं
कुछ तबादले हुए हैं
कल तक जो नहले थे
आज
दहले हुए हैं।

हाँ, यह सही है कि इन दिनों
मंत्री जब प्रजा के सामने आता है
तो पहले से
कुछ ज्यादा मुस्कराता है
नये-नये वादे करता है
और यह सब सिर्फ घास के
सामने होने की मजबूरी है
वरना उस भलेमानुस को
यह भी पता नहीं है कि विधानसभा भवन
और अपने निजी बिस्तर के बीच
कितने जूतों की दूरी है।

हाँ, यह सही है कि इन दिनों—चीजों के
भाव कुछ चढ़ गए हैं। अखबारों के
शीर्षक दिलचस्प हैं, नये हैं।
मन्दी की मार से
पट पड़ी हुई चीजें, बाजार में
सहसा उछल गई हैं।

हाँ, यह सही है कि कुर्सियाँ वही हैं
सिर्फ, टोपियाँ बदल गई हैं और—

सच्चे मतभेद के अभाव में
लोग उछल-उछलकर
अपनी जगहें बदल रहे हैं
चढ़ी हुई नदी में
भरी हुई नाव में
हर तरफ, विरोधी विचारों का
दलदल है
सतहों पर हलचल है
नये-नये नारे हैं
भाषण में जोश है
पानी ही पानी है
पर
की
च
ड़
खामोश है।

मैं रोज देखता हूँ कि व्यवस्था की मशीन का
एक पुर्जा गरम होकर
अलग छिटक गया है और
ठंडा होते ही
फिर कुर्सी से चिपक गया है
उसमें न हया है
न दया है

नहीं—अपना कोई हमदर्द
यहाँ नहीं है। मैंने एक-एक को
परख लिया है।
मैंने हरेक को आवाज दी है
हरेक का दरवाजा खटखटाया है
मगर बेकार...मैंने जिसकी पूँछ
उठाई है उसको मादा
पाया है।
वे सब-के-सब तिजोरियों के

दुभाषिए हैं।
वे वकील हैं। वैज्ञानिक हैं।
अध्यापक हैं। नेता हैं। दार्शनिक हैं।
लेखक हैं। कवि हैं। कलाकार हैं।
यानी कि—
कानून की भाषा बोलता हुआ
अपराधियों का एक संयुक्त परिवार है।

भूख और भूख की आड़ में
चबाई गई चीजों का अक्स
उनके दाँतों पर ढूँढ़ना
बेकार है। समाजवाद
उनकी जुबान पर अपनी सुरक्षा का
एक आधुनिक मुहावरा है।
मगर मैं जानता हूँ कि मेरे देश का समाजवाद
मालगोदाम में लटकती हुई
उन बाल्टियों की तरह है जिस पर 'आग' लिखा है
और उनमें बालू और पानी भरा है।

यहाँ जनता एक गाड़ी है।

एक ही संविधान के नीचे
भूख से रियाती हुई फैली हथेली का नाम
'गया' है
और भूख में
तनी हुई मुट्ठी का नाम
नक्सलबाड़ी है।

मुझसे कहा गया कि संसद
देश की धड़कन को
प्रतिबिम्बित करनेवाला दर्पण है
जनता को
जनता के विचारों का
नैतिक समर्पण है
लेकिन क्या यह सच है?

या यह सच है कि
अपने यहाँ संसद—
तेली की वह घानी है
जिसमें आधा तेल है
और आधा पानी है
और यदि यह सच नहीं है
तो वहाँ एक ईमानदार आदमी को
अपनी ईमानदारी का
मलाल क्यों है?

जिसने सत्य कह दिया है
उसका बुरा हाल—क्यों है?

मैं अक्सर अपने-आपसे सवाल
करता हूँ जिसका मेरे पास
कोई उत्तर नहीं है
और आज तक—
नींद और नींद के बीच का जंगल काटते हुए
मैंने कई रातें जागकर
गुजार दी हैं
हफ्तों पर हफ्ते तह किये हैं। ऊब के
निर्मम अकेले और बेहद अनमने क्षण
जिये हैं।

मेरे सामने वही चिरपरिचित अन्धकार है
संशय की अनिश्चयग्रस्त ठंडी मुद्राएँ हैं
हर तरफ
शब्दवेधी सन्नाटा है।
दरिद्र की व्यथा की तरह
उचाट और कूँथता हुआ। घृणा में
डूबा हुआ सारा का सारा देश
पहले की ही तरह आज भी
मेरा कारागार है।

कल सुनना मुझे
[1977]

...अपरिचित भी जानता है
उजले केशों वाली रोशनी ने
जब भी दस्तक दी है
दरवाजे खुलते हैं

जवाहरलाल नेहरू की मृत्यु पर

—दिन
जो सुबह-सुबह शुरू हुआ
दोपहर में
खत्म हो गया
मेरा सूरज खो गया

शेष बचा जो कुछ, उसकी
काली छाया में
यह कोई बीमार रोशनी
अन्धकार की ओर दौड़ती
धरती पर फिर
फिसल गई है

युग-युग से विकास-पथ
जिससे आलोकित था
आह! वही मोती की आभा
मेरी मुट्ठी खोल अचानक निकल गई है।

और एक युग बीत गया है
थकी हुई घायल आहुतियाँ आज शून्य के बन्दीगृह में
सिसक उठी हैं
हवाओं में एक ही चर्चा है—
महाकाल फिर जीत गया है।
सबकी आँखों में एक ही भय
झाँकता है

असंख्य मुरझाए गुलाब
हवा में उड़ते हुए संकेतों से पूछते हैं—
कहाँ है वह प्यार और दर्द भरा अपनापन
जो हमें सीने पर टाँकता था?

पार्कों में बच्चे नहीं हैं
किसी असम्भव मृत्यु की सूचना की तरह
(दृश्य धूप के पन्नों पर उड़ते हैं और)
मैं एक विशाल बरगद को
सड़क के बीचोबीच गिरा हुआ
देख रहा हूँ।

भूत-कालीन क्रियाओं से
घिरे हुए लोग
समय की अरथी उठाये चल रहे हैं

चीत्कार करती दिशाओं में
हर कहीं दीखता है
विवर्ण मुख
आदमी का सुख।
बेसाख्ता चीखता है :
हे ईश्वर! हमें शक्ति दे
कि हम अपनी असमर्थताओं पर
शर्म करें, क्षमा के योग्य हों
और खुलकर रो सकें।

हे ईश्वर! हमारे रिश्तों में बल दे
हमारी रीढ़ की हड्डी में बल दे
कन्धों को थपथपा
कि हम आगत के लिए जिएँ
प्रस्तुत को ढो सकें।

सबके मन में केवल इतनी चाह है—
कोई आए...और...और
इतना कहे

—अरे सत्य यह नहीं, महज
अफवाह है।
अभी अभी तो हम
विकास के अभियानों में जुड़े हुए
आगे बढ़े, किन्तु फूलों से चमन हमारा भरा नहीं है
रुको हवाओ
समाचार के पीछे, मत हमको दौड़ाओ
अभी हमारा वीर जवाहर मरा नहीं है।

आस्था

रोशनी के दस्तावेज
फट गए हैं
और टूट गई है
उपलब्धियों की वार्ता

फिर भी
अँधेरे की मुँडेर पर
अमर-बेलि लटकी है :
मुझमें पूरे समूह का भय—
चीखता है
दिग्विजय! दिग्विजय!!

दस्तक

हम न देखें
लेकिन अन्धकार वर्ष को चीर कर
प्रकाश की लचीली बाँह
हमें छूती है

हम दरवाजा न खोलें
लेकिन शहर में
किसी भी सड़क पर
घूमने वाली बीमार रफ्तार
इस अस्पताल के सदर गेट पर
दस्तक देती है।

हम न कहें
लेकिन चेहरों पर टँगे नक्शे से
अपरिचित भी जानता है
रेखाएँ, चिह्न
आकार, बिन्दु
न केवल असफल वर्णन है
न केवल उदासीन मानचित्र
हम न देखें—अपने को
हम न कहें—किसी से
लेकिन अपरिचित भी जानता है
उजले केशों वाली रोशनी ने
जब भी दस्तक दी है
दरवाजे खुलते हैं
और मिलता है मस्तिष्क में
एक भरा पूरा नगर
जहाँ बूढ़ी रोशनी के साथ
हम भी हो लेते हैं।

देश-प्रेम : मेरे लिए

[एक बीमार आदमी का वक्तव्य]

दिन भर के बाद
भोजन कर लेने पर
देश-प्रेम से मस्त एक गीत
गुनगुनाता हूँ

जिसे अमीर खुसरो ने लिखा है :
अन्य लोगों की तरह
मैं इतना कृतघ्न नहीं कि उस जमीन को—धिक्कार दूँ

जिस पर मेरा जन्म खड़ा है
मेरे लिए मेरा देश—
जितना बड़ा है : उतना बड़ा है।

वह दिन बीत गया
जब किसी रिपब्लिक की जिल्द पर
सुकरात की अत्यन्त कामातुर तसवीर—चिपका दी
और मैं दुखी हो गया,

वह दिन भी बीत गया—
जब जमीन पर देशों की सीमाएँ खिंचते ही
मेरे मुख पर झुर्रियाँ बढ़ जाती थीं
किन्तु, जो कभी नहीं की—
वही मैंने अब सीखी
रोना—और भूख के लिए
निरा पागलपन है
देश-प्रेम मेरे लिए—
अपनी सुरक्षा का
सर्वोत्तम साधन है।

सचाई अब मुझसे इतनी करीब है
कि रोशनी का होना भी
मेरे लिए केवल तहजीब है।

(हर चीज साफ है—
अपने हैं आप तो
सौ खून माफ है।)
नेकर के नीचे का सारा नंगापन
कालर के ऊपर उग आया है :

चेहरे बड़े घिनौने लगते,
पर इससे क्या फर्क पड़ गया
अगर बड़ी छायाओं वाले बौने लगते...

और अन्त में—
सबकी सुनकर
सब कुछ गुनकर
मैंने भी नक्शे के ऊपर
लाल कलम से जगह घेर दी
और उसी सीमा के भीतर
अपने घायल कबूतरों को
फिर से उड़ना सिखा रहा हूँ।

किस्सा जनतंत्र

करछुल—
बटलोही से बतियाती है और चिमटा
तवे से मचलता है
चूल्हा कुछ नहीं बोलता
चुपचाप जलता है और जलता रहता है।

औरत—
गवें गवें उठती है—गगरी में
हाथ डालती है
फिर एक पोटली खोलती है।
उसे कठवत में झाड़ती है
लेकिन कठवत का पेट भरता ही नहीं
पतरमुँही (पैथन तक नहीं छोड़ती)
सरर फरर बोलती है और बोलती रहती है।

बच्चे आँगन में—
आँगड़-बाँगड़ खेलते हैं

घोड़ा-हाथी खेलते हैं
चोर-साव खेलते हैं
राजा-रानी खेलते हैं और खेलते रहते हैं
चौके में खोई हुई औरत के हाथ
कुछ भी नहीं देखते
वे केवल रोटी बेलते हैं और बेलते रहते हैं।

एक छोटा सा जोड़-भाग
गश खाती हुई आग के साथ-साथ
चलता है और चलता रहता।

बड़कू को एक
छोटकू को आधा
परबत्ती—बालकिशुन आधे में आधा
कुल रोटी छै
और तभी मुँह दुब्बर
दरबे में आता है—'खाना तैयार है?'
उसके आगे थाली आती है
कुल रोटी तीन
खाने से पहले मुँह दुब्बर
पेटभर
पानी पीता है और लजाता है
कुल रोटी तीन
पहले उसे थाली खाती है
फिर वह रोटी खाता है।

और अब—
पौने दस बजे हैं—
कमरे की हर चीज
एक रटी हुई रोजमर्रा धुन
दुहराने लगती है
वक्त घड़ी से निकलकर
अँगुली पर आ जाता है और जूता

पैरों में, एक दँत-टूटी कंघी
बालों में गाने लगती है।

दो आँखें दरवाजा खोलती हैं
दो बच्चे टाटा कहते हैं
एक फटेहाल कलफ कालर—
टाँगों में अकड़ भरता है
और खटर-पटर एक ढड्ढा साइकिल
लगभग भागते हुए चेहरे के साथ
दफ्तर जाने लगती है
सहसा चौरस्ते पर जली लाल बत्ती जब
एक दर्द हौले से हिरदै को हूल गया :
'ऐसी क्या हड़बड़ी कि जल्दी में पत्नी को
चूमना—
देखो, फिर भूल गया।'

प्रजातंत्र के विरुद्ध

पेट में धँसे छुरे के साथ भागती है अलारक्खी
सस्ते गल्ले की दुकान की बाहरी
दीवार से टकराती है। उसकी खून भरी मुट्ठी में भिंचा हुआ
राशन कार्ड, हरित क्रान्ति के विरुद्ध,
उसकी टाँगों में आफत है

मौत के सिरे पर एक जिन्दगी
शुरू हो रही है। ए भाई रमजान! ए रामनाथ!!
पेट से छुरा निकालने के पहले
उसकी टाँगों में फटती हुई आफत को
निकालो।

और उस आततायी की तलाश करो, हाय हाय
इस बच्चे के पिता इस औरत के पति की तलाश करो
यहीं कहीं

हाँ-हाँ यहीं कहीं होगा
किसी बद्दू मुहावरे की आड़ में
खुदकुशी की रस्सी लटकाता हुआ,
पेट से लड़ते-लड़ते जिसका हाथ अपने प्रजातंत्र पर उठ गया है।

कविता—श्रीकाकुलम्

[द गन इज
नाट इन द
हैंड्स ऑफ द
पीपुल। —**जे.पी.**]

एक आदमी—
दूसरे आदमी की गरदन
धड़ से
अलग कर देता है

जैसे एक मिस्त्री बल्टू से
नट अलग करता है।

तुम कहते हो—यह हत्या हो रही है
मैं कहता हूँ—मेकेनिजम टूट रहा है

नहीं...इस तरह चेहरा
मत सिकोड़ो और न कन्धे ही
उचकाओ
मुझे मालूम है—सबूत के लिए
तुम कह सकते हो कि खून
बह रहा है।
लेकिन इतना ही काफी नहीं है
और खून का रंग लाल है

असली सवाल है यह जानना
कि बहता हुआ खून क्या कह रहा है

यह हत्याकांड नहीं है सिर्फ लोहे को
एक नया नाम दिया जा रहा है

और सबूत के लिए यदि तुम
देखना ही चाहते हो
तो चलो मेरे साथ
मैं तुम्हें दिखलाता हूँ भाषा के जंगल में
कविता का वह वर्जित-प्रदेश
जहाँ कायरता—
एक खाली तमंचा फेंक कर
भाग गई है और साहस
चन्द पके हुए बालों के साथ
आगे बढ़ गया है—
अँधेरे में।

आतिश के अनार-सी वह लड़की

[कुमारी रोशन आरा बेगम के लिए—जिसने खुद को
आततायी टैंक के नीचे बम के साथ डाल लिया।]

'आजाद रहना हर वक्त एक नया अनुभव है' वह प्यारी लड़की!
अपने देशवासियों के खून में हमलावर दाँतों की रपट पढ़ना
और उसके हिज्जे के खिलाफ कदम-ब-कदम
मौत के फैसले की ओर बढ़ना
छाती पर बाँधकर बम
कम-से-कम, कहें जिन्हें कहना है यह अद्भुत साहस था बीसवीं
शताब्दी के आठवें दशक के तीसरे महीने में।

लेकिन मैं सिर्फ यह कहना चाहूँगा—वह एक भोली जरूरत थी
औसतन गलत जिन्दगी और सही मौत के चुनने का सवाल था

इसे अगर कविता की भाषा में कहूँ—'यह जंगल के खिलाफ
जनतंत्र का मलाल था'।

बाबुल के देश का चुटिहल धड़कता हुआ टुकड़ा था सीने में
और फैसले का वक्त था।

एक हाथ जो नाजुक जरूर था लेकिन बेहद सख्त था—
आजाद अनुभवों की लकीर को पूरब की ओर आगे तक खींच रहा था
और लोग चकित थे देखकर कि एक नन्हा गुलाब
किस तरह लोहे के पहाड़ को अपनी मुट्ठी में भींच रहा था
ठीक इसी तरह होता है
जवानी जब भी फैसले लेती है
गुस्सा जब भी सही जनून से उभरता है
हम साहस के एक नये तेवर से परिचित होते हैं
तब हमें आग के लिए
दूसरा नाम ढूँढ़ना नहीं पड़ता है।

मुमकिन था यह भी कि अपने देशवासियों की गरीबी से
साढ़े तीन हाथ अलग हटकर
एक लड़की अपने प्रेमी का सिर छाती पर रखकर
सो रहती देह के अँधेरे में
अपनी समझ और अपने सपनों के बीच,

मैं उसे कुछ भी न कहता सिर्फ कविता का दरवाजा
उसके लिए बन्द रहता लेकिन क्या समय भी उसे
यूँ ही छोड़ देता?

वह उसके चुम्बन के साथ बारूद से जले हुए गोस्त का
एक सड़ा हुआ टुकड़ा जोड़ देता
और हवा टाँग देता उसके लिए
एक असंसदीय शब्द—नीच!
मुमकिन यह भी था कि थोड़ी सी मेहँदी और
एक अदद ओढ़नी का लोभ

लाल तिकोने के खिलाफ बोलता जिहाद
और अपने 'वैनिटी बैग' में छोड़कर बच्चों की एक लम्बी फेहरिस्त
एक दिन चुपचाप कब्र में सो जाती हौवा की इन्कलाबी औलाद
लेकिन ऐसा हुआ नहीं।
ओ प्यारी भाभियो!
ओ नटखट बहिनो!
सिंगार-दान को छुट्टी दे दो
आईने से कहो वह कुछ देर अपना अकेलापन घूरता रहे
कंघी को झड़े हुए बालों की याद में गुनगुनाने दो
रिबन को फेंक दो 'बाडिस' की अलगनी पर
यह चोटी करने का वक्त नहीं और न बाजार का?
बालों को ऐंठकर जूड़ा बाँध लो
और सब-के-सब मेरे पास आ जाओ,
देखो, मैं एक नई और ताजा खबर के साथ
घर की दहलीज पर खड़ा हूँ।

ओह! जैसा मैंने पहले कहा है—
बीस सेबों की मिठास से भरा हुआ यौवन
जब फटता है तो न सिर्फ टैंक टूटते हैं
बल्कि खून के छींटे जहाँ-जहाँ पड़ते हैं
बंजर और परती पर आजादी के कल्ले फूटते हैं
और ओ प्यारी लड़की!
कल तू जहाँ आतिश के अनार की तरह फूटकर
बिखर गई है ठीक वहीं से हम
आजादी की वर्षगाँठ का जश्न शुरू करते हैं।

मुक्ति के तुरन्त बाद

हवा हताश सर्पिणी की तरह फण पटक रही थी
और काँपता हुआ अन्धकार सुनाई पड़ता था मौत की दाढ़ों में
जैसे फँसा हुआ रुदन।

यातना के अपने स्वाद होते हैं साथियो!
चमड़े पर बजती हुई सनसनी में
जंजीरों का सपना अपना मोर्चा छोड़ गया था

और मैं यहाँ था अन्धे कुएँ से बाहर : मुक्त और निस्संग
मौत और हथेली के बीच फर्क तय करता हुआ।

और तब, पहली बार दूर से आता हुआ आदमी, एक पूरा देश लग रहा था।

क्या मैंने पेड़ की आत्मीयता की बात की?
क्या मैंने कहा कि धूप माँ की गोद-सी गर्म थी?
क्या मैंने कहा कि थरथराती हुई जुबान
डबडबाई आँख में बदल गई थी?

नहीं, मैंने ऐसा कुछ नहीं किया।
घाव की अपनी खामोशी होती है साथियो!
मगर मैंने सहसा महसूस किया कि
लहू का एक कतरा
गेहूँ के दाने में गुनगुना उठा है
और इतिहास के मोड़ पर
एक जिन्दा परछाईं गहरा गई है।

एक कविता : कुछ सूचनाएँ

सबसे अधिक हत्याएँ
समन्वयवादियों ने कीं।
दार्शनिकों ने
सबसे अधिक जेवर खरीदा।
भीड़ ने कल बहुत पीटा—
उस आदमी को
जिसका मुख ईसा से मिलता था।

वह कोई और ही महीना था,
जब प्रत्येक टहनी पर फूल खिलता था;
किन्तु इस बार तो—
मौसम बिना बरसे ही चला गया
न कहीं घटा घिरी
न बूँद गिरी
फिर भी, लोगों में टी.बी. के कीटाणु
कई प्रतिशत बढ़ गए।

कई बौखलाए हुए मेढक
कुएँ की काई लगी दीवाल पर
चढ़ गए,
और सूरज को धिक्कारने लगे :

—व्यर्थ ही प्रकाश की बड़ाई में बकता है,
सूरज कितना मजबूर है
कि हर चीज पर एक-सा चमकता है।

हवा बुदबुदाती है
बात कई परतों से आती है—
एक बहुत बारीक पीला कीड़ा
आकाश छू रहा था,
और युवक मीठे जुलाब की गोलियाँ खाकर
शौचालयों के सामने
पंक्तिबद्ध खड़े हैं।

आँखों में ज्योति के बच्चे मर गए हैं
लोग खोई हुई आवाजों में
एक-दूसरे की सेहत पूछते हैं
और बेहद डर गए हैं।

सब-के-सब—
रोशनी की आँच से
कुछ ऐसे बचते हैं

कि सूरज को पानी से—
रचते हैं।

बुद्ध की आँख से खून चू रहा था
नगर के मुख्य चौरस्ते पर
शोक प्रस्ताव पारित हुए,
हिजड़ों ने भाषण दिये
लिंग-बोध पर,
वेश्याओं ने कविताएँ पढ़ीं—
आत्म-शोध पर।

प्रेम में असफल छात्राएँ
अध्यापिकाएँ बन गई हैं
और रिटायर्ड बूढ़े
सर्वोदयी
आदमी की सबसे अच्छी नस्ल
युद्धों में नष्ट हो गई,
देश का सबसे अच्छा स्वास्थ्य
विद्यालयों में
संक्रामक रोगों से ग्रस्त है।

(मैंने राष्ट्र के कर्णधारों को
सड़कों पर
किश्तियों की खोज में—
भटकते हुए देखा है)

संघर्ष की मुद्रा में घायल पुरुषार्थ
भीतर ही भीतर
एक नि:शब्द विस्फोट से त्रस्त है
पिकनिक से लौटी हुई लड़कियाँ
प्रेम-गीतों के गरारे करती हैं
सबसे अच्छे मस्तिष्क,
आरामकुर्सी पर
चित पड़े हैं।

सुदूर पूर्व में

सुदूर पूर्व में
जहाँ चमकते सितारों को
बमवर्षकों ने अपनी आड़ में ले लिया है,

धरती पर, एक हरी पत्ती
ओस-कणों के लिए
अब भी रात बीतने का इन्तजार
कर रही है,

और हवा
किसी पूजा-गृह से सुगन्धित प्रार्थना-स्वरों को
आत्मा के प्रवेश-द्वार तक छोड़ आने के लिए
तत्पर है
समुद्र के पश्चिमी सिरे पर, सूर्यास्त
जब किसी प्रज्वलित घंटा-ध्वनि-सा
गूँज उठता है
तुम अपना स्नेह भरा कोमल हाथ
मेरे कन्धे पर रख देते हो
और मैं समझने लगता हूँ कि दुनिया
ज्वालामुखियों के दहाने पर भी
इतनी ठंडी क्यों है।

रोटी और संसद

एक आदमी
रोटी बेलता है
एक आदमी रोटी खाता है
एक तीसरा आदमी भी है
जो न रोटी बेलता है, न रोटी खाता है
वह सिर्फ रोटी से खेलता है

मैं पूछता हूँ—
'यह तीसरा आदमी कौन है?'
मेरे देश की संसद मौन है।

लेनिन का सिर

मैं वह सिर देखता हूँ,
भाई गजब :
लोहा भी सोचता है।
फिर देखते ही देखते
वह सिर बदल जाता है
नीग्रो औरत के
पुष्ट दूध भरे विशाल स्तन में,
पीप्-पीप् करते-करते बम में
जिसे छापामार दस्ते ने दुश्मन की ओर
फेंका है।

—सैकड़ों नीली-नीली नसें कौंधती हैं ताजा और
तेज खून लेकर भागती हुई जहाँ...
आदमी के लिए सैकड़ों जिन्दा विचार
भाष्य बनने के लिए व्याकुल हैं।

शब्द जहाँ सक्रिय हैं

'कविता हत्या नहीं करती'—
आखिरी झंडी रँगते हुए बड़े भाई ने कहा—
'खून की रपट के कानूनी
मसलों पर
लाश के पास पाए गए हथियारों की
पड़ताल करती है
ताकि न्याय कायम हो।'

'कविता—
मझले भाई ने रस्सी बटते हुए
कहा—जब ज्यादातर लोग सहमत होने
लगते हैं सुविधा के किसी खास
नुक्ते पर वाजिब शंकाओं के साथ
हक जैसे एक मामूली शब्द को
मोर्चे पर बहाल करती है
सत्य की सुरक्षा हो इसलिए।'

मगर छोटे भाई ने कोई उत्तर नहीं दिया
अपनी अँगुलियों पर पिता के नाखून
देखता हुआ वह सहसा उठा
और अपने हिस्से की रोटी के साथ
जंगल को चला गया।
कुनबा अवाक्—
झटके से झूल गई भाषा की लोथ
पटरा सीवान में
सन्नाटा फाँसी के तख्ते-सा खड़ा था
और हवा—
हत्या की तरह काँप रही थी।

कहीं कोई उत्तर नहीं
पीढ़ियों की बहस का सिलसिला
बीच ही से टूट चुका था और कविता
आखिरी आदमी की अँगुली पकड़कर
भूमिगत हो गई थी,

तब से कितने आरोप दुहराए गए हैं
गुजरे दशक की खबराई सुर्खियाँ
अफवाहों से पीली हो चुकी हैं
मगर लड़ाई में शरीक
मेरी अँगुलियों का खून है कि सूखता ही नहीं,
और अब तो तिहत्तर है, आठवें दशक ने

अभी-अभी दूसरी खूँटी तोड़ी है
और धीरे-धीरे मनुसा रहा है।
इस वक्त अलग से
मुझे कुछ भी नहीं कहना है
मैं सिर्फ इतना भर जानता हूँ—
कि नदी के मुहाने पर
हलचल है और जंगल
अपना रास्ता बदल रहा है
रात के अँधेरे में
दरारों से निकलते हैं सधे हुए
चट्टानी पैर और पानी की सतह से
बिजली के शब्द फूल तोड़ लाते हैं
जिसके सहारे
आकाश गंगा के किनारे जगमग
सितारों के पास
एक झाड़ी—
जुगनुओं के इशारे भेजती है
बत्ती के मद्धिम प्रकाश में।

जब पेड़ किसी खोटे सिक्के-सा
उछलकर घाटी की गुमसुम हथेली पर
बेखनक गिरता है, एक तना
दूसरे तने को चाकू फेंकना सिखाता है

और ठीक उसी वक्त कविता
शब्दों पर शान चढ़ाने का काम
शुरू करती है जब आदमी के
दर्दीले गले से कोई अगिन-गीत
फूटता है
और यह सब जिसके इशारे पर होता है
उस अधेड़ दाढ़ी का चेहरा
हू-ब-हू तीसरे भाई से मिलता है

मैं सिर्फ इतना भर जानता हूँ कि शब्द
जहाँ सक्रिय हैं, भूख का सिलसिला
भाईचारे की जमीन पर
छापामार सीटियाँ बजाने लगा है
और तब ही से भाइयो! मेरे पुर वासियो!!
मेरे पड़ोस की चुनमुन चिरैया
अपना घोंसला लोहे की जालियों से
बुनने लगी है और मेरी छप्पर का
एक नन्हा तिनका
जंगल की शाख होने का सपना
देखने लगा है।

अन्तर

कोई पहाड़
संगीन की नोक से बड़ा नहीं है
और कोई आँख
छोटी नहीं है समुद्र से
यह केवल हमारी प्रतीक्षाओं का अन्तर है—
जो कभी
हमें लोहे या लहरों से जोड़ता है।

बारिस में भीग कर

सहसा हम क्यों चाहने लगते हैं, हमारे सिरों पर
छत हो।
(जनतांत्रिक)—वर्षा में धुली हुई
क्या यह खुली सड़क काफी नहीं है,
(सचाई और शोहरत के बीच बिछी हुई संसद तक)
फिर हम एक छत क्यों चाहते हैं जब कि यह

सही कवियों और तुक्कड़ों की
पहचान का समय है?

तुमने अपना सिर बरखा को दे दिया है बेलौस
धन्यवाद जन-कवि और तुमने उसे
टपकती हुई टप्पर के नीचे छुपा लिया है
बातूनी नागरिक? तुम्हें भाषा से अधिक
अपने भीगने का भय है।

यह तुम्हारा मुहावरा है
बारिश में भीग कर चमड़े को खतरा है
—इस वक्त मुनादिया अपनी डुग्गी बजा रहा है
—साईस अपने घोड़े की जीन
—नाई उस्तुरा रपटने का पट्टा छिपा रहा है
—और राजनयिक
जाती गुटबन्दी की सतही 'छै-तीन'
और यह भी सही है कि बारिश में भीग कर
चमड़े की हर चीज अपनी औकात से
औसतन, कुछ ज्यादा हो जाती है
क्योंकि चमड़े पर बजने वाली सुविधा
जल थुलथुल मसक—मसलन मादा हो जाती है।

वाकई चमड़े को खतरा है। तुक्कड़ जी!
राम राम जाइए!
और राम झरोखे बैठकर शाम का तुक
लगाम से मिलाइए।

लेकिन कविता चमड़ा नहीं है
इसीलिए कविता में गाती है घास
आदमी की ज़ुबान से तिनका भर आगे बढ़कर
सदियों से अपने रौंदे जाने का इतिहास
'सहना ही जीवन है जीवन का जीवन से द्वन्द्व है
मेरी हरियाली में मिट्टी की करुणा का छन्द है'

और यही कारण है कि दल बदल करते उतावले
बादलों को चाबुक से पीटकर
जीवन रस गारती है। दौड़-दौड़ सारे आकाश में
बिजली—
सदियों से रौंदी हुई घास को पुकारती है
इसीलिए कविता में मामूली (पनरोपना)
डिब्बा गुर्राता है झुग्गी के छेद से :
'टपकता है तो टपक
लेकिन बिजुरी की अँगुरी पकड़
कथरी पर सोये हुए मुन्ने पर मत लपक।'
और कवि इन्हीं छोटे-छोटे ब्योरों को गाता है
उसकी यही साख है
उसके लिए कविता सिर्फ शब्दों की बिसात नहीं
वाणी की आँख है
बारिश में भीग कर आह्लादित कवि
नंगे सिर घूमता है कीच भरे रस्तों पर

अनुभव के नये-नये पृष्ठों पर
भाषा के समर्थन में बूँदें गिरती हैं
जैसे सामूहिक हस्ताक्षर अभियान में
आसमानी दस्तखत।
और कविता—कविता से भीगती है
तृप्त और कृतज्ञ जैसे पानी—
पानी से भीगता है समरस और शान्त।

दूसरे का घर

कौन-सी आत्मीयता
ठहराव का कौन-सा बहाना ढूँढ़ते हुए
तुम यहाँ आते हो रोज?

वही खुफिया आँखें
वही आत्माएँ बूढ़ी खूँखार

यहाँ भी तुम्हें घूरती हैं जो न जाने कब से
सड़क पर तुम्हारा पीछा कर रही थीं!

तुम्हारी जेब में क्या है? प्यार?
उसे बाहर गली में फेंक दो।
यह दूसरे का घर है—
और शहर की जुबान में
तुम्हारी भाषा और उम्मीद के बीच
वे काठ का एक टुकड़ा रख देंगे
या फिर एक प्याली गर्म चाय—
'पियो जी कवीजी मराज!'

सोचते क्या हो? अपनी शर्म में डूब
मरने का कोई दूसरा उपाय?
ढूँढ़ लो,
हो चुके हो, तुम बाजारं से बाहर
तुम्हारे नाखून बहुत छोटे हैं और होने के बाद भी
तुम पशु बनने को तैयार नहीं हो।
तुम्हारे चेहरे से आज भी आदमीयत की गन्ध
आती है।

क्या कहा—दया? लेकिन याद क्यों नहीं करते—
दया का एक रुख हाय! यह भी है कि जो जाति
ठंड के माकूल दिनों में आदमी का खून
खींच लेती है, गर्मी के 'मौसम' में
पौसरा चलाती है।

और यह दूसरे का घर है,
और
तुम्हारा दोष यह है कि तुम सब कुछ समझते हो—
दाँत और सिक्के में कौन-सा रिश्ता है?
दीवारों की मातृभाषा क्या है?

कल

देह के बसंत में वापस लौटते हुए, कल तुम पाओगे
अपनी नफरत के लिए कोई कविता जरूरी नहीं है
अपने जालों के साथ लौट जाएँगे
वे जो शरीरों की बिक्री में माहिर हैं।

कल तुम जमीन पर पड़ी होगी और बसंत पेड़ पर होगा
नीमतल्ला, बेलियाघाट, जोड़ा बगान
फूलों की मृत्यु से उदास फूलदान
और उगलदान में कोई फर्क नहीं होगा।

दिनचर्या

सुबह जब अन्धकार कहीं नहीं
होगा, हम बुझी हुई बत्तियों को
इकट्ठा करेंगे और
आपस में बाँट लेंगे

दुपहर जब कहीं बर्फ नहीं
होगी और न झड़ती हुई पत्तियाँ
आकाश नीला और स्वच्छ
होगा नगर
क्रेन के पट्टे में झूलता हुआ
हम मोड़ पर मिलेंगे और
एक दूसरे से ईर्ष्या करेंगे

रात जब युद्ध एक गीत-पंक्ति की तरह
प्रिय होगा हम वायलिन को
रोते हुए सुनेंगे
अपने टूटे सम्बन्धों पर सोचेंगे।
दुखी होंगे।

नगर-कथा

सभी दुखी हैं—
सबकी वीर्य-वाहिनी नलियाँ
साइकिलों से रगड़-रगड़ कर
भिंची हुई हैं
दौड़ रहे सब—
सम जड़त्व की विषम प्रतिक्रिया :
सबकी आँखें सजल
मुट्ठियाँ भिंची हुई हैं;

व्यक्तित्वों की पृष्ठभूमि में
तुमुल नगर-संघर्ष मचा है
आदिम-पर्यायों का परिचय
विवश आदमी
जहाँ बचा है।

बौने पद-चिह्नों से अंकित
उखड़े हुए मील के पत्थर
मोड़-मोड़ पर दीख रहे हैं,
राहों के उदास ब्रह्मा-मुख
'नेति-नेति' कह
चीख रहे हैं।

गृहस्थी : चार आयाम

मेरे सामने
तुम सूर्य-नमस्कार की मुद्रा में
खड़ी हो,
और मैं लज्जित-सा तुम्हें
चुपचाप देख रहा हूँ
(औरत : आँचल है,
जैसाकि लोग कहते हैं—स्नेह है,

किन्तु मुझे लगता है—
इन दोनों से बढ़कर
औरत एक देह है)

मेरी भुजाओं में कसी हुई
तुम मृत्यु की कामना कर रही हो
और मैं हूँ—
कि इस रात के अँधेरे में
देखना चाहता हूँ—धूप का
एक टुकड़ा तुम्हारे चेहरे पर।
रात की प्रतीक्षा में
हमने सारा दिन गुजार दिया है
और अब जब कि रात
आ चुकी है
हम इस गहरे सन्नाटे में
बीमार बिस्तर के सिरहाने बैठकर
किसी स्वस्थ क्षण की
प्रतीक्षा कर रहे हैं।

न मैंने
न तुमने
ये सभी बच्चे
हमारी मुलाकातों ने जने हैं
हम दोनों तो केवल
इन अबोध जन्मों के
माध्यम बने हैं।

सापेक्ष्य-संवेदन

बम फटने का
दुख तो होता है पर
उतना ज्यादा नहीं, चाय के—
ठंडे होने का दुख जितना।

कहीं देखकर बलात्कार की कोई घटना
उतनी देर तड़पती रहतीं नहीं धमनियाँ
जितनी उस क्षण—
जब दो परिचित-सी आकृतियाँ
नीची आँखें किये, परस्पर
बिना कहे कुछ—
पास-पास से गुजर गई हों।

दुख होता है अगर किसी की
मिली नौकरी छूट गई हो
लेकिन उतना नहीं
कि जितना—
बार-बार सुनने पर भी फटकार
आदमी, लौट काम पर
फिर आया हो—
कालर फटी कमीज पहनकर।

वह दुख सभी सहन कर—
लेते हैं जो अरथी के उठने पर
उग आता है,
लेकिन यह असह्य संवेदन
मन को तोड़-तोड़ जाता है—
यात्राओं की अन्तिम गाड़ी
एक छोर पर रुकी हुई हो
पंगुल बच्चों की कतार जब
सड़क पार करने की आतुर मुद्राओं में
बैसाखी पर झुकी हुई हो।

युवा सदी गाती है

लड़कों के चेहरों से टूट-टूट गिरती हैं
बुलबुलों की चीखें
लड़कियाँ—चखनों में

गुलेल बाँधकर
चलती हैं,

सुनहरी किताब की जिल्द के ऊपर
पिता का डर है
और अन्दर
प्यारे का खत है

सुना! तुमने सुना!!
युवा सदी गाती है
इसी तरह, अक्षर-अक्षर
लुक छिपकर जाना आदत है
प्रेम की।
युवा सदी गाती है।

उसके बारे में

पता नहीं कितनी रिक्तता थी—
जो भी मुझमें होकर गुजरा—रीत गया।
पता नहीं कितना अन्धकार था मुझमें
मैं सारी उम्र चमकने की कोशिश में
बीत गया।

भलमनसाहत
और मानसून के बीच खड़ा मैं
आक्सीजन का कर्जदार हूँ
मैं अपनी व्यवस्थाओं में
बीमार हूँ।

खेवली

वहाँ न जंगल है, न जनतंत्र
भाषा और गूँगेपन के बीच कोई

दूरी नहीं है।
एक ठंडी और गाँठदार अँगुली माथा टटोलती है।
सोच में डूबे हुए चेहरों और
वहाँ दरकी हुई जमीन में
कोई फर्क नहीं है।

वहाँ कोई सपना नहीं है। न भेड़िये का डर।
बच्चों को सुलाकर औरतें खेत पर चली गई हैं।
खाये जाने लायक कुछ भी शेष नहीं है।
वहाँ सब कुछ सदाचार की तरह सपाट
और ईमानदारी की तरह असफल है।

हाय! इसके बाद
करम जले भाइयों के लिए जीने का कौन सा उपाय
शेष रह जाता है, यदि भूख पहले प्रदर्शन हो और बाद में
दर्शन बन जाय?
और अब तो ऐसा वक्त आ गया है कि सच को भी सबूत के बिना
बचा पाना मुश्किल है।

खून के बारे में कविता

सबसे पहले
मैंने उसे महसूस किया था माँ के शरीर में
वह रंग नहीं था उस वक्त।
स्वाद का पहला तजुर्बा था जुबान पर
एक गीली और कोमल गरमाहट थी।
जो झिल्ली पर रोशनी की तरह
बजती थी। वह
पहला रोना था पृथ्वी पर।

दूसरी बार मैंने उसे बच्चे के
गालों पर देखा था। वह
डगमगाते हुए हर दूसरे कदम के लिए
कहता था : 'शाब्बाश'

और इतना खुश था कि उत्साह में
दूध बन गया था दूसरी तरफ
नीली नस-नाड़ियों के जाल में।

मैंने उसे एक युवा छात्र की नाक पर
देखा था तीसरी बार। जब
किताबों की आधी दुनिया
काली हो रही थी और फरिश्ते
भाषा के सामूहिक बलात्कार में मशगूल थे
वह दाँत की जड़ों में अध-जन्मे
कीड़े की तरह कुलबुला रहा था और
दीवारों की चौकसी के बावजूद
एक नारा बन गया था। भाषा की रात में।

चौथी बार मैंने उसे एक लड़की के
चमड़े में गाते हुए सुना था। वह
बेहद आलसी हो गया था पर
बेहद उत्तेजक। शब्दों को गुम करते हुए
उसने सारे रिश्ते पैताने खिसका दिये थे
और बेबाक चालाकी से
खुद को
एक परिचित मादा खुशबू में बदल
लिया था।

कंगले की पसलियों के चोर दरवाजे पर
मैंने उसे देखा था पाँचवीं बार
समूचे जीवन से विदा लेते हुए
उसकी पीठ पर
एक पीली गठरी थी। जाते-जाते
उसने स्वास्थ्य-कामना की थी और
होंठों से हँसी की तरह गायब हो गया था

आखिरी और आखिरी बार। स्टैंड से
उल्टी बोतल में
रबर की एक लम्बी नली से वह
सरक रहा था। धीरे-धीरे

मृत्यु के खिलाफ। छापामार
दस्ते के अगुआ की तरह
देह के जंगल में
जहाँ मौत ने अपना खेमा
गाड़ रखा था।

उसने मुझसे बुदबुदाकर कहा—
'कवि हो! इस फौरी धावे में साथ दो।
और सुनो! कविता मारती नहीं,
जानें बचाने की कोशिश में
पहल करती है।'

मैं हूँ

मुझे लिखो, मैं कटी हुई अँगुलियाँ हूँ
जिसे भूख ने खा लिया है।
मैं हूँ अथाह रुदन, अन्धकार के आर-पार
जिसे एक टूटे हुए हृदय ने
खुद को जोड़ने के लिए गा दिया है।

और तुम कहते हो, कवि एक सुन्दर बगीचा है
जिससे अपने लिए तुम एक शब्द-फूल
तोड़ सकते हो। तोड़ो,
मगर मत भूलो कि इस बगीचे को
एक आदमी ने अपने खून से सींचा है।

एक बगीचा है जिसकी चारदीवारी के पीछे
कुछ भूखे बच्चे आँखमिचौनी खेल रहे हैं।
मत भूलो
कि कवि एक कुनबे का अगुआ है
जिसके सदस्य
आजादी को आक्रमण की तरह झेल रहे हैं।

कवि एक मजबूत बंकर है
जहाँ खाली वक्त में

तुम अपने जूते उतार सकते हो
बन्दूक टेक सकते हो
मगर मत भूलो कि कवि एक खौलता हुआ
आँसू है। रक्त-सिक्त उत्तप्त
जिससे तुम अपनी ठिठुरी हुई करुणा
सेंक सकते हो।

कवि एक लय है
थकान में गिरी हुई
क्या तुमने सुना?
और तुम्हें खुशी है
मगर मत भूलो
कि कवि
व्यावहारिकता की
बटी हुई रस्सी से झूलती हुई
संवेदना की खुदकुशी है।

मेरी कविता

यह है
मेरी कविता : मेरा घर
महरी! इसे झाड़ू से
मत बुहार
आँचल से साफ कर
क्या कहा—
भाषा—? देख उधर कोने में—
शब्दों के अर्थ भरे
कोने में रक्खी है
अरे भई! वहाँ नहीं, वहाँ
आले पर
उस गिलास के पास
जिसमें मेरे दाँत रखे हैं
आऽऽ हाँऽऽ
गौर से

उठा और शब्द-शब्द
पोंछ
खूँटी पर टँगे हुए कुर्ते को मत निहार,
बेमतलब मत सोच,
चल!
अपना काम कर।
फटी हुई बाँह से
देश की गरीबी का
क्या मतलब?

आलोचक

वह तुम्हारी कविता का
एक शब्द सूँघता है
और
नाक की सीध में
तिजोरियों की ओर दौड़ता चला
जाता है।

और लो, उस गुर्राहट ने
सारे चेहरे खरोंच दिये,
एक टाँग उठाई
और मूत दिया।

यह कुकुरमुत्ता है
गाँव में
बच्चे इसे छाता कहते हैं।

कविता के द्वारा हस्तक्षेप

जब मैं अपने ही जैसे किसी आदमी से बात करता हूँ,
साक्षर है पर समझदार नहीं है। समझ है लेकिन
साहस नहीं है। वह अपने खिलाफ चलने वाली

साजिश का विरोध खुलकर नहीं कर पाता।
और इस कमजोरी को मैं जानता हूँ। लेकिन इसीलिए
वह आम मामूली आदमी मेरा साधन नहीं है
यह मेरे अनुभव का सहभागी है, बनता है।

जब मैं उसे भूख और नफरत और प्यार और जिन्दगी
का मतलब बतलाता हूँ—और मुझे कविता में
आसानी होती है—जब मैं ठहरे हुए को हरकत
में लाता हूँ—एक उदासी टूटती है, ठंडापन खत्म
होता है और वह जिन्दगी के ताप से भर जाता है।

मेरे शब्द उसे जिन्दगी के कई स्तरों पर खुद को
पुनरीक्षण का अवसर देते हैं, वह बीते हुए वर्षों
को एक-एक कर खोलता है।
वर्तमान को और पारदर्शी पाता है, उसके आर-पार
देखता है। और इस तरह अकेला आदमी भी
अनेक कालों और अनेक सम्बन्धों में एक समूह
में बदल जाता है। मेरी कविता इस तरह अकेले को
सामूहिकता देती है और समूह को साहसिकता।

इस तरह कविता में शब्दों के जरिये एक कवि
अपने वर्ग के आदमी को समूह की साहसिकता से
भरता है जबकि शस्त्र अपने वर्ग-शत्रु को
समूह से विच्छिन्न करता है। यह ध्यान
रहे कि शब्द और शस्त्र के व्यवहार का व्याकरण
अलग-अलग है। शब्द अपने वर्ग-मित्रों में कारगर
होते हैं और शस्त्र अपने वर्ग-शत्रु पर।

आज मैं लड़ रहा हूँ

फूलों की हँसी के खिलाफ
जंजीरें खनखना रही हैं

और रिश्ते—
मुहावरा बदलने की फिराक में हैं।

आज अँधेरा है और खून
लगा हुआ है हाथों में
जिसे हमने हासिल किया है
वह पालने में नहीं—रक्त लथपथ
कराहों की बगल में पड़ा है।

बच्चे भूखे हैं :
माँ के चेहरे पत्थर,
पिता जैसे काठ : अपनी ही आग में
जले हैं ज्यों सारा घर,

पेशेवर गुलाबों की हँसी ने
खारिज कर दिया है बसंत
और कविता की नसों में
बहता हुआ खून
जरूरत की जगह
जहमत बन गया है
अक्सर उठते हैं सवाल
कहाँ हैं युवा-जन?
परिवर्तन के अग्नि-चक्र?
क्षुधित इतिहास?

पीले पत्ते—
पतझड़ की ओर उड़ते गए हैं?
चुटकुलों-सी घूमती लड़कियों के स्तन
नकली हैं? नकली हैं युवकों के दाँत?

वे जबड़े जाम क्यों हैं
जिन्होंने खून की रपट पढ़ी है?
मैं सुनता हूँ। उत्तर धीरे से
मुझमें उभरता है, जैसे काल कोठरी की

दीवार पर उभरते हैं, शब्द :
कल सुनना मुझे—
जब दूध के पौधे झर रहे हों सफेद फूल
नि:शब्द पीते हुए बच्चे की जुबान पर
और रोटी खाई जा रही हो चौके में
गोश्त के साथ जब
खटकर (कमाकर) खाने की खुशी
परिवार और भाईचारे में
बदल रही हो—कल सुनना मुझे।
आज मैं लड़ रहा हूँ।

पराजय-बोध

मैं अपनी टाँगों में झूल रहा हूँ
मैं अपनी उबकाइयों पर फूल रहा हूँ
एक शब्द जो मुझे ऐन इस मौके पर याद आना चाहिए था
(बम—नहीं, बम—नहीं, तम—नहीं)
भूल रहा हूँ।
मेरे हाथ काले हैं
मेरी आँखों में जाले हैं
मेरी जुबान चुप है
होंठों पर ताले हैं।
टखनों में जाड़ा है
मेरा जीवन लार टपकाती हुई नेकर का नाड़ा है।
मुझे मेरे दर्द ने पछाड़ा है।

मृत्यु-चिन्ता

कोई जिया नहीं
पकी हुई फसलों की मृत्यु

सारे इतिहास रहे खेत,
अँगुली के पोरों के नीचे तड़पा किये

ऐंठती अँतड़ियों से—
भरे हुए पेट :

एक भी हथेली नहीं ऐसी है—
क्रास भरे चेहरों ने
जिस पर उड़ेला नहीं
सागर की बूँद-बूँद देह
वज्रपात! हिमपात!!

ब्रेक लगी गाड़ी के
झटके-सा वीर्यपात
रोगिणी दिशाओं में अविरल प्रमेह,
गर्भपात! गर्भपात!!

बच्चों की आँखों में
छाया अभिशाप की
बूढ़ों के चेहरों पर
परछाईं पाप की।

प्रवेश-पत्र

अपनी हड्डियों से दुनिया थहाने
का वक्त नहीं है, लड़खड़ाते
पैरों से राह नापने का वक्त
यह नहीं है, चोरों को सुविधा
मिली है और तुम्हें
हकारता हुआ देखता हूँ
यह देश बहुत बड़ा है
तुम अपनी भूख से इसे
भर नहीं सकते।

आओ, अचरज वहाँ पड़ा है, उसमें
जहाँ बनिये की आँख बनैले जानवर-
सी जल रही है।

आओ! मेरी आत्मा अन्धी है
मेरा दुख पीठ पर बँधा है
बसंत सिर्फ पेड़ों की आदत का
हिस्सा है,
जहाँ छायाओं में झुलसे हुए
चेहरे लेटे हुए हैं।

गाँव में कीर्तन

रात में—
बजती हैं डफलियाँ।
कीर्तन की झाड़ियों के पीछे
अपराध स्वीकार के सामूहिक उत्साह में
भाषा
शब्दहीन
ताँत के नीचे पड़ी हुई रुई की तरह
टूटती है।
उमंग के तीसरे तहखाने में
एक चेहरा नंगा हो जाता है।
और तभी आते हैं काले घुड़सवार,
और डफों में
सूराख कर देते हैं।
कोई विरोध नहीं करता।

आसमान से एक तारा टूटता है और सुबह की
शुरुआत में गिर पड़ता है
आकाश-गंगा की सरहदों पर बजने वाली
जल तरंग
(जिसे गाँव वाले रात की आँत कहते हैं)
पत्तों पर और घासों की नोक पर
किसी बच्चे की तुतली आवाज-सी
झिलमिलाती है
रंगों की मुहर तोड़कर, सूरज

फसलों की एक पूरी दुनिया सामने रख देता है
मगर कोई ध्यान नहीं देता।
लोग या तो दातौन की तलाश
करते हैं या मरे हुए चूने के पानी में
चमड़ा भिगोते हैं
या खून के भीतर ताश के पत्ते फेंकते हुए
दीवार की बगल में चारपाई खींचकर
दिन चढ़े तक सोते हैं

एक बे-आवाज परछाईं
उतरती है और आदमी के
चौड़े चकले चेहरे को पार करती हुई
सीवान में गुम हो जाती है।
धीरे-धीरे
दोपहर होती है
एक औरत आँगन में बैठकर पुतड़ा धोती है
एक रुआँसा लड़का
मदरसे से वापस आता है
चारपाई पर
दाईं करवट लेटा हुआ बाप

बेटे की कमीज पर गिरी हुई स्याही देखकर
उसकी पढ़ाई के बारे में निश्चिन्त
हो जाता है।

कोई किसी से कुछ नहीं पूछता।

हर आदमी चुपचाप
नींद और कीर्तन के बीच का जागरण
तय करता है, यह सोचते हुए कि आदमी

कुछ नहीं करता
जो कुछ करता है समय—
करता है।

मेरे गाँव में हर रोज ऐसा ही होता है।

नफरत की आड़ में
चीजें अपना चेहरा उतार कर रख देती हैं
वक्त के फालतू हिस्सों में
खेतों के भद्दे इशारे गूँजते हैं।
ग्राम-सभा की लालटेन का शीशा टूट चुका है।

नलकूपों की नालियाँ झरना हो गई हैं
उनमें अब लाठियाँ बहती हैं। और पानी की जगह
आदमी का खून रिसता है।
गाँव की सरहद
पार करके कुछ लोग
बगल में बस्ता दबाकर कचहरी जाते हैं
और न्याय के नाम पर
पूरे परिवार की बरबादी उठा लाते हैं

यद्यपि
उनकी जरूरतों के लिए मैं अपना पूरा कन्धा
दे देना चाहता हूँ
मगर टूटते हुए परिवार में
धनुषटंकार झेलते हुए जवान-बछड़े-सा
कराहता हूँ।

मेरे गाँव में
वही आलस्य, वही ऊब
वही कलह, वही तटस्थता
हर जगह और हर रोज...
और मैं कुछ नहीं कर सकता
मैं कुछ नहीं कर सकता
मैं सोचता हूँ और तभी
एक खिलखिलाहट मेरी बगल में उभरती है
चालाक गिलहरियों का पीछा करती हुई दुधमुँही 'तिनी'
(मेरी बच्ची) किलक उठी है
मैं चौंक पड़ता हूँ—

'नहीं—इन दिनों बात-बात पर
इस तरह उदास होना
ठीक नहीं है
मैं देखता हूँ—मुझे बरजती हुई
उसके चेहरे पर एक खुली हुई हँसी है—
जिसमें एक भी दाँत
शरीक नहीं है।'

ओ बैरागी : पं. शान्तिप्रिय द्विवेदी

अक्सर तुम्हें देखा है—
अस्सी की सँकरी-सी अस्त-व्यस्त सड़कों पर
धुँधरौही साँझ की धुमैली परछाईं में—
किरणों की छाती से—
रोशनी निचोड़कर पीता अँधेरा जब।

अक्सर तुम्हें देखा है—
रीता अँधेरा जब
गंगा की लहरों में, भोर को बुलाते हुए—
मौन-मंत्र स्रष्टा-से
जीवन युग-द्रष्टा-से।
अक्सर तुम्हें देखा है—
(सोचा है देख-देख)
अन्तर्मन तुम्हारा एक खड़िये का टुकड़ा है।
जीवन की अनगिन
अनकही परिभाषाओं को
जिससे आकार मिला—
शब्दों को अर्थ मिला—
भावाभिव्यक्ति मिली—
सत्य को दुलार और
सपनों को प्यार मिला।
किन्तु तुम्हें दुनिया ने कोने में फेंक दिया
(अकथनीय दुखड़ा है)

फिर भी बैरागी ओ!
तुम पी रहे गरल,
दे रहे सदा अमिय,
शान्ति-प्रिय! शान्ति-प्रिय!!

धूमिल की अन्तिम कविता*

'शब्द किस तरह
कविता बनते हैं
इसे देखो,
अक्षरों के बीच गिरे हुए
आदमी को पढ़ो,
क्या तुमने सुना कि यह
लोहे की आवाज है या
मिट्टी में गिरे हुए खून
का रंग?'

लोहे का स्वाद
लोहार से मत पूछो
उस घोड़े से पूछो
जिसके मुँह में लगाम है।

---

* दिनांक 14.1.75 को लिखी गई धूमिल की अन्तिम कविता, जब वे भीषण सिर-दर्द से पीड़ित थे और दृष्टि एकदम कमजोर हो चुकी थी। छोटे भाई लोकनाथ पांडेय से बोले : 'जरा कागज-पेंसिल लाओ, देखें—दृष्टि कमजोर हो गई है, चश्मा बगैर लिख पाता हूँ या नहीं।' कागज-पेंसिल मँगवाकर ये पंक्तियाँ लिखीं। इस कविता की अन्तिम चार पंक्तियाँ 'आलोचना', अंक 33 के सौजन्य से।

सुदामा पाँड़े का प्रजातंत्र

[1984]

न कोई प्रजा है
न कोई तंत्र है
यह आदमी के खिलाफ
आदमी का खुला सा
षड्यंत्र है

सुदामा पाँड़े का प्रजातंत्र-1

सेर भर कबाब हो
एक अद्धा शराब हो
नूरजहाँ का राज हो
खूब हो
भले ही खराब हो

[एक लोकोक्ति]

भेंट

कल सुदामा पाँड़े मिले थे
हरहुआ बाजार में। खुश थे। बबूल के
वन में बसंत-से खिले थे।
फटकारते हुए बोले—यार! खूब हो
देखते हो और कतराने लगते हो,
गोया दोस्ती न हुई चलती-फिरती हुई ऊब हो
आदमी देखते हो, सूख जाते हो
पानी देखते हो, गाने लगते हो।
वे जोर से हँसे। मैं भी हँसा।
संत के हाथ—बुरा आ फँसा

सोचा।
उन्होंने मुझे कोंचा। क्या सोचते हो?
रात-दिन
बेमतलब बवंडर का बाल नोचते हो

ले-देकर एक अदद
चुप हो।

वक्त को गँजेड़ी की तरह फूँकते रहे हो
चेहरे पर चमाइन मूत गई है। इतनी फटकार
जैसे वर्षों से अपनी आँखों में थूकते रहे हो
अरे यार, दुनिया में क्या रखा है?
खाओ-पियो, मजा लो
विजयी बनो—विजया लो
रंगरती
ठेंगे पर चढ़े करोड़पति।

सुदामा पाँड़े का प्रजातंत्र-2

न कोई प्रजा है
न कोई तंत्र है
यह आदमी के खिलाफ
आदमी का खुलासा
षड्यंत्र है।

हर बार की तरह
तुम सोचते हो कि इस बार भी यह
औरत की लालची जाँघ से
शुरू होगा और कविता तक
फैल जाएगा।
बिल्ली का पंजा
चूहे का बिल है।

ट्यूशन पर जाने से पहले

अपनी अध्यापिका का किताबी चेहरा पहनकर
खड़ी हो जाएगी वह खूबसूरत शोख लड़की
मगर अपनी आँखें

वह छिपा नहीं पाएगी जहाँ बसंत दूध के दोने फेंक गया है।
आज और अभी तक
नन्ही गौरैया के पंखहीन बच्चों का घोंसला है
उसका चेहरा और कल
या शायद इससे कुछ देर पहले

यह शहर उस शोख और खिंचे हुए
चेहरे को
घर में बदल दे। मेरी पहली दस्तक से थोड़ी देर
पहले
तब मेरा क्या होगा?
मुझे डर है
मैं वापस चला आऊँगा। अपनी कविताओं के अँधेरे में
चुपचाप वापस चला आऊँगा।
बिलकुल नाकाम होंठों पर एक वही पद-व्याख्या
बार-बार लिंग, वचन, कारक या संज्ञा, सर्वनाम
या, शायद, यह सब नहीं होगा। अपनी नाबालिग आँखों से
वह सिर्फ इतना करेगी कि हम दोनों के बीच
काठ या सपना रख देगी। और पूछेगी
उसकी व्याख्या। किताब को परे सरकाती हुई उसकी आँख
        निश्छल! निष्पाप!!
मगर आँखें शहर नहीं हैं ऐ लड़की!
पानी में बसी हुई कच्चे इरादों की एक भरी-पूरी दुनिया है
आँखें! देह की इबारत के खुले हुए शब्दकोश!
        जिसे पढ़ते हैं।
लेकिन यह देखो—
हम अपने सम्बन्धों में इस तरह पिट चुके हैं
जैसे एक गलत मात्रा ने
शब्दों को पीट दिया है।

न्यू गरीब हिन्दू होटल

और फिर रात में
जब चीजें एक सार्वजनिक लय में

दुहराई जाने लगती हैं
होटल की माँद में
थका-हारा
बर्तन माँजने वाला घीसा—
अपने से दस-बारह साल छोटे
लड़के की—
गुदगर देह से सटा हुआ
जलेबियों का सपना देखता है

प्लेट साफ करते हुए
लड़के का सोना
कानूनी है, कानूनी है।

रोटी दो, रोटी दो
सुरुवा दो, सुरुवा दो
कीमा दो
बोटी दो

मालिक का सीझा हुआ चेहरा
जैसे बासी रोटी पर किसी
शरारती महराज ने
दो आँखें बना दी हों!
थाली आते ही मेरी टाँगों के नीचे
एक कुत्ता आ जाता है
कुर्सी से कौर तक फिर वही कुकुर-बू!

रोटी खरी है बीच में
पर किनारे पर कच्ची है
सब्जी में नमक ज्यादा है
पता नहीं होटल के मालिक का पसीना है या
'महराज' के आँसू!
(इस बार भी देवारी में उसे घर जाने की
छुट्टी नहीं मिली।)

कविता के भ्रम में

क्या तुम कविता की तरफ जा रहे हो?
नहीं, मैं दीवार की तरफ
जा रहा हूँ।
फिर तुमने अपने घुटने और अपनी हथेलियाँ
यहाँ क्यों छोड़ दी हैं?
क्या तुम्हें चाकुओं से डर लगता है?

नहीं, मैं सहनशीलता को
साहस नहीं कहता।
और न दुहराना ही चाहता हूँ
पैसे भर जुबान से पिछली उपलब्धियाँ :
अपनी भूख और लड़कियाँ
नींद के सिरहाने फैली हुई
शेर छाप तकिये की बू
नेकर में नाड़े-सी पड़ी हुई पत्नी का प्यार
रिश्तों की तगार में ऊँघती हुई
एक खास और घरेलू किस्म की 'थू'
आक्!

कविता के कान हमेशा चीख से
सटे रहते हैं!
नहीं; एक शब्द बनने से पहले
मैं एक सूरत बनना चाहता हूँ
मैं थोड़ी दूर और-और आगे
जाना चाहता हूँ

जहाँ हवा काली है। जीने का
जोखम है। सपनों का
वयस्क लोकतंत्र है। आदमी
होने का स्वाद है।

मैं थोड़ा और आगे जाना चाहता हूँ
जहाँ जीवन अब भी तिरस्कृत है
संसद की कार्यवाही से निकाले गए वाक्य की तरह।

अच्छा, तो विदा मित्र, विदा!
जाओ,
लेकिन मैं जानता हूँ कि कल
जब भाषा की तंगी में ऊबते हुए
अपने शहर में वापस आओगे
तुम मुझे गाओगे जैसे अकाल में
खेत गाये जाते हैं
और अभियोग की भाषा के लिए
टटोलते फिरोगे वे चेहरे
        जो कविता के भ्रम में
        जीने के पहले ही
        परदे के पीछे
नींद में मर चुके हैं।

बसंत से बातचीत का एक लमहा

वक्त जहाँ पैंतरा बदलता है
        बेगाना
        नस्लों के
        काँपते जनून पर
एक-एक पत्ती जब
जंगल का रुख अख्तियार करे

आ!
इसीलिए कहता हूँ, आ
एक पैना चाकू उठा
        खून कर
क्योंकि यही मौसम है :
काट

कविता का गला काट
लेकिन मत पाट
रद्दी के शब्दों से भाषा का पेट
इससे ही
आदमी की सेहत
        बिगड़ती है।

हलका वह होता है,
लेकिन हर हाल में
आदमी को बचना है
गिरी हुई भाषा की खोल में
चेहरा छिपाता है
लेकिन क्या बचता है?

बचता कतई नहीं है।

ऐसे में
        ऐसा कर
        ढाढ़स दे
        पैसा भर

इतना कह
भाई रे!
करम जले मौसम का
नंगापन
        नंगई नहीं है।

आ मरदे!
बैठा है पेड़ पर
विधवा के बेटे-सा
        फक्कड़-मौलान

नीचे उतर
आदमी के चेहरे को

हँसी के जौहर से
भर दे।
परती पड़े चेहरों पर
कब्जा कर।
हलकू को कर जबर।

रण-नीति

भाषा और हवा में एक नाटक चल रहा है
सालों और दिनों से सुदूर

लेकिन पहली बार
भाषा का पलड़ा भारी पड़ रहा है
आदमी ने अपने दाँत उसके साथ
कर दिये हैं।

मैं भागता नहीं, सिर्फ
मैं अपना चेहरा बाहर निकाल कर
हवा में, एक गोल दायरा छोड़ देता हूँ
बन्द, हत्यारे की बन्दूक दगती है

दीवार में एक चेहरा बन जाता है
और आततायी चौंक पड़ता है
सुनकर ठीक अपने पीछे
दीवार की दूसरी ओर से आता हुआ
मेरा उद्दाम अट्टहास।

सहसा दूसरी बार
मैं एक खोमचे में चला जाता हूँ
और आखिरी बार—
चोली में
छिपा चला जा रहा हूँ।

किताबों का झूठ खोल कर
बैठी रहती हैं वहाँ लड़कियाँ
उनके बालों में रात
गिरती रहती है
कुहरे और नींद से बाहर
एक सपना कुतरता है
दूसरे सपने का जिस्म,
भाषा की हदों से
जुड़ा हुआ मौन
पिछले किस्से सुनाता है।

ताजा खबर

न खुलने वाली
अँगुलियों की तरह एक मुट्ठी हैं
मेरे पाँचों भाई।

मैं सोचता हूँ अपना परिवार
कल तक—
हम अपने मतदान से बाहर
भरम में
एक हँसते-गाते, पलते-पलाते
लोकतंत्र थे।

पाँच अदद मर्द और पाँच अदद औरतें
सात-आठ बच्चे और चार-पाँच ढोर
और गाँव बनने में
जो कसर थी
नीम की एक टहनी और
एक कर्कश कौवे ने
उसे पूरा कर दिया था।

हम एक तरीका थे। खुराक थे। कल तक
औसतन रिवाज।
सब कुछ इतना आसान था कि हम
अपने अँधेरे में मगन थे
अपने दलिद्दर में चौंचक थे
चकमें में चमन थे।

मगर आज जैसे सब कुछ उलट गया है।
कभी न थकने वाले तीन भाई
खेत से फसलों की लोथ लेकर लौटे हैं
और खटिया पर लहास हो गए हैं।
पहली बार मैं पढ़ता हूँ उनके चेहरों पर
की झुर्रियों में खेत में हलाल होने का हाल

'कविता हत्या नहीं करती'
अपनी अँगुलियों पर
पिता के नाखून देखता हुआ मझला भाई
कहता है और उठ कर नदी की ओर
चला जाता है।

मैं कारण नहीं पूछता
उसका इस तरह बोलना
खामोशी को और गहराता है।

सन्नाटा—
नीम की पत्तियों में अँगुलियाँ
फिराता है और बैल डकार कर
पिछले खुर से आँखें सहलाता है।

कोडवर्ड

मैं तीन बार संसद कहूँगा
और चार बार संविधान :

हिन्दुस्तानी लुकमें की आदती जुबान
दाँतों की दलबन्दी तोड़ कर बाहर
आ जाएगी।

फिर हम तितलियों के नगर की ओर चलेंगे
देशवासियों की पसली से अपनी यात्रा
बजाते हुए। ज्यादातर
हम अपनी यात्रा
रात में पूरा करेंगे
धूप और शोहरत से
बचने के लिए।

युवा चेहरा
भूमिगत हो चुका है

मामूली तौर पर क्रूरता भी आज
जिन्दा रहने के लिए
एक जरूरत बन गई है।

सूखे की छायाएँ और एक शिशिर संध्या

आह! वह इस कदर विश्वास खो बैठा है
कि उसे कहीं भी बिठाया जा सकता है
सब कुछ धीरे-धीरे अनुपस्थित हो रहा है
सिवा उन आँखों के जिनमें कंकालों की अभिशापित
छायाएँ घूम रही हैं।

हथेलियों पर गिरते हुए चेहरों का शोर है
दूर—बहुत दूर
रात अपने आने का रास्ता बना रही है
क्षितिजों के पार काले धमाकों की गर्द छा रही है
दूर तक फैली हुई धुन्ध—
जिसका न ओर है, न छोर है

अकाल में हर आदमी को भूखा रहने का
पूरा अधिकार है।

हर रोज—
सूर्यास्त के साथ अनाज लदे किसी जहाज की गन्ध
हवा में तैरती है और सैकड़ों मुख
समुद्र की ओर घूम जाते हैं।

मरा हुआ आदमी सिर्फ भुखमरी का पैमाना हो गया है
उन्हें रसोईघर की सहानुभूति के अलावा तुम क्या देते हो
'पता है—
भूख से अब तक पैंतीस आदमी मर चुके हैं?'
अपना निवाला गले से नीचे उतारते हुए
पत्नी की मुस्कराहट को हलका-सा धक्का देते हो।

हमदर्दी तुम्हारी घृणा की खुराक है
श्मशान वैराग के तर्ज पर
मैंने भी ईजाद की है एक
रसोईघर की ईमान
जो हर मर्ज पर
काम करती है।

संसद-समीक्षा

रामुलु और राघवन
साथी हैं। साथ साथ
घूमते हैं। शहरों, सीवानों में
और बातें करते हैं
देशी दुखों की। कानून की
और मौसम की।

रामुलु और राघवन अक्सर देखते हैं
संध्या की हिप्पी पसलियों पर

एकतारा बजता है। रात
गिरती है काम से लौटते हुए
चेहरों के बीच

एक युवती और एक बच्ची
फूले हुए पेट वाली औरत के आगे-पीछे
चलते हैं। लोहे के रंग में
ढले हुए आकाश के साथ
लेटी हुई पृथ्वी के पास
पेड़ अचरज से खड़े हैं।

रामुलु और राघवन जानते हैं—
दाँतों की दुनिया में
एक भोला अजनबी मुख आएगा
और परिवार की
गिनी-चुनी रोटी में सहसा पैठ जाएगा

लेकिन बच्ची उत्साहित है
वह नहीं जानती कि बच्चा
दुनिया में कैसे आता है।
युवती अभी प्यार के चोचलों की
वर्नाक्यूलर सीख रही है
उसका एक पैर लाज और दूसरा ललक पर है

लेकिन फूले हुए पेट वाली औरत का चेहरा
उसकी हथेली की तरह सपाट है
वह जानती है कि बच्चे के साथ
दुनिया में क्या आता है।

कल भूखे गर्भाशय की ओट से
एक युद्ध अपराधी की
घोषणा होगी।
ओ माँ! ओ बहन!!

ठिल्लों में पानी भर लो।
रोटियाँ कठौती में तहा दो।
और उन्हें पत्थर के चौकों से
ढक दो।

कुर्सियों में संवादी चेहरे
उग आए हैं।
बच्चों के सिरों पर
आँचल रख दो
ओ माँ! ओ बहन!!

रामुलु और राघवन
भीड़ भरे रस्ते से थोड़ा अलग
हटकर
सूर्य-ग्रहण पर
बातें करते हुए चलते हैं।

संयुक्त मोर्चा

मैं...ज...हूँ...ज
और तुम...न...हो
हम दोनों मिलकर 'जन' बनाते हैं।

मेरा जानना
और तुम्हारा नकारना
हमें इस काबिल बनाते हैं
कि हम
चेहरे को चेहरा
और चाकू को चाकू कह सकें।

कल तक वे चेहरे को चाकू
और चाकू को चेहरा कहते थे
और हम इसे बुत की तरह सहते थे।

लेकिन यह देखो हम किस तरह
एक दूसरे के सामने
दुश्मन की तरह खड़े हैं
एक अदद बटन और चुटकी भर
आटे की सुविधा ने
हमें बागी बना दिया है
जब कि हमारी पीठ बुरी तरह
महसूसती है कि हमारी रीढ़ पर
दाँत भेड़ियों के गड़े हैं।

मैं...ज...हूँ...ज
और तुम...न...हो
हम दोनों मिलकर 'जन' बनाते हैं
तुम मुझे कहीं भी देख सकते हो
सुबह-सुबह जब आसमान
मुँह धोये पेड़ों में
नारंगी के फाँकें बाँटता है
तुम मुझे बेकारी की पसली में
चहलकदमी करते हुए
देख सकते हो

मेरा चलना—
बरफ की सिल्ली में बनी
सैकड़ों उदास आँखों का चलना है

या फिर
तुम मुझे देख सकते हो
शाम के धुँधलके में
दीवारों पर एक नया नारा लिखती हुई
हलफल हाँफती ललछौहीं कूँची में

मैं भाषा के जबड़े में कैंसर की गाँठ हूँ
मेरा जानना ही—
मेरा जलना है

और तुम कहाँ रहते हो
संसद के पीछे
दँतचियार रिश्वती हथेली पर
या काम रोको प्रस्ताव की सूची में

बहरहाल तुम कहीं भी रहते हो
यह पहला मौका है कि हम दोनों
साथ हैं। थकान पर चुसकी मारते हुए
बिलकुल ताजा और गरम
चाय के प्यालों की तरह

और लगभग उस माहौल में
जबकि हमें निर्णय करना है
तो आओ, एक निर्णय लें

हम दोनों मिलकर
अपने जानने और अपने नकारने का
एक संयुक्त मोर्चा बनाएँ

आज की भूख से भूख के अगले पड़ाव तक
लिख दें—
यह रास्ता जनतंत्र को जाता है

और इस तरह
धुन्ना कविताओं
चुन्ना राजनीति
और मुन्ना विद्रोह को
ठेंगा दिखाएँ।

मैं...ज...हूँ...ज

और तुम...न...हो
हम दोनों मिलकर 'जन' बनाते हैं।

कर्फ्यू में एक घंटे की छूट

मैं चिड़ियाघर से वापस आ रहा था
और तुम लौट रहे थे खेल के मैदान से
जब मैंने अपने छोटे भाई के गायब होने की खबर
तुम्हें दी।

हम कि जो प्यारे दोस्त थे।
घबराने की कोई बात नहीं।
गोलीकांड के बाद
लड़कों का गायब होना नई बात नहीं है
यह शान्ति का मसला है
लेकिन खबरों के मलबे के नीचे
सच्चाई का पता कब चला है?
घबराने की कोई बात नहीं और
यह खतरनाक भी उतना नहीं
जितना किसी लड़की का पीछा करना।
देह के जलाशय में
तैरना न जानते हुए भी
कुल्हों के कशर कूद, भरना।

आखिरकार लड़का अन्तिम बार
कहाँ देखा गया।
संसद की ओर जाने वाली सड़क पर
हरी कमीज पहने हुए,
और यह अच्छी बात है कि
उसने लाल स्कार्फ को
झंडे की तरह तान ली थी
जिसे सुबह उसने पीछा करके
पड़ोस की लड़की से छीनी थी।

यौवन ऐसा सिक्का है
जिसके एक ओर प्यार
और दूसरी ओर गुस्सा छपा है।

कम-से-कम यह एक सबूत है
उसके जिन्दा रहने का
कि वह 'लोकसभा-भवन' की ओर जा रहा था।
महज लाल स्कार्फ के साथ
जिसे उसने झंडे की तरह उठा रखा था।

और अभी उसके
अपने 'मतदान' के खिलाफ
होने का सवाल ही उठता नहीं था
क्योंकि वह एक साथ चुन लेना चाहता है—
तितलियाँ, स्कार्फ, होंठ और फूलों
के जादुई रंग।

पेट और प्रजातंत्र के नीचे का सम्बन्ध
उसके पाठ्यक्रम में नहीं है।

वह एक दुधमुँही दिलचस्पी है
कुलबुल जिज्ञासा है
जिसे मारने के लिए इस पृथ्वी पर
अभी कोई गोली नहीं बनी।
(घनी-घनी उसकी बरौनियों के बीच की
हवापट्टी पर दिवास्वप्नों की गूँजें
उतरती हैं।)

और कर्फ्यू में शान्त ठंडी सड़क पर
सैनिक दस्तों के जूतों से
कितनी सफेद और मार्मिक ध्वनि
निकल रही है...
जनतंत्र...जनतंत्र...जनतंत्र...जनतंत्र...।

घर में वापसी

मेरे घर में पाँच जोड़ी आँखें हैं
माँ की आँखें पड़ाव से पहले ही

तीर्थ-यात्रा की बस के
दो पंचर पहिये हैं।

पिता की आँखें—
लोहसाँय की ठंडी सलाखें हैं
बेटी की आँखें मन्दिर में दीवट पर
जलते घी के
दो दीये हैं।

पत्नी की आँखें आँखें नहीं
हाथ हैं, जो मुझे थामे हुए हैं

वैसे हम स्वजन हैं, करीब हैं
बीच की दीवार के दोनों ओर
क्योंकि हम पेशेवर गरीब हैं

रिश्ते हैं; लेकिन खुलते नहीं हैं
और हम अपने खून में इतना भी लोहा
नहीं पाते,
कि हम उससे एक ताली बनवाते
और भाषा के भुन्नासी ताले को खोलते,

रिश्तों को सोचते हुए
आपस में प्यार से बोलते,
कहते कि ये पिता हैं,
यह प्यारी माँ है, यह मेरी बेटी है
पत्नी को थोड़ा अलग
करते—तू मेरी
हमबिस्तर नहीं—मेरी
हमसफर है,
हम थोड़ा जोखिम उठाते
दीवार पर हाथ रखते और कहते
यह मेरा घर है।

गृह-युद्ध

पहले की तरह अब भी
अच्छी लगती हैं तुम्हारी बाँहें
लेकिन मैं चाहता हूँ कि तुम
उन्हें कुहनियों तक
ढकी रखो। पहले की तरह
अब भी तुम मुझे विदा करती हो,
लेकिन मेरी छाती पर खुली हुई बटन
बन्द कर देती हो।

काम से वापसी के बाद मैं
दरवाजा सूँघता हूँ और
तुम मेरी रूमाल—
हमें अपने पड़ोसियों से भय है।
शाम के वक्त हम अब भी घूमते हैं।
लेकिन अब हमारे हाथों में न कोई पत्ती होती है
न होंठों पर प्यार।

रात भोजन करते हुए
मैं अब भी थाली में छोड़ देता हूँ
एकाध लुकमा
और 'थोड़ा सा और खा लो' के आग्रह के
बदले धीरे से अनाज की महँगाई
की बात करती हो।

कहीं कुछ बदला नहीं है
लेकिन अब याद आता है
हम एक-दूसरे को कितना प्यार करते थे।
मैं उस दिन की बात सोचता हूँ
हम दोनों बाजार गए
और मुख-द्वार के लिए नया ताला खरीदा
एक ताली तुमने रख ली और एक ताली मैंने

यह अजनबी होने की शुरुआत थी
और अब तो हम रक्तपात के
उस मुकाम पर
पहुँच चुके हैं कि हमारे
खतों के पते भी
एक दूसरे से अपना मुँह
चुराने लगे हैं।

रोटियों का शहर

छितो छितो डांग छितो
छितो छितो डांग डांग
डफले पर बजती है भूख पैर में घंटियाँ
दुपहर की आँच में सिंकती हैं
रोटियाँ
मजा करो—
तुम अपनी संसद के साथ
हम अपनी साँसत के साथ
छितो छितो डांग डांग
छितो छितो...!

मैमन सिंह

आप चौके में प्याज काटती हुई
बेगम के रजिया आँसू देखेंगे
और चापलूसी में साबुत लौकी पर
चक्कू फटकारते हुए कहेंगे—
ऐसे काटते हैं बहादुर
नौजवान दुश्मन का सिर
ऐसे काटते हैं।

भौचक्का पत्नी के सामने
युद्ध के पूर्वाभ्यास के लिए
रसोईघर से उत्तम दूसरी जगह नहीं है

फिर आप इत्मीनान से नाश्ता करेंगे
और सड़क पर जाएँगे

जै हिन्द न्यूयार्क
जै हिन्द मास्को
बंगलादेश जै हिन्द
'आमी तोमाके भालो बाशी' जै हिन्द

लेकिन उस वक्त आप·क्या करेंगे
जब वापस लौटते हुए गली के
मोड़ पर मैमन सिंह मिलेंगे
खाली हाथ, खाली पेट?

क्या आप अपने घर लाएँगे
माना कि जहमत उठाएँगे
लेकिन मैमन सिंह सोएँगे कहाँ?

माना कि आपने उसे जब से चौंका दिया है
बिना बच्चे के पाँच वर्ष बीत जाने के बावजूद
उस औरत ने न कभी शिकायत की है और
न अपने चरित्र पर शक करने का मौका दिया है।

मैमन सिंह घर में खाएँगे
धर्मशाला में सोएँगे
सात दिन मैमन सिंह उदास रहेंगे
आप उन्हें सान्त्वना देंगे
सहानुभूति के नाम पर
बचे हुए को बाँटने का सुख सहेंगे

लेकिन आठवें दिन एक चमत्कार होगा
मैमन सिंह मुस्कुराएँगे, वे बिना पूछे

आपकी जेब से पैसे निकालेंगे
और सनीमा चले जाएँगे

नवें दिन आपकी कमीज गायब होगी
दसवें दिन आप देखेंगे कि आपका
सोने का बटन मैमन सिंह के काज की
शोभा बढ़ा रहा है
मैमन सिंह की अँगुली में पड़ी आपकी
अँगूठी आपको मुँह चिढ़ा रही है

और अब क्या खयाल है?
आज आपको शीशा नहीं मिल रहा है
कल आपकी कंघी में
खाँची भर रूसी है झौवा भर बाल हैं।

मैमन सिंह! मैमन सिंह!!
तुम्हें क्या हो गया है?
तुम मुझे चिथड़ों की ओर क्यों घसीट रहे हो?
तुम मेरे चमड़े का हल्ला क्यों पीट रहे हो?

मैमन सिंह, तुम मेरी कंघी को मेरे बालों के
खिलाफ उकसा रहे हो!
तुम मेरे बटनों से खेल रहे हो
मैमन सिंह, तुम मुझे खा रहे हो!!
मैमन सिंह, मैमन सिंह, साले शरणार्थी
तुम आदमी नहीं—अजदहे हो!

इस तरह जब अपनी घरऊ औकात के साथ
आप जमीन की लड़ाई लड़ेंगे
तब केवल जै हिन्द नहीं—अपने दिवालियापन से
निपटने के लिए
आपको दूसरे उत्तर भी ढूँढ़ने पड़ेंगे
और उस वक्त आप क्या करेंगे?

फिलहाल, जब मुहावरा गर्म है
एक देश को स्वीकृति देना
एक आदमी को स्वीकृति देने से
कठिन नहीं है।

लोकतंत्र

वे घर की दीवारों पर नारे
        लिख रहे थे
मैंने अपनी दीवारें जेब में रख लीं

उन्होंने मेरी पीठ पर नारा लिख दिया
मैंने अपनी पीठ कुर्सी को दे दी
        और अब पेट की बारी थी
मैं खुश था कि मुझे मन्दाग्नि की बीमारी थी
        और यह पेट है
मैंने उसे सहलाया
मेरा पेट
समाजवाद की भेंट है
और अपने विरोधियों से कहला भेजा
वे आएँ—और साहस है तो लिखें
        मैं तैयार हूँ

न मैं पेट हूँ
        न दीवार हूँ
                न पीठ हूँ
अब मैं विचार हूँ।

मैंने घुटने से कहा

मैंने उसकी बर्जिश करते हुए कहा—प्यारे घुटने
तुम्हें सत्तर वर्ष चलना था

और तुम अभी से चोट खा गए
जब कि अभी '70 है। तुम्हें
भाषा के दलिद्दर से उबरना तुम्हें और
सारी कौम का सपना
बनना था।

कविता में कितना जहर है और कितना देश
अपनी गरीबी की भार का मुँह मोड़ने के लिए
एक शब्द कितना कारगर होता है,
तुम्हें यह सवाल तय करना था।

अपनी भूख और बेकारी और नींद को
साहस की चौकी पर रख दो
और देखो कि दीवार पर उसका
क्या असर होता है।

गुस्से का रंग नीला या जोगिया
गुस्से का रंग बैंगनी या लाल
गुस्से का एक रंग ठीक उस तरह जैसे खुशरो गुस्सा
या
गुस्सा कंगाल

अगली कविता के लिए

भाषा के चमत्कार से बाहर
आकर देखो—
(सातवें और आठवें) दशकों की छूटती हुई सरहद की
बाड़ पर
टोबा टेकसिंह की तरह मरती है कविता!
जाँघ से
कपड़ा हटाने की जरूरत नहीं है और
न चेहरे को आग के सामने लाने की।
भाषा के चमत्कार से बाहर

लिंगों की तब्दीली के लिए
हिन्दू विद्यालय के व्याकरण विभाग से इजाजत
लेने की जरूरत नहीं है।

कविता करना मंटों का मरना है।

इस वक्त जबकि ज्यादातर लोग चुप हैं या
चीख रहे हैं
असली रफ्तार के लिए एक शब्द
काफी है—शाबाश!

लेकिन
याद रखो, यहीं से फिसलन भी
शुरू होती है।

पर्वतारोहण : नवम्बर, 1971

नींद और न्याय के बीच का पड़ाव
तय करते हुए
अपनी आयु के पैंतीसवें पर्वतारोहण के दौरान
मैंने अपने आपको देखा
और हिन्दुस्तान ने मुझे देखा एक ही अक्षांश पर

हम अपने भूगोल का हिसाब भुला कर
हम अपनी नब्ज में
अपने हारे हुए हिस्से की खोज करते हैं।

समझ के तीन वर्ष
निगल गया है
भाषा का खुफिया विभाग

लेकिन मेरे भीतर की आग
उसी तरह जलती है

कविता :

एक नया नशा है हिप्पियों की जमात
जिससे परिचित नहीं—मेरी कविता
अपनी डँड़इयों के बीच
शब्दों की राख उगलती है।

बीसवीं शताब्दी का सातवाँ दशक

बीसवीं शताब्दी के सातवें दशक के
आखिरी दिनों,
स्त्रियाँ स्त्रियाँ थीं

घर के चहबच्चों में
सधवा—
डूबती हुई
शोहदों की मुमकिन सी भाषा में कविता की
संसद थी, हरी-हरी ताजा दम
और गरम,
जिसमें तोंदू की तर थी
और मोंदू की मद थी

बीसवीं शताब्दी के सातवें दशक के
आखिरी दिनों में
जब 'क' का मतलब 'क' नहीं रह गया था
अपने सामने की चाय को
अपराध होने से बचाते हुए एक आदमी
अपने मुवक्किल के लिए लाजिमी भाषा बोलता है—
'मत भूलो कि तुम्हारा हर आँसू
अपराधियों के लिए चोट का
दूसरा दरवाजा खोलता है।'

पैंट का बटन खोलते हुए आदमी से कहा
तमीज के लिए अब दूसरा खेल
शुरू करो।

मैं सहज होना चाहता हूँ

जब दुनिया अपना खालीपन
बमों से पाट रही है
मेरे खाली पेट का ढकोसला
मत गाओ
चर्बीली आँखों में
मैं चाहता हूँ बहुत साधारण
जीवन और सही
मौत। मैं आसान होना
नहीं चाहता।
मैं चाहता हूँ मैं वह सब कुछ
अनुभव करूँ जो कुछ देखता हूँ।
मैं साहस नहीं चाहता
मैं सहज होना चाहता हूँ
ताकि आम को आम
और चाकू को चाकू कह सकूँ!

× × ×

मैं यहाँ, इस अँधेरे में खड़ा हूँ
यहीं,
मेरे देश ने
मुझे रोशनी देने को कहा है।

× × ×

वक्त की चौकी पर बैठे हुए अधेड़
मुंशी की तरह
मैं अपने बहते हुए खून में
तुम्हारे दाँतों का रपट पढ़ता हूँ।

मेरा गाँव

तारों भरा आसमान
और
मरियल खौरहा कुत्ता

सीवान में पड़ी फसलों की लोथ का
सन्नाटा सूँघता है।
जहाँ तीन-चार पेड़ आदमी होने का
करिश्मा दिखा रहे हैं

अँधेरे में ऊँघते हैं घर
जैसे घुपटी मारे हुए मुसहर
ऊँघता है।

एक बार
वह फिर मंच पा गया है
जहाँ पर्दे तो हैं मगर
पखवई नहीं है

मैं उसकी पीठ ठोंकता हूँ
शाब्बाश! हिम्मत से डटे रहो
भूख कभी गाली नहीं होती
और पेट का नंगापन नंगई नहीं है

सारा माहौल जब एक नये चुनाव की
तैयारी में मशगूल है :
वहाँ जीवन
अब भी
संसद की कार्यवाही से बाहर निकाले गए
वाक्य की तरह
तिरस्कृत है।

शिविर नम्बर तीन

जामा की गीत पर
पखावज की आखिरी थाप—की तरह बजकर
सूरज डूबता है

आतंक ने आत्मीयता की पहल की है।
गनी सोचता है गुल की बात
बीवी की हमल की बात—जो लगभग
अगले महीने एक नन्ही दिलचस्पी में तब्दील होता

भाषा के जादुई आतंक के साथ
जहाँ व्याकरण भाषा की सारी सम्भावनाएँ खो चुका है
और अर्थशास्त्र एक पौसरे में
बदल गया है।

वहाँ चीजों को नये सिरे से बदल डालने का विचार
पहले चाकू बनता है
फिर चीख में तब्दील हो जाता है

गुली रोटी का लुकमें तोड़ता है
खोए हुए लोगों की याद में
आँसुओं के बीच
जबड़ा अपना काम करने लगता है।

चानमारी से गुजरते हुए

सूअर का छौना किकिया रहा है
एक आदमी उसकी टाँग से
उलटा लटकाए लिये
    जा रहा है

उन्होंने तरस खाने लायक
तबीयत पाई है

जमीन के बारे में सबसे सही जानकारी
एक किसान दे सकता है
बस, छेड़ने की देर है...
'इस बार तुम्हारे खेतों की फसल
कुछ खास...'

'उसका कारन है जी!'
एक खखार...
और वह कहता है—
खेतों की जड़ कहाँ
सड़ रही है और मिल से आने वाली
बदबू सिर्फ कागज के
सड़ने की नहीं है और
और वह साइरन की आवाज
जब खेतों से
गुजरती है
फसल उसके नीचे
कुचली हुई साँपिनों की तरह
    फनकती है
असली गिजा
खाल के नीचे कहाँ रहता है।

चानमारी पर
छर्रें बीनते हुए चरवाहों
ऊबड़-खाबड़ रास्ते जो दूध के बाल्टों को
ढोल की तरह बजाते हैं
जैसे कोई नौसिखुआ लड़का
और हवा में
राम राम हो भाय राम राम
वाँ वाँ हाँ हाँ करती हुई पगडंडियाँ उछलती हैं
यह कलेजा है और गुर्दा—यह बर है
ये टखने हैं पैरों की नल्लियाँ
और कनबोज

और उसने
कटी हुई जंघाएँ, धुली हुई अँतड़ियाँ और
अंडकोश
उसी व्यापारिक श्रद्धा से लटका दी है
जिस श्रद्धा से माली
फूलों के गजरे लटकाता है।

नौजवान

जब एक कर्मठ शब्द
दूसरे तत्पर शब्द को
कविता के मारक अभिमान की
योजना समझा रहा था
मैंने उसे अनाज का अतिक्रमण
करते हुए देखा। अपनी दुविधाओं में
लहूलुहान एक गद्दीनशीन औरत
टाँगों में
धमाका दबाये बैठी है
और सारा हिन्दुस्तान
जबड़े में भिंची हुई
कलेजी की तरह बमक रहा है
क्या तुम निहत्थे हो?
उसकी मुसकान, चुपचाप, हुजूम में
एक साबुत चाकू फेंककर
गायब हो गई थी
इसके बाद तुम पढ़ते हो—
(हत्याएँ—आगजनी—लूट!)
क्या सचमुच सही लिखते हैं अखबार?
अपनी बेलौस आवाज में इस बार—
उसने पूरी आजादी और नये पाठ्यक्रम की
माँग की है।

जनतंत्र : एक हत्या-सन्दर्भ

[सन्तोष कुमार कपूरिया के लिए]

'शायद यह इसलिए घटित हुआ कि तुम अपनी
ज्यामिति नहीं जानते थे'। **—लोर्का**

खून के थक्के में तलफता हुआ
जब वह युवा जिस्म
गिर पड़ा रास्ते के ठीक बीचोबीच

उस वक्त जनतंत्र किधर था?
दम तोड़ती हुई साँसों के
सिरहाने या पैताने...
उस वक्त जनतंत्र किधर था?

बार-बार मुझसे पूछती है वह बालिग लड़की
कविता उसका नाम है
उसकी आँखों में शक है
आँसू है
आँसू में तैरता हुआ एक फितना सवाल
रह-रहकर
मेरा चेहरा टटोलता है
उस वक्त जनतंत्र किधर था?

और इस वक्त उत्तर की नहीं
ढाढ़स की जरूरत है
क्योंकि आँख से गिरा हुआ
एक गरीब आँसू अक्सर
अपराधी के लिए चोट का
दूसरा दरवाजा खोलता है।

मैं उसके आँसू पोंछता हूँ :
लड़की! इस तरह मत रो
कहीं ऐसा न हो
कि हवाओं में झूलते हुए
सैकड़ों खुशनुमा रंगीन शीशे
पथराए हुए चेहरों से टकराएँ
और टूट जाएँ

मलाल इस कदर सहने की सीमा के पार हो
कि आदमी
चाकू की वहशत के खिलाफ
दूसरा चाकू उठा ले

और जंगल के साथ
कहीं ऐसा न हो कि
घास की मासूमियत—
जोश की रहजनी का शिकार हो

कहीं ऐसा न हो कि पत्तों की जुबान में
जहर भर जाए
और पेड़ों में फूल दुबारा न आए।

लड़की, इस तरह मत रो
कहीं ऐसा न हो कि वापस लौटकर
न आए वह जंगली चिड़िया
जो हत्यारे चाकू पर
अपना गीत पैनाती है
और गाती है अमन की उस सच्चाई को
जो जिन्दगियों के लिए
जीने का नुस्खा बन जाती है।

कई बार
देह में कटा हुआ एक टटका घाव
एक रोशनदान बन जाता है
जिससे होकर जिन्दगी की ताजी किरण
दुनिया में आती है।

कई बार मौत का राग
जिन्दगी के राग से
ज्यादा गहराई से बजता है
तू क्यों भूल जाती है कि कई बार
भाषा का घर
जिन्दा कहकहों से कहीं ज्यादा अच्छी तरह
मौत के सन्नाटे से सजता है
और मैं उसके सामने
अपनी जेब से तीन जोड़ा मछलियाँ
निकाल कर रख देता हूँ

कल तक ये आँखें थीं
पिंडलियाँ थीं

कल तक ये दुनिया को दुनिया से
जोड़ती थीं।
कल तक वह युवामन
हरेक की आँख का तारा होना
एक खुली हुई सड़क
एक झंडा होना चाहता था।
एक ताबीज, एक क्रास, एक मंत्र होना चाहता था।

वह एक साथ जनता और जनतंत्र
होना चाहता था
जहाँ खुली हुई सच्चाइयाँ
एक दूसरे के गले मिलती हैं।
वह प्रेमियों में नामजद होना चाहता था
कर्ता जहाँ अपनी क्रिया से कोई परहेज नहीं करता
वह ऐसी दर्शनदीर्घा और संसद होना चाहता था।

लेकिन अब वह नहीं है सिर्फ
तीन जोड़ी आँखें हैं
और जैसा मैंने कहा
यह वक्त की समझ है
जो निगाह बन गई है
एक हसरत भरी जिन्दगी जो रास्ते में
गिर पड़ी थी
हसरत भरे दिलों के लिए
राह बन गई है

मैं उसके सामने तीन जोड़ा
मछलियाँ रख देता हूँ।

वह उन्हें उठाती है और
आँखों में, बाँहों में और पिंडलियों में भर लेती है।

क्वारी जाँघों में
एक सपना उपरता है
होंठों के पिच से एक सिसकी
उछलती है और आहों की झील में
छलाँग लगा जाती है
ठहरा हुआ जीवन शुरू होता है
मैं कमरे से बाहर आता हूँ
सड़क पर वक्त है, सुबह है
अफवाहें हैं
झुर्रियाँ हैं, धुन्ध भरे चेहरों को
आँकती निगाहें हैं
थकी हुई छड़ी है
युवकों के उत्तेजित चेहरे हैं
असमंजस में हिलते हुए हाथ हैं
जिनसे अभी-अभी छूटकर
गिर पड़ी है एक परखनली
जिसमें यौवन का तरल
जीवन द्रव भरा था।
क्या कहा? क्या कहा?
क्या यहाँ कोई कभी ऐसे भी मरा था?

लड़के! लड़के!! अब क्या करोगे?
अब क्या करोगे?
काँपता हुआ चश्मा
धीरे से आँसू पोंछता है
'मैं उसे अपनी आदतों में जिन्दा रखूँगा
अपने सबसे ऊपरी बटन का नाम
अपने दोस्त के नाम पर रखूँगा'

लड़की! लड़की!! तुम क्या करोगी?
तुम क्या करोगी?
काँपती अँगुलियाँ
चोटी के फन्ने बनाती हैं

'मैं उसे अपनी यादों में जिन्दा रखूँगी
अपने रिबन का नाम
उसके नाम पर रखूँगी'

मैं शहर की ड्योढ़ी पार करता हूँ
गुलमुहर गहगहा उठे हैं
अमलतास की एक पीली पंखुड़ी
आदर से गिरती है
उसके यात्रान्त पर

एक ब्याहता अपना घूँघट सँभालती है
उसके माथे का रंग
नीला पड़ गया है
एक क्वारी माँग
उस चिड़िया-सी चहचहाती है
अभी-अभी जिसका घोंसला
उजड़ गया है
यही शायद अरथी का अर्थ है
और मैं सोचता हूँ
मुझे साथ लाना चाहिए था
भरी हुई आँखों के साथ कमरे में
बैठी हुई
उदास आँखों वाली कविता को
और दिखलाना था कि
आततायी फितरत के खिलाफ
युवा-समझ ने
मौत का मतलब किस तरह बदल दिया है
मैं उदासी और अर्थ की सम्भावनाओं के बीच
घूमता हूँ एक सड़क से दूसरी सड़क तक
और ऐसे भरे पूरे बसंत में
आईना-सी चमकती उस युवा-मृत्यु पर
मुझे अचरज होता है
ईर्ष्या होती है।

मुक्ति का रास्ता

दिन खराब थे और शुरुआत हो चुकी थी
आँसू की जगह आँखों में बदले की आग थी।

ऐसे में आदमी का मुख निहारती कविता
बढ़ती चली गई भाषा के बीहड़ों की ओर
जैसे वह आदिवासी औरत झाड़ी की ओट से
जलते हुए झोंपड़ों को देखती उतरती चली गई
वो जंगली ढलान—
जहाँ फौरी कार्रवाई के लिए हमलावर दस्ता
पेटियाँ कस रहा था।

क्या तुम्हें याद है वह दिन? वह घटना—
कितने बजे थे जब रक्त सनी चीखों में
लिपटा हुआ वक्त सुन्न पड़ गया था
घहराते हुए चीत्कार के बीच?
मारे गए थे पुरजन। कटे हुए खेत की
मेंड़ पर लोथें गिरी थीं। खूनी खखार की तरह
जोतदार का सिर खेत में पड़ा था। अनाज
ढोया जा चुका था सुरक्षित मुकाम पर।

इसके बाद आए थे अपराध के कानूनी दलाल
एड़ियाँ बजाते हुए। किरचों की मुहर ने
चेहरों को दागी किया था। लाशों की गिनती—
फिर आगजनी, लूट। लेकिन क्या लगा था
आततायियों के हाथ? नफरत की आँच ने
चन्द खाली झोंपड़ों को राख किया था।
और वह स्त्री आदिवासी? इसके बाद
तुम जानते ही हो शब्द शस्त्र बन गए हैं
और अगवा बन्दूक की निशानदेही पर
कविता ने ढूँढ़ लिया है अपनी मुक्ति का रास्ता
दुश्मन की छाती के खून भरे छेद से।

गुफ्तगू

कहीं कोई भाषा नहीं है
भूख के केन्द्र में

एक थरथराता हुआ आँसू है
जिस पर आग पहरा देती है।

(किस कदर अमूर्त है स्वगत)

बीवी! क्या बच्चे सो गए?
तुमने खाना खा लिया?

बीवी पास आओ और सुनो—
जिन्दगी के सपनों पर
सच्चाई के टट्टर गिरा दो

और सोचो—हमारे बीच बैठे
हुए—अन्धकार से

हम कितनी दूर मार सकते हैं।
और देखो—

रोशनी जहाँ सबसे तेज है;
दुश्मन वहीं रहते हैं।

मतदाता

पेट अपनी जगह रहेगा
सिर्फ पैर चलेंगे—
रोटी की ओर तीन कदम
दो कदम बिस्तर की ओर

हाँ, रास्ते में
एक जगह ऐसी भी आएगी
जब वह हड़ियल चेहरा ठिठक कर सोचेगा
पहले कौन—
दायाँ या बायाँ!
फिर एक निर्णय लेगा

जंगल में जाने के लिए
किसी सिगनल की जरूरत नहीं है
कम-से-कम वह इतना आजाद तो है ही
कि अपनी सोच के खिलाफ
पीठ पर बँधे हुए अपने हाथों को
अपने चेहरे के ठीक सामने खोले
और कहे 'ये मेरे हाथ हैं'
यहीं से नई जनगणना सार्थक होती है
और एक बालिग मुहावरा
ढर्रे की सार्वजनिकता के रूबरू होता है

'कहने का मतलब यह है कि भाइयो!
जनतंत्र जनता से नहीं
घर की जंग से शुरू होता है'
और फिर पहली बार यह जानकर
वह खुश होगा कि मतपेटी में
मत-पत्र के साथ वह अपनी समझ नहीं डाल आया
है आज भी—
अगली लड़ाई के लिए उसके दाँत और नाखून
एक रोटी पर सुरक्षित हैं।

चुनाव

यह आखिरी भ्रम है
दस्ते पर हाथ फेरते हुए मैंने कहा

तब तक इसी तरह
बातों में चलते रहो
इसके बाद—
वादों की दुनिया में
धोखा खाने के लिए
कुछ भी नहीं होगा
और कल जब भाषा—
भूख का हाथ छुड़ा कर
चमत्कारों की ओर वापस चली जाएगी
मैं तुम्हें बातों से उठाकर
आँतों में फेंक दूँगा
वहाँ तुम—
किसी सही शब्द की बगल में
कविता का समकालीन बनकर
खड़े रहना
दस्ते पर हाथ फेरते हुए
मैंने चाकू से कहा।

सिलसिला

[तुम्हारे पास खोने के लिए,
जंजीरों के सिवा कुछ भी नहीं है।]

हवा गरम है
और धमाका एक हलकी सी रगड़ का
इन्तजार कर रहा है।

कठुआये हुए चेहरों की रौनक
वापस लाने के लिए
उठो और हरियाली पर हमला करो
जड़ों से कहो कि अँधेरे में
बेहिसाब दौड़ने के बजाय
पेड़ों की तरफदारी के लिए

जमीन से बाहर निकल पड़ें
बिना इस डर के कि जंगल
सूख जाएगा।

यह सही है कि नारों को
नई शाख नहीं मिलेगी
और न आरा मशीन को
नींद की फुरसत
लेकिन यह तुम्हारे हक में है
इससे इतना तो होगा ही
कि रुखानी की मामूली-सी गवाही पर
तुम दरवाजे को अपना दरवाजा
और मेज को
अपनी मेज कह सकोगे।

'स' और 'त' का खेल

सुनो प्यारो! प्यारियो!!
स-त का जमाना है
'स' और 'त' का खेल दिखाना है
ए-बजे ताली

(जो न बजाए उसके नाड़े को गाली)

'स' से संसद
'त' से तलवार
क्यों जमूरे, हाँ यार!
बच्चों के सामने दोनों ही रखो
और देखो वे किसे चुनते हैं।
और बात कहो दोनों
यानी यह कि :

सत्ता का जन्म बन्दूक की नली से
होता है,
सत्ता का जन्म सन्दूक की तली से
होता है
और देखो वे किसे सुनते हैं।

एक-एक कर सारे दर्शक
सहानुभूति और सिक्के फेंक कर चले गए
चेचा बाकर बैठी हुई लड़की के
सिरहाने, चुप न हुई
चिंचियाती रही खब्बीस बुढ़िया।
पता नहीं वह क्या चाहती थी?

और तभी एक मस्त कलन्दर उसके पास आया
और डाँटकर कहा—
'क्यों रोती है?
बदनसीब औरत! क्या तू नहीं जानती
कि भाषा बलात्कार से बालिग होती है?'

बुढ़िया के आँसू सूख गए।
वह मुस्कुराई और
लड़की का हाथ पकड़कर
भीड़ में गुम हो गई।

निहत्थे आदमी से कहा

सुबह जब बड़ी बन्दूक
छोटी बन्दूक का नाश्ता कर रही थी
मैंने निहत्थे आदमी को
गाँव की तरफ जाते हुए देखा—
पगडंडी पर खाली हाथ जाते हुए भाई!
क्या तुमने

अपनी वर्दी से बाहर निकल कर
रोटी माँगी थी?
या किसी नागरिक प्रत्याशा में
छोटे भाई के सिर पर प्रहार करने से
मना किया था?

इस खुली हवा और चमकती हुई धूप में
जहाँ वाजिब वेतन की माँग
नये पाठ्यक्रम में
बदल जाती है।
और गोली की भाषा के उभार
अँगुलियों से छह बार पढ़े
जाते हैं।

भूख की कक्षा में
सहशिक्षा के पहले पाठ की
शुरुआत है

जैसे बेरंग के बादशाह को
रंग की दुड़ी काट देती है।

× × ×

बाहर आजादी से
और भीतर अनाज से लड़ता है।

आगाह करो उन्हें कि यह झुकने की लज्जा नहीं
सिर्फ चौखट की ऊँचाई भूल जाने की
चोट है।

हरित क्रान्ति-1

इतनी हरियाली के बावजूद
अर्जुन को नहीं मालूम उसके गालों की हड्डी क्यों

उभर आई है। उसके बाल
सफेद क्यों हो गए हैं।
लोहे की छोटी-सी दुकान में बैठा हुआ आदमी
सोना और इतने बड़े खेत में खड़ा आदमी
मिट्टी क्यों हो गया है।

हरित क्रान्ति-2

पास आने पर मालूम हुआ—
धोखे की जगह भाई खड़ा है
उसकी आँखों में हरियाली की जगह
आग है जिस पर बालियाँ
सीझ रही हैं

चैत पक रहा है
उम्मीद के दिन
कुआर से खट रहे हैं
यह जाड़े की शुरुआत है

और अब
खून कब पसीना बनता है
और कब आँसू—
अनाज की बालियों से छिपा नहीं है
पास आने पर मालूम हुआ

मौसम के चहचह में सुरक्षित
एक तार पर बैठी हुई चिड़िया
नहीं जानती कि बिजली—
क्या करती है?

इसे केवल ट्रांसफार्मर
का दिल जानता है
जो हर वक्त झनझना रहा है।

हरित क्रान्ति-3

मैंने अपने गाँव से शुरू किया
एक तार पर बैठने की सुविधा में
छोटी चिड़िया कितना खुश है
चीनी मिट्टी का
'सैकिल इंसुलेटर'!

मैंने जोर से कहा—हरित
और धीरे से कहा—क्रान्ति
नन्ही चिड़िया नहीं जानती
एक समकालीन शब्द धीरे से कहने पर
पेट में कितने चाकू उतरते हैं।

एक तार पर बैठी हुई
चिड़िया कुछ नहीं जानती
लेकिन ट्रांसफार्मर जानता है कि
तारों के बीच
वोल्टेज कितना बढ़ गया है।
छोटी चिड़िया खुला हुआ आसमान
जानती है और
गेहूँ की बालों में
सोए हुए रोयेंदार दानों का
दूध भरा सपना
कीड़े न लगें—
अपनी लालच के पीछे पर
गमक्सीन की गन्ध छिड़काव
करती है छोटी चिड़िया।
बैल के कन्धों पर
खून का मरना नहीं जानती
आँखों में, खेत में हलाल होने का हाल!

हत्यारे-1

वे स्वस्थ और सुन्दर हैं
ठीक अपने दाँत की तरह
शत-प्रतिशत देशी और निजी।

वे गोली और गोली के इस्तेमाल
में माहिर हैं।
घिसे हुए जूतों के तल्लों-सी
उनकी आत्मा परिचित है
अन्धकार के उन सारे रस्तों से—
जहाँ नरसंहार के आदिम उत्सव होते हैं
यह वाम मार्ग है और यह
दक्षिण।

उनके चेहरों पर चीलें उतरती हैं
पंजों में दाबे हुए पीली मुस्कानों के कतरे।
उनकी अँगुलियों में
गुमशुदा सितारों की चीखें हैं।

उनकी आँखों में नमी है। परखनलियों में
रखे हुए द्रव की सार्वजनिकता। तेल और लोहे की
संवेदना।

प्रयोगशालाएँ उनके वर्गीकरण से घबराती हैं।

वे हँसते हैं और हत्याओं की परिभाषाएँ
बदल जाती हैं। राजनीतिक हत्याएँ, भुखमरी और
साम्प्रदायिक मौतें।

यह युद्ध है और यह शान्ति।
पहले दिन वे बमों की खिलाफत
करते हैं। शान्ति के लिए
दूसरे दिन वे जनता की राय
लेते हैं।

तीसरे दिन वे बमों की
हिमायत करते हैं शान्ति के लिए।

वे तुम्हारी बातों में शामिल हैं
हर वक्त वे तुम्हारा पीछा कर रहे हैं।
चायघर में तुम उनके बारे में
बतिया रहे हो।

वे आदत तुम्हारी बन गए हैं।
सट्टी में या डाकखाने में खत लिखते हुए
बीवी को चूमते हुए
बच्चों को स्कूल छोड़ते हुए
हर वक्त
वे तुम्हारे साथ हैं।
वे तुम्हारे सामने एक आईना रखते हैं और
तुम गुर्राने लगते हो
अपने खिलाफ। एक बेगानी आवाज बनकर
और अब तो चुनाव हो रहा है
वे तुम्हारी कटी हुई जेबों के नाम पर
अपना पर्चा दाखिल करने वाले हैं
अगले मतदान में।

हत्यारे-2

हत्यारे एकदम सामने नहीं आते
वह पुराना तरीका है एक आदमी को मारने का
अब एक समूह का शिकार करना है
हत्यारे एकदम सामने नहीं आते।
उनके पास हैं कई-कई चेहरे

कितने ही अनुचर और बोलियाँ
एक से एक आधुनिक सभ्य और निरापद तरीके।
ज्यादातर वे हथियार की जगह तुम्हें

विचार से मारते हैं
वे तुम्हारे भीतर एक दुभाषिया पैदा कर
देते हैं। फूल और रोटी के बीच
अनकिये अपराधों के लिए
तुम खुद को जिम्मेदार मानते हो
क्या सचमुच प्रतिनिधि हैं तुम्हारी जन-सभाएँ?
धुँधुआती आँखें पढ़ना चाहती हैं आजादी का घोषणा-पत्र
किसने चुराई है रोशनी?
अन्न और वस्त्र कहाँ है तुम्हारे लिए?
कहाँ है मेहनत पर जीने का कौल?
किसने काटे हैं हाथ?
तुम लगातार सोचते हो—अकेलापन
ऊब की कवच है।
माना कि तुम समझ लेते हो इस तरह धीरे-धीरे
तनहाई में डाल दिये जाने की चाल
और अकेला होने से बचते हो।

हजारों हाथ एक साथ उठते हैं—मुट्ठी की तरह
संगठित होते हैं।
तब आते हैं गुलामी के प्रवक्ता
वे जंजीरों को फूलों में छिपाकर लाते हैं
'यह है देश! तुम्हारी गर्दन कहाँ है?'

लेकिन हर संगठित आँख
पंखुरी की चीख सुन लेती है
पराग की गन्ध को मारकर
बँधे हुए लोहे से फूटती है बासी दुर्गन्ध

लक्का कबूतर के खड़े हुए पंख-सी
जिससे आँखों में आँसू भर आते हैं
और तुम बच निकलते हो जालसाज
शब्दों की काली करतूत से।
तुम सोचते हो—देश
आदमी-हितों की कुंजी है

फिर शुरू होती है रोटी की मार
यह सबसे कठिन है। रिश्तों में फोड़कर दरार
बेगानापन उगता है। परिचय
डूबने लगता है भय के सैलाब में
सहसा एक डमरू चेहरा तुम्हारी आत्मीयता में
बजता है। दुद्धा जुबान
आश्वासनों के मुनक्का शब्द खोलती है
वादों की घाटी में
तुम देखते हो रोटियों का क्षितिज
मगर कहाँ है भविष्य?
तुम्हारी आँखों में हिंसक आग जलती है
दाँतों के खिलाफ चलते हैं दाँत
निचला जबड़ा ऊपरी जबड़ों को पीसता है
रोशनी थर्राती है—विस्फोटक कौंध

हवाएँ खौलती हैं—तेजाब की तरह
हर जुबान पर जलता है एक मारक शब्द
'क्रान्ति'
लेकिन तब—शब्दों की कलई उतरते ही
स्वस्तिक करुणा
खूँख्वार जबड़े में तब्दील होने लगती है
अब वे बिलकुल नंगे हैं
हत्यारों ने फेंक दिये हैं
सारे शब्द और विचार
उन्होंने हथियार उठा लिये हैं इस वक्त
इस वक्त तुम्हें तय करना है कि तुम
क्या करोगे?

वापसी

हरा पेड़ आईने की मानिन्द
लहक रहा है बच्चे की भूखी
चिल्लाहट में।

चूल्हे का कोयला और पतीली की दाल
बुदबुदाते हैं—रोटी का क्या हुआ?
औरत आँचल ठीक करती है,
एक कनफटी कमीज
खूँटी पर झूलती है दौड़-धूप के बाद
बेतहाशा लौटे आदमी का मुँह
धोती है बाल्टी। चौका बुलाता है
'ओह! आह!! अच्छे बच्चे रोते नहीं'
आईना दरकता है
पेड़ इसी तरह जलावन बनते हैं।
पिता का दिल मर्द की तरह टूटता है
और चूल्हे की आग
उसकी आँखों में जलने लगती है
हे भाई हे! अगर चाहते हो
कि हवा का रुख बदले
तो एक काम करो—
हे भाई हे!!
संसद जाम करने से बेहतर है—
        सड़क जाम करो।

अब मैं अगली योजनाओं पर बात करूँगा

साथियो! सूर्योदय,

वनस्पतियों के हाथ लगी रसद-सामग्री
वहाँ खिसका दो पेड़ों की अगली कतार में
और
चिड़ियों को चहचहाने दो

प्रशिक्षण की भाषा में
यह है रक्त-शिखर
मुहिम यहाँ से शुरू होती है

तनी मांसपेशियों को छोड़कर
आँतों के पीछे
ठीक यहाँ--रहती है भूख—
जाना है बायें से—क्या कहा द्वार से?
नहीं—नहीं—साथी
इसे ठीक-ठीक घोख लें—
        ऊबड़ दरार से।

लोहसाँय

ठेलू ठीहे पर जाता है
और जुगाड़ जमाता है

काँटा काँटे पर फिट हो रहा है
कील से कील भिड़ रही है

न सूत भर इधर
न सूत भर उधर
यह रहा कमासुत हथौड़ा—
        बजर बनता है
छेनी सँड़सी में ऐसे तनी है
जैसे गुदार मांस में धँसा हुआ दाँत
पेच जहाँ ढीले थे, थर दिये गए हैं
मशीन बिलकुल तैयार है
खराद के लिए

मगर कहाँ है 'बिलाक'
नक्शा कहाँ है
कहाँ है औजारों की बाँक
और सबसे जरूरी—सधे हुए हाथ
कहाँ हैं

रोटी कितनी मशक्कत से मिलती है
इस पैने वक्त

जबकि चीजें बेशुमार
बनैली शक्लों में बदल रही हैं
और लोहा जहाँ गलत मुड़ गया है
ठोंक कर ठीक हो सकता है।

पलटू टेम पर नहीं आता
ठेलू की मिस्त्री से शिकायत है।

ठेलू ठीहे पर जाता है
धुकनी की मरी हुई खाल को
निहारता है
बुझे हुए कोयले छाँट कर
भाथी धधकाता है

लोहसाँय चालू होती है
एक-एक कर आते हैं किसान—
खेतिहर—मजूर

गाँव-गिराँव से।
सलाम-रमरम्मी के बाद

ठेलू फरगाता है फाल—
गँड़ासा, खुरपी, कुदाल...

हँसी-मजाक, बतकही चलती रहती है
इसी के दौरान

इधर-उधर देखकर
धीरे से कहता है टेकू बनिहार
—'हँसुये पर ताव जरी ठीक तरे देना
कि धार मुड़े नहीं आजकल
छिनार निहाई ने
लोहे को मनमाफिक हनने के लिए
हथौड़े से दोस्ती की है।'

सब ठठाकर हँसते हैं
ठेलू मतलब दहाकर मुस्काता है
और आँच लहकाता है।

कमरा

वह कमरा अब कविता बन गया है उनके लिए
दीवारें—जैसे चार पंक्तियाँ हैं और छत
उन्हें एक-दूसरे से बाँधती हुई एक वाजिब तुक है

मुझे दुख है कि इससे अधिक सटीक भाषा
मेरे पास नहीं है जबकि चार जनों से भरा-पूरा कमरा
इससे कुछ ज्यादा लगता है।

—पिता एक्का हाँकता है
माँ कोठी में बरतन माँजती है
बेटी जवान है—उसके जिम्मे
संतरों की बिक्री का काम है
बेटा पढ़ता है तीसरी जमात में

यह सब दिन काटने का सरंजाम है
और रात में
एक ही कमरे में सोते हैं चार जन
एक-दूसरे से अपनी टाँगें बचाते हुए
उनके सिर-हाथों के ऊपर
एक-दूसरे को पहचानते हैं।

—बेटी जानती है कि माँ को पेट रह गया है
बेटा जानता है कि बहन की छाती पर
'पाका' नहीं—'क्या' है
माँ-बाप समझते हैं कि बच्चे—
समझदार हैं

बहरहाल, वे सब जानते हैं—
सिरकी पर टँगी, मटमैली धोती, मामूली आड़ है
कोई संसद-पटल नहीं, जहाँ देश-हित के नाम
एक प्रस्ताव लटका दिया गया है।

आदम इरादों से बित्ता भर उठी हुई पृथ्वी

ओ अपराध-सी अन्धी
पाप-सी उजागर

आदम इरादों से बित्ता भर
ऊपर उठी हुई पृथ्वी

तुझ पर
हर ओर से चोट हो रही है
तू वक्त के तहखाने में
लगातार हारते जुआड़ी के हाथों की
नोट हो रही है

देह से बहुत बाहर
मैं तेरा बेटा हूँ
तू मेरी माँ है
मगर, सुन—
हम दोनों के बीच का रिश्ता
कहाँ है
पता नहीं कब गिर गया वह
तेरे आँचल
मेरी फटी हुई जेब से

इन दिनों
खाली हाथ हम
दोनों जीने के लिए विवश हैं
एक-दूसरे को दिये गए फरेब से।

खून का हिसाब

अपराधी की आत्मकथा-सी सपाट है सामने की दीवार
आग के खिलाफ उगल कर आग खामोश हो गई है
अहिंसक पिस्तौल! रोजनामचा एक फर्जी तफतीश डकार
कर बनिया तोंद की तरह खूभ गया है और एक
गलीज चेहरा अमन कायम करने की मुद्रा में
नोनछई ईंट-सा भसक कर गर्दन की थून्ह पर गिर पड़ता है

जिस वक्त कुर्सी अपने हाथ साफ कर रही है। छाती से
बमकते हुए खून की तरह उछलता है नौजवान
रक्त और कीचड़ से सना हुआ फौरी प्रतिवाद। झुक कर,
झिझक कर, घूम कर पंजों पर—हुमक कर पूरी घृणा
के साथ धोखे की यातना के खिलाफ एक हिंस्र चीख।
धुँधले में दगी हुई कट्टा बन्दूक। बदले की
दारुण चीत्कार अपने ही खून के दायरे में
तड़प कर गूँजती है—गूँज कर तड़पती है।

बाहर अशोक के पेड़ खड़े हैं चुपचाप।
एक बच्चा बगल में बस्ता दबाए स्कूल जा रहा है
एक नन्ही लड़की गुड्डे से खेल रही है। दाई माँ! दाई माँ!!
क्या तुम्हें खबर है?

गुमनाम जगह—सड़क की पटरी—लाश की शिनाख्त नहीं
चीरघर—पुलिस तफतीश—सत्ता के भी अपने मजाक
होते हैं।

खबरों के पीछे खबरें चलती हैं, ऐसे में सच्चाई
आईना बनती है धरदार
दुर्घटना की बेमुरव्वत जगह से दूर

कोसों दूर—जब आँसू अंगारे बनते जा रहे हैं
शब्दों के कुहराम में सिर्फ बदला गूँजता है;

चेहराभर आईने के सामने—
बालों में रोती हुई कंघी से एक कमसिन भुजाली
खून का हिसाब चुकता करने की कसम
खाती है।

नींद के बाद

बच्चा सुला दिया जाता है लोरियों से
झिड़कियों में पीपल का भूत। पलकों को मूँदता है
तारों भरे आसमान में सपनों के नीचे
माँ का हृदय कथरी-सा बिछता है। मगर पिता जागता रहता है
सोये हुए जंगल की मनाही के बावजूद
एक फूल बसंत का दरवाजा खटखटाता है
बेटा एक फूल है; एक नन्हा विचार
वह सोचता है बेटे का भविष्य :
जिन्दगी के तमाम दुख-दर्द, लालचें
लोरियाँ, लड़ाइयाँ और पीपल के भूत
ये सब सिर्फ नींद के बहाने हैं
लेकिन बच्चा खाएगा क्या? कैसे जियेगा?
बच्चा जब जागेगा—क्या माँगेगा?
मुँह खोलेगा तो क्या बोलेगा?
पिता अपने बारे में सोचता है और चुपचाप
बच्चा उतरता है पिता के भीतर
धीरे-धीरे फैलती हैं अँतड़ियाँ
खून दौड़ने लगता है नसों के बीच
नाखून बढ़ते हैं : दाँतों में तेजी आती है
जबड़े कसते हैं : आँखों में बमकती है आग
पिता फूलता है, फैलता है, फड़कता है
फड़फड़ाता है, फट जाता है—हे राम! हाय राम!!
ओ हत्याकांड के साक्षी आकाश! रात की शुरुआत के साथ ही
भोर की पदचाप सुनाई पड़ने लगती है
और नींद के बाद
अब तारे नहीं चमक रहे हैं कहीं

सोये हुए बच्चे के होंठ। हलकी हँसी से रँगे हैं
पिता की आँखों में फैसले की नमी है
और पूरब में फैली हुई लालिमा
उसके विचारों का रंग बन चुकी है।

रात्रि-भाषा

हाथों की भाषा
आँखों के संकेत
अच्छी तरह जानते हैं दोस्त!

दुश्मन की बेचैनी हर जगह
हथियार से टटोल रही है

यह है पेट
अँतड़ियाँ यहाँ हैं

भूख के आँसू? इन्हें चलने दो?
और यह रहा—गुस्सा
हड़कम्प तेवर
आदमी होने की बान
इसे जाम करो?

लोकतंत्र के इस अमानवीय संकट में

'लोकतंत्र के
इस अमानवीय संकट के समय
कविताओं के जरिये
मैं भारतीय
वामपंथ के चरित्र को
भ्रष्ट होने से बचा सकूँगा'—एकमात्र इसी विचार

से मैं रचना करता हूँ अन्यथा यह इतना दुस्साध्य
और कष्टप्रद है कि कोई भी व्यक्ति
अकेला होकर मरना पसन्द करेगा
बनिस्बत इसमें आकर
एक सार्वजनिक और क्रमिक
मौत पाने के।

भूख

गेहूँ की पौध में टपकती हुई लार
लटे हुए हाथ की
आज की बालियों के सेहत पूछती है।
कोई नारा नहीं, न कोई सीख
सांत्वना के बाहर एक दौड़ती जरूरत
चाकू की तलाश में मुट्ठियाँ खोलती है फैली हुई
हथेली पर रख देती है

एक छापामार संकेत
सफर रात में तै करना है।

आततायी की नींद
एतबार का माहौल बना रही है
लोहे की जीभ! उचारती है
कविता के मुहावरे,
ओ आग! ओ प्रतिकार की भावना!!
एक फूल की कीमत हजारों सिसकियों ने चुकाई है।
भूख की दर्शन-दीर्घा से कूदकर
मरी हुई आँतों का शोर
अकाल की पर्चियाँ फेंकता है।
आ मेरे साथ, आ मेरे साथ आ!
हड़ताल का रास्ता हथियार के रास्ते से
जुड़ गया है।

पिता की पसलियों से माँ की आँखों से गुजर
भाई के जबड़े से होती हुई मेरे बेटे की तनी हुई
मुट्ठी में आ! उतर! आ!

ओ आटे की शीशा!
चावल की सिटकी!

गाड़ी को अदृश्य तक बिछी हुई रेल
कोशिश की हर मुहिम पर
मैं तुम्हें खोलूँगा फिश-प्लेट की तरह
बम की तरह दे मारूँगा तेरे ही राज पर
बीन कर फेंक दूँगा
मेहनतकश की पसलियों पर
तेरा उभार बदलाव को साबित करता है
जैसे झोंपड़ी के बाहर
नारंगी के सूखे छिलके बताते हैं
अन्दर एक मरीज अब
स्वस्थ हो रहा है
ओ क्रान्ति की मुँहबोली बहन!
जिसकी आँतों में जन्मी है
उसके लिए रास्ता बन।

प्रस्ताव

लिखो बसंत!
ठीक—बस—अन्त लिखो!!

हवा और रक्त की हरकत का रुख
सूरज की तरफ है
सूरज का रुख है तुम्हारे चेहरे की ओर

ए झुकी हुई गरदन!
थुक्का जिन्दगी!!
तुम्हारा चेहरा किधर है

क्या सचमुच तुम्हारे गुस्से की बगल में
खड़ा हो रहा है पत्तों में
बजता हुआ चाकुओं का शोर?

तब लिखो बसंत
पेड़ पर नहीं
चेहरों पर लिखो!

मैंने कहा—

खून सनी अँगुलियों
और अभाव के बीच
हमले का खुला निशान है ऐ साथी!

जब खून में दौड़ती है आग
चेहरा आँसू से धुलता है
उस वक्त इतिहास का हरेक घाव
तजुरबे की दीवार में
मुक्के-सा खुलता है ऐ साथी!

तुमने कहा—

दुर्घटनाओं का सिलसिला
जारी है भूख
हड्डियों में बज रही है।
पत्तियों की चीख के बावजूद
पेड़ों को वनमहोत्सव से
बाहर कर दिया गया है

फिर भी लिखो बसंत

यह रक्त का रंग है
वक्त की आँख है
पत्थर पर घिसे हुए शस्त्र की—
भभक वाले मेरे उत्तेजित आदिवासी विचार
रुको और देखो हवा का रुख
पैनाते हुए सारे तीर और तरकश
        टिका दो यहाँ—

ठीक—यहाँ—कविताओं में
राजनीतिक हत्याओं का प्रस्ताव
अमूमन स्वीकृत है
और पहली बार
आत्महीनता के खिलाफ
हिंसा ने
पहल की है।

20 मादा कविताएँ*

1. पी. सुदामा और मूर्ति के लिए

आजादी के ग्यारह वर्षों से पहले
सिर्फ हमारे गुलाम चेहरे
बने थे।
दादी-अम्मा के किस्से से गिला था
कमर के नीचे का
फूलदान, लेकिन पूरा नहीं था
जीवन की आती हुई गूँज से उभरा
नीली लपटों वाला उजला तिकोन
अधबना था गुलामी के
अधम अभागे दिनों से पहले
और उसके बाद का दिन।
दोपहर में अन्धा होने का खेल
खेलते हुए सहसा हमने छू ली थी
छाती पर उगी हुई कँवल-गाँठ।
घुटने-भर पानी में बित्ता भर कीचड़ था
और दिन के ठीक बीचोबीच
जब धूप बारिश होने का बहाना बुन रही थी
हमने मंगल-ग्रह को शुक्र के साथ चुपके-चुपके
बातें करते हुए पकड़ा था
जाँघों में सोई हुई नदी के दहाने पर

* 'संसद से सड़क तक' के आवरण पृष्ठ (बैक) पर 'बीस मादा कविताएँ' का जिक्र है। इसमें केवल नौ एक क्रम में मिली हैं। **—सं.**

उस वक्त साहस को
सच कहने की आदत नहीं थी।

2. पत्नी के लिए

देह तो आत्मा तक जाने के लिए सुरंग है।
        रास्ता है।
तुम्हारी अँगुलियाँ जैसे कविता की
        गतिशील पंक्तियाँ हैं।
तुम्हारी आँखें कविता की गम्भीर
किन्तु कोमल कल्पना है
तुम्हारा चेहरा
        जैसे कविता की
                जमीन है
तुम एक सुन्दर और सार्थक
                कविता हो मेरे लिए।

3. सत्यभामा

सूर्योदय :
        घोड़े के टाप के नीचे
        नींद का कुचला हुआ चेहरा है
        और मुँह के फीके स्वाद में
        एक सपना तैर रहा है।

अपने दाँतों के नीचे से खींचकर निकालता हूँ
रात की नंगी देह
जहाँ खबर होने से पहले ही
शहर खत्म हो चुका है। उबासियों में ऊँघते
तुम्हारे नितम्ब
फून की तरह, युवा नजरों के इशारों पर
टंकित करते हैं।
        'हलो हलो' करता हुआ।
देह के अँधेरे में
        नीली नस-नाड़ियों वाला,

उत्तेजित चमड़ा चिल्लाता है
      और मेरी जाँघें, भाषा के खिलाफ—
शहर-कानून का उल्लंघन करती है।

खिड़की से कुछ पूछता है पेड़
और लड़की से कुछ
युवा लड़का पूछता है
क्या दोनों एक ही सवाल
पूछते हैं?

4. पुरबिया सूरज

पुरबिया सूरज
एक लम्बी यात्रा से लौट
पहाड़ी नदी में घोड़ों को धोने के बाद
हाँक देता है काले जंगलों में चरने के लिए
और रास्ते में देखे गए दृश्यों को
घोंखता है।

चाँद
      पेड़ के तने पर चमकता है
      जैसे जीन से लटकती हुई हुक
      और रेवा के किनारे
      मैं द्रविड़ की देह से बहता लहू हूँ
            मैं अनार्यों का लहू हूँ
      नींद में जैसे
      छुरा भोंका गया।

5. पाँचवें पुरखे की कथा

उनके लिए पूजा-पाठ :
      केवल ढकोसला था
ऐसे अहिंसक कि—
      उनकी बन्दूक में
      बया का घोंसला था

ऐसे थे संयमी कि—
        औरत जो एक बार
        जाँघ से उतर गई
        उनके लिए मर गई।
        चतुरी चमार की
        लटुरी पतोह को...

रात भर जूझते हैं देह के अँधेरे में
और सुबह हम अपनी
खाइयाँ
बदल लेते हैं।

× × ×

अगर वह अपनी छाती पर एक कील
        गाड़ने दे तो, सोचता हूँ—
उस भूखे लड़के की देह पर एक तख्ती लटका
        दूँ :
'यह 'संसद' है—
        यहाँ शोर करना सख्त मना है।'

6. चमड़े को गाने दो प्यार

'चमड़े को गाने दो प्यार
        यौवन अराजक तत्त्वों से बनता है।
        चमड़े को गाने दो प्यार'

भाषा की तंगी में लगभग
नंगी होती हुई औरत ने कहा :
'इच्छाओं के लोकतंत्र में हम चमड़े का
सिक्का चलाएँगे।' अपने संस्कार के
वर्जित प्रदेश से
पाँव रखते
डरते हैं

फिर भी
हम ढूँढ़ेंगे
रक्त-मांस-मज्जा के व्यावहारिक व्याकरण में
देहरस। खूँटी अगर पूछती है
तौलिया से तो पूछे शरीर के
छिपे हुए हिस्से का भेद लेकिन हम
चुपचाप सारे के सारे रहस्य, काम-सूत्र
सारी किताबों का अन्धकार चौके में
ऊबती पतीली के सिर रखकर
सोएँगे एक बड़ी मीठी सहभोग नींद
वर्षा के बाद खुली घास की सहज तृप्ति
भोगेंगे।

7. प्यार

प्यार—
मैं सुनता हूँ खून में
अन्धकूप का साइरन अपनी शिराओं में
सुनता हूँ मगर नहीं जानता—
यह साइरन
अन्धकूप खुलने का है या शुरू
होने का। मैं प्यार को नहीं जानता।
सिर्फ जानता हूँ कि हम दोनों
ज्यादातर चुप हैं या जब भी हम बोलते हैं
मेरे शब्द तुम्हारे शब्दों को
        ढक लेते हैं।

मैं
छोटी-छोटी सुविधाओं के मोर्चों पर
मारा गया
कुल का एक बटा सात
ब्याह के दिन मारा गया मैं
मेरी सुहागरात
उस सितारे की चीख थी

जो सागर में चमकी और बिना किसी
भाषा के बुझ गई।

शेष का एक बटा दो
दफ्तर की फाइलों में तलाश लो।

8. स्त्री

मुझे पता है
स्त्री—
        देह के अँधेरे में
        बिस्तर की
        अराजकता है।
स्त्री पूँजी है
बीड़ी से लेकर
बिस्तर तक
विज्ञापन में फैली हुई।

9.

अन्त में हमने तय किया अपनी टाँगें
अब शरीक नहीं करेंगे हम अपनी
दिनचर्या में अपने बिस्तर की
सेहत के लिए

प्रार्थना करेंगे
चमड़े की जिल्द में बँधी हुई अपनी मुहब्बत
का मजा
रोजमर्रा के खर्च में जमा करते हुए।

असंगृहीत कविताएँ

क्या तुमने वह कविता पढ़ी है
वह हवादार, बातूनी, बेलौस,
ठंडी, गमगीन, खुरदरी, अथाह?
क्या तुमने वह कविता पढ़ी है
जिसे भुखमरी के दिनों में, गाँव के एक नौजवान ने
शहर के रियाज पर, गढ़ी है?

सोये हुए लोग

ऐतिहासिक संक्रमण के परे
साइरन की आवाज
और आदिम यंत्र की स्पर्धाएँ
गले मिलकर सो रही हैं।
केवल रात के सन्नाटे
और उजले आकाश का सहगान
        अभी तक अनुगुंजित है।
इधर-उधर बिखरे हुए
बेतरतीब साँचों पर
जिन्हें रात के काले हाथ
वापिसी से पूर्व
        सँभाल कर रख दें।
सुबह
सूरज कमकर आएगा
और ढाल देगा
साँचों में पिघली हुई तप्त धातु
उभरेंगे इतिहास के पृष्ठों पर
संघर्ष के कई अर्थ
कई नाम, भीड़ में।

['विन्यास', जनवरी, 1965]

तुम

जब मैं तुम्हारी आँखों में होता हूँ
अपने ही आसपास

तैरता हुआ
अपने को बहुत हल्का महसूस करता हूँ
और मेरे सिर से हटकर
काला पत्थर
तुम्हारी बरौनियों में समा जाता है
तुम कितनी सुन्दर हो
कि मेरे एकान्त को एक सम्बोधन देती हो
और मुझे
एक सुर्ख रंग।

['विन्यास', जनवरी, 1965]

पं. जवाहरलाल नेहरू के निधन पर

ग्रीष्म की तपती दुपहरी में—
अचानक हो गया ओझल
हमारी छाँह का संबल।

धूप का पीला कलेवर
रिक्त और उदास।
ज्योतिहीन विवर्ण मुख
आमुख-रहित इतिहास।

दृश्य अधिगत—
सघन जड़ बातास।
क्षुब्ध जन-मानस—
नयन में मौन सम्भ्रम;

झुक गए केतन,
बिजड़ चेतन,
दिवस में रात्रि दिग्भ्रम...।

भग्न किसलय
यह अप्रस्तुत प्रलय,
सहसा भारती का छिन्न अंचल।
हो गया ओझल
हमारी छाँह का संबल...।

आह चिर निद्रा निरत
मेरा सजग दिनमान;
तप रहा हिमवान;
संतापित विकास विधान।

रीढ़ में व्रण
झुक रहा आकाश क्षण क्षण।
संचरण की तज दिशाएँ—
ऐंठती रक्तिम शिराएँ :
रुक रहे हैं नाड़ियों के
शिथिल यातायात।
गति विकुंठित
भूमित लुंठित
पंखहीन कपोत
आह मेरे देश! तेरी
नींव पर दुर्द्धर्ष बज्राघात।
रुदन के स्वर,
भर रहे हैं सब अचर-चर—
मृत्यु-नाद, विषाद प्रतिपल।
हो गया ओझल
हमारी छाँह का संबल।

शक्ति गरिमा के शिखर—
आलोक से झरते रहे तुम।
प्राण की श्लघ घाटियों में
तृप्ति-जल भरते रहे तुम।

['आज' दैनिक]

हम ऐसे रहे

अनजाने आँगन में
कुंकुम के—
गेरुआये बादल बरस गए
हम ऐसे रहे—
कि इस वर्ष भी तरस गए
टूट गए इन्द्र-चाप
दिखते सीमान्त पर
अनबोले मौसम का दर्द
रीतने लगा
साँसों के झुरमुट में
कुँवारी उम्रों का
यह अन्तिम क्षण भी
सहसा बीतने लगा;
लटके आईनों में
पैरों की आहटें
भटकीं हर मोड़ पर
बाजों की कौंध उड़ी
दिन की मुँडेर पर
घायल कपोत पंख छोड़कर
सिहरा मन जैसे—
बालों की नोक पर
उगे-उगे चैता की
जीवन परस गए।
हम ऐसे रहे—
कि इस वर्ष भी तरस गए।

[1964]

दो पँखेरू : एक दिनचर्या

ममता के धागे में डैनों को बाँधे हुए, दूर-दूर उड़ते हैं।
साधों के इंगित पर बरबस मन साधे हुए, टूट-टूट जुड़ते हैं।

इतराती हुई प्रात:-किरण नन्हे से नीड़ में घुस आए
इन्हें जगाए या न जगाए ये जाग जाते हैं,
क्योंकि जिन्दगी का लम्बा सफर सामने है।
बस इसीलिए तो अलसाई आँखों को
आशा के छींटों से धो लेते हैं
और सूर्य ढलने पर
सान्ध्य किरण—
पीत वर्ण—
अति विवर्ण होकर जब
डूबती प्रतीची की नील सिन्धु-लहरों में
एक अव्यक्त हाहाकार
क्लान्त मानस में पलता है
धुएँ के बादल पर
पवन फिसलता है।
ये पँखेरू नीड़ों को लौट पड़ते हैं
चोंच में तिनकों को दबाए हुए
छाती में धड़कता हृदय छिपाए हुए
आहा, जिन्दगी का भार कभी चोंच पर
कभी पलकों पर प्रानों पर ढो लेते हैं।
दिन भर की द्विधा के बाद,
साँझ को जब डूबता संसार—
तम की धार में
काँप उठते जब सितारे
ये पँखेरू एक दूसरे की गोद में
सिर को छुपा कर सो लेते हैं।

[1962]

मुल्का

मुल्का मियाँइन हैं
उम्र साठ-बासठ के बीच है
ए बचवा! ई सब कहकूत है।
न हिन्नू मरै न मुसल्मान

दंगा फसाद पेट भरले का गलचऊर है।
—असल बात अउर है।
जे सच पूछा तो परान
ई गरीबन कै जात है।
मुल्का क जिनगी एकर सुबूत है।
बीस बरिस बीत गयल मुल्का के।
कुक्कुर एस गाँव-गाँव, घरे-घरे घूमते
लेकिन कभौ केहू एनसे ना पुछलेस—
कि ए मुल्का बुजरो!
का तुहऊँ इंसान है?

लोग राजा से रंक और रंक से राजा भयेल
लेकिन मुल्का के दुनिया
ई दौरी में दुकान है।

[1969]

सदन

सदन हँसता है
सदन कसाई
नहीं है, जगहँसाई
से पहले सदन
—कानून बनाता है। जनता का
जनता के हित में
खून नहीं बनाता
सदन।

[1973]

भूमिगत होने से पहले

कठिन रास्तों पर चलने की आदत
डालनी चाहिए और

वह भी रात के वक्त
दिन का रास्ता,
आम रास्ता होता है दोस्तो
जिसे नींद में भी तय किया जा सकता है

न केवल लय-छंद
        कविता के लिए अब हमें
        कविता को तोड़ डालना चाहिए।

[1972]

मौन के सिवाय क्या है

मैं तुम्हें पुकारूँ, पर मेरे पास
स्पन्दनहीन मौन के सिवा क्या है
वह शोर
जो लगातार पीट रहा था आकाश को
एक समझौता था जो आदमी की
आँतों और अनाज के बीच
चल रहा था
और वह समय
जिसके बीच पेड़ों के धमाके
गिर रहे थे
अब एक मेज बन गया है
जिस पर तुमने मेरा खाना परोस—
        दिया है।

तुमने पोंछ दिया है मेरे शरीर से
जले हुए जंगलों की राख
और नकार की वास्तविकता से
मुझे परिचित करा दिया है

तुझे सिखाया गया था कि प्यार
मुसीबतजदा लोगों का दुस्साहस है

जो मौसम की प्रतीक्षा नहीं करता
और किसी भी वक्त
आदमी की खाल में सुलगने लगता है
किन्तु यह क्यों है कि इस घने अन्धकार में
रात
जब किसी टूटे गिटार पर
बजने लगी है
मैं तुम्हें बिना किसी योजना के
छू रहा हूँ।

ओ तमाम चीजों के प्रति मेरे लगाव!
मैं जब कभी तुम्हें आवाज देना चाहता हूँ
मुझे कभी नहीं लगा कि मेरे पास
शब्द नहीं हैं
और मैं निरीह हो गया हूँ

अक्सर जो कुछ शब्दों के अभाव में
छूट जाता है उसे आँखें
पूरी तत्परता से उठाकर
मेरे साथ हो लेती हैं

आवाजों की हद तक पहुँचने के पहले
किसी जरूरतमन्द आदमी की तरह
मेरे पास कई सवाल थे
और जब तुम चुप हो गए हो
तुमसे पूछने के लिए
कुछ भी नहीं है।

उलझनों का आयतन

लौटी हुई स्वीकृतियों की याद
प्रारम्भिक पाठशालाओं में
बिदकी हुई छतों के नीचे

तीखी भनभनाहट है
मैं अपने बच्चे को तलाश करता हूँ
और उसे स्याही से तर पाता हूँ
दवात उसकी कमीज की जेब में
उलट गई है
स्याही लगे हाथ से उसने
नाक पोंछी है
छुट्टी के पहले की गिनती
पतली और फूली नसों वाली
गर्दनें चीखती हैं—
एके काई
दो एकाई
तीने काई
जी—मुंशी जी खिलोधर मार्रते हैंऽऽ
जी पंडिज्जी आँआ...रीडरी...डरीऽऽऽ
टूटी हुई कुर्सियों पर पाँव रखे
सोते हुए अध्यापक चौंकते हैं
और 'ज्ञानदत्त' को हवा में फटकारते हैं
खँखारते हैं थूककर
अबे चुप, डब्बे की लोमड़ी!
आँ आँ हुच
लम्बी जम्हाई में ऊँघती हुई
व्यवस्था
फिर कुर्सी पर लुढ़क जाती है
हर स्कूल और मकान के बीच
एक न्यायालय है, जहाँ
थानेदार हथकड़ियाँ खड़खड़ाते हैं
और वकील सफल किसान की तरह
देश की फसल काटते हैं
जहाँ दीवालों से भय टपकता है
लोग संतुष्ट हैं और जो
असंतुष्ट हैं वे इसलिए
असंतुष्ट हैं कि वे
संतुष्ट क्यों नहीं हैं।

खेवली की ठंडी और धूलभरी
पगडंडियों पर
जंगली जानवरों के पंजों की छाप
भीड़ के कन्धे पर खड़ा होकर
मैंने अपना टिकट लिया है
और हॉल में ऊबता रहा हूँ।

[1970]

आधी रात की यादें

कई बार सोचा है—
तुम्हारा सिंगार करूँ फूलों से
और तुम्हें
झील के किनारे खड़ी कर
पानी में कंकरी फेंक
गहराई की छाती में
नस्तर उतारती हुई
प्रतिच्छवि निहारता रहूँ।
कई बार महसूस किया
गहरे एकान्त में
कि मेरी पीठ पर
दो नम आँखें हैं
और मैंने
जलते हुए होंठों को
काँपती अँगुलियों से
बार-बार छू लिया
यह मीठी अनछुवन
उस टटके चुम्बन की
याद मुझे देती है
जो कि विदा बेला में
तुमने है आँक दिया
बर्फीली चन्दन की डाल पर

सच मानो
मेरा वर्तमान पसीज रहा है
और इस बढ़ती उमस के बीच
मैं अन्धकार की अछोर कालिमा में
तैर रहा हूँ
सामने तट है या कोई जलचर
ज्ञात नहीं
मेरी आँखें तो
उस जलकुँईं पर लगी हैं—
जिसके पोर पोर में
तुम्हारे रूप की
हलकी सी कसक चुभन
उगी है।

तटस्थता

वे, जो सड़क पर चल रहे हैं
यात्रा के अन्त में भी
सभ्य ही रह जाय
यह सम्भव नहीं है।
एक निर्मित भय बगल में
चल रहा है।
कल जहाँ मुझसे मिला था
आज भी खम्भा वहीं पर है खड़ा
शोर से लगभग अलग।
पाँवदानों से उठेगी एक गाली
और चेहरों पर जड़ी शालीनता
को पीट देगी।
इस नगर की व्यस्तता में
जोर से कोई अचानक
चीख उठेगा।
एक मुट्ठी बाल कोई खोलकर
खिड़की हवा में फेंक देगा।

वे विवश होंगे कि अपनी राय दें
वक्त में चाहे स्वयं को दें न दें।

[तटस्थ ही रहें।]

विधानसभा भवन

उसकी कोख से छुरा निकल रहा है
और उसका चेहरा जल रहा है
लोग उसमें दिलचस्पी ले रहे हैं
दया एक डूबती नाव है
जिसे लोग बेमन खे रहे हैं।

'कोई किसी की मदद नहीं कर सकता'
मैंने उस बुरकापोश औरत से कहा,
मगर यह काशीनाथ के उस सवाल का उत्तर नहीं है
कि हजरतगंज की चौमुहानी पर
बड़े आदमी की बगल में खड़े उस छोटे आदमी का सिर
गंजा क्यों है?
सारी खुराफातें सिर्फ शाम का इन्तजार
नहीं करतीं और न तो सारे कवि अन्धड़ उगलते हैं
अकाल का चेहरा कॉफी के प्याले में
इतना वजनदार क्यों है?
इसे समझने के लिए अलग से
रोशनी की जरूरत नहीं है,
वह इतनी अधिक है कि
गिरी हुई सूई तलाश सकते हो
अगर होंठ हों
तो किसी को फाँस सकते हो।
क्या वे सभी लोग छायावादी हैं
जो दोपहर में दूसरों की जाँघ पर सिर रखकर
सोने के आदी हैं?

विधानसभा भवन में इतने भिखमंगे हैं—
यह मुझे कल, तब मालूम हुआ जब मैंने ऊँचे स्वर से गाया
कि 'महुवरिया में आइल बा बहार सजनी...'
और बाहर भूख हड़ताल पर बैठे हुए
आदमी की हमदर्दी ने सड़क पर
लाल-हरे पोस्टर टाँग दिये थे
सोई हुई व्यवस्था को
जगाने का यह कितना आसान तरीका है
और मैं उस लँगड़े पर चकित हूँ
जो सीढ़ियों पर उछलता हुआ चढ़ रहा है
उसकी बैसाखी से धुआँ निकल रहा है।

हर आदमी के पास
खून बहाने के खिलाफ एक प्रस्ताव है,
क्योंकि पानी का अभाव है।

[1970]

काशी की कश्मीर-यात्रा पर

हम दोनों में कोई भी
किसी के तकिये का साझीदार नहीं है।
तुमने लिखा है कि तुम्हें जगह मिल गई है
नाव में
और अब तुम एक बार फिर
सफल हो गए हो छोड़ने में
अपनी स्त्री, अपने बच्चे और अपना अन्धकार
किसी परिचित नामालूम से गाँव में
अक्सर हम सब—यही करते हैं
घर से भागते हैं और किसी
हरे-भरे पेड़ के नीचे
भरते हैं

सच यह है कि हम कभी अपनी जेबों से
बाहर नहीं जाते
यात्रा-पहियों का धोखा है।

पत्नी

पत्नी कड़वी है, मीठी है
पानी का ठंडा गिलास है
अँगीठी है
गफलत की
अच्छी है, बुरी है
तेज हरी छुरी है
गुदगुदी रसोईघर की और
बिस्तर की झुरझुरी है।

बेरोजगारों के तीर्थ

अंधड़ की धुन्ध को
चीरती है आर पार
रेवड़ से दूर कहीं दूर
(पीछे) छुटे हुए बछड़े की डकार
डाँय...डाँय
वेश्या-उन्मूलन की नहीं
और न तलाक की
न विधवा विवाह
या धर्म की समस्या है,
समस्या है
रोजगार दफ्तरों के उन्मूलन की
ये रोजगार दफ्तर
जो बेरोजगारों के तीर्थ हैं।

इन विश्वविद्यालयों में
जीविका के स्तर पर हजारों हजार
खानाबदोश पैदा हो रहे हैं
क्या इन्हें कोई आश्वासन
मिलता है भविष्य का?

रात से
मैं सोच रहा हूँ
नहीं—
मैं बाहर चला जाऊँगा
अन्धे लोगों की जमात से
बाहर
मगर इससे पहले यहीं बैठकर
अपनी मिहनत के पैताने
खाऊँगा अपने हिस्से की रोटी
तवे से अभी अभी उतरी हुई ताजा
बाजा मत बजाओ
देश-प्रेम का तकाजा
सिर्फ उनके लिए ही नहीं है जो
अपने मिजाज में 'अन्धा-कूप' मनाकर
जंगल की मुराद पूरी करना चाहते हैं
मेरे लिए रोना गलत है
मैं तुम्हारी सहानुभूति को ढाढ़स देने के लिए
देह के अँधेरे में (चला जाऊँगा)
भूख ने उन्हें जानवर कर दिया है
घास की
सल्तनत खतरे में है।
निथरे हुए दृश्यों की पथरी से
किडनी में घाव हो सकता है
पेड़ और पहाड़ देखते ही
जिनके खून की रफ्तार बढ़ जाती है
पानी देखते ही जो गुनगुनाने लगते हैं

उसे रोने दो आराम से
रोने से सेहत बनती है
तकलीफ एक छलनी है जिससे
आदमी की नियत छनती है।
ईश्वर, देश, धर्म, नस्ल, बिरादरी, गोत्र
वाद, घेरा, इरादा, प्यार, मौसम, मानवता
मृत्यु, जीवन, शब्दों की
यह लम्बी फेहरिस्त बकवास है।
उन सभी लोगों को मालूम हो चुका है कि
सतर्कता टूटी हुई चीजों की
असावधानी का इतिहास है।
अतिरिक्त सहानुभूति उन्हें
आत्महत्या के लिए
उकसाती है।
और इस बदलते हुए हालात के किनारे
जहाँ दौड़ती हुई एक पूरी दुनिया
गुम हो गई है,
मैं तुम्हें जिन्दा पाकर चकित हूँ।
छोटी-छोटी मजबूरियाँ और खाली बरामदा
पतझड़ सिर्फ उन पेड़ों की हरारत नहीं है
जिनसे हरे इरादे झड़ रहे हैं
भूगोल की एक पूरी सुविधा है।
हवा तेज है और बाहर
चेहरों पर इस कदर सन्तोष है
कि कोई मौत स्वाभाविक नहीं
लगती है।

बाँध

बाँध रहे हैं बाँध
लेकिन बँधे हुए पानी से
फैली महज सड़ाँध।

एक एक की कथा लिखें,
चुक जाए सारी स्याही
आजादी के लिए देश में
इतना मरे सिपाही।

मैंने कहा यूँ

ठीक—मैं घमंडी हूँ
क्योंकि नहीं
रंडी हूँ
बंडी हूँ बाँह तक
चौचक खुला हूँ मैं
और जान देने पर
बिलकुल तुला हूँ मैं
पैरों में बाँध कर
घंटा
मैं नाचूँगा
किन्तु (कहीं जहाँ बाचूँगा
        बाचूँगा न नाचूँगा)
कथा नहीं बाचूँगा
ओढ़ रामनामी
करूँगा नहीं मैं
वक्त की गुलामी।
लोगों से बचूँगा और
दर्द नहीं बेचूँगा
सपनों को बेचूँगा
किन्तु कल सुबह के लिए
माल के खरेपन का
जिम्मा मैं
नहीं लूँगा
आखिर आप उतर ही आए
औकात पर

यानी कि
लात पर।

यात्राएँ

आकृति पर
सड़कों के 'ब्लू प्रिंट'
हर सुबह
अप्रत्याशित मोड़;
हवाओं का नि:शब्द गीलापन
छोड़कर चला गया
मील के पत्थर पर
काँपती लकीर
जिसमें पगध्वनियों की
अनगिन शताब्दियाँ
चित्रित हैं
अर्थहीन दूरी में...।
फीते-सी जिन्दगी
नाप रही संचरण
चलने से रुकने के बिन्दु तक
यात्राएँ। जीवित हैं
अपनी मजबूरी में। संस्मरण—
अर्थहीन दूरी के संचरण...।

यात्री का वक्तव्य

बालिस्त भर
बीमार चेहरे पर
आदमकद प्यास
तीखे समझौते को पीकर
लुढ़का देती प्याले-सा

उलटा आकाश
मेरी हथेली पर।
मुझे जीने लगता है
फिर से अलगाव...
गिरहकट आँखों की
अर्थहीन चुप्पी में।
डूबते सीमान्त-सा दुर्बोध
परिचय का बासीपन
मुझको दुहरा जाता
बिलकुल गुमनाम...
फिर भी मैं चलता हूँ
मेरी अतृप्तियाँ
लक्ष्यहीन दूरी का उजला भटकाव
देती हैं
पाँवों में स्वस्तिक चिह्नों का घाव।

[1962-63]

अकेली यात्रा

कुछ भी सूझता नहीं।
काली हवा चलती है।
सन्नाटा
चेहरे पर
छिलके बूकती है और
अपना ही पैर अपने जिस्म को रौंदता है।
अपने ही हाथ
        दाबते हैं गरदन
अपना पसीना और आँसू दलदल बन
फैला है।
रीढ़ तक सनसनाती है अपनी ही साँस
यात्रा अकेले की

कितना डराती है
हे बहिन!
हे बीरन!!
सिसकियों और स्याही से लिखे जिन्दगी के दु:संवाद
डबराई आँखों को साफ-साफ
        सूझते नहीं
        हे बहना!
        हे बीरन!!
इस कहर भरे अँधेरे दिनों में
सिर्फ रक्त-लिखी सच्चाइयाँ ही
        पढ़ी जा सकती हैं।

[1967]

समय

'भविष्य मंगलमय हो'
प्रार्थनाओं के स्वर गूँजते हैं
'भविष्य मंगलमय हो'
ग्रन्थों का ज्ञान कहता है
'भविष्य मंगलमय हो'
परिचितों की आत्मीयता असीसती है—
        जहाँ वह तनाव बनाए रख सकने की
                कोशिश में रहता है।
किसी एक सुविधा पर आकर,
सारी चीजें
एक साथ विलाप करती हैं—
'तुम्हारा भविष्य मंगलमय हो'

और यह अतिरिक्त शोर
दिन-रात उसका पीछा करता है

मैंने उसे प्रतिध्वनियों से टकराकर
अतीत की ढलान पर
लुढ़कते हुए देखा है

उफ्!
उसका बुरा हाल है
अब जहाँ आदमी का
        वर्तमान है
वह मात्र कंकाल है।

[6.8.1965]

टिटनेस

और माँ की देह का पाताल (लस्त होकर)
दूध की दो थैलियों के बीच में
लेटा हुआ है
मैं अँधेरे कमरे में पैदा हुआ
जहाँ हवा नहीं थी
खून के गीले अलाव पर
मेरी माँ बैठी चुपचाप—
खलिहान में सोये पिता को
अधरात जगाकर
खबर दी जाती है—(बेटा हुआ है)
और वे अधनिंदिया में आँख मलते हुए
हथेलियाँ मींजते हुए
कुत्तों से बचते हुए
चमरौटी की ओर जाते हैं
'निकाम बो' को खबर देते हैं। वह आती है
और जल्दी-जल्दी जंग लगे हँसिये से
नाल काट जाती है
और जीवन भर खून
में

टिटनेस लिये हुए
मैं घूमता हूँ और
हर वक्त यह महसूस करता
सोतों में
या जागते वक्त अपनी
आदतों में :
बतख के डैनों
की फड़फड़ाहट...

[1969]

जीवनानन्द का गाँव

तब भी यह आश्चर्य देखो कि यौवन के पास भी
कुछ नहीं मिला
इच्छा का प्रतीक यदि अंग है तब स्तन भी
निवेदन के लिए उन्मुख नहीं था

आँख आश्रय की प्रत्याशी नहीं रही
हथेलियाँ—मेहँदी रची
धारण करने को प्रस्तुत हैं,
तब क्यों बीते दिनों में प्रहार के लिए उद्यत
श्वास छोड़ रहा है?
क्षुधा के प्रतीक बड़े मुख के गह्वर में
तुम्हारा अर्धांश लुप्त हो गया है
क्षुधा के प्रतीक तप्त योनिमंडल के भीतर
तुम्हारा अर्धांश...
मूर्च्छित पंख पड़ा हुआ है,
यौवन के पास कुछ पाया नहीं गया
तो क्या दूसरी गाड़ी से लौट जाओगे?
सर्वनाश; फिर बचपन

फिर भीड़ में ठेला ठेली—
बाल्यकाल-भूल-आशा की दौड़
गुब्बारा फुलाने के कष्ट जैसी बुद्धि
पीड़ादायक।
वही कष्ट सहकर, त्वचा का व्यायाम सहकर
शिखर पर पहुँचना!
नित्य जागरण, जय, अनर्थक निष्ठुरता
नाश के लिए उद्यत शस्त्र पाणि
उसके बाद फिर क्षुधा के प्रतीक मुख के
गह्वर में नीरव नियंत्रण
बिना रक्तपात के
आत्महत्या का यह कैसा चमत्कार है?
मैं जानता हूँ, मुक्ति का उपाय कहाँ है—
यदि जाना चाहते हो—जीवनानन्द के गाँव :
स्थविरता, डाकघर-स्थविरता, जिला-
स्थविरता

अभी टिकट खरीद कर लाओ
वहाँ अच्छा होटल है, हमेशा बाधाहीन
विश्राम है
वहाँ उद्यमहीन वर्षा है,
हिरन शिशु की तरह खेलती हैं, इच्छाहीन
क्षुधाहीन लड़कियाँ
साँझ के समय।

मृत-पुत्र का इक्कीसवाँ जन्मदिन

तुम्हारी आँखों में माड़ा है
तुम्हारे बच्चे के चेहरे पर सूजन है
तुम्हारी बीवी की नींद में
एक खलनायक चहलकदमी कर रहा है
जाड़ा है—जाड़े की रात है

ठंडी
और
सर्द
शहर की सड़कें
किसी भुतहे दरार-सी खुली पड़ी हैं
बीस वर्ष—कुछ कम नहीं होते
तुम्हारा वह बच्चा जो आजादी के
साल
पैदा होते ही मर गया, अगर जिन्दा होता
उसकी मसें
भीनती होतीं
कोई-कोई सैनिक होता
किसी विश्वविद्यालय का स्नातक होता
इस गर्म और तंग जगह में
हवा, इस कदर घुटी-घुटी है,
जैसे कोई लड़की—
अपने साथ हुए बलात्कार का बयान
दर्ज करवाकर
अभी-अभी उठी है।

तलाश

मैं विद्यालयों में गया—
मैंने वहाँ ठंडे और सख्त चेहरों वाले अफसरों को
टहलते हुए देखा
और विद्यार्थी को लड़कियों की जाँघों में
सबक ढूँढ़ते हुए।
पुस्तकालयों से ग्रीस की बू आ रही है और
बच्चे किताबों पर
मांस चबाने की मुद्रा में झुके हुए हैं।
सड़क पर एक बच्चा
'कुत्ता पकड़ने की गाड़ी' को देखकर

बेतहाशा चिल्लाता हुआ भाग रहा था
ओह! सारा नगर प्रतियोगिता में हिस्सा लेने के लिए
वहाँ इकट्ठा था
मर्द बसंत की चिनार की तरह,
औरतें जूते की दुकान-सी सजी हुई
मेरा भाई वहाँ नहीं है
निराला, तुम दमकल विभाग में कब भर्ती हुए?

वाल्ट ह्विटमैन को
मैंने मांस विक्रय केन्द्र में झगड़ते हुए देखा है
जहाँ कुछ बकरे मैथुन कर रहे थे
वह कोई पागल है जो
एजरापाउंड के अन्दाज में
भूँक रहा है
लाल और काली चीजों के यौगिक में
दोस्तोव्स्की है :
सचमुच, कुछ लिखने से अच्छा
काम है दातौन बेचना
सूर्यास्त हो चुका है
आकाश की ढलान चाँद
खच्चर की घिसी हुई नाल की तरह धमकता है
यह कौन है जिसकी भूरी दाढ़ी पर आँसू थरथरा रहा है
जिसके चेहरे पर बनबिलावों के पंजों का घाव है?
यह कौन है जिसका ज्ञान उसके लिए एक गहरा
अभाव है
और यह कौन है जो गहरे अन्धकार में
टूटे हुए पुल के नीचे
मुर्चा लगे कनस्तर से टिका हुआ
चिलम भर आत्मज्ञान फूँक रहा है?

कैन आई ब्रिंग बैक द वर्ड्स? विल थाट ऑफ ट्रांसक्रिप्शन
हैज माई मेंटल ओपेन आई?

आई एम सो लोनली इन माई ग्लोरी...

पिछले अपराधों के प्रति

बेशक!
उन अपराधों के पहले भी
हम अपराधी थे
जिनकी परछाइयों से
हमने देश का नक्शा
बेकारी में रँग दिया
वैसे कुर्सियों के पेंदे
और
औरतों के पेट खाली नहीं थे
नारों फुहार खेत भीग रहे थे
और औकात के बाहर
हमारे तमतमाये चेहरों पर
इस माहौल में
सभ्य कहलाने की गुंजाइश से हमारा नकारा गुस्सा
रोशनी चबाता था
शब्द बजाता था
दूर दूर तक
बिछाता था
सुनहरी काइयों की कालीन
परत-दर-परत
बावजूद इसके
बंजर रफ्तार में
कितनी बेवा हैं ये शहर की सड़कें
जहाँ सारी योजना
टूट कर
सौन्दर्य हो जाती हैं!

सम्बन्धों को शब्दकोश से तय करते हुए

आज
मैं फिर उन्हीं औजारों से लैस

शरीर की खाड़ी में उतरता हूँ
जहाँ डूब चुके हैं वक्त के जहाज,
कल
मौसम की बूँदाबाँदी में
पानी पर दौड़ता हूँ
पानी, स्याह
प्यार : लंगर डालने के पहले की
मन:स्थिति
खाल : रंगों और आवाजों के मिले-जुले हमले
की सूचना का राडार;
औरत के साथ बीतने के बाद
हर बार
मैं अपनी बाईं पसली में
एक सूराख पाता हूँ
जिसके भीतर से झाँकता है
मेरा पवित्र अहंकार
चुप पगली! क्यों रोती है?
क्या तुझे मालूम नहीं कि मुहब्बत
सिर्फ बाईं ओर
बीमार होती है
यह तो
मर्द है जो दाईं ओर का
दर्द है।

काले आदमी का वक्तव्य

नींद और
बत्तियाँ, शोरगुल
सोना
तुम मेरे साथ हो
और आज कितना अच्छा है
कि गली के बीचोबीच जलने वाली
बत्ती फ्यूज हो गई है

यह सम्भावना कल नहीं थी
यह गली सड़क की एक टुकड़ी थी
यह भी एक विवशता है, हम सबने
अन्धकार को स्वयं चुना है
और भला हम करते भी तो क्या—

× × ×

सूरज को डूबते सुना है।
क्षितिजों पर उभरे-छितराए
रंगों के फौलादी साये
रिश्तों का धुँधलापन
चेहरों की बैसाखी पर लँगड़ाए।
हवा नहीं है किन्तु शून्य में
टँगी पत्तियाँ काँप रही हैं
चीजें चलती नहीं, चलाए—
जाने की सीमा में
रह-रह हाँफ रही हैं।
परिचय की उदास शामों से
एक अजनबी हाथ हमेशा
हमें अलग कर जाता है।
अपनेपन की सुविधा का क्षण
घंटाघर का शिखर फाँदकर
जो अपने सारी चहल-पहल से
गिरता है : मर जाता है
साहस का स्वर काँप रहा है
सच्चाई की बात में
सभी जगह भय तना हुआ है
चाकू के अनुपात में।
सच है—
घेरे टूट गए हैं
सभी स्वयं से छूट गए हैं
किन्तु छूट कर कहाँ खड़े हैं
ज्ञात नहीं।

[1964]

न्याय अभी जिन्दा है

मारूँगा मारूँगा मारूँगा साले को
साले को मारूँगा
अपने दिमाग के
बुच्ची खरगोश से
ऊब कर पड़ोसी की चाल से
अपनी जमीन पर अपना नाम
दर्ज करने के लिए
गिड़गिड़ाऊँगा
लेखपाल से
सच कहने के लिए
रिश्वत दूँगा
न्याय अभी जिन्दा है
यह बात दीगर है
कि इसके पीछे नोट का पुलिन्दा है।
सात प्याले चाय पिऊँगा
और तताई हुई देह लिये
नक्शा बिगाड़ूँगा
तैसील की दीवार का
इसी दौरान
फटे हुए पोस्टर पर पढ़ूँगा नाम
उस उम्मीदवार का
पिछले चुनाव में
जो बहुमत से चुना गया
बेचारा जनता का आदमी।

[जनवरी, 1967]

जनता के बीच

तुम्हारी बात दिमाग पर
हथौड़ा चलाएगी

आँतों पर भूख की मार होगी
अपराध के विरोध में
इस दोहरी मार से
जनता तैयार होगी
संसद जाम करने से
बेहतर है
सड़क जाम करो।

युद्ध-दिन

मेरी छाती में
वह भय नहीं रहा
जो तमाम चीजों से पहले
आदमी को मारता है।
मैं नहीं चाहता
कि हमारी विजय पताकाएँ
सुदूर नगरों के भविष्य पर फहराएँ
और हमारे जुनून की वजह
हमें जंगलों की पंक्ति में जगह मिले।
मैं नहीं चाहता कि किसी सदी की
कोई रक्त-लोलुप जाति हमें
अपने युद्ध-गीतों में गाये
क्योंकि उनकी कृपा पर जीवित रहने के सुख से
नकारते हैं
जिनके खोखले दिमाग में
युद्ध एक गुलदस्ता है
जिसमें हत्याएँ फूलों-सी सजी हुई हैं।
फिर भी यह युद्ध-दिन जो हमारी
फाइलों में, हमारी नींदों में,
हमारी चिट्ठियों में, हमारी उम्मीदों में,
हमारी बेचैनी में, हमारे आराम में
यानी, हमारे हर बड़े से बड़े और

हर अदना काम में
आ गया है, हम इसे स्वीकारते हैं
इसलिए नहीं, कि बुद्ध की ओर की गई
यात्राएँ धुँधला गई हैं
कि दूर बसी रातों का शील भंग करते हैं
गहरे अँधेरे में टहलते हुए जन्तु
नाखून नोचते हैं।
चीखों में खो गई हैं लोरियाँ
रात गहरे अन्धकार की बाड़ियों पर सीटियाँ
फेंकती है
और सन्नाटा किसी युद्ध-बन्दी-सा
घुटनों में
सिर डाल कर बैठा है
अपने एकान्त में
वे सारी चीजें मेरी ओर सिमट आई हैं
जिनसे मैं कल तक अनजान था।
मैं पहचान गया हूँ अपना देश
और अपनी नियति जो इससे पहले
खंडित सूर्यों की मेहराब में आलोकहीन
जीवित थी।
मैदानों में कवायदी बूटों की धमक है
और अनाजबँधी मुट्ठियों के साथ
जुते हुए खेतों में
मौसम के उतरने का मटियल उल्लास।
चीड़ों के जंगल में जले हुए इन्द्र-धनुष
आलोकित हो उठे हैं
और मेरी आशाएँ तमतमा उठी हैं
यद्यपि यह सच है—
असमय मौतों की रिक्तता से आकाश का नीलापन
पहले से कुछ बढ़ गया है
और मैं अलग नहीं रह सका हूँ।

मुझे पता चल गया है
अनुभवों के समानान्तर यह पराजित चेहरा

किसका है? किसकी उम्र है वक्त की
एकरसता में खाट की टूटी हुई
रस्सी की तरह झूलती हुई?
किसकी चूलें हिल रही हैं
मौसमों के आग्रह और देहों के
नियंत्रण से परे कौन सा तनाव है
जिसे मांसपेशियाँ नहीं ढोतीं?
यह किसकी जिन्दगी उदासी और
ऊब और देहों के आस-पास
हड्डियों पर टँगी हुई खाल है?
किसका वर्तमान उसका भूत काल है?
कितने गलत थे वे तमाम सूर्यहीन कन्धों के गीत
कितने दयनीय थे सलीबों पर लटके अस्तित्व
एक रफ्तार की अधीरता ने साफ कर दिया है
वक्त के दर्पणों पर जमी हुई धूल
और झूठे हो गए हैं, मनोरंजन के मूल्य पर गाये गए
लूलों, लँगड़ों, बहरों और अन्धों के गीत।
किस घृणा से अरक्षित हो उठा है
सुरक्षित रहकर अपराध करने की इच्छा में
झूलते हुए भविष्य का अन्धकार
और हम समझ गए हैं—
घृणा की सरहदों पर जमी हुई हमदर्दी का
दूसरा नाम है बलात्कार।

मौत के सीखचों से छूटकर
एक अजन्मी जिन्दगी का गीत
हवा में तैरने लगा है
जिसके साथ अचानक जुड़ गए हैं—
अलग-अलग परिभाषाओं के लिए
नारे लगाते व्यक्तित्व
ठूँठ के कन्धों पर टँगी हुई
नीली झील की उदासी
और पश्चिमी आकाश की घायल कलाई पर
पट्टी बाँधता हुआ साँझ का सूरज,

जीवित रहना एक उज्ज्वल सहगान है
जिसमें सभी शामिल हैं।

व्यक्तिगत कमरों से लौटी हुई
अवैध बच्चों की आहटों से परेशान
नंगी टाँगों वाली लड़कियाँ
बेमतलब पोस्टरों पर
आँख सेंकते हुए यौन-चिह्नों भरे-भरे मुँह
जिन्हें नई पोशाक ने बाहर निकलने के लिए
मजबूर कर दिया है
घी और सिन्दूर से रचे हुए लाभ-शुभ
मिलों के मजदूर
थके हुए बेकाबू
दफ्तरों के बाबू
अफसरों की टमाटर छाप बीवियाँ
सड़कों पर फेंकतीं टमाटर और सीपियाँ
आदमी से घबराते हुए आदमी
इंच भर के फासले पर
एक-दूसरे से कतराते हुए आदमी
और मैं :
अकेलेपन की आत्मीयता के साथ घर लौटता हुआ
बच्ची के लिए एक चुम्बन
पत्नी के लिए रात की उम्मीद
और बेचैनी से थोड़ा हटकर
अपने लिए टिकिया भर
नींद की सुविधा के साथ जुड़ा अदना-सा नाम
सब-के-सब इस सहगान में शामिल हैं।

और अब सचमुच
किसी का अलग होना या फिर तटस्थ होना
केवल बेशर्मी है
जब कि हम जानते हैं—
कि यह सारा युद्ध-दिन शुद्ध रक्तधर्मी है।
वह आता है करता हुआ अट्टहास

और भूख से जर्जर पसलियों पर पतझड़ फेंकता है
अपनी डाढ़ों से उलट देता है
किसी अज्ञात हत्या की पीठ
और बारूद से जले हुए घावों को
अखबार की तरह पढ़ता है
ऊब और यातना की पृष्ठभूमि में
मनुष्यता के किस्से गढ़ता है
जिसमें सारे शब्द खोखले हो जाते हैं
और सारे-के-सारे मूल्य : दोगले
मकान और आदमी साथ-साथ
रात-रात जगते हैं
लोग अँधेरे को भी
किसी खास चीज की तरह
इस्तेमाल करने लगते हैं।

यह युद्ध-दिन खोखला और काला और
बेमुरव्वत आवाजों की गर्मी से पिघलता हुआ
जिधर से निकलता है
मिट्टी जल जाती है
मैं इससे अब भी घृणा करता हूँ
मेरा होना अपनी पूरी तीव्रता से इसे
अब भी नकारता है।

'आधार क्षेत्र' कविता मेरा आधार क्षेत्र है

जैसे जवान शरीर फोड़े का खात्मा करता है।
इतिहास ने गलत आदमी को किया है
वक्त की सूची देखो
दिखा वह काला धब्बा
और उसके गिर्द वह ललछौहीं चमड़े की रंगत
कल तक वे यहीं थे
गवार के भीतर
ऊँघते हुए और सपनीली

शब्दों में गवर गवर
लालच
बकरते हुए।
कविता मेरा आधार क्षेत्र है
यहाँ खड़े हो और दुश्मन पर नजर रखो
यह मातृभाषा और राष्ट्रभाषा का
मिलन-बिन्दु है जहाँ से
नौकरानी और रानी का फर्क खत्म हो गया है
आपबीती और एक घोषणा-पत्र
आतंक की परछाईं साथ-साथ
काटते हुए
और यह तै करते हुए कि
निवाले से कितना हटकर बैठी है स्वतंत्रता
औसत आदमी के खिलाफ
एक चकरघिन्नी आँख की साजिश है
जंगल में खड़े हैं पेड़
रोशनदान की तरह
तुम खरीद सकते हो, कुछ अदद पेड़—
लेकिन जंगल नहीं
जंगल क़िसी की मिल्कियत नहीं है।

विरोधाभास

लोग
लोग नहीं होते
वक्त के उस अक्षांश पर
जहाँ देश अपनी हथेली सा परिचित लगता है
सिर्फ खून के आखिरी पड़ाव तक
एक नन्ही धमनी ऐंठती जाती है
ऐन वक्त एक कतरा
चेहरा बनता है
लेकिन कानून के बारे में
तुम्हें क्या मालूम?

तुम्हें क्या मालूम कि
एक सिझती हुई रोटी के पीछे सहमी हुई—
कितनी गीली आँखें आस लगाये बैठी हैं?

आँख का गीलापन
कैसे बन जाता है
गोरिल्ला-हुंकार?
क्यों एक लड़की खरीद लेती है—मारगो
जब कि उसे 'लाली' खरीदनी चाहिए
जिनका जीवन नेकर के साथ
सिले हुए नाड़े की तरह निश्चित है?
वापस चलो
भाषा के बद्दू अँधेरे में
कविता का खेमा उखड़ रहा है।
हवा में बारूद गर्म है
और धमाका
सिर्फ मामूली सी रगड़ का इन्तजार
कर रहा है।

[1969]

एक सुराजी गीत

विधवाओं के राज में
मर जाएँगे
खाज में
सारे कुत्ते चीखकर
और भूँकना सीखकर
होगा बेकार
आदमी
भूखे हैं तो क्या हुआ
नंगे हैं तो क्या हुआ

दो जून चैन की कटती है
भिखमंगे हैं तो क्या हुआ
यह कैसी नामर्दी है
हाय! हमारे लिए सभी की
आँखों में हमदर्दी है
जोश में बोले घुमाकर हाथ
हवा चेहरों पर उड़ी
एक कुर्सी चरचराई
'अनखा गए' का भाव
आज की जनशक्ति कुछ हरती नहीं है—
हार-
ती है
आज की हर चीज केवल जी रही है इसलिए
कि नकारती है।

[1969]

गर्मी की दुपहर

आसपास के तमाम विरोधाभासों को
अपनी ओर खींचते हुए इन छाया-चुम्बकों को
देखो और मेरी तरह सोचो कि यह गर्म दुपहर
एक आशीर्वाद है जो हमें बरसात के सिरहाने
मिली है या एक निमंत्रण, जो आदमी को पेड़ के
पास तक खींचता है।

धूप में अमलतास के ढूह गल गए हैं
और बेआवाज पटाखों की पोटाश
हवा में घुल गई है।

रास्ता चलते आँख तक ढक लेना और हाँफते
कुत्ते की बगल से गुजरते हुए
जुबान को मुख में रखना एक हिमाकत है

फिर भी मैं खुद को आदमी साबित कर रहा हूँ।
घर लौटने के पहले
मैं अपने होंठों पर एक झुलसी हुई टहनी रख लेता हूँ
यानी कि मुस्कान, जो एक निहायत नामुमकिन-सी चीज है
और अपनी मर्यादा में विनीत
पत्नी के पास तक जाने के एकबारगी साहस पर मुस्कराता हूँ
(ऐसा नहीं कि मित्रों के बीच मेरी छाती किसी से
कम फूलती है) दरअसल ऐसा है कि
शीतल की माँ मेरा बड़ा ध्यान रखती है।
और मैं इस एहसास पर प्रसन्न होता हूँ
कि बाहर सचमुच बड़ी गर्मी है
और यहाँ शीतल की माँ है तो क्या हुआ
मैं अपने घर में हूँ।
ठिल्ले में पानी है
सिकहर पर अचार
बड़े वाले ताखे में रोटी है
खा लो : प्यार
इसी तरह करती है शीतल की माँ।
—बात यह है कि मैं घर में सबसे बड़ा हूँ।
—अच्छा यही सही; मैं चिकना घड़ा हूँ
—फालतू मुस्कुराता हूँ, सिर से पाँव तक
—क्या कहा, किसमें खुला हूँ

अच्छा यही सही नसपिटे परिवार के लिए
सोने सी देह गारत करने पर तुला हूँ।

[1968]

ये घरबारी : ये गृहस्थ

अपनी आदतों को नैतिकता का लिहाफ उढ़ाकर
वे मकान से बाहर आते हैं—
और

किसी पाशविक लालसा से
इधर-उधर टटोलते हुए
औरतों को
बतियाते हैं

संयम की मूँगफली तोड़कर चबाते हैं
या फिर लतियाते हैं
अपने ही शक्लों की अधजली हँसी—
        चारमीनार
वे तमाम पेट
जो दया से दिया गया अनाज
खाते हैं,
जो कैंसर उगाते हैं।

हम एक दूसरे से वादा करते हैं

हम एक दूसरे से वादा करते हैं नये सिरे से
प्यार करने का और घर बसाने का किसी पढ़े-लिखे
नागरिक की तरह और शनिवार की शाम सबसे अच्छी दुकान पर
बिता देने का निश्चय करते हैं।

भीड़ में वह मेरा हाथ थाम लेती है और मैं उसके हाथों
में अपने को ढीला छोड़ देता हूँ और भीड़ से भयभीत
हम भीड़ बन जाते हैं। एक-दूसरे की आँखों में देखते हैं एक सी नफरत
नाक पर रूमाल रखकर मुस्कराते हैं।

मैंने किताबें खरीदी हैं और उसने ऊन :
हम बाजार में हैं और अपने को बाजार होते हुए देखकर
खुश हैं।
कागजी गुलदस्ते और कागज के सदाबहार फूल खरीदते हैं
एक बाजे वाले की दुकान तक जाते हैं
हम दोनों ताला खरीदते हैं जिसकी एक-एक चाभी बाँट लेते हैं।

[1967]

शाम-1

घड़ी के अन्दर एक मकान है
जहाँ सूइयाँ पाँच पर ठहरती हैं

मैं उनका चेहरा एक ठंडी कन्दील से दाग
देना चाहता हूँ जिनके लिए मूर्खता
आखिरी तर्क है

मौसम—तरक्कीपसन्द लोगों के लिए
एक समाचार है

मैं बताना चाहता हूँ कि शाम अपरिचय के पठार पर
गिरने वाली झंडियों का शोर
बेआवाज पीली ही नहीं है और न
किसी दीवार घड़ी के अन्दर मकान में
एक पेशेवर चेहरे की वापसी है

शाम,
अचानक तमाम चेहरों का पश्चिम की ओर
घूम जाने का नाम है जहाँ अनाज से लदा हुआ
एक विदेशी जहाज पूरब की ओर
आहिस्ता आहिस्ता चला आ रहा है

मेरे भीतर एक गुस्सा है जो धीरे-धीरे
खत्म होता जा रहा है।

[वाराणसी, 1969]

किताब

मैं पढ़ता हूँ यह तल्ख और ताकतवर किताब
और यह कितनी चमकदार है

ठीक सुबह के वक्त पूर्वी आसमान की तरह
सचमुच रात की जिल्द
तुमने रक्त से बाँधी है
जिन्दगी?
क्या इसे तुमने लिखी है
आँसू और आग से
कितनी अनूठी और कैसी सहज?

मैं पढ़ता हूँ वह किताब :
जो आम तौर पर चालू प्रार्थनाओं से शुरू
        नहीं होती
और न खत्म होती है पश्चात्ताप से
जिसमें अँधेरा है
ठोकर और गुस्सा है, और है—
लड़कर रास्ता
निकालने का
हौल दिल हौसला
मैं सफे पर सफे उलटता हूँ :
मात्रा की छापे की भूलें हैं
लिंग, वचन, कारक की गलतियाँ! साधारण,
कुछ विशेषण गैरवाजिब लगे हुए।
लेकिन यह चलता है। अनुभव की आँखें
व्याकरण से आगे देखती हैं
आह! पहला पाठ
किस कदर ताजा है तरबूजे की फाँक-सा
सूर्योदय की पदचाप
ओस पर थरथरा
        रही है
जामुन का
पेड़ जम्हाई लेकर खड़ा हो रहा है मिट्टी के
चौरे की बगल में
एक लिपी-पुती झोंपड़ी
आँखें मिचकाती खुल गई है

मैदान में जैसे पड़ी
मुसहर बच्चे की गरम हथेली।

[1967]

छोटे बच्चे की प्रार्थना

मेरी माँ को घर खा गया
मेरे बाप को खेत निगल गया
इन दीवारों का मुँह किधर है
मेरा भाई शहर में गुम हो गया है
ये पुरखों के किस्सों की तरह अन्धी है
कोई तो आओ
मेरा हाथ थामो
मुझे अँधेरे से छुड़ाओ!

मैं मृत्यु जानता हूँ
मैं पूरब जानता हूँ
मैं हर चीज से परिचित हूँ जो मुझे
आदमी से इनका सम्बन्ध ढूँढ़-ढूँढ़
कर बताता है

ईश्वर और सूर्योदय पर
लिखी हुई कविताओं का अर्थ
मेरी समझ में नहीं आता

मेरी उम्र मत पूछो

मैं स्कूल नहीं जाऊँगा
वहाँ बदशक्ल मुंशी
मुझे अपनी जाँघों पर बैठाता है
मेरी कनपटी जलती है
मेरी जाँघों के बीच में एक गीली

छिपकली थूक उगलती है
        मेरे मुँह में पानी भर आता है
किताब का पहला अक्षर
फलों के नाम से शुरू होता है—
'अ' माने अंगूर

मैं अपने साथियों में नहीं खेलूँगा
वे मेरे हाथ की रोटी छीनकर
खा जाते हैं और
मेरी पीठ पर धक्के लगाते हैं।

[1967]

मोर्चा

जैसे रान घोड़े की पीठ कसती है
और ट्रिगर को तरजनी
उसी तरह शब्द—
कविताओं को एड़ लगाते हैं
फिर एक खौफनाक दौड़ शुरू होती है
अनुभव से अर्थ तक
सूत्र से प्रयोग तक
उसूल से अमल तक
साथी! यह मोर्चा है सवालों का
इसे फतह करना है फिलहाल
और इसी दम।

हत्यारों ने जिसे हिंसक भीड़
कहा था मैं देखता हूँ
मेरी नजरों के आगे
एक जुलूस बन गई है :
उसके हर आदमी ने घाव,
पीठ पर नहीं—छाती पर
        खाया था।

दुभाषिया जुबान

मैं तुम्हें आजादी दूँगा और तुम
उसके बदले में क्या दोगे?
खून?
एक पुराना मुहावरा है चमड़े की
        चौकसी में
        चलता है
साहस? वक्त की सेहत खो गई है
दुभाषिया जुबान में
शस्य कानून की धारा 25 की खुफिया
आँख एक देसी 'औजार' देखती है
तुम्हारी अंटी में
यह झूलता हुआ अश्लील
उसकी पकड़ में है।

आस्था

इस हत्यारी घटना के बावजूद
तुम विश्वास करते हो और वह
जो तुम्हें चीलों की दुनिया में
छोड़ने पर आमादा है
इस बात को जानता है।

तुम्हारी भक्ति तुम्हें मारती है
अनुरक्ति काट कर अलग कर देती है उस 'पावने' से
जो तुम्हारा है।
जिसे तुम पूजते हो—उसी को ढाल की तरह
सामने करके
संगमरमर की दीवारों पर खुदे हैं 'सातों कांड'
(पूरी रामायण) और आँसू भरी आँखों से
तुम पढ़ते हो अपना इतिहास

जेबों में पड़े हुए
जूतों के कूपन सहलाते हो।

[1967]

एक अनुभूति

कल मैं अभिशापितों के बीच से गुजरा
मेरी नींद मेरी जिन्दगी की सच्चाई बन गई थी।

मेरा सारा शरीर काले और बहते हुए घावों से
भर गया था
जिन्हें मैंने बड़े दर्प से
अपने पर सँभाल रखा था
यह मेरी वीरता का पुरस्कार था।

[1967]

एक और मृत्यु हुई

न कुएँ न तालाब में
डूबकर मर गया
और एक आदमी
ख्वाब में।

न छत से और
न मीनार से
कूदकर मर गया
और एक आदमी
प्यार से।

और बिना घटना के
केवल अफवाहों से

अजनबी निगाहों से,
ऊबकर
और एक आदमी
मर गया अपने एकान्त में
डूबकर
आह भर उसाँस भर
और एक आदमी
लेट गया
घास पर

और इस तरह थकान से परे
मकान से परे
एक और मृत्यु हुई
धूप में
लेट कर
और हाथ रख लिया
पेट पर।
और फिर मजाक ही मजाक में
नाम और नाक में
एक गाँठ पड़ गई।

अव्यवस्था का क्या कहिए
जहाँ आदमी ईमान बेच दे
तब जिये।

[1967]

कुर्सी ने हमारे हाथ के घट्ठे चाट लिये

मैं तुमसे कहता हूँ—
कुछ हाथ दिखाओ।
मगर तुम
बा रहा दाँत दिखा रहे हो।

हमारा रंग हमारे बच्चों (की नसों) में
फूट कर निकलता है।

बच्चे हमारे व्यक्तित्व हैं।

और इस सवाल पर हम
चारों खाने चित हैं।

बात का समय बीत चुका है
यह काम का समय है।
बैटरी को बिजली दो
और देखो कि वह चार्ज हो रही है—

एक बुलबुला काफी है—उसकी शान्त और
चमकती सतह पर।
एक बुलबुला काफी है।

स्कीम बुरी नहीं है
यह चुक नहीं गई है
यह अभी भी गतिशील है।

हम रुक गए हैं
कुर्सी ने हमारे हाथ के घट्ठे
चाट लिये हैं।

[1966]

भीख माँगना सहज नहीं है

भीख माँगना सहज नहीं है
जो सैकड़ों शहीदों के
बराबर है
जिनमें डूब गए असंख्य देश
वे ही भीख माँगते हैं।

भीड़ से हाथ छुड़ाकर
भागता हुआ
अपनापन
सबसे पहले
जिससे टकराया
वह मैं था।

मेरे देश के—
शिल्पियों ने
प्रतिमान स्थिर कर
लिये हैं
और अब वे बड़े से
बड़े सफेद पत्थर की
तलाश में हैं।

जिन्होंने कभी गीता
नहीं पढ़ी
वे भी खेतों में काम
करते हैं।

[1965]

आदमी की आउट लाइन

मेर पास एक सच्चाई थी
जो किसी के पास गिरवी रख गई
मेरे पास एक बोध था
जो आत्महत्या के निष्कर्ष पर
अटका हुआ है।

मेरे दो हाथ थे
जिन्होंने किसी के लिए श्रम किया।

जो मेरी शुभकामनाओं पर
जीवित थे
उन्होंने मेरे बच्चे की—
उम्र छीन ली।

इन पछताहटों का जोर
सह लेंगे
किन्तु क्या सह भी सकोगे
टूटते आकार का संवेग।

[1967]

प्रतिहिंसा के पहले

कुछ चेहरे
अचानक सड़क से निकल कर
हमारी हँसी में शरीक हो जाते हैं
और मौसम उदास हो जाता है।

और मैं मशीन की निरपेक्षता से
काट सकता हूँ
मिला हुआ हाथ,
या वह सभी कुछ जो हमें जोड़ता है।

वहाँ जहाँ सब कुछ काला है
घृणा के लिए भी जगह नहीं।
मैंने अपने भीतर से
दूर फेंक दिया है एक सफेद चीज
जो किसी सतह पर टिकने के पहले ही
मुझे लौटा देती थी।
अब कहीं नहीं है प्रतिहिंसा के पहले
उगे हुए—

खरगोश और मेढक और मेमने
जो मेरे चेहरे पर समय-समय
खरोंचते थे।

[1966]

'एक बिगड़ी हुई खराद मशीन' के बारे में

दुपहर की हवा
चेहरे पर चैलियाँ चुन रही है
और मैं एक बिगड़ी हुई खराद के बारे में
सोच रहा हूँ

अचानक पर्दा हटाकर
वह मेरे सामने आ गई है
उसने मुझे साफ अंग्रेजी में लिखा एक कागज
दिया है
जिसका मतलब है कि वह गरीब है और उसे
मदद की जरूरत है
लड़की खूबसूरत है—मैंने देखा
उसके रंग में एक तरह की तसल्ली है
जैसे वह साइरन का पीछा करती हुई यहाँ तक आई है
उसके चेहरे के इर्द-गिर्द
नमकीन किस्म का अफसोस है
उसकी अधखुली छातियाँ उतावली हैं
उन पर, किसी बच्चे के होंठों के दाग
शायद, नहीं पड़े हैं
उसके स्तनों के नीचे की ढलान
पहाड़ की तराई में बसी
किसी औद्योगिक बस्ती की तरह खामोश है

उसकी जाँघों में
एक काला जंगल रास्ता खोजता हुआ

गुम हो गया-सा है; उन दरारों के पीछे
जहाँ आग का दलदल है, जन्मों का
अन्धा जल है
और स्वप्नों की झील का नमक है
उसकी टाँगों में
तेज शिकारी चाकू की चमक है
नहीं, टोकने की जरूरत नहीं है
किसी के कपड़ों के नीचे झाँकना काफी—
        शर्मनाक है
मैं इसे सकारता हूँ
मगर औरत मजदूर जिन्दगी की सबसे बड़ी दुर्घटना है
और खूबसूरती
उदारता की खुराक है
आप तो खुद समझदार हो
जिसका मन रोगी; उसके लिए
कविता की भाषा ही, शायद उपयोगी है।

अन्धा पुल पर शिलालेख

यहाँ कोई मौसम नहीं है
क्योंकि पेड़ नहीं है
आसमान नीला है
और सिर्फ घासों को बढ़ावा देता है
मैं रेल की पटरी पकड़ कर चलने लगा हूँ
उसी पुरानी जगह, जहाँ कुछ लोग
एक घटना बन गए हैं
कन्तू
सल्लर
टिम्मल
जोगी
मन्ना
सम्मन
यह अन्धा पुल है। पत्थर पर खुदे हुए नाम

उम्र 13 साल, 23 साल, 30 साल, बाईस साल, बाईस साल
बाईस साल सन् बयालीस में पुलिस की गोली
से मारे गए...
इतिहास के पोपले मुख से एक दाँत टूट कर
गिर पड़ा है, एक पत्थर, गर्दन तक घास में डूब कर खड़ा है
मुझे नहीं मालूम। यह पत्थर किसने लगाया है
हाँ, यह पता जरूर चलता है कि वह आदमी (चाहे जो भी रहा है)
अपने व्याकरण से बड़ा
कलाकार था, और मैं जिसके लिए पछता रहा हूँ
वह उसी श्रद्धा से लाचार था
मैं उन नामों को पढ़ रहा हूँ अलग-अलग उम्र के साथ
अलग-अलग शब्द...

ठंडी, महीन और लम्बी आवाज
हृदय की धड़कनों की बगल में गिरती है
खून के सीखचों के पीछे
अतीत का कैदी चेहरा झिलमिलाता है।

[1966]

भूख से तड़पते हुए देशवासियो!

'भूख से तड़पते हुए देशवासियो! मौत मुबारक हो'
भूख से मरे हुए
की बगल में रोते हुए बच्चे की तसवीर—
'माता पड़ी है और शिशु उसके हृदय पर मुख धरे
देखे गए हैं किन्तु वे माँ-पुत्र दोनों थे मरे'
और बच्चा मृत्यु से नहीं—भूख से रोता हुआ।
अखबार में कल जहाँ एक दर्दनाक तसवीर छपी थी
वही आज एक मुस्कराते हुए प्रतिनिधिमंडल के साथ मेरे देश
की प्रधान महिला हाथ मिला रही है।

अखबार की सुर्खियों के नीचे कुछ भी नहीं बदला है
बगल के कॉलमों में लिखा गया अकाल

और राजनीति की चालें गले मिल रही हैं जनतंत्र की चूलें
हिल रही हैं।
वोट देने वाला पेट पर हाथ बाँधे रो रहा है
चुनाव की सीटों के लिए दो विरोधी दलों में समझौते हो रहे हैं।

× × ×

'कोई आदमी पेड़ नहीं खा सकता'
क्या संविधान में ऐसा कोई विधान नहीं है?
सुरक्षा अधिनियम क्या इस पर लागू नहीं होता?
वन विभाग को इस पर एतराज करना चाहिए।

× × ×

कैसी मजबूरी है
यहाँ चोरी का अभियोग लगाकर भी नामों के पहले
'माननीय' कहना जरूरी है!

× × ×

विधान सभाओं में
14 भाषाओं की प्रतिनिधि कविताएँ
पढ़ी जा रही हैं। कविता के लिए इतनी उपजाऊ जमीन
और कहाँ मिलेगी!
भाषा अपनी शालीनता,
कटुता और व्यंग के चरम पर है।
'आप अराजकता के थोक विक्रेता हैं और आप—
आप जनता के घासलेटी नेता हैं।'

[1968]

सार्वजनिक जिन्दगी

मैं होटल के तौलिया की तरह
सार्वजनिक हो गया हूँ
क्या खूब! खाओ और पोंछो,
जरा सोचो,
वह भी क्या जिन्दगी है

जो हमेशा दूसरों के जूठ से गीली रहती है!
फटे हुए पंजे की तरह घूमते हैं अधनंगे बच्चे
गलियों में
गोलियाँ खेलते हैं।
मगर अव्वल यह कि
देश के नक्शे की लकीरें इन पर निर्भर हैं
और दोयम यह कि
न सही मुझसे सही आदमी होने की उम्मीद
मगर आजादी ने मुझे
यह तो सिखलाया है कि इश्तहार
कहाँ चिपकाना है और
पेशाब कहाँ करना है
और इसी तरह खाली हाथ
वक्त-बेवक्त मतदान करते हुए
हारे हुओं को हीकते हुए
सफलों का सम्मान करते हुए
मुझे एक जनतांत्रिक मौत मरना है।

[1968]

विद्रोह

'ठीक है।' यदि कुछ नहीं तो विद्रोह
ही सही। हँसमुख बनिये ने कहा—
'मेरे पास उसका भी बाजार है
मगर आज दुकान बन्द है। कल आना
आज इतवार है। मैं ले लूँगा।
इसे मंच दूँगा। और तुम्हारा विद्रोह
मंच पाते ही समारोह बन
जाएगा। फिर कोई भी सिरफिरा शौकीन विदेशी ग्राहक
आएगा। मैं इसे मुँहमाँगी कीमत पर बेचूँगा।'

[1968]

बसंत और चूहे-1

एक हरी बिजली खेतों में
भोंक रही है कौंध
लेकिन भीतर-भीतर चूहे
कुतर रहे हैं पौध।

बसंत और चूहे-2

मैंने सरसों के खेत में
खिलखिलाते हुए उस लड़के को देखा,
जो बाँस के फरकट्‌ठे पर
धोखा टाँग रहा था
        इसीलिए 'खुशहाल' खेत में
        धोखा टाँग रहा है।

अमोला और खेत

धोखे पर चढ़कर चूहा
गाता है फसलों का गीत
और अमोला खेत अगोरती है
अमोला! अमोला!!
क्या तू चूहे को चीन्हती है?
        अनाज कहाँ जाता है?
                डंठलों की हरियाली के हाथ
सूरज उगने के पहले ही कौन कुतर देता है?
        अमोला! क्या तुझे मालूम है
                मचान पर कौवा आ बैठता है
                और गाता है मौसम
                        अमोला! अमोला!!

नारंगियों का क्या हुआ?
क्या हुआ उन पौधों का
जो हवा के लिए
अँधेरे से जूझ रहे थे?

[1967]

दोपहर का अस्पताल

नर्सों की ऊब से भरा हुआ—
दोपहर का अस्पताल
दिन के ठीक एक बजे उगल देता है
जंगल टिनोपाल का,
जिससे मक्खियाँ परहेज करती हैं।
लेकिन सुनो! प्यारी मक्खियो सुनो!
मेरा घर तुम्हारे लिए खुला है,
मेरा घर और गन्दगी
तुम्हें बुलाते हैं,
जाओ मेरे गन्दे दाँत
तुम्हारा स्वागत करते हैं।

जंगल का वनस्पतिशास्त्र

इस शहर की नासमझ—दो चोटियों
से खेलते हैं—
खूबसूरत दोगले
और जंगल का वनस्पतिशास्त्र
पेड़ों को चढ़ाया जा रहा है
अर्थात् जनता को जनतंत्र
का पाठ पढ़ाया जा रहा है।

[1969]

हवालात और कविता

मैं तुम्हें मूढ़ता का मतलब
समझा सकता हूँ।
मैं तुम्हें समझा सकता हूँ कि एक और एक
मिलकर किस तरह तीन होते हैं।
किस तरह बैल के सिर पर सींग
सींग रहती है और बनिये के हाथ में
तुरही बन जाती है।

हवालात और कविता के बीच
सुविधा और सम्मान रख दूँ
किसे चुनोगे?

सम्मानित नागरिक! बाल अपराधियों के झुंड में
गश्ती सिपाही की शर्म की तरह गायब हो जाने के पहले
जो रोजनामचे में दर्ज नहीं है
जिसे खून से भीगा हुआ एक कम्बल जानता है
या रोशनदान में सिमटी हुई
उस लड़के की चीख।
क्या जेबकतरे हाथों को वोट का सलीका
सिखला सकोगे?

और इस वक्त जबकि ज्यादातर लोग
आजादी को आक्रमण की तरह सह रहे हैं
मुक्ति की भाषा कितना कठिन है!

[1967]

कविता में जाना

जब अनाज और आँत के बीच
रोटियों के नाम तय कर दिये गए हैं
एक बच्चा—

माँ की कोख में
अकाल के सिगनल के समान
गिरता है।

कविता में जाने के लिए
जीवन में जाना जरूरी है।
कविता में एक शब्द—
दोस्त की तरह आता है
और धोखे की तरह चला जाता है।

कविता से एक शब्द हटाना
उतना ही खतरनाक है
जितना कि रेल की पटरी से
फिशप्लेट को हटाना।

अपनी कविता का एक भी वाक्य
अपने विरोधियों के पक्ष में लिखवाना
वैसा ही खतरनाक है—
जैसा दाँत से हथगोले का फीता खींचकर
उसे दुबारा झोले में रख लेना।

[1967]

कुछ सूचनाएँ

हमारे पास घर है
बनियों के पास मकान है
संस्थाओं के पास भवन है
अस्तबल की बगल में घोड़े और घास के बीच सोये हुए
        आदमी का नाम
हिन्दुस्तान है।

मैं हर वक्त सोचता रहता हूँ
कितना नमक डाल दूँ खून में

कि उन्हें विश्वास हो जाए कि मेरा भी हक है
कानून में।

कविताओं के लिए उनकी जेब में, अखबारी लहजा
और अमेरिका और रूस और चीन का नुस्खा है

जेलखाने के बगल की नागरिकता मुझे विरासत में मिली है
बूचड़खाने की कुल्हाड़ियों का संगीत
मेरे परोपकारी
मांस की नींद में उभर रहा है।
देश की मरम्मत के लिए
सबसे कम रेट वाली निविदाओं के भीतर
छिपी हुई मक्कारी को
अपना भविष्य मानने से इनकार करने पर
मैंने परिवार की आत्मीयता खो दी है।

उनके हाथों में हैं
वे कविताएँ—जो सही वातावरण तैयार करती हैं
        उचक्के भाषणों की दिलफरेब घोषणाओं के लिए
        आणविक भट्ठियों की मायाविनी सुविधाओं के लिए
        अकाल की दिलचस्प खबरों के लिए
शब्दों के पिछले हिस्से में एक रोशनदान है और
आदमी के दिमाग में एक कुर्सी
        एक हीटर
        एक बँगला।

[30.8.1969]

'गिनी मैन' गुलामों को ले जाने वाले जहाज

[जनानन्द बहुगुणा के लिए]

उस नीग्रो की पीठ पर पड़े चाबुक के निशान और
मैकमोहन रेखा में क्या अन्तर है?

मैं समझता हूँ कि एक ही जहाज से एक बन्दरगाह पर
अनाज और दूसरे पर फौजियों के दस्ते क्यों उतर रहे हैं?
दोस्ती का दूसरा हाथ जेब में किस चीज की तलाश कर रहा है?
सुनो जनानन्द! घृणा के लिए।

बाईं ओर काफी हाशिया छोड़कर
चालाक लोगों ने लिखा कि यह संसार
एक परिवार है, और मानवता करुणा की कोख से पैदा हुई है।

मगर, उन पूर्वजों की बात करना बेकार है जिन्होंने अन्धमहासागर की
लहरों में भविष्य की रोशनी देखी थी

मुझे खुद पता नहीं है कि वह
उनका सत्य था या शेखी थी।

मुझे बस इतना पता है कि हमारे सागर-तटों पर
अब भी आते हैं 'गिनी मैन'
हमारी आँतों में अनाज की बोरियाँ धकेल कर
खुद को खाली करते हैं और हमारा काला साहस,
(जो दुर्भिक्ष के दिनों में
सैकड़ों सूर्यों की आँच में तपकर बना है)
लाद कर वापस चले जाते हैं सुदूर अन्धमहासागर के पार
जहाँ लहरें रोशनी नहीं, सिर्फ जंजीरें
उगलती हैं।

[30.8.1969]

कोई पूछे कि ये क्या है...जो छिपाये न बने

और कुछ लोग सिर्फ इसलिए लड़ रहे हैं
कि कुछ जूते
'शहर की आधुनिकता' के खिलाफ पड़ रहे हैं।

मेरा मतलब यह नहीं है कि तुम
चीजों के साथ क्या कर रहे हो
बल्कि यह है कि तुम
उन चीजों का क्या कर रहे हो
जिनके जरिये
उबर रहे हो।

चीजों को
अँधेरे में डालने का काम
तेजी से चल रहा और हड्डी का
सिर्फ वह टुकड़ा रोशनी में है जो कुत्ते के दाँतों
के नीचे है
शायद, तुम्हें अपने हिस्से का मलाल है
और यह ठीक भी है
क्योंकि सही आदमी वह है जिसे जानवर से ज्यादा
अपनी सेहत का खयाल है।
लपलपाती हुई जीभ और हिलती हुई पूँछ के बीच
भूख का पालतूपन हिल रहा है
उसे रोशनी से अधिक चिचोड़ने का सुख मिल रहा है
इससे
भूख भले ही न मिटे
मगर दाँतों का दर्द कम होता है।

[1967]

तीन स्त्रियाँ

तीन स्त्रियाँ बाजार करने निकलीं
पहली ने संतरा खरीदा
वह अधेड़ औरत थी
दूसरी ने घड़ी खरीदी
वह अपने पति को तलाक दे चुकी थी
तीसरी ने कुछ खरीदा नहीं

वह शीशे के
शो केस के सामने असमंजस में,
खड़ी रही।
वह युवती थी।

[1965]

मूल्य-चर्चा

नगर महापालिका के सदस्य मूल्यों की चर्चा में व्यस्त हैं
मेरी कविताएँ चुंगी चौकी पर रोक ली गई हैं
मैं एक कस्बे से गुजर रहा हूँ
आह! कितनी बीमार बस्ती है
हर चेहरे पर फटकार
बरसती है।
पार्कों में बच्चे नहीं हैं
दृश्य किसी अनैतिक मृत्यु की सूचना की तरह
उड़ते हैं और आर-पार फैले हुए
तारों से टकराकर गिरते हैं लहूलुहान।
एक थकान है जो चेहरा बटोर कर घास पर
बैठ रही है।
मुझे धर लिया गया। और मुहर लगाकर छोड़ दिया गया।

[1967]

देश की दशा

असलियत कम और बुखार अधिक है
दर्द और गुस्से के लिए सही जगह की
तलाश है।

रात में नावों की माँग
बढ़ जाती है,

जेहन से जब बात उतर जाती है
मेरे दिमाग में
बदसूरत हिन्दुस्तान और खुशनुमा
हिन्दुस्तान की दो तसवीरें हैं—
एक मेरी पीठ के नीचे है
और दूसरी पेट पर है।

तट का जय-जयकार
नगर में अन्धकार
इन अपाहिज लोगों के बीच चलते हुए
मुझे मृत्यु के लिए सोचने से
रोको,
मुझे अपने दिनों को सोचने से रोको
कैसी दशा है इस देश की
एक नाव रोशनी का लंगर फेंक
खड़ी है
मैं नदी के तट पर चल रहा हूँ
मैं जहाँ चल रहा हूँ क्या वह नदी है?

और गूलर के जरा बाएँ
बादलों की स्याह रेखा—
कट रहा है चाँद
नदी का जल
साइकिल पर चढ़े-चढ़े पार कर
जाने के योग्य।

[1966]

मौसम

जिया जा सकता है किन्तु—
हाशियेदार एक दुख,
और सन्दर्भहीन एक जीवन,
धैर्य के लिए इतना ही काफी है

कि धूप ने भिगोने से—
किसी को नहीं छोड़ा
(पेड़, आदमी और चिड़ियाँ)
अलग-अलग हाथों में
बँटा हुआ
सूरज के उगने का उपक्रम...
—और मौसम के लिए
सुबह कोई नई बात नहीं है
किन्तु एक तसवीर है जिसे
हम रोज फ्रेम बदलकर
अपने कमरे में टाँगते हैं और
शाम तक एक शीर्षक
की तलाश में
भटकने का आत्मसुख
जीते हैं, जो
सूरज या सुबह का नहीं
और नहीं हमारा है।

एक प्रश्न

शीत पड़ेगी शिशिर कहोगे,
फूल खिलेंगे तुम उसको बसंत कह दोगे
ताप बढ़ेगी ग्रीष्म कहोगे अगर धरा पानी बिन तरसेगी
पानी की बरसात हुई तो पावस कह लोगे
उस मौसम का नाम, बताओ क्या रक्खोगे
जबकि आग बरसेगी?

भिखारी बालक

ऐ छोटे लड़के!
मैं समझता हूँ कि भीख माँगना
सहज नहीं है

यह कोई बद्रीनाथ की यात्रा
या हज नहीं है।
मैं जानता हूँ
कि भीख वे माँगते हैं, जिनमें
सैकड़ों शहीदों की समाधियाँ हैं
जिनमें बर्फ की ठंड है—
और गर्म राख की पिघली हुई
आँधियाँ हैं।
भीख वे माँगते हैं, जिनमें
सैकड़ों राष्ट्र डूब गए हैं,
जो जिन्दगी से नहीं
मौत से ऊब गए हैं।
ऐ छोटे लड़के!
मैं यह समझता हूँ और
पान की दुकान पर
आईने के सामने खड़ा हूँ
इस आश्वासन पर कि अपनी पोशाक
में मैं तुमसे बड़ा हूँ
और कि मेरे भीतर का दाता
मरा नहीं है,
क्योंकि एक नाम के लोभ से मन
अभी तक भरा नहीं है।
फिर भी एक शर्त है
यहाँ देवालय
पुस्तकालय
विद्यालय, अस्पताल
सब-के-सब ढोते हैं मोटे-मोटे
संगमरमरी नामों की पट्टिकाएँ
क्या तू भी ढो सकता है
एक ईंट
जिस पर मेरा नाम लिखा हो?
सच कहता हूँ, मेरे भीतर का
दाता, मरा नहीं है।

[16.10.1968]

रातभर

रातभर
हम स्पंज से खेलते रहे
और सुबह
मेरे आँगन की दीवाल पर
एक इश्तिहार-सा
धूप का रंग चिपका हुआ था।

× × ×

हवाओं को
आज क्या हो गया है—
वे मेरे लिए कई शब्द
छोड़कर चली गईं।

× × ×

सड़कें जहाँ खत्म होती हैं—
वहीं पर
एक अन्धा और बहरा आदमी
अँधेरे में गिट्टियाँ फेंकता है।
सूरज जहाँ डूबा है
वहीं पर
एक क्षुब्ध समुद्र
अपनी नीली हथेलियाँ
सेंकता है।

× × ×

मौत केवल जिन्दगी को भूलने का नाम है।

समकालीन राजनीति में

मौत मद्धम, सुर-विहीन, आतंक में आत्मीय
यह आवाज आ रही है
कहीं कंकरीट गा रहा है
कहीं लोहा बज रहा है

क्या तुम भूल सकते हो जहाँ खून
खाद बना है बसंत के मौसम में
फूल और हवा का रिश्ता
महक रहा है?

जब तुम खटकर लौटे थे और दस बजे रात
तीसरी रोटी तोड़ रहे थे, एक बच्चा पेट पर
किताब धरे-धरे सो रहा था। टूटी हुई दीवार से,
सब कुछ दिखाई पड़ता है—वह पड़ोस का आँगन हो या
तुम्हारा इरादा।
आखिरी निवाला गटक कर लोटे भर जल से
तुम खाली हो चाहते हो वह विचार
कि पेड़ों की जोड़ पर उगी हुई कोंपल में बसंत
चुहचुहा आया है घाव की पपड़ी के
नीचे खुला चमड़े की मानिन्द
और जहाँ खून खाद बना है समकालीन राजनीति में
फूल और हवा का रिश्ता ढकी हुई आग-सा
महक रहा है।

[1968]

रात्रि भाषा

नहीं—यह मातृभाषा नहीं है
अन्धकार को भेदकर अँधेरे से निकली हुई
एक गाँठ है
पलीते की जिसके सिरे पर
एक बेशर्म अँतड़ी
से बँधा है
इसे जंगल पहचानता है, पहचानते हैं पेड़
और पत्ते। एक तै शुदा मतलब
दोस्तों के कान खोलता है
इसे नहीं जानते हैं हौलदिल दुश्मन और कंगूरों पर
बेचैन घूमती सर्च लाइटें। बोतल पर उल्टे हुए सपने

कलेजियों की कै कर रहे हैं जहाँ लश्कर पड़ा है
एक अन्धा शब्द पहरे पर
एड़ियाँ
        एड़ियाँ बनाता है।
यह रात्रि भाषा है जिसकी पहली अनुगूँज के साथ
सूरज की पहली किरण धरती की ओर पयान करती है
दस्तों में हरकत होती है जैसे किसी जंगली जानवर से
लहराती हुई घास हिलती है।
तुझे तेंदू के पत्ते जानते हैं
तुझे जानते हैं चकवड़ के
        —पेड़
—तुझे सहमे हुए बबूल
—कुल्हाड़ियों के संकल्प।

[1968]

किस्सागो

जब वह सड़क पर आया उसके ऊपर फटा हुआ
राजसी कोट था और भाषा थी तितली पकड़ने वाला
जाल-सी
रंगीन कपड़े में
लिपटी एक छोटी
पिटारी—जिसमें
दूसरे शहर की
सनद थी
सबसे पहले उसने अपने दस्ताने उतारे और उस पुरानी
दीवार के पास जाकर खड़ा हो गया
जहाँ एक खिड़की फूट रही थी
'भीतर जो कुछ हो रहा है—जायज है',
उसने आहिस्ता-से कहा—
'तुम्हारा अचरज और उनका इन्तजार—दोनों बेकार हैं'
बाहर, खुशनुमा शहर मर्तबान पर खुदे फूल
की तरह खिलखिला रहा था

फिर उसने शब्दों को कुर्ता पहनाया जिसमें कालर नहीं था और
धोखे की तरह खड़ा कर दिया
भीड़ के बीचोबीच
उसने नये सिरे से वादा किया कि अब
पंखों और रंगों का
इस्तेमाल नहीं करेगा।

[1966]

कुंजी टोला में शाम

यह बनारस की—गली है
हर दरवाजे पर एक औरत खड़ी है
उसका नाम जूही है
उसका चम्पाकली है
हर औरत एक दरवाजा है

हर दरवाजे पर
तख्ती जड़ी है

आप यहाँ क्या करने आए थे
सामूहिक जलसा में
टाउन हॉल के मैदान में कसम
खाकर
देश के नाम पर मरने आए थे।

[1966]

कविता, सावधान!

ठीक यही वक्त है जब इतिहास अपने शिकार पर
निकलता है।
कविता, सावधान!!

मैं सुनता हूँ अस्पष्ट ध्वनियाँ
मेरे दिमाग में घूमते हैं व्यास, कालिदास, तुलसी, कबीर
और कितने ही बनबिलावों के झुंड
उस नि-जड़े युग के कवियों की शिल्प कल्प
रचनाएँ
अर्थ उदास हैं।
भाषा के अँधेरे में—
मुक्तिबोध का होना, शायद, अपवाद है।
फिर भी इस रात के अकेले सुनसान में, जब कि मेरे चारों ओर
चारपाइयाँ सो रही हैं सिर्फ वे जाग रहे हैं जो
मैथुन कर रहे हैं या पड़ोस के मकानों की
पिछली दीवार में सेंध से
बाहर निकल रहे हैं
        टोह रहे हैं,
मैं इस कागज के टुकड़े पर झुका हुआ शब्दों के जंगल का अर्थ—
        ढूँढ़ रहा हूँ
कविता! कविता!! कविता!!!
बार-बार सवाल दिमाग के पिछले दरवाजे पर
दस्तक देता हुआ—
आदमी क्या इसी तरह टकराता रहेगा
सड़कों पर
छूछे सवालों से?
गलियाँ क्या इसी तरह भरी रहेंगी पिस्तौल की नालों
और छिनालों से?
बच्चे क्या इसी तरह धड़ों और मर्द
चूतड़ों पर मरते रहेंगे?
हम कविता करते रहेंगे
क्या इसी तरह? भीख से
भूख को तसल्ली देने का काम चलता रहेगा?
नुस्खों और नारों की भीड़ में
क्या इसी तरह
ईमानदारी जैसा हरजाई शब्द
ईमानदारी से ऊपर उछलता
रहेगा?

मगर उत्तर कहाँ है?
क्या कविता उत्तर है?
कविता उत्तर नहीं है सिर्फ वापसी के लिए एक
शब्द है कविता
मेरे लिए वह केवल चेहरा नहीं है
न भागते हुए चेहरे की थकान है
कविता—सिर्फ पड़ोस की पहचान है
अपनी सुरक्षा के लिए
भगोड़े चेहरे की सही चेहरे
में वापसी है।

जेब के वजन पर सपना पालते हुए
अपने लोगों के बीच
चीजों का चेहरा बिगड़ गया है
कविता नाचीज
होकर रह गई हैं। क्या तुमने कविता पढ़ी
है? वह हवादार, बातूनी, बेलौस,
ठंडी, गमगीन, खुरदरी, अथाह। क्या तुमने वह कविता
पढ़ी है जिसे भुखमरी के दिनों में, गाँव के एक नौजवान ने
शहर के रियाज पर, गढ़ी है।
'मुझे फुरसत नहीं है' वे नाई की दुकान में चले जाते हैं
कनपटी पर घूमती हुई चुगलखोर कैंचियाँ
उनका कान भरती हैं। वे लॉटरी का टिकट खरीदते हैं
और चन्द दिनों के लिए परिवार की कटीली बाड़ लाँघकर
अपनी फटेहाली से बाहर आते हैं,
रंडी, मक्कार, घिनौनी, छिनार, हरजाई, ईछा।
चमड़े से चमड़े तक फैले फरेब से
वे कितनी बार छले जाते हैं। तू उन्हें कहाँ ले जा रही है?

मैं उन्हें अच्छी तरह दिखाकर
चौराहे पर रखता हूँ 'साखी' और 'सबद'
मगर शाम तक उन पर अँगुलियों के चिह्न ढूँढ़े नहीं मिलते
मैं उनसे छिपाकर, कमरे में
बन्द करता हूँ एक औरत

और सुबह तक पाता हूँ
कि वह अपनी टाँगों पर खड़ी हो नहीं सकती।
मैं जोर-जोर से
चिल्लाता हूँ—'उनके भीतर कविता मर गई है'
हत्यारा कौन है?

अचानक चार का गजर बजता है
पास के पुलिस चौकी से घंटा टनकता है
जैसे कविता में कहीं कोई सही शब्द बज उठता है
मैं सिर उठाता हूँ खिड़की से
दीखता है चाँद
आसमान से पाँच-सात धूर ऊपर
बाएँ हाथ की ओर
एक बारीक और तिरछी उजास रेखा पर
आधा झुका हुआ
किसी भी क्षण उड़ने को तैयार
वह उजला उपग्रह।
जिसे पृथ्वी ने आदमी की परिक्रमा के लिए
छोड़ा है। और मैं खुश हूँ। कि आदमी हूँ।
साफ झक चाँदनी की ठंडी परिक्रमा का
केन्द्र हूँ। अपनी उपलब्धियों से बाहर विज्ञान की नैतिकता
के आगे भी राह है
यद्यपि मैं जानता हूँ कि चाँद एक सूना प्रदेश है धुन्ध और ऊब
से भरा हुआ भारी है आदमी के
रहने के काबिल नहीं है, फिर भी वह
चाँद है और चाँदनी
जैसे उस पीड़ित, अभागे, अभावों से घिरे हुए
अकेले और यातना भरे लोक का पवित्र आशीर्वाद है।
लेकिन तुम क्या कहते हो, क्या यह कविता से बाहर की बात है?
और अभी रात है।
'जागते रहो'—गश्ती सिपाही की आखिरी आवाज खबरदार करती है
कुत्ता भौंकता है। जूते के टप्परदार एड़ी के नीचे
उत्सव से पहले टेस्ट हो रहे माइक की तरह
'हलो-हलो' करती हुई सड़क

आहिस्ता-आहिस्ता सुबह की ओर
खुलने लगी है
और यही वक्त है कि कविता में जुड़ने के लिए
कोई पंक्ति छटपटाती है
बिना दाँतों वाला एक दकियानूस विचार
हरी-भरी ताजा लावारिस लाश की तरह
समकालीन पीड़ा
लॉटरी के टिकट-सा रंगीन भविष्य का सपना
सब-के-सब कविता में जुड़ने के लिए
छटपटाते हैं। सहसा यह लगता है
कि भाषा का गर्भकाल
पूरा हो चुका है, यह सारा कुछ तनाव
सिर्फ सूरज के जन्म से पहले की
विकलता है।

मगर ठीक यही वक्त है
जब इतिहास अपने शिकार पर
निकलता है
कविता, सावधान!

शब्दों के अयाल उसकी मुट्ठी में है
उसकी रानों के नीचे भाषा
कसी हुई जीन की तरह
भिंच रही है
कुत्तों से अपना सम्बन्ध छिपाने के लिए उसने
अपनी लपलपाती हुई जीभ दाँतों से दाब रखी है
उसकी मुस्कान में जली हुई कलेजियों का
स्वाद है
उसने घोषणा की है कि
(वह, पहली हत्या ठीक
उस जगह करेगा जहाँ एक
पुरस्कृत किताब
रखी है।)

हर बार उसके माथे पर पड़ी हुई सलवटें
कवियों को सुविधाओं का हत्यारा
घोषित करती हैं।
उसके दाँत अर्थों के
ताजा लहू की खारी सुगन्ध से बसे हैं
उसकी आँखों में नफरत के नीले गुलाब
खिल रहे हैं
उसने नगर के सभासदों से साँठ-गाँठ कर ली है।
इतिहासकार, ज्ञानी, भूगोलवेत्ता, तत्त्वदर्शी, आचार्य,
सब-के-सब उसके सामने हाथ जोड़े खड़े हैं, जैसे
अँधेरे अस्तबल में घोड़े खड़े हैं।
अध्यापक उसके इशारे पर नाचते हैं
पाठ्यक्रमों के अँधेरे में भटकते हुए विद्यार्थी
एक दूसरे का नाड़ा
टटोल रहे हैं
कुंजियों के सहारे किताबों का चेहरा
खोल रहे हैं।

उसके इशारे पर, मूल्यों की जाँच के लिए
सुच्ची, सही कविताएँ
चुंगी चौकी पर रोक ली जाती हैं।

हर बार
एक सही कवि उसके लिए
समानान्तर सरकार है।

[1968]

देश को प्रतीक होने से बचाओ!

यहाँ बच्चे प्रतीक हैं
माँएँ प्रतीक हैं
मकान और मेमने और गायें

प्रतीक हैं
युवक प्रतीक हैं बूढ़े
प्रतीक हैं
कविताएँ प्रतीक हैं
जंगल और पेड़ और सूरज प्रतीक हैं, कपड़ा, घर, रोटी प्रतीक हैं
दोपहर की चिलचिलाती धूप में
वे पसीने से सराबोर
चेहरों को सम्बोधित करते हैं—
'मित्रो! सुबह होगी; भाग्य का सितारा
चमकेगा'
हे ईश्वर! लोगों को इन सम्बोधनों से बचाओ
इस भाषा से बचाओ। देश को प्रतीक होने से
बचाओ।

[1967]

इतिहास ऐसे बदलता है

रोटी—रोटी—रोटी—
मैं बाजार में जाता हूँ
हथढेलों में खिलौने सजे हैं
बच्चों के कौतूहल की तरह
एक साथ रखे हैं—चमचे और चाकू
मैं झुनझुना उठाता हूँ। मुझे अपलक ताकते हैं प्रौढ़ चेहरे
जो बच्चा—धड़ों पर जाम कर दिये गए हैं। एक खंखड़ शब्द गूँजता है—
हवा में
रोटी...रोटी...रोटी...
फूल काँटों में खिले हैं
लहरें किनारों पर मिट रही हैं
मैं नदी के तट पर जाता हूँ
आजकल सूरज कब निकलता है? मैं सहसा सोचता हूँ
एक मुर्गाबी अपने चूजों के साथ
पानी से कच्चा राशन तलाशती हुई

बगल से गुजरती है
और एक चाहा
आदमी पका कर खाता है।

मैं बच्चे की आँख से
आँसू पोंछ रहा था
उन्होंने कहा—आगजनी
(हर आँसू अपराधी के लिए
चोट का दरवाजा खोलता है)
मैंने भूख के अपहरण की बात की
कहा गया—अगवा किया।
(खाली पेट दुश्मन की छिपने की जगह है)
भीड़ से उठाकर लाया गया
लहूलुहान पत्थर
भूगोल की दहलीज पर
रखते हुए मैंने कहा—
इतिहास
ऐसे बदलता है।

[1968]

कविता को भाषाहीन करते हुए

चीलों की स्पर्धा में कुछ बुद्धिजीवी
सड़कों पर निकल आए हैं
और कुछ फटे हुए इश्तहार हो रहे हैं
मगर जो चालाक हैं अपनी नींद में रेहन
रखी हुई पत्नी की गोद में
सो रहे हैं।

वे कविता में लोहे के इस्तेमाल की चर्चा करते हैं
और अक्सर अपने दिमाग में
शोख लड़कियों की इजारबन्द खोलते हुए

कविताएँ अचानक राशन कार्ड के साथ नत्थी
हो जाती हैं।

मुझे मालूम है कि बसंत
पेड़ों की सेहत है।
रोटी के टुकड़े पर
छीना-झपटी करने के बाद
उस लड़के के घुटने पर फूटे हुए लहू से
उसका कोई वास्ता नहीं है।

कब तक डरूँ
अपनी प्रतिस्पर्धा का क्या करूँ
जो एकान्त में भी
एक पड़ोस बना देती है

कविता को
भाषाहीन करते हुए वे
दौड़ते हैं उत्तर शताब्दियों की ओर
सैलूनों में घुसते हैं और कैंचियों का सुनते हैं अनहद नाद
जहाँ नकली बालों के लच्छे
हवा में उड़ते हैं अंडे और छिलके और पसीना
मक्खी मार पाउडर की तलाश में
एक साथ हाथ डालकर आदमी की लाश में

भीड़ की भी अपनी एक शैली होती है यानी कि शालीनता
जो अक्सर, आदमी के अभाव में बना करती है
मसलन किसी सिनेमा हॉल में या किसी पंडाल में
कभी-कभी एक दस्ती या माचिस की खाली डिब्बी
आदमी को
कुर्सी पर बैठने से मना करती है।

क्या यह विश्वास की कमी है जो तुम्हारी
भलमनसाहत बन गई है या कि लज्जा अब तुम्हारी
आयत बन गई है

तुम जो हर चीज अपने दाँतों के नीचे
चबाने के आदी हो
चाहे वह सपना हो चाहे आजादी हो?

मगर वह क्या है जो तुम्हें
बर्बरों के सामने
अदब से रहना सिखलाता है
मूँगफली के छिलकों पर खड़े होकर
हाथों को छाती पर बाँध लेते हो
और इस तरह अपनी शर्म को
उदासी और ऊब की बगल से गुजरते हुए
देखते हो
देखते हो और तरह देते हो?

[1967]

मेरे जिले का आदमी

ऐसा अवसर आन पड़ा है
मेरे जिले का आदमी—परताल से बाहर
आ गया है।

फसल कहीं खड़ी है
किसान कहीं खड़ा है
मेंड़ पर लोहा पड़ा है
आग आँखों में पड़ी है
मेरे जिले में भूख है
भूख से अधिक आदमी
के मिटते जाने का एहसास है
मेरा सुख कहाँ है?

मेरे जिले में आग जल रही है
सही आदमी पर चोट पड़ रही है

और वह भी मार रहा है
मेरे जिले का आदमी
हथियार हो रहा है
चीख बन रहा है
ललकार हो रहा है

यह रही तुम्हारी स्वतंत्रता
2/3 लुच्चापन
और 1/3 बेबसी।
मेरी आजादी कहाँ है?
मैंने जंजीरों के खुलने
की आवाज सुनी है
और खुद को बन्दी
        पाया है?

तुमने कहा—
खेतों में, कस्बों में, मिलों-मजदूरों में
शहरों के पिछले हिस्सों में, हर जगह
गुस्सा उबल रहा है
आग सुलग रही है
उसे फूँक मारो
धधकाओ
चेहरों के अन्दर जलती हुई आग
रास्ते पर लाओ।

वह जान गया है महज
कविताओं का झूठ
पत्तों की नोक पर
ओस को सोना
बनाता है।

भूख से मरे हुए आदमी की गरदन पर
मौसम की अँगुलियों के ठंडे
निशान।

चोर और मशालची में कोई फर्क
नहीं रह गया है।
मगर टोपी ने कितने अपराध
        किए हैं—
बालों को पता है।

[1969]

कविता में आना

रात भर, जागकर मैं देखता हूँ शब्दों का ढूह
कविताओं में गहरे उतरता हूँ
सत्य और न्याय से कुछ अधिक की तलाश में
जहाँ वक्त दीवारों का 'नोना'
चाट रहा है।

मगर वहाँ किसी चीज की झलक नहीं मिलती
न तितली—न तेल—न तिलक,
सिर्फ एक खँडहर दीखता है, काव्य के अँधेरे इतिहास में

जिसकी दहलीज पर खड़ी औरत के
गमगीन चेहरे पर
बीते हुए प्यार की निरपराध मैथुनाकांक्षा
करवट बदलती है और इतिहास का चमकदार हाशिया
मेरी विरोधी टिप्पणियों से
काला हो जाता है,

इसे स्वीकार कर लेने के बावजूद कि बसंत में
फूला हुआ पेड़ और अस्पताल की खिड़की पर
दवा की खाली शीशी के साथ खड़ा अतिसार का मरीज
समय को एक-सी दूरी पर रेखांकित करते हैं,
अपनी नफरत में
थकान उगलती हुई सड़क
चौराहे पर, आगे जाने के लिए

सिपाही के हाथों की मुहताज है एक आवाज है
जो रोशनी में
व्यावसायिक गलतफहमी का शिकार है

इसे स्वीकार कर लेने के बाद भी मैंने कहा—
कि हर आदमी को
अपने जूते में
पैर डालकर
मरने का पूरा अधिकार है।

मगर मुझे लगा कि मेरी चीख,
चटोरी जीभों और अँधेरी जाँघों की भीड़ में
एक मुकम्मल चेहरा नहीं बन सकी है
वह मेरे शहर के रंगरूट कवियों की गुलेल बन गई है
जिनके लिए अंगों की कामुक हरकतों में
सड़क की हरेक घटना कविता है : कुछ घिसे हुए बाल्टू
और ढीली सँड़सियाँ
मंत्री के मकान की सीढ़ियों की संख्या
का याद रहना
यानी कि सम्बन्धों में पेचकस घूमने की गुंजाइश
जिनके लिए
मृत्यु और व्याकरण की व्यवस्था के बावजूद
देश सबसे बड़ी औरत है
लानत है। मैं चीखता हूँ—
'कविता में जाना मंडी में जाना नहीं है।'
जब चीजें, आँखों के नीचे से गुम हो रही हैं।
और जब आदमी/एक नाम के बदले बाजार से एक बर्तन खरीद लाता है
(और परिभाषा देने की कोशिश में जब हर रिश्ता
इस कदर उधड़ गया है कि चमड़े की सरहद पर
शब्दों का विद्रोह छोटा पड़ गया है)
जब बेगानापन हमें इस कदर बदचलन कर चुका है
कि जी-तोड़ मेहनत के बाद भी लगता है कि हर चित्र
अधूरा है

ऐसे में मैंने अक्सर महसूस किया है कि एक सही शब्द का
अपनी जगह होना
निहायत, जरूरी है।

कविता में आना, शब्दों में अनुभव उड़ेल कर
उसे अपने माफिक बनाना,
मेरे लिए बिलकुल नया है
मैंने कविता में उन दिनों वापस होने की कोशिश
की है जब उससे, तकरीबन
लोगों का विश्वास उठ गया है
उस वक्त—
जबकि वह चीजों को
एक अन्धी सुरंग से बाहर निकाल कर नंगा करने के लिए
काफी बदनाम है

सचमुच उस वक्त कविता में आना
एक जोखिम का काम है।
मगर यह मैं हूँ
मैंने
नाम लेकर आवाज देती हुई चीजों को
अपने होने की पूरी सच्चाई के साथ
उत्तर दिया है।

जबकि पठार पर बोलते हुए तीतर
अन्धे हो चुके हैं।

मेरा कवि, मेरे भीतर एक पेशेवर आदमी की शर्मनाक मुद्राएँ
ढोता है क्योंकि कविता में कोई द्वीप कहीं भी
नहीं होता है।

और इस तरह बीत रहे हैं साल-दर-साल
मेरी ईमानदारी का आधा से अधिक हिस्सा
असहयोग और चिकनाई के बीच का पड़ाव
तय करने में खप रहा है

और मैं देखता हूँ कि साल के अन्त में
मेरी कविताओं के बगैर भी
हिन्दी पत्रिकाओं का 'सर्वश्रेष्ठ कवितांक'
धड़ल्ले से छप रहा है।

[18.7.1967]

बाजार का नाम मुर्दहाँ

सारा का सारा सीवान
एक दिन ईंट के भट्ठे में बदल जाएगा
और पेड़ समय के गूँगे गवाह
पत्तियों की भाषा में
जो कुछ कहेंगे वह समझ में न आएगा
हम केवल उस पीड़ा को सहेंगे
झोंपड़ों के बीच में नया-नया कोई मकान
कुजगह फोड़े-सा
धूप में चिलकता रहेगा

पहली बार होगी वहाँ
खादी की धोतियाँ और खड़ी बोलियाँ
जब चुनाव के दिन नजदीक होंगे

हवा का रुख ऐसा है कि धूल से बचने के लिए
गलत पटरी पर जाना पड़ेगा।

गांधी जी की टोपी
जवाहिर की कैप
शास्त्री जी का नक्शा
और उसके बाद गैप

और सड़क की बाईं पटरी पर
बोदई का एक्का खड़ा है
(घोड़ा लँगड़ा है)

तीन उकताती सवारियों
के बावजूद
चौथी का इन्तजार है
'चला हो सिरसां, तरसौना, बजरडीहाँ'
एक ललकार है जो
चाबुक के साथ हवा में
चक्कर काट रही है।

छह-सात लड़के एक साथ चिल्ला-चिल्लाकर गा रहे हैं :

'गांधी जी की टोपी
जवाहिर की कैप
शास्त्री जी का नक्शा
हाँ...शास्त्री जी का नक्शा...अरे शास्त्री जी का नक्शा
और उसके बाद गैप क्या उसके बाद गैप'
और तुम उस खँडहर की दीवार पर पढ़ने लगते हो
'अफवाहें दुश्मन को मदद पहुँचाती हैं। नामर्दी की
रामबाण दवा...विधान सभा के उम्मीदवार
स्नातक प्रसाद को...(किसी ने वोट के 'व' को 'च' बना दिया है)
किसी कर्कश आवाज ने बच्चों को चिल्लाने से
मना किया है'

गिरती हुई शाम की बगल में उठती बातचीत से ठीक वैसी ही
गन्ध आ रही है
जैसी कि आती है बगुलों की बीट से।

[1966]

चित्रकार का वक्तव्य

मैं हूँ अपढ़ देहाती
शायद कुछ ऐसी तंगी थी
साफ-साफ ही कहूँ
कि घर की लाज

देहरी के भीतर नंगी थी
इसीलिए कुछ इतना ज्यादा पढ़ न सका,
अँगूठे का मोह बहुत है
और इसी से
हठ कर गुरु मैं गढ़ न सका

कविताई कुछ 'जोक' नहीं है
फिर भी इसका शौक मुझे है
और आज की महँगी में भी
इस पर कोई रोक नहीं है।

यद्यपि अभी पीठ पर कोई
आशीर्वादी हस्त नहीं है
किन्तु हौसला पस्त नहीं है
तन्दुरुस्त हूँ
यद्यपि मुझे पंडाइन कहती हैं कि
सुस्त हूँ
यह सब रही इधर की—हाँ तो,
मतलब की बातों पर आएँ
जो वादा था किया आपसे
अपनी वह तसवीर दिखाएँ
बात समझ में आए सीधी
पहले पृष्ठभूमि बतला दूँ
दिन भर की हाहा हूती से
बचकर पत्नी की जूती से
पिटकर ऑफिस की ड्यूटी से
खंडित मन की मजबूती से
जब जुटते साहित्यिक सज्जन
करते हैं दँत-किच किच मंजन
सड़क नदी के तीर
हम बैठे चुप साधि के
उतारी गई तसवीर।

[1966]

अस्सी : भीड़ का शोर

वे मुझसे
मेरा खून माँगने आए हैं
और साथ में
सौ-सौ सपने लाए हैं

मूर्तियाँ बुद्ध की
इतिहासों के नाम
शर्त युद्ध की
विश्वासों के नाम
जीवित रहने की कुछ बातें—
      बुनियादी

जिन्हें कह गए
ईसा-गांधी
(यद्यपि इनको हम लोगों ने ही
      मारा है)

परचे कई रंग के—
जिनमें बड़े-बड़े हैं खेत
परचे—जिनमें हर शीर्षक पर
लिखा हुआ है 'पेट'
भूख और हड़ताल
हम कैसे कंगाल...?
डरते हैं—
आँसू तक खर्च नहीं करते हैं
सस्ती भावुकता की पस्ती
हम मौसमी मरीज...

समझ नहीं पाते हैं इन
बातों से बढ़कर
आजादी वह चीज
जिससे सबको काम मिलेगा

कभी नहीं आराम मिलेगा
(क्योंकि मृत्यु का भय है
इससे)
और काम जो नहीं करेंगे
उनको केवल नाम मिलेगा
(इतिहासों के पृष्ठ
सुशोभित होंगे जिनसे)
चिहुँक रहे हैं आप
कि मैं ही बहक रहा हूँ
विषयांतर...परिताप—
क्या कहा?—महक रहा हूँ
जी? कुछ ऐसी हवा और यह—
हें...हें...हें...हें...
रीझत राम सनेह निसोते—
चुप बे तोते!

उसने लिखी कहानी ऐसी
जिसने मेरा मर्म छू दिया
यार क्या कहा? वह लेखक तो—
दीख रहा था महा चूतिया
इस साले सम्पादक ने भी
कितना भारी पाप किया है
व्यथा भरी यह कथा हमारी
नाम बदलकर छाप दिया है
दीर्घ लिंगी स्थितोऽयम्
दे खून मोशाय
आमार पोयम
फिर से सोचो
केवल चार चाय का पैसा
परसों तक मुझ पर उधार था
कवि जी उलझ रहे थे उससे
आलोचक तो आज हुआ है
पहले तो वह हवलदार था
और अन्त में—

इतना ज्यादा शोर हो गया
लिख न सका मैं
बोर हो गया
हाथ थके स्याही चुकी धूमिल मन पछितान
बहस-बिटामिन खाइके
जग सारा बउरान
सिया बर रामचन्द्र की जै!

[1966]

जब हम आए

यहाँ केवल पेड़ थे
उदास और संज्ञातुर
पानी से परीशान
रोयेंदार नदियाँ थीं

जिन्हें पत्थरों ने
झरबेरियों पर लिख दिया था
जमीन कहीं नहीं थी

वहाँ सभी कुछ सतह पर नहीं था,
केवल चेहरों के शून्य में
बर्फ के झरने की आँच थी
जिसे वक्त ने नहीं, मेरे लिए—
खुद मैंने तलाश किया।

मैंने छुआ है
एकान्त की अपनी निजी आत्मीयता से
संज्ञाओं के अभाव में
लौटती हुई चीजों को
और उनका स्पर्श पड़ोसियों से
कहा है।

वह सभी कुछ मेरा है
जो एक हीन मन:स्थिति में
जन्म लेता है।
प्रत्याशाओं से घिरा हुआ मैं
शून्य के मोड़ पर खड़ा हूँ
जहाँ भविष्य मुझे छोड़कर चला गया है।
जब मैं औरतों को देखता हूँ
मेरी आँखें—कुत्तों की हो जाती हैं
जो चौंकते हैं वे बच्चे हैं और
नींद में हैं।

आदमी

आदमी!
आदमी!!
आदमी!!!
आपस में एक दूसरे से
सटे हुए आदमी
भीड़ को नाम देते हुए
शरीर और सवारियों के बीच
रस्सियों की तरह बटे हुए आदमी।

आज मैंने
आदमी देखा।
किताबों में लिखी परिभाषाओं से
उनका चेहरा नहीं मिलता था

अब तक की तमाम पहिचानों से अलग आदमी
आदमी होने के लगभग—आदमी

आज मैंने आदमी देखा।
अकेलेपन और परमाणु की सपाट जमीन पर
वे निहत्थे खड़े थे

उनकी आँखें खुश्क थीं और
मुखों पर नमी थी
वे मेरी खिड़की के नीचे खड़े थे
(और वे चाँदमारी की ओर देख रहे थे)
वे मेरे खून के इतने करीब थे
कि मैं चाहता तो उन पर
अपनी सीटियाँ फेंक
देता।
या
धूप का एक पौधा।

रेस के मैदान से

उसके कोट की जेबें लटक गई थीं
बटन टूट गया था
वह चलते हुए झूम रहा था
उसके पाँव घिसट रहे थे
खुशी थी
घोड़ी, जिस पर उसने
बाजी लगाई थी,
जीत चुकी थी
बधाइयों से छूटकर
किसी तरह अपने को
कार में उछालकर
फेंक दिया
उसने एक लम्बा श्वास लिया
और उत्तेजना के बाद
अपनी ढली हुई उम्र में उतर गया

जीत की वजह
उसकी आँखें चमक रही थीं
मांस उसके जबड़ों के नीचे उछल रहा था
उसने 'डेस बोर्ड' में अपना चेहरा देखा

धूप में
घुड़दौड़ का मैदान घोड़े की तरह हाँफ रहा था

दूर खड़ी उसकी बीवी
एक अपरिचित पेड़ के तने के साथ
अपनी पीठ रगड़-रगड़ कर
हिनहिना रही थी

वह कुछ देर तक
उधर देखता रहा
देखता रहा और ठहाकों को
झेलता रहा
पीठ पर सनसनाते हुए पत्थर को
दिमाग की ओर
ठेलता रहा

अन्त में हार कर
इधर-उधर जाने क्या हेर कर
चमड़ा हो आई जीभ
होंठों पर फेर कर
होंठों को चचड़ाये हाथ से छुआ
उसके बाद कुछ ऐसा हुआ
कि वह आदमी लजा गया
शायद यह सोचकर
कि घोड़ी की पसीने से तर पीठ
उसने क्यों
सवाल की आँख बचाकर
चूम ली?

अपनी पीड़ा के बाजीगर

दीवारें मना नहीं करतीं
हरिनों की सींग, आदमी की जीभ

गुड़िया चीजें जो अच्छी लगती हैं
टाँग दो
फायदे का नाम आसानी नहीं है
हर अपराधी भविष्यवादी होता है
यदि वे कंजूसी करते हैं
तो भी कहते हैं लोग कि—
उनका जीवन सीधा-सादा है
सुख उनके लिए समस्या है
दुख भी उनकी मर्यादा है
उनके दिमाग में गरमी है
तो इसका कारण हो सकता
'डायरिया' या बदहजमी है
'मुझे जीवित रहना चाहिए'
मैंने उस मटमैले कागज पर
ये शब्द लिखे
और मेरी आँखों में
आँसू भर आए,
अच्छा यह भी ठीक कि हम
हत्यारे हैं—
'हमने अपने सुख-सुविधाओं को मारा है'
तो चलो इसे भी मान लिया
लेकिन कब तक, केवल
जब तक हम हारे हैं
पर, इसके बाद नकारेंगे,
उनको जो एक फासले पर
बैठे हैं;

एक साथ अपनी उन्नति के लिए यहाँ पर
घास और घोड़े दोनों को छूट है

नेता,
जो मिल की चिमनी के पीछे से
बोल रहा था
इतिहासों के पृष्ठ सुनहरे खोल रहा था

उनके लिए
जनता बेवकूफों की भीड़ है
हम 'सुखी नहीं हैं' की जगह
'हम दुखी हैं' को मनवा देना
बहुत मुश्किल है
गली में रोशनी का चकत्ता है
जो 'दरवाजे का खुला होना'
बतलाता है।

नये इन्द्र का गीत

ठीक जैसे अस्पताल के बिस्तर पर
किसी मरीज का अक्स नहीं होता
मेरी भूखी अँतड़ियों में शक का गुरिल्ला चेहरा
शहर के कीचड़ में धँसे हुए
वर्तमान की सुरक्षा के लिए नींद की
गोलियों के खिलाफ आवाजें लगा रहा है
ढूँढ़ता हूँ
मगर हड्डी का एक भी टुकड़ा ऐसा नहीं मिलता
जिससे बज्र बना सकूँ
देश के इस भूखे और सूखे हुए
हाड़ में।
मेरा यह सारा देश पड़ा हुआ है
हिमालय से हिन्द महासागर तक
आधा रेत में और आधा बाढ़ में।

[सहारनपुर, 1966-67]

समाधि लेख

वृक्षों में मौसम बदलता है और
आदमी के मन में इच्छाएँ
मैं हताश—समाधि लेखों को

नये सिरे से
समझने की कोशिश में धूप के सारे कल-पुर्जे
खोल रहा हूँ
वह हर चीज जो मुझे आसानी से अलग करती है
मुझसे होकर गुजरती है
        जैसे—हवा या धूप या किसी गंजे आदमी की हँसी
और तुम्हारे कहने से ही
मैंने जो गले में एक चट्टान
ताबीज की तरह बाँध रखी है, वह जिन्दगी
नहीं, तो और क्या है?

मजदूर की निगाह/मजदूर का विचार

वह किताब पाँच ईंटों से भारी थी
सफाई मजदूर की निगाह में।
उसके पास इतनी गोलियाँ थीं
जितनी कि हाथ में अँगुलियाँ।
दीवारों के उस पार जिन्दगी विलास की वस्तु है
किन्तु यहाँ इन गाँवों में
वह एक जरूरत है।

'हमेशा समय पर सवार रहो' का विचार ही
'मेड इन इंडिया' है।
बाइसिकिल की तरह जो हमें पूरी आजादी और
मन के मुताबिक यात्रा करने की सुविधा
देती है; व्यक्तिगत एवं शारीरिक रूप से
तुम कहते हो कि इसका कोई असर नहीं होता
होता होगा—पर मुझे
खुशी होती है।
मैं दरख्तों की छाल उतारता हूँ
और उन पर अपना नम्बर छोड़ आता हूँ।
आह क्या
सेतू की उम्र तक पहुँचते-पहुँचते

मैं भी एक दूसरा सेतू—
बन जाऊँगा—
बेहद मोटा और भद्दा
अपने आपसे पूरी तरह खुश
परिवार को बनाते,
और अपना कारबार, बेटों को सौंपते हुए
खुशदिल
और 'आदमी होंगे ऐसा'
की निगाह से प्रमाणित।

[20.11.1966]

गाँव में

हर आदमी उधर से गुजरता है और उनके थके हुए चेहरे देखता है
हमदर्दी जतलाता है
और चला जाता है, अपनी राह
कोई रुकता नहीं
कोई नहीं कहता कि मेरे भाई रे!
बहुत हुआ
बहुत सहा तूने, धूप और धुआँ
अच्छा इस साल तो नहीं, अब तो समय निकल चुका है
मगर अगले साल...अगले साल
तुम अपनी पूरी फसल काट सकोगे।

खेतों में
डाँय...डाँय...फिरती हवा।

[16.11.1966]

दूसरा शहर

अपनी नफरत और तीसरे आदमी की दोस्ती का दावा
साथ-साथ निबाहते हुए

भाषा की मिठास को
जुबान से गिरने देना न चाहते हुए
उसने तय किया कि उसकी नींद ही
उसका देश है
जैसा कि अक्सर होता है, दयालुतापूर्वक
उसने सोचा—क्या घास
इसलिए उदास है
कि घोड़े के पास है?
नहीं
मसखरापन : ऊब ने
पैदा किया है।
समय काटने के लिए
शहर जिन्दा है
चुटकुलों में।
ऊब ने दिया है हमें
मसखरे बूढ़े और निकम्मे नौजवान
शहर की जुबान
चाट पर फिसल रही है।

[3.2.1968]

आत्महत्या स्वाभाविक लगती है

टूट चुके हैं आज सब्र के सारे टाँके
अब न बने मुँह ढाँके ढाँके
पाने की कृतज्ञता और खोने की क्रूरता का नाम है
वहाँ असलियत कम और बुखार अधिक है
देश धर्म नस्ल बिरादरी गोत्र घेरा इरादा प्यार मौसम मानवता
मृत्यु जीवन यह लम्बी फिहरिश्त बकवास है

अब सभी को मालूम हो चुका है कि सतर्कता
टूटी हुई चीजों की असावधानी का
इतिहास है

यह सहानुभूति है जो उन्हें
आत्महत्या के लिए उकसाती है
हवा तेज है और बाहर चेहरों पर
इस कदर सन्तोष है कि हरेक आत्महत्या
स्वाभाविक लगती है।

वे कितने खराब दिन थे

वे कितने खराब दिन थे
हम अपनी छायाओं के अँधेरे में
मक्खी—टाँगों के नीचे दबे घिन थे
हमारी आदतों ने हमें समतल कर दिया था
हमें उधार दिया था निकम्मापन और मौसम को
पहचानने की तमीज। व्यवसाय ने हमें विशेषणों से भर दिया था
और हम चलते-फिरते बाजार थे। अधेड़ और जरूरतमन्द
लोगों की शोहरत में रास्ता बनाते हुए,
'बिलाये' गले से 'राष्ट्रगीत' गाते हुए। हम चलते-फिरते बाजार थे
फिर भी होशियार थे और शब्दों को संख्याओं में बदलने
में माहिर थे।
सारा काम रोशनी में करते थे,
इसका मतलब कि हम डरते थे?
हम डरते नहीं थे, बल्कि यह समझते थे कि रोशनी चीजों की
शख्सियत पर असर डालती है। या कहें कि
खरीदार की नीयत पर
असर डालती है। चीजों के होने को झटका देती है
        उन्हें उछालती है—
        रंगों के अँधेरे
        दायरे में—
और आपकी अटकलों को किसी निर्णय तक
पहुँचने के पहले ही
पसन्द और ख्वाहिश के बीच
लटका देती है।

गँवारपन

मेरी इच्छा हुई कि उसके कन्धे पर
हाथ रखकर उसकी बगल में खड़ा हो जाऊँ
और उसके गोश्त के बहाव को
अपने साथ टकराने में मदद दूँ।
बात गालियों से शुरू होती है
शब्दों की दरिद्रता उन्हें जन्म देती है।
अक्सर यह गँवारपन है
गाँव के लोग गाली बकते हैं
वे आदतों में शरीक हो गई हैं
और बिना संकोच
चूँकि उनके नजदीक
गालियों का कोई मतलब नहीं होता
वे अपने लड़के को भी
माँ-बहन की गालियाँ देते हैं
तो क्या सचमुच
गालियों का कोई अर्थ नहीं होता?

क्या वे आदमी को अपदस्थ नहीं करतीं?
क्या कोई रास्ता है कि गालियाँ भी हों
और आदमी अपनी जगह हो?
पर क्या तब गालियाँ गाली होंगी?
गालियाँ जो बाप बेटे को देता है
और बेटा अपने बेटे को
और इस तरह शब्दों की ऐसी परम्परा बनती है
जिसका मतलब कुछ नहीं होता
पर जिनमें आदमी को खिसकाने की ताकत होती है
जिनका कोई तर्क नहीं है
किन्तु वे मन पर गहरा असर डालती हैं।
अपनी जगह पर खड़ा होकर
गालियों को अपदस्थ करने का क्या उपाय है?
क्या कोई तरीका है
जिससे इनकी ताकत खत्म की जाय?

या कि इनकी ताकत को इस्तेमाल किया जाय?
और वे गालियाँ जो मधुर हैं—
आह! निश्चय ही तब आदमी का दिमाग
अ-गाली की प्रक्रिया से गुजर रहा होता है।

देह से बाहर पड़ी उम्र

हमने सोचा, कोई कुत्ता मर गया है
आस पास कुछ नहीं था
सिर्फ हवा थी
जो कभी-कभी बंडल की तरह हम पर गिरती थी,
हमारे नथुनों पर हमने रूमाल रख लिया था
और मैंने अपने को ढाढ़स दिया
उस चारदीवारी की बगल से गुजरते हुए
कि हर चीज मरने पर बदबू देती है
किन्तु वह चीखा
उधर देखो—उसकी अँगुली मालगोदाम की तरफ
तन गई थी
उधर देखो—वह उधर से आ रही है
यह अनाज के सड़ने की बदबू है।
यह सड़े हुए अनाज की बदबू है
जिससे आदमी की आँखों में
आँसू भर आते हैं।

और अचानक मालगोदाम के दरवाजे पर
हमने पहली बार उस दुबले और पीले आदमी को
देखा जो बार-बार सिर झटक रहा था और
जिसका चेहरा सड़े हुए बोरे के टुकड़े की तरह
हवा में फड़फड़ा रहा था।

आप उन्हें कहते हुए सुनोगे
'ईश्वर की कृपा से सब ठीक है'
वे बूढ़े हैं और अपनी करुणा से विवश हैं

हर जगह बेमतलब शरीक हैं
उनकी आत्मीयता में सड़े हुए पानी की गन्ध है
वे थकान हैं,
जीवित असमंजस हैं
उन्होंने अपना बिस्तर
पीकदान के नजदीक खिसका लिया है
वे लगातार छुट्टी पर हैं
वे एक ऐसी उम्र जी रहे हैं
जो उनकी देह से बाहर पड़ गई है
आप कह नहीं सकते कि वे कब 'मिल्ली' हैं
और कब 'कुट्टी' हैं।
आप जब भी वहाँ जाओगे
उन्हें पीछे ताकते हुए पाओगे
उन्होंने यह किया है
वह किया है
वे चुप की जगह 'च्वोप' हैं,
किसी पुरानी अलमारी की बगल में
नुमाइश के लिए रखी हुई तोप हैं
कोप हैं जिसमें दाँत नहीं हैं
और इस कदर बेकाम हैं
कि चौबीस घंटे सिर्फ इन्तजाम हैं।

अपनी लुजलुजी को सहते हैं

मैंने मूँछें रख ली हैं—
यानी कि अपनी शराफत के आगे कुछ बाल
        तुम इन दिनों के बारे में क्या सोचते हो जब
        आदमी के निकम्मेपन को
        बालों की मदद
        की जरूरत होती है?
और अब राशन की दुकान पर
मेरे कार्ड का नम्बर सबसे पहले आता है
ज्यादातर औरतें हैं या मासूम बच्चे

जो गेहूँ को गेहूँ और देश को
देश कहते हैं जो प्यार और पसीने को
'ईश्वर का दिया हुआ है' समझते हैं
और कतार में खड़े होकर
भीड़ को मोटा करते हैं
अपनी लुजलुजी को सहते हैं।

आजादी

यह कैसी आजादी इसको
सोच-सोच मन हुआ उदास
जैसे किसी रेलगाड़ी में
जगह तो मिली—
लेकिन पाखाने के पास

× × ×

किसी तरह रो-धो दिन कटता
फिर आती दुखदायी रात
हत्यारों के अभय स्वरों की गूँज
खाल के पीछे,
सपनों का उत्पात
माँ के हाथ काँप-काँप कर मोटे जौ की
रोटी बेल रहे हैं
बाप सर्राफा का दलाल है
बेटे खो-खो खेल रहे हैं।

[1966]

उत्तर का बोझ

साँझ
रंगों में लुढ़कते

दृश्य के आकार
मेरे सामने लटका गए हैं
प्रश्न छूछा...?

× × ×

भागते ही भागते
जाने-अजाने चेहरों ने
समय पूछा;
और जब तक मैं घड़ी से—
अंक लेकर प्रश्न मुख प्रस्तुत—
हुआ हूँ—;
पीठ पर मेरी विवशता
झेलते वे
दूर ओझल हो गए...।

मर्म-आहत
बोझ उत्तर का कहाँ रख दूँ?

× × ×

हवाओं के बोझ-टेक
अभी-अभी टूटे हैं।

[1963]

प्लेटफार्म-1

शिकायत की किताब माँगता हूँ
'चाय' के चेहरे पर
हमदर्दी है
स्याही नहीं है, कलम में
नहीं तो बताता।

× × ×

सर्दी है
चुप रह जाता हूँ

तो क्या करता सर्राफों की तरह
चिल्लाता?

× × ×

अचानक लोग-बाग
हड़बड़ाते हैं,
लेटा हुआ प्लेटफार्म
जाग उठा है
गाड़ी आ रही है
गाड़ी आ रही है
अरे...गाड़ी नहीं
मालगाड़ी आ रही है।

× × ×

खाली हो गई बेंचें फिर भर जाती हैं
लेकिन बैठने वाले बदल गए हैं
जिसका मुँह पश्चिम था उसका मुँह
उत्तर है।

[1967]

प्लेटफार्म-2

साबुन की तरह झाग
छोड़ती हुई लड़कियाँ
प्रजा की तरह फटकारता है
बेतहाश किसी जनानी आवाज की ओर
भागता हुआ एक खिलौने वाला
अशोक स्तम्भ से मेरे पेट में
धक्का मारता है

या फिर इसे यूँ कह लीजिए कि
प्लेटफार्म एक तरह की सुविधा
है जहाँ पहुँचकर आपकी गाड़ी का पाँवदान
आपकी सतह से सट जाता है

बेवजह प्लेटफार्म टिकट
खरीदने के लिए पछताता हूँ।

असली चेहरा

लँगड़े थे हम भी, पर अपने
आँखें थीं
इसीलिए कन्धों पर चढ़ गए
बाढ़ में
अन्धे थे वे लेकिन
पैरों वाले थे वे,
हमने जिधर कहा—
कन्धे पर लादे हुए वे हमको
उधर-उधर बढ़ गए
सफल होने के लिए
देवताओं की शरण में जाना नहीं पड़ा
अन्धे पड़ोसी थे
अपनी पराजय के
वे खुद ही दोषी थे।

इधर एक ताँत
सबसे अलग बजने लगा है
और अब चल निकला है
कविता शब्दों के खिलाफ लिखा गया
एक गलत फैसला है।

क्या वे सारी चीजें गन्दी हैं
जो बैल की पूँछ के नीचे हैं?

सड़क पार करती हुई लड़की की पीठ पर
आँखें-ही-आँखें हैं

दूसरे महायुद्ध की जली हुई दुनिया है।

[1967]

फ्यूज उड़ गया

क्या वह कबूतर था जो उड़ गया या कोई तोता था?
प्यारे बच्चो! केवल फटाक् की आवाज तुमने सुनी है और
अब तुम्हारे घर के पंखे बन्द हो गए हैं और बिजली की बत्तियाँ
बुझ गई हैं।

किसी ने आहिस्ता से कहा है कि फ्यूज उड़ गया है?

सचमुच यह कोई चिड़िया नहीं और न कोई सूखा पत्ता है?
बल्कि यह एक तार है जो जल गया है और बिजली
का बहना बन्द हो गया।
यह तार जल क्यों गया? और बिजली के बहने से इसका
क्या सम्बन्ध है?

निश्चय ही दोनों प्रश्न महत्त्वपूर्ण हैं?

[1967]

आपरेशन

रोशनदान पर बैठी गौरैया
और थोड़ा आकाश
उसके आकार में डूब गया है।

खतरे की तख्ती...
और एक स्विचबोर्ड
और कई चुपचाप साँस खींचे—यंत्र

मेरे चारों ओर की हवा में
क्लोरोफार्म की खुली हुई
शीशियाँ...

मुझे बेहोश मत करो
दुखती हुई रगों का
आपरेशन करो
मगर मुझे बेहोश मत करो,

मैं अपना हर अंग, हर दर्द
कटता हुआ देखना चाहता हूँ
केवल तुम मुझे कुर्सी पर बैठा दो
ताकि मैं देखता रहूँ।

गौरैया—
जिसके आकार में
आकाश डूब रहा है
और तुम आपरेशन करो!

[1967]

दस्तकें

शाम—
सड़कों से बचाकर
अपने को
जब मैं लौटता हूँ
और जैसे खोलना ही चाहता हूँ—
        बन्द कमरा

बर्फ में डूबी
अँगुलियों की तहों को छू
अँगुलियाँ ऐंठ जाती हैं।

कई ध्वनियाँ
फ्यूज बल्बों के सहारे
झूलती-सी खिलखिलाती।
मुझे लगता है—

बहुत पहले यहाँ कुछ लोग आए थे
जिन्होंने छोड़ दी है
(जान या अनजान में)
एक काली जिल्द वाली
लाल पुस्तक—
जो हवा में खूँटियों पर
व्यर्थ-सी यूँ ही पड़ी है
क्या उठा लूँ
दस्तकों का अनपढ़ा इतिहास
पन्नों-सी किवाड़ें खोल दूँ
जिस पर लगा है
सिटकिनी का स्याह पुस्तक-चिह्न
और कमरे के तरल अपनाव में
दुखता हुआ सा एक परिचय घोल दूँ?

[1967]

पोच

यह शब्द मैंने
बचपन में सुना था
पिता ने रामायण में पढ़ा और
माँ ने पिता को कहा—'पोच'

संसद में सोता हुआ आदमी पोच है
पोच है सड़क पर खड़ा आदमी
एक ही साथ—
काछ और कपार फेचने वाला तौलिया
पोच है।

पोच है हिन्दुस्तान में अंग्रेज होना
पाकिस्तान में
मुसलमान होना पोच है।

[1967]

कवि के बारे में एक कविता

कवि खूबसूरत शब्दों का एक बगीचा है
जिसमें से तुम अपनी पसन्द का फूल तोड़ सकते हो
मगर मत भूलो कि इस बगीचे को
आदमी होने की नीयत ने अपने खून से सींचा है
और मत भूलो कि इस चारदीवारी के पीछे
तीन अधनंगे बच्चे अपनी
सूखी हड्डियों से
देश की डुग्गी पीट रहे हैं

तुम सुनते हो और तुम्हें खुशी है
मगर मत भूलो कि कवि सिर्फ कवि नहीं
भाषा और भूख के दर्रे में
कवि रिश्तों की खुदकुशी है।

कवि एक रक्षा कवच है
भाषा के मोर्चे पर एक मजबूत बंकर
जहाँ युद्ध खत्म होने पर तुम अपनी बन्दूक
टेक सकते हो या जूते खोल सकते हो
कवि एक जाति की जिन्दा आवाज है
मगर इस बंकर के पीछे एक घर है और एक बीवी
जहाँ इज्जत एक पैबन्द पर टिकी है और रसोईघर
में एक पतीली कल के अनाज की मुहताज है।

कवि एक आँगन है
जहाँ जिन्दगी भाषा की अँगुली पकड़ कर चलना सीखती है
कवि एक गूँगी आवाज है जो आदमी के जंगल में
आदमी के लिए चीखती है
आदमी कहाँ है! आदमी कहाँ है!! क्या आदमी है
और एक कमी है जिसे तुम जानते हो कि
कवि सफल आदमियों की भीड़ में एक असफलता
है एक पारिवारिक भूल है
परमवीर चक्र के ठीक पीछे एक अपरिचित मौत

जिसकी शिनाख्त के लिए
शहर की पुलिस
बुरी तरह
मशगूल है।

[1967]

डरे हुए लोगों का समूह-गान

झुंड में खड़े हो जाओ दोस्तो
झुंड से बाहर पड़ा आदमी
फिसड्डी है।

देखो, इन दाँतों को ही देखो
कतार में कुन्दन है
मगर
अकेला एक दाँत महज
एक बढ़ी हुई हड्डी है।

झुंड में खड़े हो जाओ।

[1968]

आशीर्वचन

इच्छाओं के संसदीय लोकतंत्र में
तुम्हारा प्रिय गुलाब-गीत
गूँजता है।
और विह्वल प्रजा
सो जाती है।
जय हो! भाषा की अमरता से लेकर
कर्म की नश्वरता तक फैले सन्तोष की
जय हो।

[1967]

मैं धूमिल हूँ : मैं वही कहता हूँ जो मुझे कहना चाहिए

क्या यह सच है कि—
सड़कों पर
नि:शंक
घूमती हुई
चुटकुलों की तरह खूबसूरत लड़कियों के
स्तन नकली हैं? क्या यह सच है?
मुझे विश्वास है—
यह सच नहीं है।

मैंने वहाँ खून के कगार उभरती हुई
मांसपेशियों में दूध की
पौध को अँकुरते सुना है।

[1966]

तीसरी गाली

इसके लिए मुझे शब्दकोश में जाना
नहीं पड़ा था
मुझे रिरियाना नहीं पड़ा था उस दोस्त से
जो समूची व्यवस्था के विरोध में
अपने बच्चे का जन्मदिन
निरोध में फेंक आया था।

वाकया क्या था
मुझे ठीक तौर से याद नहीं
मगर खयाल है कि उस समय
मेरे दिमाग में कुछ सवाल थे
अव्वल : क्या गांधी अंग्रेजों के
दलाल थे?

दोयम :
सोयम :
यह शब्द मेरी जुबान पर
उसी तरह आ गए थे
जैसे सोते हुए
संसद-सदस्य का हाथ
मतगणना के वक्त
अपने आप उठ जाता है,

जैसे दर्ज नहीं है
डाकबँगले के रजिस्टर में
अफसर की बीवी की करतूत
मगर उसे अच्छी तरह जानता है गोरखा
दरबान।

[1967]

मूल्य

ओलों से बचने के लिए
मैंने एक मकान की छत से
शरण ली :
घर लौटा, तुमने सेहत पूछा, प्यार किया

मन में उमड़ते हुए
शोलों से बचने के लिए
मैंने एक आँचल की छाँह ली
घर लौटा; तुमसे बताया
और तुमने दुत्कार दिया

मेरे लिए सुविधा का बोध
(बिलकुल तटस्थ बोध)

न उजला था न गँदला था
वह केवल तुम हो
जिसके लिए
दोहरे सन्दर्भों में
मेरा मूल्य बदला था।

सहसा तुम पाते हो

सहसा तुम पाते हो
देह के खँडहर में अपना विजय-स्तम्भ
और चौंक पड़ते हो
'अरे, इसका शीर्षक तो मैं ही हूँ'

एक बार फिर लौटने लगती है
हाथों में वही करामाती पकड़।
बीस वर्ष पहले की सुच्चा साहसिकता।
और क्या यह सीटी तुम्हारे ही
होंठों से निकली है?
कैसी चिकनी है पेड़ पर नापती हुई
पलटनियाँ करतब दिखा रही है
वह दान-पत्ती-सा गली हवा में कैसे गुन्ना रही है
नखरे कर रही है
और वह नन्ही चिड़िया—कितनी फुर्तीली है
और उसकी पूँछ के नीचे
क्या सचमुच फुंसी है—मादा है?
और
धूप
हवा
भाषा
सब-के-सब खुलने लगते हैं
एक दूसरी तजबीज के साथ
हर चीज जैसे फिर से जिन्दा होने पर आमादा है।

पीठ की दूसरी ओर गिरता है
एक गुन्नाटा हुआ लोहा
सूखते अँधेरे में दूर...बहुत दूर

कितना रोमांचक
यह दुबारा होने का सुख।
कहीं फास्फोरस के चिटकने की गन्ध आती है।
और तुम भूल जाते हो कि
अभी थोड़ी देर पहले
उम्र की देहरी पर
नीलामी की आखिरी डुग्गी पीट रहा था।
और जिन ठीहों पर तुम जिबह किये गए थे
मक्खियाँ अब भी वहाँ, ताजे खून का
जश्न मना रही हैं।

कविता! कविता!! कविता!!!
कितने खराब दिन हैं,
कितने अकेले और भयावह
जीवित रहने की इच्छा ही तुम्हें
जिन्दा रख सकती है
तुम जानते हो
मगर यह सोचते ही
तुम सड़ना शुरू कर दोगे,
और फिर जोड़ते हो
एक मामूली और ताजा धमनी
उस रुके हुए बंजर हिस्से से
और जीवन सिसकना बन्द कर देता है।

[1968]

चाँदनी रात में कर्फ्यू

पहली बार तुम शहर को खुला हुआ देखोगे
और खुश नहीं होगे। चाँदनी

गश्त करते सिपाहियों के लौह टोपों पर
घिसी हुई नाल सी चमकती है।
और
शहर जहाँ खुला है तुम्हें लगेगा कि कोई
पुराना और बहुत बड़ा पेड़
कट गया है।

तुम उस आदमी से डरते हो जिसका एक हाथ
आड़ में है
तुम्हारी बगल में, किसी दुकान का
फाटक तेज आवाज करता हुआ गिरता है
और घड़ी की सूइयाँ अचानक उछल कर
एक सुरक्षित मकान बन
जाती है
औरतें अब हरी छुरियाँ नहीं फेंकतीं और न
पोस्ते के दाने।
न रोशनी किसी का
चेहरा बिगाड़ती है
वारदातें और नाई की विसात से उड़ा हुआ
बालों का एक गोला
हत्याओं को एक धार्मिक शीर्षक दे दिया है
भीड़ में युवतियाँ बाँहों पर
धक्कों का ताबीज बाँधती हैं।

[1967]

भूमिका : विदूषक

इस तरह
मैं अपनी बाईं जेब में लेबनान रखूँगा
और दाईं में तेल अबीब
(बच्चे ताली बजाते हैं।)
मालिश की शीशी का ढक्कन खोल कर
हड़कम्प निकालता है

लाल चीन! लाल चीन!!
चिल्लाता हुआ सड़क पर भागने लगता है
पहला तमाशबीन।

मेरी आँख में कविता और दूसरी में लहू
रिसता हुआ देखकर कहता है दलाल कि यह चेहरा
हूबहू
देश के नक्शे का सबसे दिलचस्प टुकड़ा है
हिन्दुस्तान से बाहर पड़ता है पोस्टर के किसान का
जयहिन्द चेहरा हिन्दुस्तान से बाहर
पड़ता है जिसका इस्तेमाल
करता है बनिया दल्लाल
अपने फायदे के बोगस माल
की खपत के लिए।

[1967]

छिपकली

कमीजें
किताबें
बिस्तर
जो कुछ भी उठाता हूँ
छिपकलियों को रेंगते हुए पाता हूँ
(जो अपनी जीभ लपलपाती है
पूँछ को उमेठ कर पटकती है और आगे रेंग जाती है)
या फिर
सरपट दौड़ती है रोशनदान की ओर
वक्राकार सी, गन्दी रेखाएँ खींचती हुई दीवाल पर

इस कमरे में
जहाँ केवल बुद्ध की प्रतिमा है और
मैं हूँ

पता नहीं कहाँ से छिपकलियाँ आ जाती हैं
और मैं भयभीत हूँ
(झूठ बोलना इस मौसम में ठीक नहीं है)
और अब शायद इसी मन:स्थिति में जीना है।

—रात में
तकिये के नीचे यह आवाज—घड़ी की
हो सकती।
—मेरी रीढ़ पर यह रेंगती हुई चीज...उफ्!
पसीना है।
—यह लगातार फड़फड़ाती हुई—एक किताब है
—निश्चय ही ये तमाम पंक्तियाँ किसी
प्रार्थना से जुड़ती हैं।
—आह! यह उसका मुख नहीं—स्विच की 'नाँब' है।

[1966]

अपराधी

बेलौस बोलते मौसम में
जिसने भी चुप्पी साधी है
यह जहर उसी ने बोया है
दरअस्ल, वही अपराधी है।

उससे बतकही न बतकुच्चन
जो मतलब का संवादी है
वह बेपेंदी का लोटा है
वह पक्का अवसरवादी है।

यदि खुद को वक्ता कहते हो
यदि उन सा जीवन डहते हो
वे जैसा जो कुछ सहते हैं,
यदि तुम आधा भी सहते हो,

तो, उनसे साफ-साफ बोलो
भाषा का भेद वहाँ खोलो
उनसे अब और किनारा क्या
चोरी क्या और छिनारा क्या

वह गूँगों का सरगना रहे
सरगना बने तो बना रहे

यह नहीं कि तुम डंडा मारो
उनको न नकारो, ललकारो
हाँ, कहो कि 'तुमने गलत किया'
शुभ के बदले सब 'छिया छिया'।

[1965]

सुबह : गली से गुजरते हुए

बकरे की ताजी और टमकती हुई
रान की तरह
आसमान की पट्टी पर
झूलती हुई
सुबह...

बुझी हुई लालटेनों से
लटके हुए चेहरों पर
कच्ची नींद जागने का एहसास
लहर मारता है :

मैं इस सँकरी गली में
घुटनों तक
आवाजों में चल रहा हूँ।
जिसे होड़ ने
अपनी मुट्ठी में ले लिया है

एक लम्बे अभ्यास के बाद
चीजें रोशनी में झिझकती हुई
खुल रही हैं
रातभर रौंदी हुई मादा शक्लों
जुगालियों और मूत से भरे बिस्तरों के—
        बावजूद
ठंडी हवा ने मकानों को बुहार कर
पास-पास इकट्ठा कर दिया है।

सहसा
यह रात का संशय था या धूप का चौंधा
जो मेरी बगल से
झपाक-से गुजरा है
और मोड़ तक पहुँचने के पहले ही
गहरे आतंक ने
मुझे दुस्साहस से
भर दिया है!

[1967]

शहर से पहले

कोई नहीं था शहर से पहले
एक घरेलू किस्म की औरत थी
आमदनी के लिए मरद के तलुवे में
तेल मलती हुई।

परामर्श

मैं कभी कविता नहीं लिखूँगा
कविता हलकान करती है। माता की सीख है।
बच्चा तुतलाता है। मौन।

पिता उठता है। घर के भीतर जाता है
और एक.
छाता ले आता है।
लेकिन जब छत है तो छाता का
क्या मतलब?
माँ को हैरानी है।
कमरे में
न धूप है न पानी है।

[1966]

चरवाहा

आजादी का सुनो हवाल
बीत चुके हैं इतने साल
पर, रोटी का एक सवाल
हल न हो सका, यही मलाल
आओ प्यारी भेड़ो, आओ
हरी-हरी पत्तियाँ चबाओ।

[1966]

बसंत से कहा

फूलों से लदा है
पर तेरी किस्मत में
डालों पर रहना बदा है।

मधुमक्खियाँ पाल कर
एक दिन हो जाओगे नेस्तनाबूद
(इस तरह लोग तुम्हें भूल जाएँगे)
आ, प्यारे आ
घिसे हुए चेहरों पर आ!

पिसे हुए कन्धों पर कूद
झूल
थाम कर भीड़ में डूबी हुई नाव का मस्तूल
जब तक अनाज है
घर में त्योहार मनाने का रिवाज है

थोड़ा—लोहा बढ़ जाता है
चैत-चून में खून में।

[1966]

दशाश्वमेध

कौन-सा दृश्य
कौन-सी करुणा
कौन-से दिग्विजय का बोध
थकान और ईर्ष्या करने की नियति के साथ
मैं यहाँ तट पर खड़ा हूँ।
108 सीढ़ियों के शाम—
राख के नीचे से
निकाल कर असंख्य सीढ़ियाँ लटकती हैं
भूमि से आकाश तक
गंगा! तुम्हारी सीढ़ियों पर रोशनी क्यों नहीं है?
गंगा! तुम्हारे जल में घोड़ों के पेशाब की महक कहाँ से
आ गई है?

गंगा! तुम्हारा पानी बालों से किसने भरा?
गंगा! क्या दूसरी नदियों की तरह तुम भी
केवल एक बूढ़ी नदी हो?
मुझे बचाओ! मुझे बचाऽऽऽ ओ!!
हे ईश्वर! इन्होंने मेरी तसवीर खींच ली है।

× × ×

दया पाने की होड़ ने इनकी सूरतें बिगाड़ दी है।
गहरे अन्धकार में तेजी से एक दूसरी को
प्रतिध्वनित करती हुई चीजों का रुख
रोशनी की ओर हो गया है,
आदमी कितना कृतज्ञ है कि उसकी बगल में पेड़ है!

गोबर और पसीने से लीप कर
ओ री ओ अन्धे विश्वास की बूढ़ी
रखैल
धो अपने पानी से
अपने मन की मैल।

गंगा! तुम्हारे कन्धों पर यात्राएँ टूटती हैं—
ध्वस्त...ध्वस्त...ध्वांत...ध्वांत...!
लोहे की ठंड में उदास साँस लेता है पानी का शोर
नैसर्गिक अन्धकार के लयात्मक सौन्दर्य की महिमा में
सहमा सीमान्त-छोर

सत्य है—एक लज्जानत मुख
आँसू भरी आँख
थरथराते हुए शब्द-हीन होंठ
गहरे आतंक में मित्रता के लिए
कहीं भी, बढ़े हुए हाथ
'राम नाम सत्य है'
सत्य है, यह जानते हुए भी कि जो कुछ है
वह सारा नश्वर है, जीवित
रहने का लोभ
सत्य है परिणाम पर पहुँचे बिना जो टूट जाए
आदमी का क्षोभ

मृत्यु एक निर्णय है जिसे
सुनने के लिए हम नहीं
होते।

[1966 : पत्रों से पता चला, यह कविता 'जनयुग' में प्रकाशित हुई है।]

आत्मीय सम्बन्ध

उदास घने जंगलों में दौड़ती हुई
छायाएँ धूप के अन्तिम सिरे पर
प्रार्थना की चीख
हर तरफ फैले निरावृत पेड़
पत्तियों से धूप चाटते हैं

मैं अपने को तनों के साथ सटा हुआ
पाता हूँ
हमें जंगलों ने सिखाया है
बेतरतीब उगना और
सट कर खड़ा होना
आपस की होड़ में
दूसरे से बड़ा होना

मैंने उन्हें कीचड़ से पानी निथारकर
पीते हुए देखा है
मैंने उन्हें गोबर में से अनाज
निकाल कर खाते हुए देखा है
भूख और अन्न का आत्मीय सम्बन्ध
मैंने इतने पास से देखा है कि मेरी
आँखें भर आई हैं।

[1966]

समाजवाद थर-थर काँपता है

जमाखोर
गेहूँ पर बैठ कर अन्न के अभाव का
राग अलापता है
एक तिजोरी कच्ची नींद जागने की
जम्हाइयाँ लेती है

और किसान के मुँह में कंछा पानी भर जाता है
अनाज के बालियों की याद
कहाँ है हथियार
तहखाने में उकड़ूँ बैठा समाजवाद थर-थर
काँपता है
कैस्त्रो की दाढ़ी में झाँकता है
प्रधानमंत्री का एक पका हुआ बाल।

सोवियत दर्पण के 25वें अगस्त के अंक में
छपा हुआ एक सफेद झूठ
अलेण्डे! सल्वाडोर! तुम किसके अपराधों
के शिकार हो? क्या तुम समाजवादी
विदूषक ख्रुश्चेव की मजार पर अपना
संशोधनवादी जूता भूल आए थे
या क्रान्ति का रंग भूल गए थे?
सुर्ख होता है गलियों में बहते हुए खून का
रंग और धमनियों में कौंधते हुए खून का
रंग और कुचले हुए फूल की चीख का
रंग सुर्ख होता है।

फूल झड़ जाता है मगर
फूल कभी बूढ़ा नहीं होता।

[29.9.1970]

अपराध

होते-होते हम अपनी जरूरतों के हादसे से गुजरते हुए
रोशनी के उस घेरे में पहुँच गए
जहाँ कुत्ते की परछाईं और किसी संत के कम्बल
एक-सा भ्रम पैदा करते हैं।
जहाँ जानवर होने के लिए किसी होड़ की जरूरत नहीं होती।
सिर्फ बैठ जाना पड़ता है अपने घुटनों पर
सिर रख कर चुपचाप।

और अपराध
प्रभात फेरी से पहले के कार्यक्रम
का एक भाग है

उस मेज पर
जहाँ न्याय
मेरे द्वारा उगाए गए शब्दों को
(कानून के मुकाबले)
बड़ी आसानी से चर जाता है
झरोखे से उड़ता कबूतर और अपराध
की धाराओं के खिलाफ बीट कर जाता है
मेरी आवाज सहूलियत नहीं बनती
इश्तहार बन जाती है

पड़ोसी का झगड़ा तो कुत्ते का घाव है
जो सिर्फ चाटने से ठीक होता है।

[1969]

बेकारी की करुणा

मैं झुक कर प्रणाम करता हूँ
उगते हुए सूरज को
मुखों की डूबती हुई
मुद्राओं को
औरतों की जंघाओं को
और पुरुषों की बाँहों को

मेरी बीवी फुलके सेंकती
है
और मेरे मुख पर फेंकती है
मेरी थाली बेकारी की
केवल करुणा भरी हुई है
जिसे मैं खा रहा हूँ।

[1967]

जम्बाल की उदासी

पेड़ की जड़ों तक रात
काली हो आई है
चारों ओर
कटे हुए पंखों का शोर

सड़े हुए पानी और हरी-हरी फसलों के बीच
सम्भावनाओं में डूबा हुआ गाँव
सो रहा है
आक्रमण के बाद की उदासी है
संगठित और सहमी हुई
और लगातार हारती हुई
लापरवाह।

उदासी और खरगोश के साथ
मैं कोई समानता नहीं देखता
सिवा इसके कि आप
जंगल में नहीं हैं और उदास हैं।

[1967]

तुम हमें वोट दो

हमदर्दी
आँसू और चमड़ा बटोरती है
नाखून काट लेती है
क्या सूर्योदय का महीन और पारदर्शी रंग
हारने के लिए होता है?

दिन एक बड़े ताले की तरह है और चिड़ियों की
आवाज उसके बन्द होने और खुलने की आवाज है

सुविधाएँ
जुर्म को कानून का जामा पहना रही हैं

चिड़ियाँ ठीक उसी तरह गा रही हैं
जैसे वे
सूरज डूबते वक्त गा चुकी होती थीं
दिन की शुरुआत
आदमी के खून में शरीक होकर
नफरत बन गई है
रात खत्म हो चुकी है
और वे सुरक्षित नहीं हैं
हमें मालूम है कि तुम भूखे हो
और यह भी कि तुम्हें अन्न चाहिए
और यह भी कि जब हम कहते हैं 'हम तुम्हारे
शिखरों की रक्षा करेंगे' तो हमारा मतलब क्या है
तुम इसे समझते हो
हमें वोट दो...
हमें वोट दो...
हमें मदद दो कि हम अपनी सेहत नाप सकें
हमें वोट दो कि हम नाप सकें—
हम दोनों में किसकी लज्जा बड़ी है।

यह नहीं कि हमने सहूलियत दी है
तुम्हारे लाचार दिनों में
हम दोनों झंडों के प्रतिद्वन्द्वी हैं।

[1967]

कार्टून और चुटकुले

आज सारा—
हिन्दुस्तान उस वायुयान की तरह बेचैन है
जिसे बेतार के तार से खबर मिली है कि उसमें
'टाइम बम' है।

कोई किसी से लगातार प्यार नहीं करता। सारा
जीवन अथाह रेगिस्तान है। थोड़ी देर के लिए

तुम देखते हो कहीं कोई नखलिस्तान
और एक तम्बू। तुम उसमें सुस्ताने के लिए
एक दिन का पड़ाव डालते हो।
लेकिन सावधान! नींद में न पड़ना।
रात रेत की आँधी उड़ेगी और वह तम्बू
सूर्योदय की किरण फूटने के पहले ही
एक कब्र में बदल जाएगा।

लगातार दुर्व्यवहार होते रहने वाले जमाने में
तुम केवल अपनी ऊब के सहारे जिन्दा
रह सकते हो। साहसिकता संकटकालीन
नमूने के तौर पर बाकी रह गई है युवा लोगों में।

गरीबी ने उन्हें—
इस तरह क्रूर बना दिया कि अब वे अपने ही खून के
बिना पर अगले उत्सव के मुकाम तय करने लगे हैं।

कार्टून और चुटकुले—मैं जोर देकर कहना चाहता हूँ
कि इस देश में अब बन्द होने चाहिए। क्या कहा?
मनोरंजन और विट के साधन के रूप हैं ये।
मगर मत भूलो
ऐसे में चुटकुले कितनी करीबी से
देशी मेधा का अपहरण कर रहे हैं।

मुझे वे दिन याद आते हैं जब राजा जी के मजाक
बारीक हुआ करते थे
और आज भी वही दौर
लेकिन अब 'प्रजा जी' के खून में
यह 'बारीक' जहर उतर गया है
और एक सतही दिलचस्पी की जकड़ में
सारा देश
विचारहीन होता जा रहा है।

[17.10.1969]

आजादी का एक चिथड़ा

घर से निकलते वक्त तुम बटनों और
ताले की जाँच करते हो।
और तुम्हें ताले की जरूरत नहीं है
क्योंकि तुम शादीशुदा हो।

तुम्हें किसी बसंत-संध्या या अपराध-बोध में
शामिल होना अच्छा लगता है

तुम डरते हो।
सिर्फ इसलिए कि तुम्हारी नींद खराब कर दूँगा मैं
तुम्हारी आजादी का एक चिथड़ा सुलगता है

पिंजड़े में बन्द तोता—सीताराम-सीताराम कहता है
और अपनी सेहत पर डाले गए चारे और पानी को सहता है

सारी कहानियों के शीर्षक बदले जा रहे हैं
क्योंकि आज दोपहर बाद
नये पढ़ने वाले आ रहे हैं।

मुझको प्रतिक्रियाओं में व्यक्त होने दें
क्षमाओं में मत बाँध
मुझको अपने से जोड़
लेकिन मत शामिल कर
मत रो, आँसू पोंछ
इधर आ मेरी तरफ देख
अच्छा माँ! तू ही है

क्या जुआ खेलना अच्छा है?
मुन्नू चौदह साल का हुआ
क्या अब भी बच्चा है?

मुन्नी जब फटी हुई धोती
में आती है

...रख हाथ
लजाती है।

और यदि हो सके
मेरे साथ
मेरे इस फटे हुए जीवन को जी
मुझको सह
जैसे मेरा जन्म सहा है।

[1968]

घृणा

मैं—
उड़ती हुई कुर्सियों
जमे हुए केबिनों
औरतों और दार्शनिक कुत्तों की उदासीन आँखों में
मरी हुई

भारहीनता का सामना कर रहा हूँ।

सुबह के भद्दे चेहरे पर
अन्धकार ने
(पायरिया के मरीज की तरह)
सूरज को थूक दिया है
और अब मैं
लज्जित नहीं हूँ
क्योंकि मैं समझ गया हूँ
कि प्रेम एक प्रजातांत्रिक अन्धापन है
यौन के चूल्हे पर
जीवन जलता है।

इस लगातार घृणा कर सकने की पद्धति को जन्म देकर
वक्त के मुर्दाफरोस कन्धों पर
आज पहली बार
गाभिन आवाजों ने प्रसारित किया है
अजन्मे व्यक्तव्यों का दर्द।
मर्दों ने चुना औरत :
औरतों ने मर्द;
जिसका एक हाथ भूखी बच्ची को थपकी देता है
और दूसरा बीवी की लत्ते-सी छातियों
को इकट्ठा करता है और
मैंने गुँधे हुए आटे की गन्ध
पेड़ू के आसपास वाले
जन्मों की रेखाओं से
एक आकार रचा है
ऐसे समुदाय का जिसका पशु घासों
पर चलता है।

छोटा-सा सुख

एक औरत एक लड़का
माँ और बेटा
एक साथ बीन रहे हैं
चिथड़े नई बस्ती की वह जमीन
गन्दगी से पट रही है
और इसी के चलते
कट रही है
आजकल आराम से
अपने निवासियों का एकान्त
(चमकता हुआ मकान पोंछ कर चिथड़े फेंक देता
है और कमजोर हाथ उसे रोटी समझ कर
उठा लेता है)
माँ की अँगुलियाँ अभ्यस्त हैं वे केवल चिथड़ा उठाती हैं
और बेटा कभी कागज का रंगीन टुकड़ा

या कभी चिथड़ों से खेल रहे कुत्तों का
        खेल
        उठा लेता है अपनी निगाहों में
और उन निगाहों में
दूध के दाँत
चमक उठते हैं।

माँ और बेटा

माँ का चेहरा
झुलस गया है धूप से
और शर्म से
धूप और शर्म से माँ का चेहरा
झुलस गया है।

अचानक लड़का चीख पड़ता है
खुशी से। उसने एक टूटा हुआ शीशा
उठा लिया है शीशे में
धूल और गर्द से भरा हुआ एक नन्हे बच्चे का मुख
        झिलमिलाता है

धूप उसके चेहरे तक
सरक आई है उसके मटमैले बालों में फँसा हुआ
रंगीन कागज का एक टुकड़ा फरफरा रहा है
'माँ! माँ!! यह देख' वह खिलखिलाता है
और टूटा हुआ आईना माँ को दिखाता है
'फेंक दे उसे' अधेड़ आवाज उसे फटकारती है—फेंक दे
और 'काम कर जल्दी बीन ले
और कई काम हैं।'
माँ, और चौंक पड़ी है और उसका बेटा उदास हो गया है
धूप को धकेलकर
शीशा दूर जा गिरा है
बच्चे की कामकाजी उम्र उसके चेहरे में
लौट आई है लेकिन उसकी आँखों

की चमक अभी तक वही है और उसकी
निगाहों में दूध के दाँतों की प्रतिध्वनि है
उम्र और शर्म और धूप से
एक अधेड़ चेहरा और बदसूरत हो उठा है

औरत एक चिथड़ा उठाती है बच्चा एक
चिथड़ा उठाता है
गन्दगी के ढेर पर
चिथड़ों से खेलते हुए कुत्ते
लड़ने लगे हैं।

एक चिट्ठी आई है

तेज, जितना वह कर सकती है जल्दी से आती है
कुछ है कि उसके पाँव
लड़खड़ा रहे हैं
उसने अपने केश नहीं सँवारा और न शिरोवस्त्र
ही ठीक किया
जल्दी से लिफाफा खोलती है
आह! यह मेरे बच्चे ने नहीं लिखा किन्तु
उसका नाम लिखा है
आह! किसी अजनबी ने मेरे बच्चे के लिए लिखा है
ओ माता के व्याकुल हृदय
सब कुछ उसकी आँखों में घूमता है
काले काले धब्बे और वह
केवल कुछ शब्द ही पकड़ पाती है
टूटे हुए वाक्य—गोली से सीना घायल, थकान, अस्पताल
ले जाया गया, बेहोश, किन्तु शीघ्र स्वस्थ होने की
आशा है
आह! मेरे लिए अकेली है यह आकृति
ओहिओ के समृद्ध और गौरव दीप्त नगरों और फार्मों
के बावजूद

ओ पिता!
खेतों से वापस आओ और देखो कि पीट की
चिट्ठी आई है और माँ तुम भी सामने दरवाजे पर
आ जाओ
तुम्हारे प्यारे बेटे का पत्र है।

यह कैसा पतझर है
जबकि पेड़ गहरे हरे हो उठे हैं, पहले से कहीं
        पीले, कहीं लाल।
हवा के नर्म झोंकों में खड़खड़ाती हुई पत्तियों के साथ
ओहिओ के गाँव
स्निग्ध और शान्त लगते हैं
बागों में सेब पक चुके हैं और सुगन्धित लतरों पर
अंगूर के गुच्छे।
(सूँघो लतरों पर अंगूर की खुशबू और वकहीट जिन पर
मधुमक्खियाँ देर से भनभना रही हैं)
इन सबके ऊपर आकाश है किस कदर शान्त
बरसात के बाद झिलमिलाता पारदर्शी
और अद्‌भुत बादलों के साथ
और यहाँ नीचे भी सब कुछ शान्त है
सब कुछ जीवन्त और सुन्दर है
और खेत अनाज से भरे हुए, सब कुछ समृद्ध
किन्तु ओ पिता! बेटी की पुकार पर खेतों से
लौट आओ
और माँ, तुम भी दरवाजे के सामने
दाहिनी ओर से आ जाओ।

रात

किसी युद्धबन्दी को दी जा रही यातना-सी
मेरे दिमाग में हरे हो आए हैं
किसी अवकाश-प्राप्त सैनिक के संस्मरण—
झपकती हुई लालटेन की मद्धिम प्रकाश में

धीरे-धीरे कहता है—
'हमने अन्त तक धैर्य से युद्ध किया
और पराजित हुए।
दुश्मनों के इतिहास में
ऐसा साहस
कभी सुना नहीं गया।'
और फिर सूनी आँखों सुदूर आकाश में ताकते हुए
अपनी कटी हुई टाँग को थपथपाता
कहीं कोई तारा नहीं टूटता
न कोई किसी आहट पर चौंकता है
न कोई फुसफुसाता है
न कोई छाया मुड़ती है
कहीं कोई पक्षी चीखता नहीं
केवल—केवल आकाश के हहराते नीले ज्वार में
आकाश-गंगा फटे हुए पाल-सी
उड़ती है।

मेरे देश में

पागलखानों में पागलों की संख्या बढ़ रही है
अस्पतालों में बेड न मिलने पर
मरीज बरामदों में सोते हैं
        माताओं की सूखी छातियों से
        मुख रगड़ते हुए बच्चे
        चीख-चीख रोते हैं
बेवजह जन्मे बच्चों की तादाद बढ़ रही है
मेरे देश में
फिर भी
क्या मेरी तरह तुम भी महसूस करते हो—
मेरे देश के लोगों में पहली बार
जीवित रहने की इच्छा पैदा हुई है?

मेरे देश! तेरे और मेरे बीच के
सारे सम्बन्ध कितने अस्वाभाविक हैं!

पीपल ने कहा

मेरे नन्हे-मुन्ने तुम मौसम की शोभा।
पाकर पतझड़
झड़े—खड़े ही खड़े
बसंती हवा
मिली तो फूल गए
पके, गिरे गर्मी से आहत
हा-हा...भर झंझा में
धूसर
सुषमा-गत
और हुई बरसात
मिला पानी फिर विहँसे
पहले का दुख
भूल गए
छिः, तुम इतने क्षुद्र
दया के सच्चे अधिकारी हो
अपनी छोटी-सी सीमा में
बोझ भूमि के तुम
पहाड़ से भी भारी हो।

नाच

नाच हो रहा है वह लड़की नहीं है—
लौंडा नाच रहा है
यह मैं उसकी 'छातियों' से
समझ गया हूँ
(लड़की जब छातियाँ दिखाती भी होती हैं

तो उसमें उस समय उसकी आँख
शामिल नहीं रहती है किन्तु यहाँ
माजरा ही और है कि लौंडे की आँख
'छातियों' को कहती है)
एक बात और है। है, और काबिले-गौर है
कि इस नाचती हुई शक्ल की
टाँगों में न चाकू है
न निगाहों में आरी है
लौंडे का नाम कटारी है

नाचने का ढर्रा भी
बिलकुल बाजारू है
और जान मारू है

लोग लहालोट हैं।

मैदान

हत्याओं के नीचे से निभते हैं
हरे-हरे हाथ और पत्तों को
जंगल में छिपाते हैं
पेड़ों पर पत्तियों की जगह
जीभों को लटकाते हुए देखा है

और वहाँ किसी को न पाकर
तुम्हारी आँखें चेहरे में वापस
लौट आती हैं।

उस छोटी-सी लड़की के पैरों के नीचे
तैर रहा है
मैं घास को पीछे खिसकते हुए
देखता हूँ।

नीम के नीचे ट्रांजिस्टर

नीम के नीचे ट्रांजिस्टर बज रहा है
पूरा गाँव छटपटा रहा है
उन सबसे छूटने के लिए
जो कुछ 'हिन्दुस्तान' है।

भोजन भले न दो लेकिन 'महकउआ'
साबुन की टिकिया (लेंगे)

'इज्जत' का सवाल का उत्तर देते कपड़े
डंठल जैसी तनी देह पर
झूल रहे हैं

'इज्जत पाने का हक' हासिल करते जबड़े
कसे हुए हैं। बहसें उत्तेजित करती हैं
और विषय से दूर,
घृणा के चौराहे पर,
हाथ दिखाकर लाल बत्तियाँ
अन्धकार में स्वर भरती हैं।

संसद

उनके लिए देश, पेट की तरफ से
        शुरू होता है
अपनी आवाज का गला
काटने की सही जगह
सड़क नहीं, संसद है।

मेरे दिमाग में एक ऐसे
आदमी का नक्शा उभर रहा है

जो नींद में
जूते की चोरी कर रहा है।

दूसरा शहर

अपने सुझावों से उन्हें
ठगा है
उस साजिश में शरीक होने के ठीक
बत्तीसवें दिन
पिछलग्गू चेहरा नंगा होता है
और उत्तेजित भीड़ का कार्यक्रम
राष्ट्रपति शासन में बदल जाता है।

विवशता

इस हत्यारी घटना के बावजूद
तुम विश्वास करते हो और वह
जो तुम्हें चीलों की दुनिया में
छोड़ने पर आमादा है
इस बात को जानता है
तुम्हारी भक्ति तुम्हें मारती है
अनुरक्ति काट कर अलग कर देती है
उस 'पावने' से
जो तुम्हारा है।

जिसे तुम पूजते हो—
उसी को ढाल की तरह
सामने करके
संगमरमर की दीवारों पर खुदे हैं 'सातों कांड'
(पूरी रामायण) और आँसू भरी आँखों से
तुम पढ़ते हो अपना इतिहास
जेबों में पड़े हुए
जूतों के कूपन सहलाते हो।

अपनी समझ

मैं वह जुबान समझता हूँ जहाँ
भाषा का मतलब रात है,
यह भी कमजोरी है
जिनके लिए कविता तिजोरी है
ऐसे
कुछ हैं जो अब भी एक तर्क से बँधे हैं
उनकी जाने दो वे गांधी के गधे हैं
दफ्तर और रसोईघर के बीच की भाषा की
कविता करनी है
उन परिवारों की चर्चा ही व्यर्थ है
जहाँ चश्मे का नम्बर ही कविता का अर्थ है

चित्रों की भाषा में सोचने
का नाम कविता है
शब्दों की गर्दन में खासा ॐ लटकाकर
लूप लगी प्रतिमाएँ
उनकी चर्चा बेकार है जिनके यहाँ कविता
कमर के नीचे की वारदात है
कविता आत्मा का भूगोल है
उनसे भी निपटना है
जिनके लिए कविता दुर्घटना है
पाने की कृतज्ञता और खोने की
क्रूरता का खाता है
टूट चुके हैं आज सब्र के सारे टाँके, अब न बने मुँह ढाँके-ढाँके
'आदमी की बगल में होने की वफादारी'
का सवाल है।
वहाँ असलियत कम, बुखार अधिक है।

गुस्से की बनावट में रद्दोबदल

मैं उन देशों की चर्चा नहीं करता, जो ज्वालामुखी की राख से
अपना मकान बना रहे हैं

यह मेरा देश है जो भूख से सुलगती हुई आँतों से बना है।
जब हम लोहे के सही इस्तेमाल की चर्चा करते हैं
अक्सर अपना दिमाग शोख लड़कियों से गुजरता है और
कविताएँ
राशन कार्ड के साथ नत्थी
हो जाती हैं।
मैं उस बसंत की चर्चा नहीं करता, जो पेड़ों की सेहत है
जो रोटी के एक टुकड़े पर छीना-झपटी करने के बाद
उस बच्चे के घुटने से बहने वाले लहू से
उसका कोई ताल्लुक नहीं है।

चील की स्पर्धा में
कुछ बुद्धिजीवी सड़क पर पोस्टर हो गए हैं
और कुछ जो चालाक थे
सो गए हैं रेहन रखी हुई
अपनी बीवी की गोद में
विएतनाम की चिन्ता
अमेरिका विएतनाम को बिना माँगे अधिक से अधिक
युद्ध दे रहा है
और हिन्दुस्तान को (बार-बार गिड़गिड़ाने पर भी)
कम-से-कम अनाज
आज की दुनिया में अपने अस्तित्व की सुरक्षा का
यह भी अन्दाज है
ठीक उस मादा भेड़िया की तरह जो मेमने को खाती है
वापस आती है और अपने बच्चों को खिलाने के लिए
पेट उचका-उचका कर गोश्त को
उगल देती है।

पाँचवें कवि का वक्तव्य

हिनहिनाते हुए शब्दों के अयाल मेरी मुट्ठी में हैं
मैंने जीन की तरह कसी हुई भाषा में
कविताओं की तलाश की है

मैंने फाड़ दिये हैं बसंत के वे सभी घोषणा-पत्र
जो पेड़ों की तिजारत करते हैं और
आदमी के भीतर छिपे हुए नर्क के
चौरासी लाख टुकड़ों को खींचकर
सम्बन्धों की चौहद्दी से
बाहर कर दिया है। मैंने इतिहास के एकान्त में
'गढ़भिस्सा' खेलती सभ्यताओं को
अपने मतलब का एक मटमैला शीशा गाड़कर
लहूलुहान किया है।

मुझे सख्त नफरत है किताबों के अन्धे
दराज से
प्याज से
मैंने अपने चरित्र का निर्माण नहीं किया है

मेरे लिए प्यार और कुत्ते की जीभ से
टपकती हुई 'लार' में
एक खास फर्क है।

अज्ञान का अभिमान

घर, मगर कहाँ है घर?
रिश्तों के अँधेरे में
हाथ डालने पर
पाता हूँ
कि एक जंगल है जिसके अन्दर
घूमता हुआ हर आदमी
दरिन्दा है
जिसे लोग अपना शहर कह रहे हैं
मगर मैं जानता हूँ
भीड़ की नदी में सड़े हुए
बह रहा है

वर्तमान मेरे गले में
बकरी की ललरी-सा
        लटक रहा है।

मेरा अतीत कुहरा और पुरखों की जुगालियों से
बना है, मैं अपना भविष्य चर्बी से बना रहा हूँ
मैं वर्तमान को खा रहा हूँ, वर्तमान
मुझे खा रहा है।

मैं हँसता जा रहा हूँ
घोल रहा हूँ
खिड़की का तुक लड़की से मिलाकर
मैं जंगल का दरवाजा खोल रहा हूँ
गहरे अँधेरे में कविता नहीं—
(सुरक्षा की अनुभूति के लिए)
मैं एक चेहरा रच रहा हूँ
तुकों की तलाश में
तुगलक होने से बच रहा हूँ।

हम आपके हैं रानी जी!

हम आपकी पसलियाँ हैं रानी जी
हमें सूर्यास्त तक बजाइए
हम आपके नमक हैं
हमें थोड़ा-सा खाइए

हम आपकी जनता हैं रानी जी
हमें मतपेटियों से निकालिए
और दलबदलू की जेब में
        डाल दीजिए।
रानी जी, आपके गोश्त में
लोकतंत्र बरक्कत कर रहा है
हम आपके बिस्तर हैं

जहाँ सपने नींद का रोजनामचा
भरते हैं
बेरहम अन्धकार भी उल्लू को ही
आँखें देता है
हम आपकी आँखें हैं
रानी जी।
हमें रोशनी में खोलिए।

कमरे का लैंड स्केप

किताबों के अन्धकार में बैठी रहती है
वह लड़की
उसके बालों में रात
गिरती है
कुहरे और नींद से बाहर
सौदागरों का नगर
घोड़ों के फेन और हिनहिनाहटों से गूँजता है

अस्तबल की बगल में
एक सपना कुतरता है
दूसरे सपने का जिस्म
धड़कते आकाश के सीने पर
खून के थक्के-सा चाँद
और भाषा की हदों से बाहर
सन्नाटा
बहरी और गूँगी दुनिया को
बिस्तरों के पिछले किस्से सुनाता है
सहसा
खिड़की से कूद कर दो आँखें
चेहरे में वापस आती हैं
और पेड़ों के शब्दकोश में
बसंत का मतलब तलाशती हुई वह लड़की
अपना मुख हथेलियों में छिपा कर सिसकने लगती है।

मजबूरी

अपनी मजबूरी थी दुनिया के
हरजाई हिस्सों में
        खेल बने
दुनिया की गाड़ी के जंग लगे चक्कों के
दाँतों में
        तेल बने।

जिये
एक जीवन जो
जंगल के किस्सों में
जिन्दा था।

मैंने खुद को जकड़ लिया है

अन्धे बच्चे
बहरी माँएँ
निभा रहे हैं सब-के-सब
अपनी सीमाएँ
(अलग-अलग
इन सबकी
        अपनी सीमाएँ)
मौसम से वापस लौटे आदमी का चेहरा
उतर गया है।
मैं बंजर सतह पर
चमकती हुई हँसी की
प्रतीक्षा कर रहा हूँ।

बैसाख की साँझ

किस दुविधा में पकड़ आप
एक नजर में

तुझको देख परख लेती है
मेरे मन की उमस किनारे रख देती है
और शिलाओं के भीगे जंघे दिखला कर
वैसे तो चुपचाप
कहीं वह
पेड़ों से काफी दूर पड़ी रहती है
पर, मैं जैसे ही जाता हूँ
सकुचाता फिर
मैं कहता हूँ : नदी तुझे क्या, लाज
नहीं लगती है इससे, देख इसे जो भी
पढ़ता है
मेरे-तेरे सम्बन्धों का
एक नया किस्सा गढ़ता है।

बसंत के पैरों की आवाज

सुनहले अन्धकार की
ओट से
पत्तियाँ गिरती हैं,
हजारों की तादाद में पत्तियाँ गिरती हैं
पत्तियाँ तुम्हारी आँखों में गिरती हैं
इतनी पत्तियाँ
कि तुम्हारी आँखें धुँधला जाती हैं।

तुम सिर्फ पतझड़ देख पाते हो
पेड़ों को नंगा होते देखते हो
बसंतोत्सव और तुम्हारे बीच
टिन की चद्दरें हैं और दिन की गर्द
धूप है और तालियों की गड़गड़ाहट
पसीने की बू है और किसी नाचने वाली का खून।

हर माल एक दाम पर बेचता हुआ बिसाती
सगड़ी खिसकाता है

और फटी हुई जेबों से तुम्हारी
आत्मा गिर कर खो गई है।
माँएँ
बच्चों से बचने के लिए, उन्हें स्कूल भेज देती हैं।

मुझको देखो

अपनी पीढ़ी का पूरा अवसाद समेटे
मैं गुनाह का साझीदार, सबूत
एक बड़े गुनाह के सबूत के समान
यहाँ हूँ
मैंने खुद को पकड़ लिया है
अंग्रेजी से विरोध नहीं
अंग्रेजियत से विरोध है
मुझे अंग्रेजी से विरोध नहीं
अंग्रेजी के रंग से विरोध है
किसी भाषा का विरोधी मैं
नहीं हूँ, किसी आदमी का विरोधी मैं
नहीं हूँ। लेकिन मैं नहीं चाहता कि भाषा के
नीचे आदमी दब जाय, आदमी के नीचे आदमी
खप जाय
दब जाय।

बादाम पहाड़

आदिवासी-तीर की तरह उड़ती हैं चिड़ियाँ
और अपने आखिरी ऐश्वर्य में डूबते
सूरज जोतदार का सीना
लहू में डूब जाता है।

मैं जहाँ उतरता हूँ कोई नगर
नहीं है, हवा में झलती हुई ट्राली जमीन का सीना

खाली करती है
और रोक पट्टी से टकराकर छलनी पर उलट
जाती है। यहीं से लोहे का
झरना शुरू होता है
आदमी की जिन्दगी में।

स्त्रियाँ नंगी हैं
मातृभाषा की उपेक्षा की तरह
पुरुष नंगे हैं
लाल लाल धूल में दौड़ते हुए झुंड के झुंड
काले गुलाब बच्चे :
भगवान की तरह नंगे हैं।
आदिवासी गीत पर सूखने के लिए
टाँग दिये गए हैं
पेड़ और पहाड़
मैं अपने कपड़ों में
कविता की तरह नंगा हूँ।
कितना अँधेरा है चेहरे के नीचे यह
अपना शहर
जो कल तक आईना था
चाकू-सा लगता है कन्धे पर
रखा हुआ दोस्त का दाहिना
हाथ
वे,
जो मुझे अपमानित करने के लिए
अपनी डफलियाँ सेंक रहे थे
अपने बिरादर थे
भूख ने उन्हें पशु बना दिया था
और मेरा दोष?
मैंने उन्हें लालच की रोटी
खाने से मना किया था।
मैं
वे
उनसे कहा था

कि
पेट से
बड़ी एक चीज होती है जिसे देश
कहते हैं। और...
उन्होंने मुझे आधा सुना और
तैश में आ गए थे। वे मेरे
ऊपर भाषा के छिछड़े
फेंक रहे थे।

तब

जब मकान जल रहे थे
हम जूते पहन रहे थे
ईश्वर हमें माफ नहीं करेगा।

और न हमें गाली देगा।
केवल ठंडी आँखों से—
अपलक ताकेगा
ताकता रहेगा
और ताकता रहेगा।

ईश्वर हमें माफ नहीं करेगा
वह हमारा हिसाब
साफ नहीं करेगा
और न फैसला देगा
केवल हमें प्रतीक्षा करते हुए
बीच ही में छोड़ कर
न्यायालय से उठ जाएगा

तब शायद—शर्म जगेगी
हम—ईश्वर के बेटों—में,
दूरियाँ छिपाए हुए—
पेटों में

—कसमें खाएँगे
कि हम एक मृत्यु से दूसरी मृत्यु की ओर
इस तरह नहीं जाएँगे

हम आपस में
समझौता करेंगे
और अपना अपराध
बाँट लेंगे

मुँह देखने के लिए
वक्त के मुहताज नहीं होंगे।
हम अपने शुभचिन्तकों का
सिर काट लेंगे।

चीख

प्रशान्त चुप्पी के छोर पर खड़ा हुआ आदमी
शंकाओं के जंगल में
धुन्धभरी शाम को उतरते हुए देखता है

नगरों के शिखरों पर
मँडराती हुई भूरी और स्याह छायाएँ
चेहरों में धुल गई हैं

नंगी इमारतों में
एक चीख
सन्नाटे को तोड़ती है।
खिड़कियाँ
भयभीत खुल गई हैं।

मैं नंगी पीठ
अपमानित खरोंच से बचता हुआ

रिश्तों की सड़क पर
मुँह छिपा कर चल रहा हूँ।

एक झूठ—एक सच : कुछ नहीं

दिन ढल गया है
और आज का बोझ
जैसे टल गया है।
सोच रहा हूँ...
कल क्या होगा—
दुख सहते जीने का
        बहते पसीने का
फल क्या होगा?
कट जाएगी किसी तरह
करवट बदल-बदल कर
रात।
आएगा सुप्रभात...
        फिर वही नून, भात—
आटा, दाल, तेल नहीं।
ऐसे भी जी लेना
मामूली खेल नहीं।
और तभी मुन्ने की माँ
कहती है—सो जाओ
बीत रही रात है।
भटक रहे हो कहीं—
बोलो, क्या बात है?
चाहता हूँ—कह दूँ मैं
बात सब सही-सही
लेकिन उसे दुख होगा
कहता हूँ—
        'कुछ नहीं'।

[1962]

वातावरण

मैं हूँ
और मेरा बोध...
लॉन के आर-पार
मटमैली आकृतियाँ...
लिपी-पुती
पारदर्शी ओद...
पत्थर की चौकी का
एक टूटा त्रिकोण
अड़हुल के फूलों को
खाती हुई गौरैया
आते और जाते हुए
लोग...
मैं हूँ और...।

[1963]

एक सैनिक का सवाल

युद्ध बन्द होते ही
बन्दूकें कन्धों पर
बोझ क्यों बन जाती हैं?
मैं देखता हूँ—
बमों की मार से घायल चरागाहों की
सरहद के पास
सूर्य डूब रहा है—
किसी बूढ़े बैल के
मुख की तरह उदास।
क्या तुम दिमाग में उछलते हुए लोहे
और आँखों में उगे हुए जंगल से
एक बन्दूक बना सकते हो?

मैं पूछता हूँ और मेरा पड़ोसी
दूसरी ओर मुँह फेर लेता है
फिर युद्ध, इसके अतिरिक्त, हमें
और क्या देता है?
हवा गन्धक के बोझ से लड़खड़ाती है
अनाज से टूटी हुई हड्डियों में
फास्फोरस दहकता है
शब्दों में सोये हुए पत्थर
चौंक पड़ते हैं

और आदमी का साहस—
मरे हुए चूहे-सा महकता है।
युद्ध हमें इसके अतिरिक्त
और क्या देता है?

[1965]

मेरे चारों ओर

मेरे चारों ओर...
तिरस्कृत, जीवन्मृत विश्वास
झंझा के दिग्भ्रान्त विवर्तन में
        चुप-चुप-सा
        मौन
लालसा का आत्मसित पलकों में
'कुछ' पीने की प्यास
वर्तमान की छाती पर
सरिता की खिंची लकीर
उखड़े तरु दो-चार तटों पर
बिखरे :
पीले पात :

गहन उदासी में रेती पर
दो पाँवों के चिह्न
(जिनका केवल शेष रह गया)
धुँधला-सा आभास

मेरे चारों ओर—
आहटों में बिखरा अवसाद
फैल रहे दो-चार
दूर-दूर तक फैली स्याही के दामन पर दाग कत्थई
और टूट जाने के क्षण की हलकी-हलकी याद

मेरे चारों ओर—
धुमैली आकृतियों का ज्वार
पिला रहा चुपचाप कुहासा
अन्धकार को दूध
और सितारे टाँक रही है—
बुझी-बुझी-सी
साँझ।
गन्ध-भार यह बाँह हवा की
ढोती जाती शीत
पर्वत-पर्दों के पीछे
सिसक रही है धूप
किरणों की अनजान बालिका—
की आती चीत्कार
पुनः सिमट कर सब कुछ
केवल रह जाता है शून्य
और उभरती भूख सृजन की
मेरे चारों ओर!
मेरे चारों ओर!!
मेरे चारों ओर!!!

[1962]

ओ मेरे बच्चे

ओ मेरे बच्चे!
तू मत रो
देख उधर पूरब की सिन्दूरी घाटी में
लाल कमल खिलता है
सोनीली किरणों की गन्ध को बिखेर कर
देख उधर सपनों के सतरंगे संगम पर

भोर मुस्कुरा रहा
अनजाने गाँव की कुँवारी गन्ध-बेला को
टेरकर धरती आकाश को
दोनों उपकूलों को बाँहों में
        समेट कर
बह रही है रोशनी की दूध की उजली नदी
किन्तु जभी झड़ जाती मोती की मुक्त चमक
दर्द की अँगुलियों के विह्वल झकझोर से
आह! तेरे गालों की अछूती पगडंडी पर
उलझी लकीरों के
झाँवरे पद-चिह्न झलक उठते हैं
टूट-टूट कर जुड़ा हूँ मैं
पुनः टूट जाता हूँ
अभावों की प्रतिध्वनि-सा
अनगाये गीतों के पीछे छूट जाता हूँ
ओ मेरे बच्चे!

[1962 : प्रकाशित आई.टी.आई. वाराणसी की गृहपत्रिका]

ओ अभीप्सित

मैं हथेली पर
उगाना चाहता हूँ हरी घाटी
किन्तु इस पर

बाल भी उगता नहीं।
केवल दिगन्तों को मिलाती
एक रेखा
तीव्र गति से चीरती मुझको
अपरिचित
अनदिखे आकार में है—
        डूब जाती
और संयोजन बिखर कर टूट जाता
जिसे हमने मुट्ठियों के
आयतन में बाँध रखा था
मैं अकेला...
आह परिणति : यह विजनता
रेडियम के अक्षरों-सी खिलखिलाती

ओ अभीप्सित!
और भी कितने चरण हैं शेष
इस संवेदना के
जो कि ले प्रतिरूप मेरा
स्वयं मुझको तोड़ जाती
ओ अभीप्सित!
ओ!!!

[1962 : प्रकाशित आई.टी.आई. वाराणसी की गृहपत्रिका]

हँसी के चित्र

जब तुम हँसती हो
सोडियम के रंग की
महीन पारदर्शी हँसी
सच मेरी आर्द्रता
        चटाख...चख टूटती
पिघलती है
बर्तन पर काँच के फूल
        बिखर जाते हैं

बीनती हवाओं की
चुटकियाँ कसकती हैं
और मैं आईने में
ऐसा कुछ देखता हूँ
कि आधी दूर मेरी ही आँखें हैं
आधी दूर सारा तन
आँखों में छायातप
शीशे में गीलापन
ऐसा कुछ देखता हूँ
जब भी तुम हँसती हो।

[मराल : जनवरी, 1963]

रोज

रोज मुझको शाम पीती
सीपियों से
या कि हलके दूधिया फाहे
मुलायम चुम्बनों से;
रोज मुझको
एक अरुणोदय उगल जाता
युगों से मौन प्रस्तुत की
हथेली पर;
रोज नीली रोशनी की नोक से
मैं एक रेखा खींचता हूँ
जो कि मेरी अस्मिता को
बाँट देती है
अनिश्चय और आदिम आस्था के
खंड-सर्गों में
जिसे मैं गुनगुनाता
मौन के सुनसान में भी
गूँजता हूँ।

[मराल : जनवरी, 1963]

अन्धकार का वक्तव्य

सारे पुरुष कमन्द बट रहे
और नारियाँ
शासक जनने की चिन्ता में
पेट दबाये घूम रही हैं।
कोई ऐसा हाथ नहीं जो,
कालिख लगे उजाले को
बाँहों में भर ले।

अन्धकार हूँ :
मैंने पलकों पर ढोया है
खुले हुए तन का सलज्ज-संदिग्ध समर्पण
मैं हूँ वह पहला गवाह
जिसने देखा है—
दो जिस्मों की केवल एक काँपती छाया;
लैम्पपोस्ट के ठीक दाहिनी ओर
गली में
जहाँ तोड़कर पत्थर
कोई नन्हा-सा अंकुर
उग आया—
(क्वहाँऽ...क्वहाँऽऽ...क्विउ...
क्विउ...क्विउ...क्वाँऽऽ...क्वाँऽऽऽ...)
ओ फुटपाथों पर जन्मी—सुबहों के बच्चो!
मुझसे पूछो—
लुप्त पिताओं की प्रतिमाएँ
संगृहीत हैं
विश्व-म्यूजियम की शाखा-उपशाखाओं में,
और टिकट दर जिनका केवल
नैतिक शर्तों का आश्वासन...
अन्धकार हूँ : मुझसे पूछो!
एक-एक बच्चे का प्रजनन!

[विनियोग : मई, 1963]

मौसम का विरोधाभास

भरे मौसम—
कचनारी बेवाएँ
सिन्दूरी कसमों पर बैठी हैं
पीले अमलतास को
जुकाम फिर हो गया।

भरे मौसम—
ठंडे संकेतों के ग्लेशियर
आँखों में उभरे हैं :
सोने के पाल तनी नौकाएँ—
सड़कों की बाँहों में कसती हैं
बर्फीले पर्वत को
छू-छूकर हँसती हैं।

भरे मौसम—
प्रेमियों की जाति ने
मिल कर की प्रार्थना—
'हे हो सौन्दर्य के अधुनातन देवता!
औरत को बाँझ करो—पुरुषों को आलसी :
ताकि रूप रक्षित हो
और हमें वक्त मिले
पूरे सहभोग का...।'

[विनियोग : मई, 1963]

संक्रमण

हर रफ्तार पेट्रोलियम माँगती है
और हर आकांक्षा यूरेनियम
बर्फ ही बर्फ है आदमी के चारों ओर
जिसे उसने रोशनी की नोक पर
इकट्ठा कर लिया है।

कितना अजीब है तंग गलियों में
आदमी का जीवित रहना
और कितना गुमराह;

सूरज का निर्देशन—
कि वह मासूम पात्रों पर, चमकने के लिए
केवल अँधेरा डाल देता है।
अन्धकूप कमरे हैं,
कुर्सियाँ खामोश,
चित्रपट पर एक नगर : संकटकालीन
अन्धकार...! अन्धकार!!
लटके हुए चेहरों के पार
पैरों की रपटन
धड़ाम-धुस्-चीख
नहीं कोई जाति या चरित्र का प्रतीक;
'मनुष्य' की गन्ध का केवल अनुमान
केवल कुछ संस्मरण आदिम इतिहास के।

मलबों के ढेर पर
मध्यम व्यक्तित्व का अनिश्चित सहपार्श्व,
काँच-कुटी सड़कों पर
होड़ भरी दौड़ और हँसने की शर्त :

कितना गुमराह है—
सूरज का निर्देशन...
कितना गुमराह...।

[विनियोग : मई, 1963]

एक प्रेम सूची

मुझे प्रेम है—
उस काली कुतिया से,
जो मन्दिर की सीढ़ियों पर

खाज खुजलाती हुई
सो गई।

मुझे प्रेम है—
उस कानी औरत से
जिसने पति के लिए प्रार्थना की
और विधवा हो गई।

मुझे प्रेम है—
उस गंगाजल से
जो देवता पर चढ़ा
और नाली में गिर गया।

मुझे प्रेम है—उस देवता से
जिसका अस्तित्व स्वयं—
उसके परिवेश में
अनजाने घिर गया।

मुझे प्रेम है—
धूप को उठाये हुए कलशों की नोक से,
कोढ़ी पुजारी से—
जो कि विकलांगों को
मन्दिर के बाहर ही रोक दे।

मुझे प्रेम है उनसे—
जिनके कुर्तों में बाँहें नहीं हैं;
जो चौरस्तों पर खड़े तो हैं—
किन्तु जिनके लिए
राहें नहीं हैं।

खम्भों का मौन
पराया नहीं,
परिचित हूँ सड़कों की टीस से,
नकदी जमाने के
निर्धारित मूल्यों में।

मुझे प्रेम है—
भाव-गिरे कटपीस से।

[विनियोग : 15 मई, 1963]

संस्मरण

दुर्घटनाओं से बचने की
नोकदार चेष्टाएँ
सड़कों पर;
भीड़ में
समर्पण की
काली तसवीरों को
छू-छूकर ऊबते जाना;

बहुत दुखता है—
आदमी का मोड़ पर
डूबते जाना...।

[विनियोग : मई, 1963]

पत्थर पर जन्म

भीड़ में;
एकान्त की काली शिला पर
दो लकीरें खींचकर
हम हट गए।
और जब लौटे सुबह—
संगीत की लय पर
वहीं था मुस्कराता दूब का सुकुमार अंकुर—
सत्य,
मेरा एक घायल अंश जनमा था—
विकल करुणार्द्र पत्थर पर...!

[मराल : मई, 1962]

जिन्दगी

चलेगी
जब तक चलेगी
अन्यथा यदि एक क्षण को भी रुकेगी
गिर पड़ेगी
साइकिल-सी
        जिन्दगी।

[1963]

स्ट्रांशियम-90

[डॉ. वेंटली ग्लास—अमेरिकी अणुशक्ति आयोग के सलाहकार—के एक वक्तव्य से प्रभावित होकर]

मेरी अँतड़ियों में
कैंसर का जीवकोष
नलियाँ आमाशय की ऐंठी-सी
सिकुड़ी हैं
रेडियो सक्रिय किरण
मेरी जुगुप्सित चेतना के मूल पर
छाई हुई है।
ध्वस्त लूली बाँह में हम—
        मुँह उठाये
जी रहे हैं एक टूटी जिन्दगी
दूर तक
सीमान्त पर
निर्धूम काली आग जलती
स्ट्रां-शि-यम! स्ट्रां-शि-यम!!
बर्फ की चट्टान में
उभरे हुए चेहरे पिघलते
और सड़कें रोशनी में बह रही हैं
बस्तियाँ वीरान काली तख्तियों में—
        झूलती हैं।

मैं अकेला
आदमी की जाति का टूटा हुआ प्रतिनिधि
अनागत पीढ़ियों की कब्र पर
दो फूल रखने के लिए
शायद बचूँगा
ओ समर्पित भूत प्रस्तुत!
खप गया मुझमें भविष्यत्
क्या कभी जीवाणुओं की प्रतिक्रिया में
मैं इसे फिर से रचूँगा?
गर्द में डूबा हुआ आकाश
तिलचट्टे सहस्रों
बढ़ रहे गुमनाम गलियों से
हमारे वंश-वृक्षों पर
अभीप्सित आज पर
कल पर
महकते फूल पर, फल पर
चमकती सर्चलाइट-दृष्टियों में
अजगरी फैलाव जलता
और मेरी जिन्दगी में
डूबती आदिम पिपासा
मुट्ठियों से है फिसलती
नदी खारी
दूध वाली बोतलों में
हड्डियों का अर्क केवल
इसे कैसे पी सकूँगा
कैंसर अँतड़ियों में
विकृत है पाचन की
सारी प्रणालियाँ...
फिर भी बचूँगा मैं

ओ मेरी अन्त:सलिला!
जीवित बचूँगा मैं
(मृत्यु हार जाएगी)
दे दो शिशु हाथ में

अपना परिपुष्ट वक्ष
दूध-भरा मातृ-स्तन
जीवित रहूँगा मैं
मुझमें शताब्दियाँ...।

[मराल : जनवरी, 1963]

जै बजरंग बली की

ऐसे गुरु औ' चेला
दोनों नर्क
में
ठेलमठेला
इनमें ला
ना फर्क
बड़ा मुश्किल है।

कारखाना

जब सारे शब्द चुक जाएँगे
हम अपने आपको
निहाइयों पर डाल देंगे
हथौड़ों की तृप्ति के लिए

हमें यही समझाया गया है

अपनी-अपनी कुर्सियों पर पैर रखकर बैठे रहेंगे
बख्शी, ओमप्रकाश या काँगड़ी...
(हिन्दी व्याकरण के कुछ संज्ञावाचक शब्द)
ऊब को सहेंगे (15 सितम्बर से पंखे बन्द रहेंगे)
आखिर गालियाँ हमें जिन्दा साबित करने के लिए
कब तक मदद करेंगी

और थकान से चूर
खराद मशीन में हाथ डालकर
एक मजदूर
'भाँग की पकौड़ियाँ' पढ़ता है
कौवे ने देश की कोई बात नहीं की।

गांधी जन्मशती समारोह : 1969

मुझसे मत पूछो काले गुलाबों की आँधी का नाम
मुझसे मत पूछो। एक नाम याद है मुझे
इस वक्त सिर्फ एक नाम—गांधी का नाम
चिड़ियाँ सवेरा गाती हैं और तारे
क्या गाते हैं—रात।
हम और हमारे बच्चे गाते हैं कंठ कंठ
पचास करोड़ कंठ एक साथ
गाते हैं गांधी का नाम?
रघुपति राघव राजा राम?

और मैं पूछता हूँ एक बेलौस आवाज के लिए
कितने साहस की जरूरत है।
और मैं पूछता हूँ गांधी होने के लिए कितनी
हड्डी और कितना गोश्त चाहिए
चाहिए अँधेरे में एक लाठी का सहारा
या
कोई दोस्त चाहिए।
'एकला चलो रे' की धुन पर, जब आदमी के पाँव आगे बढ़ते हैं
रास्तों से रास्ते फूटते हैं हम रास्ता चलते नहीं, रास्ता गढ़ते हैं
मगर जरा उस मुश्किल की तो सोचो जब हत्यारा
चाय और पसीने में कोई परहेज नहीं करता था
सात समुन्दर पार से आया हुआ सफेद भेड़िया
अपने दाँत हमारे मासूम चेहरों पर तेज करता था
जरा उस दिन की सोचो जब शर्म ऐसी कि हर हाथ अपना खुद ही गला
दबाता था

जब आँतों में ऐसी आग जलती थी कि हर भूखा अपनी ही अँगुलियाँ चबाता था
जब आजादी के लिए कहा गया हर शब्द अपराध था
हर ख्वाहिश शाम थी हर चेहरा रात था
जरा उस मुश्किल की तो सोचो
मगर फिर सहसा एक करिश्मा हुआ
गोश्त, गुस्सा और गरीबी से बाहर
किसी ने अपनी दुबली-पतली काँपती अँगुलियों
से अँधेरे का पर्दा दर पर्दा छुआ

और हमारे लिए आसमान की रोशनी का सातवाँ
दरवाजा खुल गया
चेहरे पर छाया हुआ
अँधेरा धुल गया
मगर मुझसे मत पूछो
काले गुलाबों की आँधी का नाम।

शहर को साबित करने के लिए

वे एक बार फिर
सस्ती दरों पर नीलाम करने लगे हैं
दस्ताने और छुरियाँ
और इतिहास का दर्द और बासी रोटियों की खुशबू का
शहर को साबित करने के लिए
दस हजार हिजड़े और एक चाबुक
एक कांस्य प्रतिमा और टूटे हुए वाक्यों का साहस
अन्तर्राष्ट्रीयता का गुप्त दरवाजा और नैतिकता की खुर्दबीन
छत्तीस गाँवों का अँधेरा और दमकलों की आड़—
में तय होने वाली 'राष्ट्र-भाषा' का मुहावरा
शहर के 'सबसे बड़े आदमी' का चुटकुला और दफा 144
और योजनाएँ...
और शिलालेख...

और झंडे...
और बत्तियाँ...

शहर को साबित करने के लिए
उन्होंने कहा—कविता
सही माध्यम नहीं है
कविता।
        माध्यम।
                    नहीं।
                            है...
उन्होंने कहा—जातिवाचक संज्ञाओं के वैधानिक अँधेरे में
शहर
काँच और पहियों से बना हुआ एक सार्वजनिक शोर है
एक 'सुकुमार कल्पना' है
जहाँ मौसम को नया नाम देने की उम्मीद में
आदमी
आदमी को काटता है
मगर मुझे पता है
कि भाषा की नींद में
शहर,
दीवारों का सपना है
जिसके पीछे 'मचकते' हुए चूतड़ों की
होड़ में औरतें
घरेलू होने का नाटक करती हैं और मर्द
मादा आदतों के खिलाफ
इश्तिहारों की जासूसी करते हैं
सीढ़ियों की समलैंगिकता से
परेशान अकेला आदमी भारी आवाज में
सड़कों का लड़कपन होता है
जैसा कि हर शहर में होता है
यहाँ भी एक घंटाघर है
एक 'नेहरू मार्केट' है
एक गांधी पार्क है

बीते हुए वक्त की चिन्ताएँ हैं
देशी बनियों की 'टेनी मार'
मुद्राएँ हैं

मजमा है : गुप्त रोगों के इलाज की
शर्तिया दवा है, आँखों की सेहत के लिए
थोड़ी सी घास है,
हवा है

शहर को साबित करने के लिए...

चीजों के ढेर में छिपा हुआ
अपरिचय है, नगरपालिका का
अव्यय है
यानी कि कूड़े के ढेर पर फेंका हुआ
एक नवजात बच्चे का शव है

मगर कुछ और भी है जो शहर को
साबित नहीं करता—
और शहर है
मसलन
एक दरख्त है जो तारों को अपने बीच से गुजरने देने के लिए
हर बार छँट रहा है
एक घर है
जो सड़क को आगे बढ़ने के लिए
रास्ते से हट रहा है
एक चेहरा है जिस पर
जली हुई जीभ-सी आँखें हैं :
एक कटा हुआ हाथ है आकाश छूती चिमनी पर
तड़ित चालक की तरह बँधा हुआ।
कविता है। लोहे और नींद में
लड़खड़ा कर गिरने और गुम हो जाने का
डर है

इस तरह
'कुछ' और भी है जो शहर को
साबित नहीं करता—
और शहर है।

[24.8.1967]

आवाजों की चिट्ठी

नीले आकाश की
परतों—कई परतों बाद
गुम्बद आवाजों के
बन्द हैं मसीहे जहाँ...
गुम्बद को भेदता
दरारें बनाता हुआ
एक वृक्ष धरती की ओर
बढ़ा आ रहा
एक शंख, एक फूल
(शायद कमल का)
झूल रहे डाल से
प्रस्तुत के नाम एक
चिट्ठी भी साथ में—
पुरखों ने भेजी है
अपनी बिसात में...।

[28.2.1962]

साँझ

साँझ
तेरे होंठ पर डूबी हुई
मुस्कान

झीने दर्द की
साँझ
सुरमीले गगन में
ईंगुरी बरसात
दिन के गर्द-सी
और हम तुम,
डूबते मन को सहारा दे रहे हैं।
जल रहे दीपक दिखा
या
व्योम तारे को,
निरन्तर काँपता जो उग रहा है।

[28.2.1962]

सन्नाटा

गुपचुप...गुपचुप...
सब कुछ चुपचुप
थमी थमी सी—
हलकी हलकी साँस
धँस धँस जाती
है छाती में
धड़कन की लघु साँस
आशंका का एक पँखेरू
सूनी आहट छोड़
फड़का कर पर,
पार कर गया
टूटे मन का मोड़
बढ़ने लगे अचानक मेरे,
जल्दी जल्दी पाँव
अभी आगे है मेरा गाँव।

[मार्च, 1962]

सूर्यास्त से क्षण भर पहले

सूर्यास्त एक...!
सूर्यास्त दो...!!
और...और...!!!
और रुको...
सूर्य के लिए,
नीलाम पर चढ़े—
सूर्य के लिए!
आखिरी बोली नहीं।
शायद यह अन्धकार
आगे जो बढ़ रहा
मोल कुछ बढ़ा ही दे...।

[31.3.1962]

अभिव्यक्ति की भूख

भूखा हूँ...!
...भूखा हूँ...!!
× × ×
शब्द दूर-दूर गया
गहरे अँधेरे की
सीढ़ियों पर पाँव धर,
किन्तु नहीं था उत्तर।
अपना तन 'कुतर-कुतर'
खाने लगा मरघट की
सूनी इकाई का
एक मात्र ईश्वर...
रक्तमुख...। आँखों से
आँसू बहता रहा...
× × ×

और सुबह कब्र पर
मुस्काया एक फूल
लाल-लाल
मुक्ति-शूल!

[11.4.62]

गरीबी

गरीबी
एक खुली हुई किताब
जो हर समझदार—
और मूर्ख के हाथ में दे दी गई।
कुछ उसे पढ़ते हैं
कुछ उसके चित्र देख
उलट-पुलट रख देते
नीचे—'शो-केस' के।

[11.4.62]

शिष्टाचार के नाते

चिर प्रस्तुत मुस्कान
अधर के सूने-सूने प्लेटफार्म पर
रही टहलती
जुड़े हाथ
भौंहों में आया तनिक बाँकपन
पीक पान की थूक सड़क पर
दुहरे होकर किया नमस्ते
खुश तो हैं!...सानन्द रहे ही होंगे...!!
गोटी लाल है...!!! (भई वाह! अजीब कमाल है)
अपनी-अपनी माप-तौल के लिए

बने शब्दों के नपने
पर की पीर, पराये सपने।

[1962]

बोझ का नाता

[दिवंगत चाचा रामनेवाज पांडेय की स्मृति में तारीख 24 मार्च, 1962 को सुबह 6 बजे मणिकर्णिका घाट पर लिखी गई। उनकी मृत्यु 23 मार्च, रात्रि 11 बजे हुई। अब परिवार का भार मुझ पर ही...]

शीत—
सिकुड़ा है नदी तट;
खंड हिम का गल रहा
सीढ़ियों तक आँच लगती
इस अकेले भोर का
साखी बना सूरज चिता-सा
जल रहा
दृष्टि गीली, शून्य के दिक्कोण पर
उलझी हुई,
उड़ गया पंछी जहाँ से—
वायु-अणुओं में अभी आवेग
पास जितने लोग—
अपने में मरे बैठे हुए
किन्तु गंगाजल मुखर गतिवान—
खेत-घर
खलिहान यह श्मशान...
हम न रोते, तुम न रोते
रो रहा है स्वार्थ
आह कितना आर्त।
टूटती चिनगी चिता से
कौंध जाती राह
आँसुओं डूबे कई चेहरे उभरते
और मेरा हाथ सहसा...

वक्ष पर फिर काँध पर है घूम जाता।
बस अधूरी जिन्दगी में—।

अलानी

[23.6.62 को बेटी इन्दु की मृत्यु का समाचार सुनकर]

जिन्दगी एक खूँखार इच्छा है
जो अपने को खा जाती
और निरामिष होना
आदमी की पहली कमजोरी
क्योंकि हमें शान्ति से
जीना है।
हम हर पैबन्द को
नीचे ही
ढक देना चाहते हैं
सत्य की एक शर्त भी होती है।
मैं
इसी इच्छा
इसी कमजोरी
और इसी शर्त को जीता हुआ
मरी हुई लड़की का बाप हूँ
जिसकी किलकारियाँ
मेरी असंख्य अपराधी मुद्राओं पर
अंकित हैं
'जी लो ओ पिता!
        जी लो यह जिन्दगी
यह शान्ति!
यह सत्य!!
जी लो यह प्रतिस्पर्धा!!!
अपनी संतानों से'
और मैं चुपचाप सुनता हूँ
बीमार अँधेरे में
आवाज का इस तरह

सिसक-सिसक रोना...।
शताब्दियों की मौत का जश्न
मनाता हुआ
अर्द्धविक्षिप्त सूर्य
पीली डोरियों में बाँध कर
नीली पतंग उड़ा रहा है।
घूमती हुई धरती पर
मैं किसी आस्थागत संकल्प का
ध्वस्त शिलालेख
जीवित हूँ :
लिपियों का अन्धापन
भगोड़ी आत्माओं को
ढूँढ़ता है
रीते भटकाव में।
किन्तु मैं किसी शब्द को
        अर्थ नहीं दूँगा
सारी परिभाषाएँ मेरा परिवेश हैं
सब कुछ होने के बावजूद
तेरे न होने का मुझे नैतिक दुख है
ऐसा दुख—जो अभाव का नहीं
        और न कुछ पाने का
बल्कि तेरे होने के अहसास का है
जिसकी गवाही में
मौत अभी आई थी
मुझे दुख है
सबकी आँखों में भरी
निरीह दया के लिए
मैं जिसका शीर्षक हूँ...
मैं...आह! मेरे लिए
प्रार्थना कर
मेरे लिए माफी माँग ओ बेटी!
क्योंकि इस दुनिया की
        यही परम्परा है

यहाँ पिताओं के गुनाहों की माफियाँ
माँगी हैं उनकी संततियों ने
बाँहें उठाये हुए
अन्तहीन शून्य में।

[वागर्थ-98, अक्टूबर]

अनिश्चय

देखता हूँ—लौट कर पीछे
बहुत ही दूर मुझसे
जिन्दगी छूटी हुई है
साँस की यह रूप-डोरी
हाथ में है आज भी—
पर बीच में टूटी हुई है
लक्ष्य मद्धिम
बुझ गए संकेत
केवल है अँधेरा घुप्प चारों ओर;
जिसमें दूर तक उभरे हुए तट की घनी परछाइयाँ
हैं तैरती
छप्...छप्...छपा छप्...
ध्वनि निरन्तर आ रही है।
और सरिता की गतिज अन्तर्मुखी धारा
किसी चट्टान से टकरा रही है।
सामने टूटा हुआ पुल...
और पीछे आहटों की चीख...

मैं खड़ा हूँ विजन तट पर
मौन...
एकाकी...अनिश्चित...।

[जनवरी, 1963]

युद्ध तत्पर

मैं पुन: माँगा गया—
इतिहास के वैश्वानरों से।
मैं विसर्जित युद्ध
फिर सौंपा गया—
आदिम अपरिचित नग्नता को
क्यों?...मगर क्यों?
दूर बजती कौंध
उड़ती ही गई प्रश्नांत तक
बर्फ में उलझे कपोती पंख
रह-रह तड़फड़ाये...
उत्तरी सीमान्त तक।
'कुरुखेत' और 'कलिंग' से
लौटा हुआ मैं
पढ़ रहा था पाँच सत्यों के नये सन्दर्भ में
अवलोकितेश्वर को
किन्तु किसने रख दिया
इन घाटियों की देहरी पर
बर्फ के नीचे दबा
चमकते श्वेत पंख कपोत के
और किसने रक्त में
उँगली डुबो कर
रक्त बर्बर अक्षरों में
लिख दिया दीवाल पर—
'युद्ध! केवल युद्ध!! केवल युद्ध!!!'
मौन कास्मिक किरण गन्धी
गूँज की परछाइयों में
एक पीला और बौना हाथ
शिखरों के समानान्तर खिंचा है
ह्वांग हो के वक्ष पर बाँधे
क्षुधातुर ड्रैगनों का झुंड
पर्वत की चमकती चोटियों पर

चढ़ गया है।
तभी मैंने चौंक कर देखा—
कि मेरी तर्जनी के द्वार पर
नाखून सहसा बढ़ गया है।

[15 अगस्त, 1963 : 'कुटज']

एक प्रश्न

जब बर्फ पिघली
चीड़ की डाल पर
फँसी हुई
चिड़िया को देखकर
काली चट्टान ने
उजली चट्टान से पूछा—
गोली तो आदमी ने
आदमी पर चलाई थी
यह चिड़िया कैसे मरी...?
जब बर्फ पिघली
तो एक चट्टान ने दूसरी से
यही पूछा!

[4 सितम्बर, 1963 : 'कुटज']

धुरीहीन गीत

वंशी के पास
एक मोरपंख
दुहरी लकीरों में घिरा हुआ
टूटा रथाग्र...
और ध्वस्त चक्र
खाली हवाओं की सीटियाँ...।
मौन शंख...

वंशी के पास
एक मोरपंख...।

[18 सितम्बर, 1963 : 'कुटज']

दर्शन

टन्-टन्-टन्
घंटा ध्वनि
प्रतिहत दीवारों से
लौट-लौट आती है
रुक जाता
पुजारी का
ऊपर उठा हुआ हाथ
प्रतिमा
मुस्काती है।

[18 सितम्बर, 1963 : 'कुटज']

आत्माभिव्यक्ति

मैं
सतह की धूप-सा
फैला हुआ था
पर अँधेरे ने
मुझे चमका दिया
केन्द्र पर
बरबस
अकेला घेर कर
× × ×
मैं
अपरिचित भीड़ की
आवाज...

व्यक्त मुझको कर गईं
खामोशियाँ
आकाश की...।

[18 सितम्बर, 1963 : 'कुटज']

हवा की मौत

सन्नाटे में—
दूर-दूर तक बद-बू
महक रही है :
अरे नहीं—यह पहली मौत नहीं है
इससे पहले
कई हवाएँ और मर चुकीं।
पानी की आँखों में नीले दाग
तैरते
झूल रही रस्सियाँ अधर में
पीब भरा मुख
अन्धकार को चूस रहा—
बँधी मुट्ठियों वाले—
इस निर्वीर्य नगर में
पशु सेवा केन्द्रों से लौटे—
लोगों की दातौन
खून से भरी हुई है।
अपमानित क्षण
छोड़ गए टूटी खिड़की पर
चुम्बन की मासूम इकाई
धूप देख जो डरी हुई है।
कड़े प्रयत्नों की पीड़ा के—
बाद उभारी हुई हँसी
आकृतियों पर खींच रही है
परिचय की बदशक्ल बेबसी।
यह सारा माहौल
किसी हद तक अपने को

ढोने की दुखती मजबूरी
ढकने के प्रयास में
सड़ना
और मुट्ठियाँ बाँध-बाँध कर
अपनी ही छाया से लड़ना
एक नहीं, दो नहीं—
हजारों और हजारों बार
हवा की मौत—
हवा की मौत—
हवा की मौत—

[25 सितम्बर, 1963 : 'कुटज']

यह पीढ़ी

इससे पहले की पीढ़ी ने
इतना दर्द नहीं देखा था
और नहीं झेला था इतना
टूटे संकल्पों का निश्चय
इतनी बार
कभी झुठलाया नहीं गया था—
परिचय
देहों का अवकाश
तापक्रम के हिमांक पर
इतना ज्यादा
कब पिघला था
ऐसा पहले कब निकला था
मृत्यु गृहों में
बत्ती गुल होने का आशय
इतना ज्यादा
कभी बुभुक्षित नहीं हुआ था
चिरकुमारियों का
गर्भाशय।

कब जन्मीं इतनी तृष्णाएँ
निरावरण
कब हुईं स्वत:
इतनी जंघाएँ
इससे पहले अन्धकार ने
(किसी गली में)
नहीं पढ़ा था—
वीर्य लिखे विज्ञापन का सुख
इससे पहले कभी न देखा—
अस्पताल की खिड़की में
इतने विवर्ण मुख
नहीं, नहीं—ऐसा युग पहले
कभी नहीं आया था
वर्तमान पर कभी आदमी
इतना अधिक न पछताया था
युग बोधों की निष्क्रियता में
रिसते-रिसते
सूख गए हैं—
दूध खून के सारे रिश्ते।
एक साथ कमरे में रहने
का दुख अनजाने सहती हैं।
माताएँ बालिग बच्चों से
रात-रात डरती रहती हैं।
शुद्ध वायु के लिए तड़पते
प्राण पिंड में
जीवित रहने की आकांक्षा
क्षण-अनुक्षण ढोती रहती हैं—
सिर पर छत होने की पीड़ा।
चेहरों पर पहाड़ उगते हैं
जिन्हें रेत धोती रहती है
इससे पहले—
मिट्टी का इतिहास लिखा है—
ज्योति पर्व ने
उद्धत जब से

केवल यह पीढ़ी ऐसी है—
जिसने सारे दीप बुझाए
अपनी परछाईं के भय से।

[30 अक्टूबर, 1963 : 'कुटज']

दीपावली

टूटे अस्तित्वों की संध्याएँ
औंधी पड़ी हैं,
आकाश रिक्त-पेट-सा
दिशाओं के घुटनों पर टिका है
दूर-बहुत-दूर
सभ्यता की हथेली पर
चिताएँ जलती हैं दक्षिण विएतनाम।

× × ×

पुरातत्त्व विभाग ने
आज फिर पाया है—
गहरे अँधेरे में
शिरविहीन बुद्ध की काँसे की एक मूर्ति
जिसकी दाहिनी मुट्ठी में
मरा हुआ कौआ है।

× × ×

सलीब के समानान्तर
नीग्रो की जली हुई देह सुलगती है
होंठ।
दाँतों से कट गए हैं
अँगुलियाँ मुट्ठी में टूट गई हैं
ईसा ने
सदियों की घृणा से
क्रूस पर करवट ली—
और थूक दिया है।

× × ×

(एक चित्र)
मरे हुए सैनिक की घड़ी का
रेडियम चमकता है
पथरीले ढालों पर उलटी हैं
कई पंचर गाड़ियाँ
जिनके पहिये अब भी घूम रहे हैं।

× × ×

दीपावली!
दीपावली!!
सिर पटकती है!
कुर्सियाँ आपस में
सट गई हैं
यौन-सम्बन्धों की खाइयाँ
अनायास पट गई हैं।
काँपते हुए हाथों ने खींच लिया है
बच्चों, युवाओं और बूढ़ों को
मृतकों के मुख से
कफन हट गया है
ढेर सारा अन्धकार आकारों में
सिमट गया है।
(और हम सुरक्षित हैं)
पर्दों के पीछे लोग
काली घटनाओं को रचने में व्यस्त हैं
क्योंकि अभी
विद्युत उत्पादन के
यंत्र क्षतिग्रस्त हैं।

[13 नवम्बर, 1963 : 'कुटज']

पावक चरण

...! ...!! ...!!!
हम मरणधर्मी नहीं हैं
ज्योतिवाहक

अग्नि कोणों से जुड़े रिश्ते हमारे।
जल उठे काले पहाड़ों की—
        धधकती चोटियों पर
फिर नये अंकुर उगाने
आ गए हम
राख की ढेरी निमंत्रण दे गई थी
जो उपस्थिति ने पवन के हाथ भेजी
हम अनागत के नये मूल्यों भरे
गुरुत्व के पावक चरण हैं।

[कविता, 1963]

जब उन्मेष नहीं मिले

कल जो देखा
इतना कम था
जितना मन ने
और तलाशा
कन्धे छिले हुए सूरज के
रात रो रही
सभी जगह
यह बात हो रही—
मरा हुआ दिन
इस धरती पर
फिर जन्मा है।

[18 दिसम्बर, 1963 : 'कुटज']

प्यार

प्यार ऐसा मधुर छल है, प्यास की—
प्राण जाए, पर जलन जाती नहीं

स्वर्ण दीवट पर धरा है दीप;
लेकिन जल रही बाती कहीं,
एक अनहद नाद—
जो गहरे अँधेरे में
सदा चुपचाप चलता है
प्यार उम्रों के सपन का मोड़ है—
जो नींद में करवट बदलता है।

[5 फरवरी, 1964 : 'कुटज']

प्लेग

भूख की गलियों में
पागल चूहे दौड़ते हैं
रिश्तों के जोड़ पर
गिल्टियाँ निकल आई हैं
बीमार सुविधाएँ
सन्निपात में चीखती हैं—
'देश...काल...शान्ति
आँऽ...आँऽऽ...हिच्
भ्रान्ति...।'

[12 फरवरी, 1964 : 'कुटज']

ठंड

पाकिटों में काँपते हुए हाथ
बटन ढूँढ़ते हैं
सहसा हवाओं में
देहों की आँच
मौसम की ओर बहने लगी है।

[12 फरवरी, 1964 : 'कुटज']

शाम-2

तैरी
बहुत देर तक तैरी
धूप
नदी के शीतल
जल में
और अन्त में
ऊब गई
चट्टानों में डूब गई।

[1964]

सत्य

पता नहीं
किसने इस धूप में
बेचारे झूठ को
उलटा लटका दिया।

[12 फरवरी, 1964 : 'कुटज']

फागुन : एक उपयोगी दृष्टि

मौसमों के संक्रमण का दिन
छेड़ता है धूप सधी वायलिन
नीड़ पर बस एक रस-धुन
बज रही—
फागुन...।
एक अलसाई उदासी
पोर-पोर उघर रही है।
दुरस दुपहर पत्तियों सी

झर रही है।
ज्योति गर्भ समुद्र पूरे ज्वार पर है
और कच्ची उम्र वाली लड़कियाँ
तट पर खड़ी हैं
—स्तब्ध।
चेहरों की सतह पर
कुछ उतरती आयु वाली औरतें—
        औंधी पड़ी हैं।
कामनाएँ देह की पिचकारियों में
रंग भरती हैं
यौनताएँ
रोटियों में रूप का
उपयोग करती हैं।
और हम चिथड़े जुटा कर
स्वस्थता के क्षण
अयाचित भीड़ पर
सस्वर लुटा कर—
आग की करते प्रतीक्षा—
एक संवत्सर जलाने के लिए।

[26 फरवरी, 1964 : 'कुटज']

समन्वय की पीड़ा

नीति शतक
शृंगार शतक
वैराग्य शतक के बाद
समन्वय की पीड़ा में
जीवित हैं सैकड़ों भर्तृहरि
फुटपाथों के दायें-बायें;
बिना रीढ़ दिन-रात ढो रहे
उम्र कमाने की चिन्ताएँ।
वक्षस्थल को दबा परस्पर

मुख से मुख को
मिला रहे हैं;
देहों पर धर देह भार वे
जोर-जोर से हिला रहे हैं
सहसा सीलन भरी—
धुआँसी छत जैसे
टप्-टप्-चू जाते
प्रेम! प्रेम!! ओ प्रेम!!!
तुम्हारी चरम तुष्टि का छोर!
कहाँ है
जिसको कभी नहीं छू पाते...।

[25 मार्च, 1964 : 'कुटज']

आदिम सन्नाटे की रात

जहाँ तुम नंगी हो...
वहीं मेरे प्यार की हथेली है।
अन्धकार के पत्तों पर
आदिम सन्नाटे की रात
बिखरी है—
दृश्य थरथरा उठा है
किसी ने बगल में
जोर से चुटकी भरी है।
जहाँ तुम नंगी हो—
वहीं से इतिहास के पन्ने
फट गए हैं,
खंडित स्तूपों के शिरोभाग
आपस में सट गए हैं।
जहाँ तुम नंगी हो—
वहीं एक वर्जित क्षण
हमें कई परतों में/खोल गया है,
मन के असंख्य रन्ध्रों से

एक अनिवार्य शब्द
हमें कई अर्थों में
खोल गया है।

[23 मार्च, 1964 : 'कुटज']

अजनबी

जब मैं चुपचाप
कचनार के पेड़ों से गुजरता हूँ—
हवा के होंठों पर
निर्लज्ज आस्था का एक गीत होता है
जिसे वह एक निश्चित लय में बाँध कर
गाती है—
पीली परछाइयों की
सामुदायिक घृणा मुझसे टकराती है
टूटे फौलाद को जोड़ने की गर्मी और
पिछली आत्माओं का शोकगीत
ढोती हुई हर पत्ती
चीखती है—
अजनबी...अजनबी...
(मैं हर मस्तिष्क में
सिर्फ एक सवाल बन कर रह गया हूँ)
और आज भी
अब भी
इस उदास मौसम की शाम :
मेरे हाथ में काँपता है
बासंती हवा के नाम
पतझड़ का मौन सन्देश
जिसे किसी डाल ने
परिचय नहीं दिया।

[25 मार्च, 1964 : 'कुटज']

ओ प्रभु

निराकार ओ प्रभु!
तुम नंगे हो,
तुम्हें न ढक पाई सदियों की
सतत वासना
युग पुरुषों के श्वन इंगित पर
लम्बी-लम्बी ढीली बाँहें
गीली आहें
परम्परा के दत्तक पुत्रों को अर्पित हैं
पितृहीन
नि:संग
अरक्षित
तुम्हें मिला क्या
केवल एक प्रयोजन
जिसकी सिद्धि न साध्य हुई
बस साधन...।
ओ प्रभु! हम-तुम सहयोगी हैं
तुम्हें समर्पित
मेरे संवेदन का
कण-कण।

[29 अप्रैल, 1964 : 'कुटज']

परिचय

काँच के टुकड़े बरसती
आँख प्रश्नों की
बहुत उत्सुक हुए से
लोग मुझको
देखते हैं;
किन्तु छाते की कमानी-सा बना
मेरा अकेलापन

मुझी पर वार-आहत
        झेलता है।
आह लम्बी सड़क
व्यक्तिगत उत्तर कहाँ तक दे सकूँगा
नीली झील
मैं उजले दरख़्तों के सहारे
पार करता
श्वेत पत्थर ढूँढ़ता हूँ
जो हवा में ठहर जाए
और उस पर टाँक दूँ मैं
एक ट्यूनिंग-स्पार्क
टूटा।

[6 मई, 1964 : 'कुटज']

बरसात

अन्तराल बदली का
इतना अधिक
पसीजा
पेड़ न सूखा
सावन की बिजली
चमकी
फिर लाल हो गई।

[6 मई, 1964 : 'कुटज']

पगडंडी सूनी : आँखें भरी हुईं

शीशे में बिम्ब नहीं—
पाँवों की आहट के;
सरपट पगडंडी पर

घूमता अकेलापन;
एकाकी...मौन मन।

आधी रात की यादें

कई बार सोचा है—
तुम्हारा सिंगार करूँ फूलों से
और तुम्हें झील के किनारे
खड़ी कर
पानी में कंकरी फेंक
गहराई की छाती में नश्तर उतारती हुई
प्रति छवि
निहारता रहूँ
कई बार महसूस किया
गहरे एकान्त में
कि मेरी पीठ पर
दो नम आँखें हैं
और मैंने जलते अधरों को
काँपती अँगुलियों से
बार-बार छू लिया। यह मीठी अनछुअन
उस टटके चुम्बन की याद मुझे देती है
जो कि विदा-वेला में तुमने है आँक दिया
बर्फीली चन्दन की डाल पर
इस क्षण
सच मानो
मेरा वर्तमान पसीज रहा है
और इस बढ़ती उमस के बीच
मैं अन्धकार की अछोर कालिमा में
तैर रहा हूँ
सामने तट है या कोई जलचर
ज्ञात नहीं। मेरी आँखें तो
उस जल-कुईं पर लगी हैं
जिसके पोर-पोर में

तुम्हारे रूप की
हलकी-सी कसक-चुभन...
उगी है।

कवि : एक उद्‌बोधन

हो तुम हुंकृत शेष
सत्य के नहीं, मृषा के
तुम पावन सन्तोष
शान्ति के नहीं, तृषा के—
क्षुधा के
ऊर्जस्वित ऐश्वर्य
नमित वसुधा के
जीवन के ज्योतिर्विहान के...
रवि हो
कवि हो।

बसंत-श्री

आ अरी ओ चिर प्रतीक्षित।
आ;
तेरे लिए मैंने
झरे कास-फूलों की
हरियर पगडंडी पर
पलाश के फूल बिछा दिये हैं—
मेहँदी की पत्तियों के हाथ
कुंकुमी-सन्देशे
चारों ओर भेज दिये हैं कि तुम
आ रही हो।
अब कहीं राख नहीं है
हर चीज खुली चिनगारी की तरह
चमक भरी है कि आग नहीं है...

ऐसी कोई शाख नहीं है
कि जिस पर फूल न हो।
पछुआ पगडंडियाँ बुहार चुकी
और अब बाँस-फुनगी पर चढ़
क्षितिज की धुन्ध में उगती हुई
तुम्हारी ज्योति छाया को निहारती
खुशी से झूमती है
बूढ़े बरगद की आँखों में
एक चमक;
और मेरे हाथ में सप्तपर्णी फूल
जिसे तेरे स्वर्णिम जूड़े में
खोंसने के लिए
मैं खड़ा हूँ...।

[मई, 1962 : 'बासंती']

सपनों के पंख झरे

आह! तुम किधर गए।
मेरी उम्मीदों का
घायल जल-पाखी
तड़पा है बार-बार
मन के किनारे पर।
टूट गए सपनों के पंख झरे।
आह! तुम किधर गए—
कौन इसे अंक धरे।
लहरों में काँप रही
पानी की परछाईं
पानी है, परछाईं, अनजानी गहराई
लहरों का करुण-करुण
कम्पन है—
टूटा हुआ मन है।
रेती पर पैरों के

चिह्न अभी हैं बिखरे।
आह! तुम किधर गए
कौन इन्हें अंक धरे। सपनों के पंख झरे।

सांस्कृतिक पृष्ठ

'धड़-धुजा' हीन
भाव-चित्र मुख-पृष्ठ पर
जिसके बखान में
रँगे थे तीन काफिए :
भाव-बोध, रंग-बोध, और कुछ व्यक्तिगत...।
भीतर आयाम नये
पाठक के प्यार-पत्र
'जिन खोजा तिन पाइयाँ' की उक्ति में,
        सूक्ति भरा सूची-पत्र
बिलकुल 'तकनीक' नई
बात नये ढंग से कही गई
आँखें जुड़ा गईं
'जमहाई' आ गई
'निर्जल' जी हो भईं...।
(बाहर थे यार कई)
साथ में चला गया
लौटा तो देखा कि...
मेरी उस सांस्कृतिक
पत्रिका का वह पृष्ठ
फाड़ रहा था काली
(मेरा इकलौता बेटा)
जिसमें किसी साहित्यिक ने
एक साहित्यिक को
दी थी मिठास भरी
एक साहित्यिक गाली।

[1962]

दूरी का घेरा

यह सुनसान अँधेरा...
यह सन्नाटा
जी में कुछ खुरच गया
जिसमें मैं कुछ डूबा।
जो कुछ थोड़ा बच गया—
उसी ने सोचा—
काश! कि इस पगडंडी पर, हम तुम संग चलते
पगडंडी—
जिस पर निस्पंदित—
तरुओं की भोली शाखाएँ
तिमिर पी रहीं, पातों का संकेत छिपाए।
बिजली के कुछ दीपक जलते
जिसमें हिलती शलभों की कँपती छायाएँ।
और हमारा हाथ
तुम्हारे हाथों में
छाती की धड़कन का संवेदन पढ़ता।
रग-रग के हर तार टूटते
इन्द्रधनुष सपनों में बँधता
धीमे-धीमे...
हम तुम पर बस एक नशा चढ़ता।
जिसके आवेदन में
हम झुक जाते...
क्षण चुक जाते...
और टूटते तन-मन की दूरी का घेरा।
यह सन्नाटा...
यह सुनसान अँधेरा।

कल के लिए

वहाँ
उस अँधेरे में
रोशनी उलटी हुई-सी दीखती है

अनगिन आकारों के
धुँधले आभास
आस-पास कुछ नहीं
आशंकाएँ...
सूनी परछाइयाँ हैं
जो कि मेरा श्वास पीना चाहतीं
और मैं समर्पण के
इस शाश्वत क्षण में भी
अपने को बचा रहा
केवल—कल के लिए।

अजंता की गुफा में

शिः...शिः...
आहिस्ता बोलो
बुद्ध के कान बड़े लम्बे हैं...
लेकिन मैं पास खींच
चूम 'उसे' लेता हूँ...
आँखें तो बन्द हैं।

विश्वास मुझको जी रहा है

प्यास इतनी है कि मेरा दर्द—
मुझको पी रहा है
किन्तु मेरे स्नेह का विश्वास
मुझको जी रहा है।
अन्यथा मैं चुक गया होता
अँधेरी-घुप्प इन बँसवारियों में
भटकते से जुगनुओं की दीप्ति सा।
मैं रुक गया होता
थके से पाँव की गति सा।
और मेरा—
मान-मर्दित मन

कभी का झुक गया होता
कमर पर से अधूरा टूट कर।
किन्तु मेरे स्नेह का
विश्वास मुझको जी रहा है।

आस्था

इस खुले आकाश के आगे
अमावस सी बिछी है जिन्दगी
काँपते दो-चार तारे...
जुगनुओं की कुछ कतारें...
—यह उजाला
ढूँढ़ता है घोर तम में
ज्योति की खोई उमर
भोर की पहली लहर
किन्तु केवल,
धुन्ध है हर श्वास के आवास में
प्यास केवल शेष है...
        विश्वास में...।

मन की रेखा

मैंने मिट्टी में केवल रेखा खींची—
पर उससे पत्ती, पान-फूल
डाली, गौरैया और शूल
दो मानव आकृतियों के घेरे
हर क्षण, बस जाने वाले
कुछ रैन बसेरे
बन गए...।
बन गए समय की आँखों में
कस जाने वाले।
कारण?
शायद इस रेखा से
थी जुड़ी हुई कोई रेखा

अस्पष्ट, अपरिचित,
हँसमुख, व्यस्त, व्यथित...
झिलमिल करती
सूनेपन में लघु डग भरती...।
वह आई
उसको हमने देखा
मेरे ही मन की रेखा।

[जनवरी, 1962]

तीन मुक्तक

मिटने का मूल्य क्या—
दो खारे अश्रु-कण
आहों का श्वास है—
गीतों का एक क्षण।

मेरा विश्वास है
मेरी यह प्यास ही
देता अमरत्व है
मुझको यह नाश ही।

जीवन की भूल यहाँ
मीठा अभिशाप
मेरा क्या रूप अरे...
सुन्दर है पाप।

नीली आँखों के तीन कोर

डुबुक्...
लोहे का एक टुकड़ा
तूतिया का घोल...!!
और मेरा मन
तुम्हारी आँख;

मेरी मुस्कान की
पहली आशीष-किरण
साफ धुले स्लेट पर
गैरिक रेखाएँ
खींच गईं

दोनों तट भीग गए
इतना जल
उजली मछलियाँ
उलीच गईं।

स्मृति

मन की बालू-रेती पर
दर्द की अँगुलियों ने
सौ बार तुम्हारा नाम लिखा—
मिटाया नहीं।
अतीत मेरी आँखों में भर गया
दो बूँदों के साथ
बरबस
खाली हाथ
लगा, जैसे कोई गया...
चला गया...
आया नहीं...।

शीशे का शिकंजा

शून्य में लटका हुआ है
प्यार का आधार
काली मक्खियों का
मौन पहरा
और खाली गिलास—
शायद मैं स्वयं हूँ
भर गया जो रीतने के वास्ते।

आपबीती

निरर्थक शब्द जैसे—
जी रहे हैं हम
कि जिसका एक भी अक्षर न कोई मूल्य रखता है।
अकिंचनता...
अकेलापन...
कुँवारी साध रीती है
अभागी अर्थवत्ता में—
निरर्थक आपबीती है।
न जाने किन्तु फिर भी क्यों
मुझे तेरी महकती याद
पीती है।

अनुभव

मैं धुएँ को
कमरे में
बन्दी बनाना चाहता था
छटपटाते श्वास को
समझा लिया मैंने
खिड़कियाँ बन्द कर दीं
        मन्द कर दी
कालिख उगलती हुई
ढिबरी की टेम
लेकिन यह महाकाला धुआँ
रोशनी की रेती से
क्रैंच क्रैंच रेती गई
द्वार की दरारों से
छन छन निकल गया
शेष बची तीखी
कसाव भरी एक गन्ध
मेरी बन्द मुट्ठी में।

[13.3.1962]

पुच्छल तारा

रात
एक भंगिन की
काली कलूटी
अनब्याही बेटी है
जो झाड़ू सिरहाने रख
सो गई
और सुनहली आँखों वाली
असंख्य नीली मक्खियाँ
उसके चारों ओर
भनभना रही हैं।
मलबे के ढेर पर खड़ा
एक भूरा-भूरा जीवाणु
काला-काला झाग वमन करता है
देख जिसे इक्के-दुक्के राहगीर
        चौंक-चौंक पड़ते हैं
        भय से अनागत के।

[13.3.1962]

प्रात

रात ढले
हेम-रश्मि-माल
गले।
कनक रथारूढ़
मूढ़-तोम-सन्निपात—
प्रात आ रहा।
पात हिले
ओस-शुभ्र-बिन्दु
ढले;
भूमि तले।

जाग उठा प्राण, सद्य:स्नात;
गीत गा रहा
        प्रात आ रहा।

अँधेरा

फूल पर तितलियों का
मँडराता रूप नहीं;
साँझ नहीं; धूप नहीं,
केवल धुँधलका है।
अभी-अभी
रजनी की—
फूल भरी अँजुरी से—
गमलों में, क्यारी में
पेड़ों-बगीचों में
द्वार पर गलीचों में
अँधेरा छलका है।

टूटे पुल का आकर्षण

तीखे कटाव पर
झाग भरे शिला-खंड
चिकने घड़ियाल;
धार के चढ़ाव पर
सिंही मछलियों का
अहरह आयास
डालों पर चीड़ की
        सुरहुर,
धुई हुई, रूई के
कई गुच्छे
मेरी पद-यात्रा के
कारण नहीं हैं।
मछुओं के वंशी स्वर।

पीले हैं गन्ध मत्स्य-बाला की देह के
लहरीली लहरों पर
नावों का आहिस्ता-आहिस्ता
केवल सरकाना
पालों के पंख तने।
संझा अँजोरती
        किनारों के पाट में
रोशनी परतूलों की
मेरी पद-यात्रा के
        कारण नहीं हैं
यह भी नहीं कि मिले हम-तुम
        इसी तट पर।
कितना अशीर्ष हम
        अपने एकान्त को
कितने क्षण जीवित हम में हुए अनुक्षण
नहीं...यह सब मेरी
पद-यात्रा के कारण नहीं हैं
मुझको तो खींच रहा
साखू का वह पुल—केवल
वह टूटा पुल
जिसका है पानी में आधा तन
आधा तन रेत में...।

सूरज के संकेत

सूर्यमुखी संध्याएँ
धुँधली गोधूलि
बिखरी आवाजों को
पीता आकाश...
उगता अँधियारा
भारानत पत्तों पर
टुन-टुन-टुन तारों की
दिशाहीन घंटियाँ
आँखों की

दो गीली कोर
उठे हुए पथराए
क्षितिजों की ओर
किरणों की अँगुली के पोर।

धूप

बिखरी है मेरे आँगन में
सोने जैसी धूप।
है पछोरती उषा सुहागिन
उसको भर-भर सूप।

भित्तिचित्र : एक प्रतिष्ठापन

आओ, हम दीवाल को रँगें
उपलों के विविधायत
चन्दन के छींटों से
गेर दें...
तुलसी के चौरे को
कलमी गुलाबों से
घेर दें।
औंधे मुँह झोंपड़े
टँके से कार्य व्यस्त लोग, गूँगी परिभाषाएँ...
सबको आकार दें
पानी की मटमैली
उलझी लकीरों को मिटाएँ
चेहरों में चमक भरें
प्यार दें...।
खाली कनस्तर की
लबधब आवाजों को
बोध नहीं। समझें हम
पीड़ा को केवल आत्म-शोध नहीं
जीवित क्षण जिएँ

उसको ही टाँकें...
धूप पिएँ...
आगत को आँकें!
लीक को मिटाएँ नहीं
लीक पर चलें नहीं
भूलें अतीत नहीं
प्रस्तुत को छलें नहीं।

सूर्य

ढूह की ओट लेते
अस्त होते सूर्य सुनो!
बासी संध्याओं की अविकल मुमुक्षु याचना
अन्तर्मुखी ध्वनियों में
बिखरा है अन्धकार
पानी कमर तक
भिगाव झुकी पलकों तक
ऊपर उठे हाथ
आत्म-रत चीत्कार,...
कल भी आना
ओ देव!
लाना जिजीविषाएँ
जीने की इच्छाएँ...
...!

लौटा हुआ यात्री

अन्धकार...
टेक लिये
द्वार पर खड़ा रहा
निस्पृह-धापदी नहीं
मटियाली छिपकली
किवाड़ की दरार से

झाँककर चली गई
संगमरमर के सफेद और काले टुकड़े
चरमरा उठे...
शायद हिला तनिक
रूमाल से मुँह पोंछा
        (या आँ; कुछ दिखा नहीं)
उठँगे किवाड़ों को
खोल दिया
लम्बा श्वास छोड़ती हवा
बाहर निकल गई
और वह कमरे में
ढूँढ़ता रहा
अधजला टुकड़ा मोमबत्ती का।

टेबुल लैम्प

पिघले हुए लोहे का
बिलकुल सफेद फूल
आदमी;
जिसके हाथ में
रोशनी के पत्ते हैं; निहायत खामोश...।
—मैं किताब पढ़ता हूँ—
कि एक यात्री ने
अँधेरी घाटी में
सहसा प्रवेश किया
और कई सीढ़ियाँ
पाँवों की छाया में
पास से सरक गईं...।

छद्मवेशी

धूप के बुरके
घिनौने पोस्टरों पर डालकर

ओ छद्मवेशी!
आदमी की खाद पर
तुमने उगाया फूल...।
पास रहकर खाइयों की—
        कल्पना की
और कितने दायरे
तुमने सुनहले तार से बुनकर
दरारों को शरण दी।
ओ फटे सूर्यास्त के तममूढ़-चेता!
कौन-सा उत्तर उन्हें दोगे
कि जो कल आ रहे हैं?
पीड़ा के खाके
सुनहली डोरियों से हैं लटकते
क्रास पर लटका समय
सुनसान
सनसनाते पत्थरों से
धूप का तन टूटता है
काँच-सा आकाश सारा
फूटता है
कौन-सा उत्तर उन्हें दोगे?
न बोलेंगे
तुम्हारे झूठ के पुतले
महज संकेत देकर
भेद खोलेंगे—
कि तुम परमाणविक युग में
चिरादिम की पिपासा हो
अनिश्चित प्रेत तुम
डूबे भविष्यत् के...।

अन्धकार

तेज छुरी की धार-सी
दो आँखें

नीली गहराइयाँ
काटती चली गईं।

जीवन

बूँद-बूँद भरा हुआ
घड़े-घड़े...
रीत रहा
परछाईं गई आगे,
मैं केवल
श्वासों के बीच में
खड़े-खड़े...
बीत रहा।

इस्पात की भट्ठी

झिरकिनी उठाता हूँ—
पर्दों पर अक्स...
बर्फीली सतहों पर
स्केटिंग करती हुई
रोशनी;
जिसे मेरे चश्मे ने
एक नीली स्कर्ट पहना दी है
राख फिर पिघलती है
और सारी आँच
अपनी ही मुट्ठी में
पीली हथेली-सी जलती है
आह! दुपहर का तुम्हारा पत्र
जिसके हस्ताक्षर कुछ दुबले हैं...
सोतों के गर्म जल
आज कई धारों में
उबले हैं...।

चाँद

जोन्ही माई
जोन्ही माई
आ जा ले के
दूध लाई;
बच्ची को खिला जा
जोन्ही माई आ जा!
आ-ऽ-ऽ-ऽ-ऽ-ऽ-जा...!!
सदियों पुराना चाँद
बच्चे की खुली-खुली मुट्ठी का आवेदन;
मन के संवेदन पर
झूलता पुराना चाँद
लेकिन अब साँझ की
प्रतीक्षाएँ खत्म हुईं
'शब्द-गति-क्षिप्र-यान'
उड़ने को उत्सुक हैं...
आदमी छुएगा,
मौन चाँदनी; अँगुलियों से।

पहचान

रुक गए हैं धूप के
स्वेटर बुनते हुए हाथ
हवा की बूटों में;
फीते बाँधता आकाश
मुझे गर्दन घुमा कर देखता है
और मेरा अजनबीपन
दौड़ती सड़कों;
उलझती भीड़ में
पहचान के कुछ मानदंडों को
स्वयं दुहरा रहा है
किन्तु पहचाना गया हूँ

बावजूद इन कोशिशों
दुरावों, छलावों और
पुरखों, मसीहों की
शपथों की ओट के...।
थहराते पानी की सिलवट में
चेहरे ज्यों मौन
हिलता है लाल पर्दा
खुलती चौरस्ते की
खिड़की...दरारों से
कौतूहल भरी आँखें
जिनमें मैं उभरा हूँ
सदियों से सदियों तक।

[1.5.1962]

आईनों के बिम्ब

ओ सुकुमार!
बाँहों की गोलाई में
रन्ध्र ढूँढ़ता हुआ
भटका मैं सदियों तक
मन की असंख्य वासनाओं के द्वार।
तप्त प्राण...।
मुकुरों जलाशयों में
अपलक निहारता—
अपनी परछाईं को;
अर्पित हुआ बार-बार...।
किन्तु मैं चुका नहीं;
मेरा समर्पण तपाया नहीं गया
शपथों की आँच में—
काल के गुनाहों की साखियाँ
निरुत्तर ही रह गईं
केवल छायाएँ कुछ गूँजीं—
    आईनों की;

फिर सहसा, पानी में—
पीपल के पत्तों-सी
ढह गईं...।

[10 मई, 1962]

पार्क में साँझ

हरी घास ने
मुझे तोड़कर फेंक दिया है
मोरपंखी झाड़ियों के पार
उगते युक्लिप्टस की—
डाल पर
मैं टँगा हूँ।
तम पांडुरित क्षितिज
निशा की शंख सन्धि से
मुझे जोड़ कर
एक कपोती साँझ
उड़ गई...
उड़ी जा रही...उड़ी जा रही...।

विदा-क्षण : दो चित्र

[एक]

अनालिंग्य अँधियार
अचुम्बित क्षितिज ग्रीव पर
दो पलकों आकाश
झुका मुख
शीशे में परछाईं जैसा
मैंने
तुमको
फिर-फिर देखा।

[दो]

मैं
अनिश्चय की त्वरा में
एक क्षण को रुका
झुका;
त्योंही दृष्टि
दो भीगी बिजलियों से
विवश टकरा गई
मैं न अर्पित कर सका
वह चुम्बनों की फूल-माला
जो हवा की डाल पर
पथरा गई।

तुम

भोर के कुहरे सरीखा
—तन तुम्हारा
चुटकियों की हर पकड़ से
छूट जाता है
सुनो! तुम को देख लेने पर
किसी भी आयतन को
बाँध लेने का सहज विश्वास
कैसे टूट जाता है?

कैलेंडर की तारीख बदलने से पहले

यक्ष मिथुन के नीचे
अपने होने की अन्विति में
कुछ तारीखें
व्यर्थ टँकी-सी
और एक ध्वनि घुमड़ रही
सूने कमरे में
सिरहाने की ओर

सड़क की बियाबान छाती पर
कीलें ठोंक रही है
चाप किसी घोड़े की
एक अनदिखा रक्तस्राव मैं झेल रहा हूँ
ओ मेरे रससिद्ध अलम के वर्तमान!
तुम कहाँ जा रहे—
कहाँ जा रहे क्रूस उठाए?
?...??...???
खिड़की पर
दो सतरों में जाली के अक्षर
प्रश्न पी गए।

अन्धकार की स्लेट
सतह बेदाग अकेले कोरेपन से;
मैं कमरे में देख रहा हूँ—
हरी रोशनी
मरियम की दो गीली आँखें
और यक्ष का
ढला हुआ निस्पंदित चेहरा
जो कि यक्षिणी की छाती के
और पास तक
झुक आया है...।

[नवलेखन, 10.7.1962]

अनुभूति

कल जब मैं सड़क पर था
एक बेतरतीब भीड़
मुझ में उतर गई
और मैं देखता रहा—
देर तक
उस कोने में कुत्ते की
        कुचली हुई लाश

जहाँ लिखा था :
'इश्तहार लगाना सख्त मना है'
देर तक
पावडर की चि से
लाल हुई आँखों में
होता रहा छेद
धुँधली आकृतियों के
(देर तक) फफोले फूटते रहे
और फिर हवाओं की
पाव रोटी काटती हुई
असंख्य भोथरी छुरियाँ उछलीं—
मेरी धमनियों में धँसती चली गईं,
मुझको एहसास हुआ—
जिन्दा हूँ मैं अभी।

[21.7.1962]

निश्चय

नहीं—मैं होतव्यता के हाथ में
आशीष का गंगाजल
नहीं दूँगा।
नहीं दूँगा किसी ग्रह या उपग्रह
या किसी नक्षत्र को अधिकार
कि वह मेरे उस काल का इतिहास रचे
(जिसे मैंने स्वयं झेला है)
और फिर मुझको
दो मुट्‌ठी राख
या फूल से ढक दें।
नहीं
मैं तुम्हारी तनी हुई मुट्‌ठियों को
सम्भावनाएँ नहीं सौंपूँगा
कि तुम इन्हें कुछ देर छड़ी की तरह हवा में हिलाओ
और फिर कमरे में

दीवाल की ओर मुँह करके
टेक दो;
नहीं
यह प्रतिध्वनि-हीन
गूँगा फूल मैं नहीं दूँगा
कि इसके मौन का आशय
        बिना समझे—
उठाओ और सूँघो—
        फेंक दो।

[30.7.1962]

पोस्टर का आदमी

मुझे (शायद)
आदम के मोह ने
हौवा की व्यथा ने
        मिलकर
जना था,
या शायद मनु के
        संकल्प ने
        श्रद्धा के छोह ने...।
या शायद पुरुष जब पिघला
प्रकृति की अंजलि में
एक पुष्प-बीज अंकुरित हुआ
वह मैं ही था,
या
जब आकाश ने
परतों-परतों सिकुड़ी हुई धरती को
बाँधा आलिंगन में
सारी वनस्पतियों पर उगा—
मैं पहला चुम्बन...।
और...और...मेरा वह अग्रज
चुप हो रहा

टूट कर बिखर गई
बातों की अमरबेलि
अटकलें!
चौंका मैं
देखा फिर—कितना खुशहाल था
        (शायद हम दोनों से)
मेरा हमशक्ल वह
क्योंकि तभी
तेजाब में डूबी हँसी
चीरती हवाओं को
हमसे टकरा गई
हँसता था मेरा हमशक्ल
सामने दीवाल पर जो
इन्द्रधनु के सात रंगों से
बना था।
मुझे शायद आदम के मोह ने
हौवा की व्यथा ने
मिलकर
जना था।

[30.7.1962]

स्वयं अर्पित

जब मैंने तुम्हें सुबह देखा—
तुम बिस्तर की सिलवटों से—
घड़ी के अलार्म तक
बिखरी हुई थी...।
मैंने चुपचाप पीले पहाड़ों के शिखरों से
एक फूल तोड़ कर
नीली झील की सतह में खोंस दिया
तुम दुहरी हो गईं
...?...?...?...

हरे काँच की दीवार पर
लाल गुब्बारों की कतार
        कौंधी फिर फूट गई
नहीं...नहीं
मैं ही लजा गया,
मेरा समर्पण
(जो अर्पित था तेरे किसी सीमित
        सन्दर्भ को)
मुझमें समा गया।

[8.8.1962]

दोपहर : एक मनःस्थिति

ओ मेरी रजनीगन्धा!
दोपहर की उचाट में
इतना मत महको
कि मैं इस वीरानी को दे दिया जाऊँ
या इस एकान्त का
साझीदार बिना रीढ़ के आकाश को बना लूँ
जो कि खुली खिड़की से
उचक-उचक मुझको है देखता।
ओ री अनागत की बद्धमूल आशंका।
मुझमें वे तमाम शर्तें खप गई हैं
जिन्हें मैंने (जीने के लिए)
जीवन में माना था
केवल अब कमरे में उगे
ताड़ के पेड़ पर
उड़ता हुआ एक श्वेत पंछी
        आ बैठा है—
उत्तर...!
दिगन्तों पर
टूटते बवंडर...

आह! प्रश्नाहत जिजीविषा...।
ओ मेरी रजनीगन्धा
दोपहर की उचाट में
इतना मत महको...।

[8.8.1962]

नया साल

देख रहा हूँ—
बोधिवृक्ष के पीछे उगता
प्रभु ईसा की
मृत्यु दिवस का
छायाओं में डूबा सूरज
ओ मेरे प्रतिहत-सम्भावित।
आ,
मेरी अंजलि में आ जा,
तुझे चूम लूँ...

एक शब्द शेष

नत शिर
पी लेता हूँ
पानी की सतह का दुख
परिवर्तित किरणों की
उजली संवेदना...।
फिर भी बच जाता है
धूप जीवी एक शब्द
मेरे अस्तित्व के
(अनायास) इर्द-गिर्द
मुझको अनन्त सन्दर्भों में—
पुकारता

फिर भी बच जाता है
एक शब्द
धूप जीवी।

अजनबी गीत

जब मैं चुपचाप
कचनार के पेड़ों से गुजरता हूँ;
हवा के होंठों पर
निर्लज्ज अवस्था का एक गीत होता है,
जिसे वह एक निश्चित लय में बाँध कर
गाती है :
पीली परछाइयों की
सामुदायिक घृणा मुझसे टकराती है।
टूटे फौलाद को जोड़ने की गर्मी
और पिघली आत्माओं का शोक-गीत
ढोती हुई हर पत्ती
चीखती है—
अजनबी! अजनबी!!
मैं हर मस्तिष्क में
सिर्फ एक खयाल बनकर रह गया हूँ
और आज भी—अब भी
इस उदास मौसम की
शाम—
मेरे हाथ में काँपता है
बासंती हवा के नाम
पतझर का मौन सन्देश
जिसे किसी डाल ने परिचय नहीं दिया
जब मैं चुपचाप
कचनार के पेड़ों से गुजरता हूँ
मेरे होंठों पर
निर्लज्ज अवस्था का एक गीत होता है।

[4.12.1962]

एक युग-कल्पना

प्राग-ऐतिहासिक
पाषाण युग
लौह युग
कितने ही योग युग
अन्धकार वर्षों को अर्पित हैं
कितने इतिहास की
असीमित सामर्थ्य को।
लेकिन ओ संघर्ष की मुद्रा में—
घायल पुंसत्व।
तुमको मैं क्या दूँ
अपनी उपलब्धि में
शंकाकुल
तुमको मैं क्या दूँ?
लोगे?
'यूरेनियम'

[अक्टूबर, 1998 : 'वागर्थ']

शिशिर सूर्यास्त

वाष्प-धूप रेखा में
नंगी दिशाओं का पूरा अध:पतन
चूड़ान्तक क्षितिजों की
आतुर ढलानों पर
चित्रित है,
कंठ-हीन ध्वनियों का—
        आर्तनाद
सूर्यास्त!
सूर्यास्त!!
(सहसा निष्क्रान्ति)
...!! ...!!! ...
कितनी उदास

अवकाश की नियति है
लहरों का टूटना
किनारों के बोध में
खर्च हुई घड़ियों का योग
बार-बार भूलना...
कितनी उदास
अवकाश की नियति है।

[मई, 1963 : 'सोपान']

एक कविता पढ़कर

सब कुछ है
सूरज भी
चाँद भी
हवा भी
दमघोंट उचाट
और मरियल बाँहों पर
खुरचे नासूरों की दवा भी
अगर कुछ नहीं है
तो केवल वह पहचान—
जिसके आधार पर
हम अपना निर्णय दें।

एक प्रार्थना

आकृतियों को
सीमाओं में अर्पित होने का सुख
स्वीकृत हो
और सीमाओं को
मृत-पुत्रों के जीवित हो उठने की—
लालसा—
किन्तु मुझे...
मैं एक दिग्नाम संज्ञा हूँ

(जिसकी परिभाषा—
अभी तक नहीं हुई)
मुझको दुहरा दो
दर्पण के आर-पार
अनायातित बिम्बों में
मुझको दुहरा दो...!

शीशे पर लोटती रोशनी : एक सौन्दर्यबोध

मैं देखता हूँ
शीशे पर
लोटती हुई रोशनी
हवा में बह रही है,
तुमने सरका लिया
कन्धे पर फिर आँचल...
उफ्! कैसे दाग हैं?
सदियों से
अरथी के।

अन्तराल

रोशनी की धार में
अनागत के रन्ध्रों से
विद्युत-कण झरते हैं
इतना सशक्त था
हमारी उस दूरी का अन्तराल
जिसमें हम टूट गए।

आत्म-साक्ष्य

हम सभी दोषी नहीं हैं—
महज आदिम रोशनी की भूख ने
फूँका अक्षय-वट।
मैंने तो पढ़ा था केवल

रीढ़-टूटे पत्थरों पर
'तमसो मा ज्योतिर्गमय'
हम सभी दोषी नहीं हैं
उजले ताबूत में बन्द हैं
अँधेरे की प्रतिक्रिया!
मुझे कोई प्रार्थना
ठीक-ठीक याद नहीं
मेरी शिराओं में
आदमी की नस्ल का
चीखता हुआ रक्त
जम गया
खंडित आत्माओं का जुलूस
मेरे आस-पास थम गया...
'नीले गुलदस्ते पर
खुदी हुई
कसमें फिर टूट गईं'
लेकिन हम क्या करें...?
मैं तो समर्पित हूँ
ऐसी जिन्दगी के साथ
जो नये आकार देकर
पूजती है
स्वप्न की परिणति...।
हम सभी दोषी नहीं हैं
फिर भी कभी चीड़ पर
सागर तट : होंठों पर
अनियंत्रित भीड़ के
अथाह अन्तराल में
ओ मेरे आयतन!
तुमको तौला गया
बार-बार
भार के बदले सन्दर्भ में
हम कितने...दो...षी...हैं?
...???...

[भारती, 1962]

यात्री का वक्तव्य

बालिस्त भर
बीमार चेहरे पर
आदमकद प्यास
तीखे समझौते को पीकर
लुढ़का देती प्याले-सा
उलटा आकाश
मेरी हथेली पर।
मुझे जीने लगता है
फिर से अलगाव...
गिरहकट आँखों की
अर्थहीन चुप्पी में।
डूबते सीमान्त-सा दुर्बोध
परिचय का बासीपन
मुझको दुहरा जाता
बिलकुल गुमनाम...
फिर भी मैं चलता हूँ
मेरी अतृप्तियाँ
लक्ष्यहीन दूरी का उजला भटकाव
देती हैं
पाँवों में स्वस्तिक चिह्नों के घाव।

तीन विज्ञप्तियाँ

[एक]

बेलाग टिकी छतों
और बेबात बिछी सड़कों के बीच
अस्तित्वों की शोभायात्रा में
निकला है पंगुल व्यक्तित्व
मैं इसी समुदाय का
पर्यायवाची शब्द हूँ
प्रस्तावित सूची में...

[दो]

ऋणात्मक ध्रुवता से घिरा
तिर्यक प्रकाशवर्ष
पूर्वी गोलार्द्ध पर
शापित प्रतिज्ञाएँ ढोती हैं
शंख...
और क्रूस...
और चाँद...
मुझमें इतिहास अभी
जीवित है।

[तीन]

अनायास चौरस्तों पर
भीड़ में खड़े हुए लोग
करते हैं
मांसल जीवात्मा का
रक्तहीन विश्लेषण।

[1962]

दबाव

कितना दबाव था
दो ऐंठे तारों में
ज्ञात नहीं
लेकिन स्विच बोर्ड पर
मीटर की सूई
काँप-काँप जाती थी।

सृजन क्षण

पानी की धमनियों से
अजस्र रक्तस्राव।

रोशनी की नोक गहरे तक धँसी है।
नीले आकाश के स्ट्रेचर पर
अन्तहीनता सा
मैं लेटा हूँ
और विकलांग शून्य
मातृहीन शिशु-सा
मेरे दृष्टिबोध की
अनाम अर्थवत्ता को
        पुकारता
दिशाओं के द्वार से,
लेकिन परिचारिकाएँ;
बालू की ढेरियाँ
        निरुत्तर हैं।
दम साधे : सर्जक मन
        खोल रहा बन्द-बन्द घाव।
पानी की धमनियों से
        अजस्र रक्तस्राव।

रचना

आज फिर
तुम्हारी इन अनारी अँगुलियों ने
दो-दो त्रिकोण रचे,
और बचे कुंकुम को
ढाल कर कटोरे में
सोचा कुछ
सोचा कुछ
सोचा कुछ...फिर सहसा
जूड़े का एक फूल
दुहरे त्रिकोणों में खोंस कर
तुमने मुस्का दिया—
झीनी सी हँसी
दूरियाँ—

यादें
हम और बेबसी।

अपने कवि से

तुमने पुकारा
मैं गूँज गया
तेरे संकेत उगे—
पत्थर भी पूज गया।
टूट गया
मैं कण-कण
तुमने समेट लिया
मैं जब भी छूट गया
आगे बढ़ तुमने ही
बाँहों में भेंट लिया
तुमने परछाईं छुई
मुझको आकार मिला।

आत्मकथा

पानी की पृष्ठभूमि
लहरों के लेख
बाँचे तट...
निर्निमेष...।
चुप्पी आकाश की
तैरती हवाओं में
छोड़ गई एक चीख—
प्यास की।

जंगलीपन एक लाजिमी लाचारी है

और उस रात मैंने पहली बार अनुभव किया
मुझमें जो जंगलीपन पैदा हो गया है
उसका असली वारिस, मैं नहीं, यह औरत है

आह फफाते हुए दलदल की बगल में हाँफता हुआ
जंगल होना
आदमी की आदत नहीं है—
नहीं नहीं एक लाजिमी लाचारी है
उस रात मैंने पहली बार जाना कि मेरे भीतर एक
कायर दिमाग़ है
जो मेरी रक्षा करता है
वह मेरे बटनों का
सच्चा अधिकारी है।

इससे पहले कि हम
प्यार की शुरुआत
का पहला अभिलेख पढ़ना शुरू करें
हमें त्वचा की काली भूमिकाओं से गुजरना पड़ता है।

[1966]

मैं टूटता हूँ

मैं टूटता हूँ आम तौर पर
जैसे दोस्ती टूटती है
चाय के कुछ पैसों के लिए
या
एक छोटी-सी बहस में कि अमुक
का
रवैया
लोकतांत्रिक है या तानाशाही
अक्सर मैं वाह-वाही लूटने के चक्कर में
टूटता हूँ।
मैं जानता हूँ कि शहर की निगाह में
        दोस्ती और टूटना
कुछ बड़ी चीज नहीं है। और स्वराज्य
        कुछ के लिए सुराज है।

बाजार में

फिर वही चीजें थीं
अँधेरे में
कविता इतिहास और
जातियाँ
लोगों के चेहरे
हरे नहीं थे, 'चें' थे
और अब तो डर भी नहीं था
भाषा के लिए मुँह खोलना
        जरूरी नहीं था
सिर्फ तर्जनी उठाना ही काफी था।

वर्णमाला

मेरा बेटा 'क' नहीं जानता
'ख' जानता है
मेरा भाई 'ग' नहीं जानता
'घ' जानता है
मैंने कहा—करो तो खाओ
गमन करो और घर
बनाओ।

आँसू और गुस्से के बीच
        थमी हुई कविता
जैसे
बम वर्षा के बाद
बचे हुए आखिरी आदमी ने भागते हुए वायुयान को
गाली दी है।
था दिया हमने जिन्हें अपनी सुरक्षा का
समूचा दाय
कर गए
वे ही हमें निरुपाय

घास ने जैसे छिपाया
साँप

और मेरी चूक :
महज इतनी थी कि अपने
पूर्वजों के लिए मेरा थूक
काला हो गया था।

हरखू का हर एक पड़ोसी

हरखू का हर एक पड़ोसी
उससे अक्सर उलझा करता
है खेतों की मेंड़ के लिए

लछमिनियाँ बीमार पड़ी है।
और हाय, बिन ब्याही गौरी
घर की ड्योढ़ी पकड़ खड़ी है।

डाँगर घर की ओर ताक कर
        कभी-कभार डकारते
        दाना नहीं—न घास है
        हरखू जैसे कल था
        वैसे ही अभी उदास है।
बाँहें, तेज हवा में टूटी
चिलबिल की दो सूखी शाखें
मकई की रोटी पर चित्ती जैसी है—
हरखू की आँखें

अलमुनियम के किसी पुराने बर्तन जैसे औंधे मुख पर
शब्द टूटते, तेज हवा में
रगड़ खा रहे बाँसों की आवाज की तरह
केवल है सौभाग्य मिला
मेहनत करने का
तन धुनने का।

बसंत की टूटी हुई चाबुकें

क्या मैंने ही चिह्नित किये हैं
        ये सारे सेक्सी शब्द
यह कितनी शर्मनाक बात है :
मुझे मितली-सी आती है
पूरे पुस्तकालय में
श्मशान की निस्तब्धता है
और मेरी फूली हुई जेबों पर
एक जोड़ी आँखों की शंका
        मँडराती है
वे मेरा झोला देखना चाहते हैं
क्या मैंने ही चुराये हैं किताबों से
नग्न चित्र?
मैं तैयार हूँ कि मेरे दिमाग की
तलाशी ली जाय, यहाँ
कोई किताब नहीं है।

सम्बन्ध

मैं चकित-सा
और वह आवाज
पार कर दीवार,
पेड़ों की करवीरी छाल
आ रही है
अहा, कोई एक मैली चीज
मेरे रक्त से टकरा रही थी।

नई कॉलोनी का अन्धकार

जब छा जाती है हर तरफ धुन्ध
और चीजें रोशनी में हकलाने लगती हैं

आईनों से निकलती है
चुटकुलों-सी खूबसूरत
लड़कियाँ और
सड़कों में
तैरने लगती हैं।

बचपन

हरे भरे पेड़ थे वहाँ और स्त्रियाँ
मोटे धार वाले स्तनों वाली
दीवारें थीं मगर आँखें
उन्हें आर-पार लाँघ सकती थीं

अन्धकार नहीं था और आस्था भी
तो मूत से भीगे बिछौने पर था जिसे माँ
अक्सर बदल दिया करती थीं
लोरियों भरी नींद में
तब जागना एक 'सगुन' था।

आवाज

बसंत के उतरते दिनों में
जब मुझे देखोगे
तो क्या पहचान सकोगे?

यह वही आदमी है जिसने पतझड़ के पत्तों से
समझौता कर लिया है—

लेकिन मेरी आवाज का क्या करोगे
जो अँधेरे को चाकू की तरह
तराशती है?
किराये के कमरे में जन्मीं कविताएँ
और छतों के न होने की ताजगी :
मैं तुम्हें बतलाऊँगा कि जब हमारे चारों ओर

तोड़ने को बहुत कुछ था, हमने सिर्फ
अपनी आवाजें तोड़ीं।

रास्ते उदास हैं

उदास हर घर है
कोई आवाज
शायद ही जन्मे अब : टाँगों, पेट और खिंचे हुए भूख के
अनुपात में
        माँओं के गर्भ में
        पिताओं के गले में
        कैंसर है
बातें
उतरती नहीं
बच्चों की हलक में,
आँतें उतरती हैं
दिन डूबने के पहले ही
ठंडे और बासी गोश्त की चरखियों पर
रातें उतरती हैं
और देर तक
नींद की सम्भावना पर
बहस करती हैं।
और सुबह तिनकों पर छोड़कर
चली जाती है
ओस की एक बूँद
जो चमकने के लिए
है।

वे जो सड़क पर चल रहे हैं—
यात्रा के अन्त में भी सभ्य ही रह जाएँ—
यह सम्भव नहीं है।
किसी बस के पावदान से
एक गाली उठेगी और चेहरों पर जड़ी
शालीनता को पीट देगी।

कोई घोड़ा गाड़ी की कोच पर—
दुलत्तियाँ झाड़ता हुआ
अड़ जाएगा
मैंने उस औरत को लिटाया और
प्यार वसूल किया
तनाव में डूबे हुए चेहरे
उतर जाएँगे।

प्रकृति-बोध

मेरे प्रकृति-बोध पर किसकी कविताएँ
कोढ़ की तरह उगी हैं
मेरे दिमाग में घूमता है
बनबिलावों का झुंड
बहरे अँधेरे से आती है
नाखून तेज करने की
ठंडी आवाज
मैं चौरस्ते पर खड़ा हूँ
जहाँ भीड़ की असंख्य आवाजों के बीच
'ट्रैफिक कंट्रोल' करते हुए कबीर
की लाश
गुम गई है
मैं पढ़ता हूँ बीते दशक की कविताएँ
और सोचता हूँ
क्या उस जमीन पर कविता के लिए अब भी सम्भावनाएँ शेष हैं
जहाँ आदमी, महज
कुत्तों का दुभाषिया है?
जिस देश में जितना
गरीबी का स्तर ऊँचा है
वहाँ देशभक्तों की तादाद
उतनी ही ज्यादा है
कोई आता है
और अपने बेलौस पागल अन्दाज में

जीवित रहने का गीत
गाता है
खमीरे के गन्ध में लिपटा हुआ लज्जा सर्ग
कुमारी श्रद्धा के गर्भ में
छटपटाता है
धूप में सीढ़ियाँ हैं और
प्रकाशन की सुविधा सेठ जी की नाक में है
मैं अपने युग के तमाम कवियों को
पीकदान माँजते हुए
        देखता हूँ।
दालचीनी और लवंग के ढेर पर
बैठा हुआ कोई सप्तक वर्ष
उनकी ताक में हैं, उसकी
जुबान पर
इक्कीस 'प्रतिमाओं' का
स्वाद है
इस अँधेरे में
मुक्तिबोध का होना, शायद
अपवाद है।

[18.11.1965]

कविता-1

एक से अधिक लोगों का अन्धकार बन गई है कविता
सुरक्षित होने के लिए अपने आप में
कैद होना या किसी परिचित शहर में
मगर यह सब कविता से बाहर पड़ता है।
कविता वहाँ जमती है जहाँ एक आदमी जड़ पकड़ता है
दूसरा उखड़ता है।
कटी हुई जेबों और फटे हुए नक्शों के साथ
किसी परिचित शहर में चले जाना
नैतिकता के लिए दूसरा बाजार नहीं है
कहने के लिए कह सकते हो

आदमी के चेहरे से उड़ा हुआ रंग
तिरंगे झंडे में
शामिल है
नींद के नीचे दबा हुआ हाथ
सोये हुए आदमी का कातिल है।
खन्ना है, पाटिल है।

कविता-2

चोटी करती हुई माँएँ
बेटी के बालों में
ढूँढ़ती हैं अपनी उम्र का बारहवाँ साल
और तुम आँकड़ों में अपनी नींद का
इलाज ढूँढ़ते हो

—जिस देश में भुखमरी जितनी अधिक होगी
उतनी अधिक रौनक मन्दिरों में होगी

—मैंने जहाज पर पाँव भी नहीं रखा
मेरी सारी जमीन हवाई-अड्डे में
नप गई

—कविता की सम्भावना के मजाक पर
मेरा मन दुख उठा है
आह! जो देश जितना दयनीय होगा
उसकी कविता उतनी ही महान।

[1970]

बड़प्पन का बोझ

बड़प्पन का बोझ!
युग की एक नैतिक शक्ति है
और शक्ति की बीमारी भी।

असभ्यता एक हँसी
बेमानी।

प्रेम गीत
गलों में बहते हैं : नलों में
पानी
आदमी अहं का एक
बेसुरा गीत है
झंडियों के इशारों पर
युद्ध होते हैं, रुकते हैं।

'वैकुअम' से छूटे हुए, सैकड़ों हथौड़ों की चोट
अँतड़ियों पर—
एक साथ पड़ी है
सेंट जान चर्च के सामने
तार के सहारे एक नंगी औरत
        आज भी खड़ी है
(उसे मैंने सदियों पहले भी देखा था)
ईंधनों की रासायनिक शक्ति फ्यूज हो गई है
विषुवत रेखा के पास
बर्फ का जंगल है
जहाँ काले आदमी उगते हैं
और लोग
'थरम्योनिक कनवर्शन' की योजनाएँ लिये
जलाशयों के इर्द-गिर्द घूम रहे हैं।

जरूरत

एक अदद रोटी
एक प्लेट गोश्त
एक बिस्तर औरत :
आदमी को चाहिए भी क्या?
और—हाँ—इतना आश्वासन भी
कि वह औरों की चर्चा का विषय है

वे जो शाकाहारी हैं
केवल मछलियाँ पकाते हैं
खाते नहीं;
भट्ठियाँ सब कहीं हैं
सब कहीं—लोग सेंकते हैं शील।
उम्र की पारदर्शी ढलानों पर
(वक्त के हथौड़ों से)
हम ठोंकते हैं जगह-जगह कील—
जहाँ अनुभव ठहर सकें।
हे ईश्वर! जीवितों की यह इच्छा कितनी दयनीय है
        (और कितनी घृणास्पद भी)
कि
—हम एक दूसरे की नजरों में
गहरे उलट सकें।
और जब मरें—
तो ठंडक से मर सकें।

नये इतिहास का इन्तजार

तुम्हारा अनुमान गलत है,
यदि तुम सोचते हो कि मैं
पेट की ओर इशारा कर दूँगा—
अन्न कोई समाधान छाती के नीचे नहीं मिलता।

भूख एक धधकती हुई उत्तेजना है
जिसे तुम नुस्खों में बाँधो और वह
लपकती हुई तुम्हारी आँखों में जलने
लगती है
और तुम्हारे पैरों के पास गिरती है एक
रोटी जिसे उठाने के लिए झुके हुए तुम
कभी नहीं उठते।

कहाँ से आ गिरती है एक वजनी
दीवार घिसे हुए कन्धों पर?
कैसे कुचल जाता है अपना विश्वास

यह दुनिया इतनी निरीह हो चुकी है कि
तुम आततायियों की आत्मीयता से
उपकृत हो उठते हो
कौन भर देता है तुम्हें ऐसे दुस्साहस
तुम होंठों में डूबती हुई मुस्कराहट
आँखों तक खींच लाते हो?
मेरे देशवासियो! अपनी जीविका
के समीप तुम कितने सजीव हो।
मैं सुनता हूँ—युद्ध
लड़े जा रहे हैं
उदास और रक्तहीन संध्याओं में
महकते हैं
ताजे विस्फोट
कुछ बदचलन हाथों की चोट
पैर घसीटती हुई सभ्यता पर
लगातार पड़ती है
तुम्हारे दिमाग में घृणा उगती है
तुम्हारी मुट्ठियों में टूट रही हैं तुम्हारी अँगुलियाँ
पड़ोसी की आदतों में कुत्ते की दुम हिल रही है
और तुम चुपचाप...चुपचाप
किसी नये इतिहास का इन्तजार कर रहे हो
जिसे तुम्हारी पीठ पर बाँध दिया जाएगा
अगले पड़ाव तक।

आँगन में

आँगन में घाम धीरे-धीरे उतर रहा है
किरण की चिकनी डोर आँख बिछला गई
खाँची भर अँजोर छीटता है जो छितराया
हुआ है।

थोड़ी सी चीज भूमि पर उतर कर
थोड़ी देर में ज्यादा हो गई

घास की नोक पर छोटी-छोटी बूँदें
अनमोल मालूम पड़ती हैं
पेड़ की फुनगी पर फुदकनी
—करती है
सुन्दर सबेरा मनसायन लगता है

आँगन में
लड़कपन गाँती बाँधकर घाम में
        स्नान करता है

बातों से दुलार चू रहा है—
जाड़ा कुर्ता सिलाकर आया है
हम लोगों के लिए
बिना मूल्य का।

[1966]

मैं गली में घुसता हूँ

मैं गली में घुसता हूँ
और जान पाता हूँ कुत्तों में बढ़ी हुई
खाँसियाँ और अपने अजनबीपन का
सम्बन्ध। मैं अकारण खुश हो उठता हूँ
हरी-भरी पत्तियों की ओट में
मेरी घृणा किसी रंगीन चिड़िया की तरह
चहचहाने लगती है और मैं अपनी
चोर आँखों से
टूटी हुई दीवार पर पढ़ता हूँ :
'सब प्रभु की माया है'
आह! मेरा वह शिशु-विस्मय? क्या उसी तरह
विस्मित हो पाया है मेरा प्रौढ़-भय?
और बीच में अचानक खयाल आता है
अपनी प्रतिद्वन्द्विता का
जो मेरे एकान्त में भी

एक पड़ोस बना देती है
और मैं अपनी कृतज्ञता में भी
किसी अनपेक्षित ढंग से
अपमानित महसूस करने लगता हूँ
मैं अपने सम्बन्धियों को याद करता हूँ
जैसे उस ट्रक को, जो अभी-अभी मुझे
धक्का देकर आगे निकल गई है
और मैंने उसके पीछे पढ़ा है :
'नमस्ते...फिर मिलेंगे'
मुझे कहने के लिए
सही शब्द अभी नहीं बने हैं।

ऐसा नहीं कि मिलती कहीं...

ऐसा नहीं
कि मिलती कहीं नहीं है
रोटी
मिलती है
पर पहले से भी
दुबली-छोटी

लेकिन दुबली हो जाने पर
अक्सर लम्बी लगती काया
हो सकता है यह भी सच हो
किन्तु, यहाँ तो—
'प्रभु की माया'

हरी भरी
लड़कियाँ
बसों में
गईं
फेंक बिजलियाँ
नसों में

घर में बिल-बिल
बाहर दुर-दुर—यह तो होता ही
        रहता है
किन्तु क्या भला अन्न के बिना
कभी मरा जनता का कूकुर?

हमें जंगल ने सिखाया है

हमें जंगल ने सिखाया है बेतरतीब उगना
और सटकर खड़ा होना
एक दूसरे की होड़ में
पेड़ से बड़ा होना।

क्या हुआ
इससे हुआ क्या कि—
रात के अँधेरे में
पीठ पर पत्थर बाँधकर
वक्त की काली नदी में
        उतर जाना।

और यह सोचना कि—
हम में से प्रत्येक आदमी उस पड़ाव से
        गुजर चुका है
जहाँ सब कुछ क्षमादान से पहले ही
        मर चुका है
और मुझे यह कहते खुशी है
कि हम में से किसी का हाथ
खून से खाली नहीं है
जबकि जिन्दगी एक अँधेरे ढर्रे से भी
तंग है
मेरे पास दुस्साहस के सिवा
दूसरा कोई चारा नहीं है
यही वजह है कि बम मेरा हमदम है
और संगीनें जलतरंग हैं

अपना भी एक प्यारा-सा शहर है
जिस पर टिमटिमाती हुई रोशनी चुम्बन-सी खुली है
किन्तु वहाँ दुश्मन का लश्कर है
किन्तु वहीं इन दिनों
नींद—नहीं, नींद का नाम मत लो
वह गाफिल रात के पैताने सोये हुए
आदमी की कब्र है

नींद का नाम मत लो

गिरती हुई हर चीज पत्ता नहीं है
पदचाप भी हो सकती है।
हथौड़ा/निहाई पर रखी हुई चीजों का
चेहरा नहीं देखता।

और वह आखिरी तारा टूटकर जहाँ बुझा है
ठीक उसी के नीचे मेरा घर है।

क्या बनेगी खाक कविता

क्या बनेगी खाक कविता
फूल से या वक्त के बीते हुए से
धूप ढरती है
एकान्त या अपने अकेलेपन
उदासी से बिना रीझे बिना
रीते हुए से
झाड़ से झंखाड़ से या मौसमी
फूलो—महकती क्यारियों से
देह से या स्नेह झूठे और रिश्तों से
और बिस्तर की थकी सिसकारियों से
क्या बनेगी
खाक
कविता

मेरे युग की
शिल्प-कल्प रचनाएँ
अर्थ-उदास हैं
पेड़ की जड़ से निकल कर
एक खाली हाथ हिलता है
बहुत थोड़ी देर हिलता है
हवा में
मगर इतनी देर में ही
एक ऐसा चित्र रचता है
न, जिसके खोखलेपन
से
धूप बचती है औ' न
कोई बचता है।

[1966]

अज्ञेय : एक ऊँची दुकान है

अज्ञेय : एक ऊँची दुकान है
ऊँची—चमकदार है फीकी
नहीं,
हर चीज करीने से लगी है
सजी है
पानी के लिए सलिल है
तट है; पुलिन है
वह भी उजला है जो
मलिन है
सबके लिए दाम एक है
एक दाम है, बोल अलग-अलग है
और सबकी एक ही टेक है
दीनों से प्यार है
सेठों की विनती है
शब्दों की महिमा है

गुणा, जोड़ गिनती है
आइए—अवश्य—आइए
यदि महँगा खरीदने का शौक है तो
आइए और शौक पूरा कीजिए।

[19.1.1966]

आपस में एक-दूसरे को

आपस में एक-दूसरे को आमंत्रित करते हुए—
वे हर वक्त पड़ोसी हमले की चेतावनी
देते रहते हैं।

जब एक की नेपकी
दूसरे के चमचे से आँख लड़ा रही होती है
बोटी और
शोखे के बीच
अन्धा कूप का
अभ्यास चलता
रहता है

इस तरह
किस कदर भयानक हो उठता है
तुम्हारा रोज का परिचय आस-पास!

उस अन्धे शरीर को प्यार

उस अन्धे शरीर को
प्यार की शुरुआत के पहले
अपनी पसलियों पर निबाहता हूँ
उस औरत का मुँह दीवार की तरफ पलटने के बाद
उससे कहता हूँ : जरा अपना चेहरा हटा लो
मैं थूकना चाहता हूँ

हे ईश्वर! पिता को श्रद्धांजलि देते समय
जाँघों में होती खुजली का क्या करूँ
क्या मैं इस अंजलि जल में डूब मरूँ?

वहाँ
नदी अधसूखे जख्म की तरह दीख रही है
घाट की तरफ विलाप करती औरतों में
मैं उसे देखता हूँ
वह—मेरी माँ—मेरी माँ—
उस पुरुष की अनुपस्थिति में सिर्फ एक औरत है
जो अब और अकेलेपन की पीड़ा से ज्यादा
अपनों की आत्मीयता में चीख है।

जब तुम खटकर लौटे थे

जब तुम खटकर लौटे थे और दस बजे रात
तीसरी रोटी तोड़ रहे थे, एक बच्चा पेट पर
किताब धरे-धरे सो गया था, टूटी हुई दीवार से
सब कुछ दिखाई पड़ता है वह पड़ोस का आँगन हो या
तुम्हारा इरादा।
आखिरी निवाला गटक कर लोटे भर जल से
तुम खाली हो चाहते हो वह विचार
कि पेड़ों की जोड़ पर उगी हुई कोंपल में बसंत
चुहचुहा आया है घाव की पपड़ी के
नीचे खुला चमड़े की मानिंद
और जहाँ खून खाद बना है समकालीन राजनीति में
फूल और हवा का रिश्ता ढकी हुई आग-सा महक रहा है।

तुम अपने दोस्तों में खुश रहो

तुम अपने दोस्तों में खुश रहो
जिन्दगी के दरवाजे पर कदम रखो। किवाड़ तुम्हारे

स्वागत में खुले हैं। मेरे लिए
लौटने के सिवा कोई चारा नहीं है।
खुद को समझाना अब अपराध की तरह
लगता है। जबकि मैं जानता हूँ अब मेरे
लिए एक चुम्बन एक चाकू से अधिक
खतरनाक हो गया है।
सामने रखे काठ के टुकड़े पर कैसे उग सकता
था बसंत? वह मेरे बालों की तरह पक चुका है
वह मेरे जीवन की तरह थक चुका है।

मैंने सोचा था कल—
अपने किराये के कमरे से बाहर निकल कर
मैं एक बस्ती बनाऊँगा अपनी कविताओं में
एक चौराहे की बगल में तीन घर होंगे
और तीन प्रेमिकाएँ। रंगीन फौवारों की बगल में।
अन्धे प्रेमियों की जमात होगी
आने और जाने के लिए अलग-अलग सड़कें
होंगी और कुछ तितलियाँ होंगी जो हवा की
सुगन्धित चिट्ठियाँ पहुँचाएँगी एक सपने से दूसरे सपने तक।
अपनी प्रेमिकाओं का नाम मैं आदमी की तरह रखूँगा
और उन्हें पेड़ और नदी और फल होने से बचाते हुए
बच्चों की तरह प्यार करूँगा।
उन्हें बतलाऊँगा कि एक खुली हँसी,
जिन्दगी के लिए कितना फूल
कितना सोना है।

और एक नन्हा मटमैला आँसू
डाइनामाइट से कम खतरनाक
नहीं है। मैं उन्हें बतलाऊँगा कि
रोने और कपड़ा होने में फर्क होता है।

मैंने सोचा था—
मैं उन्हें बतलाऊँगा कि

लड़की होने में कितना
दर्द है। औरत
होने में कितना दर्द है।
और कितना दर्द है माँ होने में।

लेकिन लड़की से माँ न बनने का दर्द
कितना बड़ा दर्द है।
मैंने सोचा कि
मैं उन्हें बतलाऊँगा यदि कोई प्रेमी
आए और एक चुम्बन फेंक कर
चला जाए तो
उसे कहाँ लटकाना चाहिए।

क्योंकि हर चुम्बन
न तो जूड़े की चीज है
और न हर चुम्बन
जूते में रखा जा सकता है

कई बार चुम्बन को
छाती के बीच की
पनाली में रखते हैं
और कई चुम्बन
ऐसे होते हैं
जिनसे आँसू पोंछते हैं
और कागज की तरह
गीला होने पर
गली में फेंक देते हैं।

लेकिन कुछ चुम्बन
ऐसे होते हैं
जिनसे हम खून की
'सिताई' हुई नसों का
अकेलापन सेंकते हैं।

चुम्बन की किस्में हैं,
चुम्बन मतलबी के तलबगार के,
मददगार चुम्बन
दिलदार चुम्बन
चुम्बन वोदा
बौना चुम्बन।

हर दिन

हर एक दिन हम
गैर आवश्यक
वस्तुओं को भी
सहन करते हैं
वक्त के डायल पर
किसी प्वाइंट की तरह
सरकते हुए पेड़ मौसम बताते हैं।
यदि हवा को ध्यान से सूँघा जाए
तो साफ पता चलेगा
कि यहीं कहीं एक नदी है
(हवा में नदियाँ महकती हैं)
धूप और मिट्टी से अलग एक
उजली देह है जिसमें एकान्त
सूखे पेड़ उगा रहा है।
बादलों के झुरमुट,
किसी गीत की अन्तिम कड़ी की तरह
क्षितिज के होंठों पर फूटे हैं
दिशाएँ नहा कर
खेतों में बाल सुखा रही हैं।
मेरे प्यार!
वे लोग कब्र में हैं
जिन्होंने अन्न की उमंग खाली की
इन तमाम उड़ती हुई चिड़ियों
और धूप के बीच बड़ा मुश्किल है तुम्हें पाना

और टूटते परिवार को सहना,
एक होती हुई घटना का
गवाह बनकर उसके समानान्तर रहना
फिर भी मैं तुम्हें लेता हूँ, रोमांचित,
बोलियों से परे।
उदास और थके हुए क्षणों को
आकार देने के लिए
और तुम्हारे सहवास से माँगता हूँ
एक ऐसा भी दिन—
जिसमें कबूतरों को उड़ता हुआ देखा
तो अच्छा लगे।

सुबह

किसी गर्म किताब की तरह खुलती है सुबह
सुनहले जिल्द वाली किताब की तरह
बारजे की खुली छत पर कौवा
चोंच पैनाता है।
नीचे गली में
दरवाजे का एक पल्ला खुलता है
एक अधेड़ औरत बर्तन माँजने
चल पड़ती है
उसका बेटा
खो-खो खेलने चला जाता है।

न नट हूँ—न जोगी हूँ
सोचता हूँ—क्या लिखूँ
कि सबसे अलग दिखूँ
और यही हविस मारती है
मुँह पर मुखौटा देती है
पर कमर के नीचे
नेकर तक उतारती है।

गरीब जिन्दगी का रोजनामचा

मौत कहीं नहीं होगी
सिर्फ, कुछ बच्चे
फौवारों के पास

पिछली कहानियाँ भूल जाएँ

चकर-पकर करती हुई भीड़ के इन्तजाम पर
अपना हिजड़ापन लाद कर।

मेरा अहंकार तो देखो कि मैंने
उस अकेले दुख को
कला में ढालने की कोशिश की
गरीब की जिन्दगी का रोजनामचा बनाया
यानी कि एक तथ्य को यूँ ही
बातों में
टालने की कोशिश की।

अजीब देश है
यहाँ हर गरीब आदमी का दिमाग
पूँजीवाद का उपनिवेश है

यह तुम भी जानते हो और मैं भी
जानता हूँ कि इन तिलों में तेल
कितना है।

वह खुश है—
जब तक दुनिया का एक कोना सुलग रहा है
अगर तुम अपनी दया की टोंटी
बन्द कर दो

कोढ़ी के हाथ का घाव
कला का बेमिसाल नमूना है

टोपी के नीचे छिपे हुए अपराधों से
बेखबर रहेंगे
बाल।

मुझे एक जीवित कविता रचने के लिए
उस आदमी की देह तोड़कर
बाहर आना पड़ा
मुझे कविता में
जीवित रहने के लिए
उस आदमी की खाल की आड़ में
जाना पड़ा

बसंत
मेरे दिमाग के पिछले तहखाने में
सुर्ख फूलों का एक हाशिया है
जिसके भीतर एक पत्ती
बीमार है।

[1966]

दोषी

फूलों को धूप से तर करना
सुबह नहीं है।

और मैं अपनी आँतों को
मुट्ठी में दबाये
सड़कों पर घूमता रहा

तुम कहते हो कि तुम दोषी हो

अपनी विवशताओं के लिए
सारा दोष तुम्हारा है

मेरे साथी, दोषी तुम नहीं हो
तुम केवल
अपने आत्म-स्वीकृति को अपराध की हद तक
खींचकर
ग्लानि से गहरे धँस जाते हो

'हम दोषी हैं : सारा अपराध
हमारा है'

दरअसल उसके द्वारा दिया गया नारा है
जो तुम्हारी तमाम सुविधाओं का
असली हत्यारा है।

बाँध गया संशय के गहरे
'खतरे से बाहर निकाल कर
सुविधा में
डाल दिये जाने का डर'

घड़ी के काँटे से
तुम्हारे पैर में धँसे खुरुच को
बाहर खींच रहा हूँ।

टेबुल पर हम बैठे हैं एक तरफ
तुम और दूसरी ओर मैं
हमारा विरोध बीच में है।

एक गिलास से दूसरे गिलास के बीच
जो दूरी है वह
जरूरी है।

आप उनके पास जाइए, वे
आपको रहस्यभरी आँखों से
ताकेंगे। कुछ देर चुप।

फिर कहेंगे :
'मैं बहुत व्यस्त हूँ।'

नहीं...नहीं...नहीं...कुछ रचने के लिए
नहीं...सिर्फ सिर्फ सिर्फ
बचने के लिए
सिर्फ बचने के लिए।

[1.4.1966]

देश के प्रति

बचपन में सुना था कि सोने की चिड़िया
था मेरा देश। अपने देश को मैं प्यार करता हूँ।
चिड़िया उड़ती है और आकाश में फेरा लगाती है
मेरे देश का घोंसला है मेरा हृदय।
मैं अपने देश को
प्यार करता हूँ।

जब मैं सयान हुआ मैंने पाया कि मिट्टी का
माधो है मेरा देश। मैं अपने देश को प्यार करता हूँ।

खेत की मेंड़ के लिए
लड़ते किसान के बीच
मैं घायल होता हूँ
अपने मिट्टी के माधो को बाँहों में थामकर
रोता हूँ

लेकिन जब लहकती फसलों का संगीत
खेतों में बजता है।
मेरी कविता में,
खून में बजता है एक राग
जो मुझे आदमी बनाता है।

मुझमें जलती रहती है एक आग
जो मुझे जिन्दा रखती है। यह देश की
जगाई हुई आग है।

मैं अपने देश को प्यार करता हूँ।

मैं ऐसा विभोर कि नहीं जानता, कब मेरी कोई
कविता पहाड़ गाने लगेगी और कब
कोई नदी। मैं नहीं जानता लेकिन
मेरा देश जानता है कि
नेकी और बदी
एक कवि के लिए यात्रा है
जीवन की।

मैं अपने देश को प्यार करता हूँ।

मेरा देश
मेरे लिए रास्ता है।
जो भविष्य की वादी में
खुलता है।

[1966]

उन्हें अक्सर त्याग के लिए

उन्हें अक्सर त्याग के लिए
उकसाया जाता है
आम तौर पर मामूली आदमी की जिन्दगी
इन्हीं हाँकों से चलती है।
चाहे ये हाँके जंगल की ओर हो या
जनतंत्र की ओर।
हर बार निशाना मचान पर बैठे
आदमी के हाथों में

होता है और
निशान 'साधारण जन' की
जरूरतों का सीना होता है।
तुम्हारी चोटें होनी हैं
हमारा सीना होना है।

हम पहले हिन्दुस्तानी हैं
और बाद में कुछ और।
यह 'कुछ और' क्या है?
कौन-सी कमी है
जिसने इस नारे को उगाया है?
नारे कब उगाये जाते हैं
नारों की व्याख्या :
'जय जवान, जय किसान'
आदि?
शान्ति का नारा
उस समय उगाया जाता है
जब समूचा जन-जीवन
युद्ध की शान्ति की माँग
से थर्राता रहता है।

[1968]

सुबह चिरायते की गन्ध में डूबी

सुबह चिरायते की गन्ध में
डूबी हुई है और
नींद को खोंचा मारती है
अलसायी हवा में
झोंपड़े गुमसुम खड़े हैं
और घास के पत्तों पर
झिलमिलाती हुई ओस में
उनके अक्स मिटने लगे हैं

बस्ती से बाहर,
'कदर'। बीनता हुआ सुअरों का झुंड
और उनके पीछे गुर्राते लपकते
कुत्ते।
कुड़कुड़ाती हुई मुर्गियाँ।
रात की उबासी से नम चेहरों पर
काम में जाने की उतावली ने
अजीब-सी हरारत भर दी है।

कुछ दूर भागने के बाद
अचानक सबसे पीछे भागने वाला
सुअर घूमकर खड़ा हो गया है और
पीछे भागने वाले कुत्ते उछल कर
सहम गए हैं।
और अब केवल उनके बगल में
झाँव-झाँव कर रहे हैं।

पेड़ पर बैठा एक कौवा
अनमने भाव से सिर घुमाकर
इधर-उधर देखता है। इस
हलचल में
पेड़ फिर शामिल हो गए हैं
और धूप में
उनकी छायाएँ
मिट्टी को गीला करने लगी हैं।

[1966]

जब अनाज और आँत के बीच

जब अनाज और आँत के बीच
रोटियों के नाम तय कर दिये गए हैं
एक बच्चा—

माँ की कोख में
अकाल के सिगनल के समान
गिरता है।

कविता में जाने के लिए
जीवन में जाना जरूरी है।
कविता में एक शब्द—
दोस्त की तरह आता है
और धोखे की तरह चला जाता है।

कविता से एक शब्द हटाना
उतना ही खतरनाक है
जितना कि रेल की पटरी से
फिशप्लेट को हटाना।

अपनी कविता का एक भी वाक्य
अपने विरोधियों के पक्ष में लिखवाना
वैसा ही खतरनाक है—
जैसा दाँत से हथगोले का फीता खींचकर
उसे दुबारा झोले में रख लेना।

[1967]

कोई भाषा नहीं थी

कोई भाषा नहीं थी
सुबह के पहले
दो-तीन लड़के
भूख के खिलाफ
पहल करने के लिए
मैदान में तड़के निकल आए थे
'विद्यार्थी को सक्रिय राजनीति से
बिलकुल अलग रहना चाहिए'

विज्ञापन के पीछे
विद्यालय की नीयत चमक रही थी।

दिन इतवार था

'विद्यार्थी का असली आनन्द
उसकी पढ़ाई में है।'
पत्थर फेंकते हुए तीसरा
बुदबुदाता है।
उसकी दसों अँगुली किताब में
और सिर कड़ाही में है।

यात्रा-प्रसंग

—जबकि आदमी का व्यक्तित्व
कुतुबनुमा की तलाश में
चौरस्ते पर भटक रहा
—जबकि हर चीज संतुलित होने के लिए
अलग हो रही है
—जबकि जरूरतों ने चेहरों को कानों और ठुड्डी तक खींचकर
तिकोना कर दिया है
और हम अपने लिबास में सहते हैं—
अपनी गम्भीरता की टीस
अक्सर निपोरते हैं खीस
हँसने की कोशिश में
(उफ्! हँसी आदमी के चेहरे पर
पेचिश की तरह कराहती है)
ऐसे में
जबकि खरगोश की छलाँगें और उदासी
चन्द्रलोक की यात्राएँ और नीग्रो समस्याएँ
एक ही लकीर पर खड़ी हों
बड़ी मुश्किल से अपना हो पाता है

धूप में टूटता हुआ एक दिन,
मैं किसी तरह अपने को छुड़ाकर
वक्त से और पेशेवर लोगों से
घर की ओर लौटते हुए रस्ते पर लाता हूँ
और अपनी टाँगों पर उठाता हूँ
सड़क का 'शो-केस'
जिसमें एक पालिश किया हुआ 'घिन'
मक्खियों से परहेज करता है।
अचानक
हरारत सब कुछ बदल देती है
साँझ और पार्क और बेंचों के रिश्ते
फिर कहीं भी एक आदमी के लिए
बैठने की कोई जगह नहीं होती
सभी जगह आदमी
बैठे हुए होते हैं
कीचड़ की तरह काँपती हुई भीड़ में
सहसा एक साथ उदास
दीखते हैं—
आदमी और घास
मैं अपने भीतर थोड़ी-सी जमीन
खिसकाता हूँ और 'शो-केस'
वहीं उतार कर रख देता हूँ
और आत्मस्वीकृति में झुके हुए सिर को
हिलाता हूँ—
दरअसल मानसून की शर्तें काफी उदार हैं
और हुआ यह कि शताब्दियाँ
बीत चुकीं
और हम आज भी
ऑक्सीजन के कर्जदार हैं।

[फरवरी, 1966 : 'सम्बोधन']

[यह कविता 'संसद से सड़क तक' के लिए दी गई थी, बाद में इसकी जगह, शहर का व्याकरण, दी गई—नामवर की चिट्ठी से]

अपने कालर में अपनी शराफत

अपने कालर में अपनी शराफत उलझा कर
जब तुम एक बीड़ी माँगते हुए
मौसम की चर्चा करते हो
जाड़े का एक और भी मतलब है
कि बालों की कमी है

मैं तुम्हारी उस पकड़ से बचना चाहता हूँ
जो फौलाद पर दाग छोड़ती है
नर्क की नींद तोड़ती है
मैं तुम्हारी आँखों की उस पकड़ से बचना चाहता हूँ
जहाँ 'माँगना'
मृत्यु का अनुवाद है।

आस-पास के लोग

वे एक-एक कर—
        इस तरह उपरा रहे हैं
        जैसे ग्रहण के बाद सूरज
                बाहर आता है।

जहाँ अपराध—
रोटियों का बहाना लेकर
खड़ा है।

इस आतंकित बसंत में—
जबकि हवा पराग के लिए
        चीख रही है
मरते हुए फूलों ने
खून को नये ढंग से
सुवासित किया है।

तीर्थ-यात्रा में बस गड्ढे में गिरने से
हुई मौतों की बनिस्बत
बेहतर है इस तरह मरना

गली बच्चे के मुँह की तरह महकती है
'अपराध—
सरेआम रोटियों का बहाना लेकर खड़ा है'
मगर पागल आदमी
क्या इस तरह बोला जाता है?

अँधेरा है
फिर भी तुम्हारी आवाजों के दाँत गिने जा सकते हैं।
ओ फाइलों के इन्तजाम!
नागरिकता का सबक कितना कठिन है—
'तीन लाशें और
अनगिनत घायलों के खून'
कर्फ्यू खुलते ही
शहर अचकचा कर गाड़ी के
उस बैल की तरह उठता है
जिसे नाल ठोंकने के लिए
गिराकर 'रसर' दिया गया था।

[1967]

मुझसे मिलकर हर आदमी

मुझसे मिलकर हर आदमी
नाराज क्यों होता है?
क्या मैं सच कहता हूँ?
क्या मैं अनुकूल (अपने को) बना
सकने में समर्थ नहीं हूँ?
क्या मैं उसे हावी होने से रोकता हूँ?

और कहता हूँ कि समस्या
का यह रुख नहीं है

मुझसे लड़ने के बाद
पड़ोसी गरीब हो जाता है
इसका इलाज क्या है?

शौचालय से सटकर कुछ औरतें
खाना खा रही हैं

पुल पर एक नंगी औरत गा रही है
एक गधा खूँटे से बँधा है
एक किरानी आ रहा है
लेटर बाक्स की 'निकासी' का समय
गायब है...।

[1966]

स्वप्न

आह! पेड़ की जड़ें
जब नीली और लाल रोशनियों में
झपक रही थीं
मैंने शाखों पर फलों की जगह
रोटियों को लटकते हुए देखा।

रिक्शे के पीछे लटकते हुए लड़के की तरह
रिक्शा वाला उससे अनजान उस
बोझ को भी खींच रहा है।

ऐसा ही होता रहा
शासक बदलते रहे

और जो शासित था
सोचता रहा।

बूढ़े

बूढ़े हैं
बैठे हैं
कोने की मेज पर
चेहरों पर लानत, सहेज कर
चेहरे से चार हैं
कोई उन्नीस नहीं
सब-के-सब बीस हैं
अच्छे खबीस हैं
पूरे मक्कार हैं
बातों में ऐसे मशगूल हैं
उम्र गए भूल हैं
        मुझे लगा—ये साले
जितने उलूल हैं उतने जुलूल हैं।

बूढ़ों में एक बूढ़ा
औरों से कुछ ज्यादा
        काग है
बूढ़े की आँखों में झाग है
और शेष बूढ़ों में आग है।

मरे हुए मेढक-सा
एक हाथ उछला—हवा में
और मेरे बालों में, बालों से कन्धों पर
कन्धों से पीठ पर
पीठ से सरकता हुआ
जाँघ पर
और वहाँ जाँघों में—
जाँघों में थम गया

एक हाथ
जाँघों में थम गया
और मैं तना हुआ
फिर सहसा नम गया
मरे हुए मेढक-सा।

किसान : एक दृश्य

वह पूरे सीवान से बड़ा है
खेतों को हरियाली सौंपकर
बाँस के डंडे को ठोड़ी से लगाए हुए
एकदम सीधा खड़ा है
उसने अपना चेहरा उछालकर
फेंक दिया है
और खेतों को हरा किया है

और इसके बाद
उसके चेहरे पर
तुम ऐसा सन्तोष देखोगे
कि तुम्हारा मन शर्म से भर उठेगा
वह अपनी तंगी में चंगा है
वह अपनी सादगी में नंगा है
जैसा भी है, भला है
अपनी शालीनता में टूटा हुआ

चिड़ियों के पीछे दौड़ता लड़का
बकता है
लौट आ, ओ लड़के
लौट आ, रंगीन चिड़ियों के पीछे
बेमतलब थकता है।

डूबता सूरज—
खेत में खड़े आदमी को

एक लम्बी परछाईं के सिवा
और क्या दे सकता है!

[1966]

एक सुरुचि-सम्पन्न आदमी का वक्तव्य

मैं हथौड़ा और
बास्केट बाल के बारे में जानता हूँ

कमसिन लड़कियों का इरादा
टाँगों से कितना कपड़ा उठाता है
सही-सही अर्थों में मादा
होने से पहले।
कृपया मेरा घेराव करिए।

मद्रास कैफे के सामने

सात गधे
और तीन कुत्ते
एक औरत झपटती हुई
अपने बच्चे को
गोद में चिपकाए हुए।

औरत किधर जा रही है।
एक चुकचुकहा नौजवान कन्धे पर
लुंगी रखे हुए।

पार्क : अन्धकार

मैं मजबूती से अपने को पकड़ कर
गुजरता हूँ
और घास देखते ही

पता नहीं कब मेरे भीतर का पशु
'पगहा' तुड़ा कर उधर दौड़ पड़े

मैं तुम्हारे धीरज को
प्रणाम करता हूँ जो
नर्क की शोभा है

(तुम महान हो, तुम्हें
मर जाना चाहिए)

मेरा पेट काट लो
मेरे पीठ पर
कोड़े बरसाओ
लेकिन काम पर आओ

सेठ का मजदूरों से रोना
(जो इस देश में कभी नहीं हुआ)

वे तमाम आकृतियाँ
जो दया के लिए विवश थीं
अँधेरे की खूनी गुर्राहटों से
मर गई हैं
वे पंजे पैने हो उठते हैं
दिन की रोशनी में
जिन पर नाखून नहीं
उगे थे।

गाँव

ठहरती दीवारों पर छप्पर—
किसी बाज के पंजों से छूटा जमीन पर
दिखा झोंपड़ा जैसे सहमा हुआ कबूतर

मूत और गोबर का ही गन्ध उठाए
हवा, बैल के सूजे कन्धे से टकराए
चौरे पर चितकबरी कुतिया
सड़ा हुआ सिर झटक रही है
दरवाजे पर बैठी बुढ़िया
ताला जैसी लटक रही है

खाल उतारी हुई भेड़-सी
पसरी छाया नीम-पेड़ की
डाँय-डाँय करते डाँगर की
सींगों में आकाश फँसा है
झिलँगी खटिया के पैताने
पावे से, हुक्का लटका है
फूटी औंधी चिलम पड़ी है
रोक तमाखू की, सिरहाने
ठहरी और उदास खड़ी है।

चीखों के दायरे समेटे
ये अकाल के चिह्न अकेले
मनहूसी के साथ खड़े हैं
खेतों में चाकू-से ढेले।
अब क्या हो, जैसी लाचारी
अन्दर-ही-अन्दर घुन कर दे वह बीमारी।
इस उदास गुमशुदा जगह में
जो सफेद है, मृत्युग्रस्त है
जो छाया है, सिर्फ रात है
जीवित है वह—जो बूढ़ा है या अधेड़ है
और हरा है—हरा यहाँ पर सिर्फ पेड़ है।

चेहरा-चेहरा डर लगता है
घर बाहर अवसाद है
लगता है यह गाँव नरक का
भोजपुरी अनुवाद है।

[1965]

लिखता हूँ

किसी जिले में
किसी शहर में
किसी सड़क पर
नहीं मरता है नौजवान
मेरे शरीर में मरता है लहूलुहान
मेरे भीतर एक मौत होती है
और सबूत में
एक अपना आहत हृदय
        लेकर
        लिखता हूँ।

[1970]

तुम्हें वेश्या कहते हुए

फिर वही अस्फुट ध्वनियाँ अँधेरे की
फिर वही बटन बन्द करती कुलीनता
चकपकाती हुई गली का मोड़ पार करती है
पुरखों के पुरखों का
बलात्कार
ओ पृथ्वी! तुम्हें वेश्या कहते हुए
मेरे खून में
अपराधियों-सा हाथ उठाए हुए
एक दैत्याकार, दर-ब-दर भटकता है।

[1968]

प्राचीन साहित्य और आधुनिक जीवन-सन्दर्भ

एक झगड़ालू शीर्षक है
आदमी परम्परा से बाहर

नहीं जा सकता।
मैं कहता हूँ
यह आपका भ्रम है।
दर-
असल,
परम्परा पाठ्यक्रम है
भाषा जिसे मैंने स्वीकार किया
उसने मुझे मार दिया

गद्दर हूँ गद्य का
कविता का धूमिल हूँ
बाहर का दुर-दुर हूँ
भीतर का बिल-बिल हूँ।

[1967]

शरीफ राहजनी

अक्सर सकारने की तबीयत होती है
कि मेरी मिहनत ही
मेरी मजबूरी है

जब मैं देखता हूँ कि
वह आदमी सुखी है
जिसके पास—
जाँगर से ज्यादा 'जी हुजूरी' है।

[1965]

अभिनेता

दूर तक खुला हुआ
राजनीतिक हत्याओं का शीत-
कालीन आकाश, शहर के लफंगों में

रंगों की मनपसन्द भूमिकाएँ
बाँट रहा है।

तुम्हारी दीनता
तुम्हारे उदास और थके हुए बाजुओं पर
ताबीज की तरह बँधी है।

[1966]

सूर्योदय के वक्त

सूर्योदय के वक्त जब
हमने घोड़ों पर बहस
में हिस्सा
लेने से मना किया—
तब मेरा मतलब
यह नहीं था कि हम
पहियों के खिलाफ थे

वह हमारी हवाखोरी का समय था

लोग अपनी धुन में बाग हो रहे थे
और अक्लें
नाश्ते की मेज पर
खुल रही थीं।

[1966]

यह मैं हूँ

यह मैं हूँ
जिसे बसंत ने
जीवित किया है

यह मैं हूँ
जिसने बसंत को
अर्थ दिया है

पेड़ों में बहते बसंत को
कब देखती हैं आँखें

क्या तुम नहीं समझते कि एक बच्चे के
जन्म के साथ
मौत को एक मौका और मिल जाता है
अपनी भूमिका अदा करने के लिए?

[1966]

यह आग, जो तुम्हें जलती हुई दीखती है

यह आग, जो तुम्हें जलती हुई दीखती है
क्या तुम सोचते हो कि यह
इसी तरह जलती रही है?

और यह पेड़
जो बसंत में
फूलों से लदा हुआ
रोमांचित खड़ा है
यह भी एक दिन खाली हो चुका था
ठीक उसी तरह
जैसे कि
        तुम्हारा चेहरा
बोलचाल की भाषा में उन्हें ढूँढ़ना व्यर्थ है
कुछ ऐसे नाम हैं जो कागज के होते हैं
जाड़े की उदास और लम्बी संध्याओं में।

[1967]

भेड़

उसे देखो
और देखो कि उसके मुख की
तरफ हरी-हरी पत्तियाँ
कितनी आसानी से
लेंड़ियों में बदल रही हैं

उसकी मासूमियत
शहर की शराफत को
भेड़ियों में
बदल रही है।

[1966]

मध्यवर्ग

कहीं नहीं जिन्दा है मध्यवर्ग
सब्जियों की बासी दुकानों पर
या शब्दों के पुराने खँडहरों में
जिन्दगी और इस देश के संविधान की
दोनों अतियों पर
एक तरफ अमीर है और दूसरी तरफ
गरीब है।

[1967]

कामरेड ने कहा

कामरेड ने कहा कि मैं अवसरवादी हूँ
        सुनने का आदी हूँ
उसने शायद ठीक कहा है

अपने बारे में कुछ ऐसा
ही मेरा मत सदा रहा है

सबको सभी लोग ऐसा कहते रहते हैं
कुछ होते हैं जो कि दुखी
होते हैं इससे
कुछ इसको युगधर्म समझ कर
चुप रहते हैं।

[1967]

चलो, हम भी देख आएँ करीब से

चलो, हम भी देख आएँ करीब से
आखिर ये कौन लोग हैं जो भूख की हदबन्दी
जातियों की जरीब से
कर रहे हैं
यह जानते हुए भी कि
बालिग होने की होड़ में
हम अपनी समझ 22 साल पीछे
छोड़ आए हैं
    वह अब भी हरिजन
    लड़की है, तू अब भी बाम्हन
    बेटा है
जमीन का एक छोटा-सा टुकड़ा
हमारे बीच अफवाह की तरह फैला है।

[26.3.1971]

इस हाते में आने के पहले

इस हाते में आने के पहले
    एक बार मैं तुम्हें फिर से जाँच
    लेना चाहूँगा

यहाँ आदमी रहते हैं।
मैं तुम्हारा पंजा देखना चाहूँगा, नाखून :
ठीक, आदमी के हैं और दाँत
नहीं इसके लिए मैं
        तुम्हारा मुँह नहीं आँत
        देखना चाहूँगा
यकीनन तुम्हारे चेहरे का दीन भाव
        तुम्हें अपना बताता है।
मगर तुम्हारी आँखों की यह शिकारी
        चमक?

एक साथ क्यों मरना चाहता हूँ

एक साथ क्यों मरना चाहता हूँ मैं
अपने आप में मेरे खुदगर्ज
भाइयों की दिलफरेब औरतों का अन्धकार
मुझे तसल्ली नहीं देता
क्योंकि खानाबदोश
मेरी नींद के हर दूसरे-तीसरे मुकाम पर
जंगल मुझे कन्धे पर खेमे की तरह
उठाए हुए घूमने लगता है

और मेरी कोशिशों के बावजूद
मेरे माँ-बाप और भाई-बहन और पत्नी-प्रेमिका
के चेहरे एक ही अपराध में
नत्थी हो जाते हैं।

आलू और धनिया खरीदती हुई यह दुनिया
पेट के ऊपरी हिस्से तक
बनिया हो गई है

शरीफ होना
अपने आप को धोखा देना है।

जीवन, यहाँ अन्धकार की तरह
समतल है

यह मौसम, औरतों की
मृत्यु का मौसम है।

[1966]

चाय की प्याली को खाली करने तक

चाय की प्याली को खाली करने तक
और ठहरो
और देखो किस तरह—
साहसिकता सच्चाई में बदलने लगी है

जो कल तक इस बात से दुखी था
कि उसका बायाँ खत
दाहिने खत से
कुछ नीचा कट गया है।

वक्त का रुख जानने के लिए
भाषा के उस मुहावरे को समझना
अभी बाकी है
जिससे ठीक-ठीक पता चल सके
कि सामने बैठे हुए
आदमी के चेहरे पर
कितनी चीख और कितनी चालाकी है।

[1967]

दुनिया अँधेरे में खो गई है

दर्शकों का पूरा मनोरंजन करने के बाद भी—
वह एक पशु था—घायल...बर्बर

उसकी कनपटी से खून टपक रहा था, अगला धक्का
और सामने का दायाँ पैर
बुरी तरह जख्मी हो गया था। उसने अगला पैर उठा लिया
सिर को हवा में तीन बार
झटका दिया और अपने पीछे खून की लम्बी लकीर
छोड़ता हुआ पश्चिम की ओर
बढ़ गया।

उसने उस लड़के की तरफ कोई ध्यान नहीं दिया
जो उससे डर कर पेड़ की ओट में छिप गया था
और खुरदरी छाल वाले तने पर हाथ रखे
उसकी ओर अघाई आँखों ताक रहा है, उसके घवहे पाँव
को ताक रहा है और खून को भी।

उसका प्रतिद्वन्द्वी...
उस लम्बी और सुनसान पगडंडी पर वह अकेला था
बिना किसी ब्यौरे और बिना किसी सहमति के।
और इस वक्त उसका सबसे बड़ा प्रतिद्वन्द्वी उसका शरीर था
जब भी कभी देखा है—
सूर्यास्त को मैंने इसी तरह देखा है धूल में लड़खड़ाते
हुए साँड़ की तरह
और दुनिया अँधेरे में खो गई है।

[1966]

सरकारी बस का ड्राइवर

सरकारी बस का ड्राइवर बोल रहा था—
'जब तक जिये लेटकर जिये जिन्दगी में इससे
आगे क्या किये?'
उसने, और भी, एक मार्के की बात कही है
जनता और सरकार के बाबत कि
अन्धी बुढ़िया पीस रही है : कानी कुतिया
चाट रही है।

कोई ऊब रहा; ऊबे—कोई डूब रहा है डूबे; उसको क्या?
उसको न शर्म है न पीड़ा है
बाबू तो तकाजों का कीड़ा है।
जिन्होंने जिन्दगी को नकद रूप में
        कभी नहीं जिया।

[1966]

लेखकों से

आओ, हम भूल जाएँ
सारी उबकाइयाँ, सारी शिकायतें,
सारा आवेश
इतना ही याद करें
हम एक हैं
ऐसे रस्ते पर चल रहे
जिन पर फैली है धूल।

बच्चे, बूढ़े, जवान—
चेहरे उदासी में डूबे
खामोश पत्थर-से सर्द
फिर भी वे चल रहे
जीने की इच्छा के
साथ।

ऐसी गरीबी की धुन्ध—साफ नहीं दिखते—
        सम्बन्ध
अच्छा, अब, अवसर दें, उनको भी, कम-से-कम
        एक बार

कल तक
जो हकमार ये
अपने ही लोगों के हिक्के पर
बैठे थे। उनको ललकारो

गेहूँ का मतलब क्या होता है :
एक उठी हुई हया : एक उठा हुआ हाथ
तो यार! कम-से-कम यह करो
कि दाँत चिंयार कर
दया माँगने से बाज आओ।
डर के बदले डर पैदा करो।

सड़क पर निकल आए, कम-से-कम, चालीस की
उमर के बाद। यह केवल उसके लिए जो शादीशुदा है
अपने पास की नदी में फेंक दो
बेमतलब दो जून की रोटी के लिए कलपती—
औरताना जनून में जन्मी मरकट औलाद।

क्वारों की बात
जुदा है

और अन्धाकूप का साइरन बजते ही
अनाज और आदमी के बीच का फासला
बढ़ जाता है।

उसकी कविताओं में जैसे उसका
समूचा चेहरा बोल रहा है

सही कविता का मतलब
देह के तय किये हुए अँधेरे में
भरना है।

यह मेरी कविताओं का शहर
नहीं है। मेरे अपने लोगों
के दुखों का शहर है।

एक बार फिर वही शहर मेरी
कविताओं में लेकिन अँधेरा
नहीं। रोशनी की तरह एक 'चमड़ गन्ध'

भाषा बनने के पहले—
चील की डैनों की तरह।

हिलती हुई खुशमिजाज
औरतें घोड़े की बदबू
से बने हुए पतियों का प्यार
अपनी तकलीफ
पर मलती हैं
और फिर इन शरीफ
चकलों की धाँधली चलती है इतनी सारी
कानूनी पाबन्दी के
बाद। कर्जखोर देश की बेगैरत
औलाद
मेरी कविताओं की
हर दूसरी या तीसरी पंक्ति में।

✪✪✪

सुदामा पाण्डेय धूमिल

पूरा नाम : सुदामा पाण्डेय

जन्म : 9 नवम्बर, 1936; बनारस के खेवली गाँव में।

शिक्षा : आरम्भिक शिक्षा गाँव की प्राइमरी पाठशाला से। 1953 में हाईस्कूल की परीक्षा द्वितीय श्रेणी में हरहुआ से उत्तीर्ण। हरिश्चन्द्र इंटर कॉलेज, वाराणसी की ग्यारहवीं कक्षा में दाखिला, लेकिन अर्थाभाव के कारण पढ़ाई छूट गई।

आजीविका की तलाश में काशी से कलकत्ता तक भटकते रहे, फिर 1958 में औद्योगिक प्रशिक्षण संस्थान, वाराणसी से प्रथम स्थान के साथ विद्युत-डिप्लोमा।

12 जुलाई, 1958 को वहीं विद्युत-अनुदेशक के पद पर नियुक्त।

आजीवन इसी संस्था के विभिन्न पदों पर स्थानान्तरण की यंत्रणा से ब्रेन ट्यूमर की लम्बी बीमारी से पीड़ित।

रचनाएँ : लेखन की शुरुआत कक्षा सात से। आरम्भिक गीत विभिन्न पत्र-पत्रिकाओं में छपे लेकिन संग्रह कभी प्रकाशित नहीं हुआ। पहली कहानी 'फिर भी वह जिन्दा है', 'साकी' जून, 1960 में प्रकाशित। 1972 में प्रथम कविता-संग्रह 'संसद से सड़क तक' (1965-'70 के बीच लिखी कविताएँ) प्रकाशित। 1977 में 'कल सुनना मुझे' का प्रकाशन। 'सुदामा पाँड़े का प्रजातंत्र' (1970 के बाद की कविताओं का संकलन) 1984 में प्रकाशित।

पुरस्कार : 1975 में 'संसद से सड़क तक' को मध्य प्रदेश शासन साहित्य परिषद का 'मुक्तिबोध पुरस्कार'। 1979 का 'साहित्य अकादमी पुरस्कार' कविता-संग्रह 'कल सुनना मुझे' को।

निधन : 10 फरवरी, 1975 को के.जी. मेडिकल कॉलेज, लखनऊ।

धूमिल समग्र

खंड-2

गीत, कहानी
लघुकथा, नाटक, दस्तक,
निबन्ध समीक्षा एवं अनुवाद

संकलन-सम्पादन
डॉ. रत्नशंकर पाण्डेय

राजकमल पेपरबैक्स

राजकमल पेपरबैक्स में
पहला संस्करण : 2021
दूसरा संस्करण : 2023

राजकमल पेपरबैक्स : उत्कृष्ट साहित्य के जनसुलभ संस्करण

राजकमल प्रकाशन प्रा.लि.
1-बी, नेताजी सुभाष मार्ग, दरियागंज
नई दिल्ली-110 002
द्वारा प्रकाशित

शाखाएँ : अशोक राजपथ, साइंस कॉलेज के सामने, पटना-800 006
पहली मंजिल, दरबारी बिल्डिंग, महात्मा गांधी मार्ग, प्रयागराज-211 001
वेबसाइट : www.rajkamalprakashan.com
ई-मेल : info@rajkamalprakashan.com

बी.के. ऑफसेट
नवीन शाहदरा, दिल्ली-110 032
द्वारा मुद्रित

मूल्य : ₹ 1500
(3 खंडों में)

DHOOMIL SAMGRA (Vo.2)
Compilation and editing by Dr. Ratna Shankar Pandey

ISBN : 978-93-89598-87-2

धूमिल : 1952

धूमिल : 1962

धूमिल के साथ एस. अतिबल : साक्षात्कार की मुद्रा में

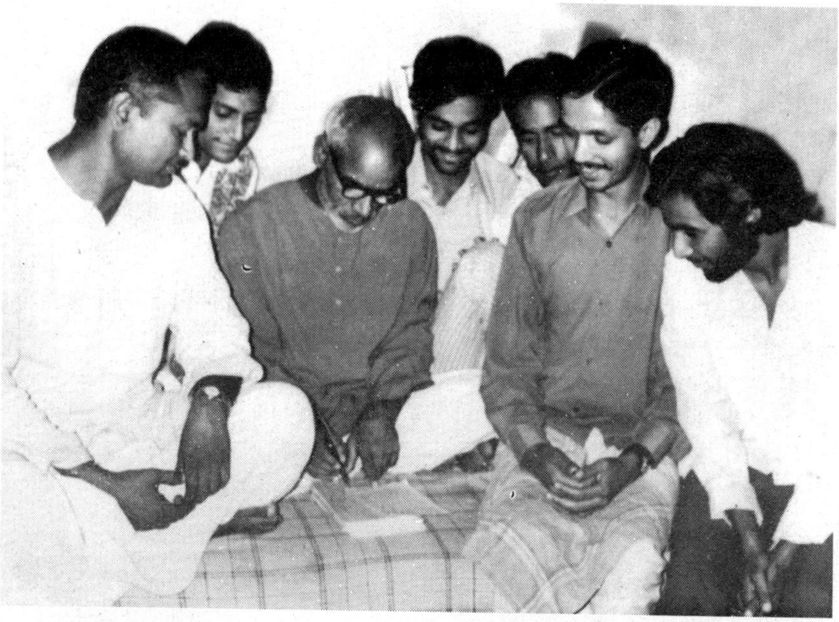

'त्रिलोचन अध्ययन केन्द्र' की स्थापना के पूर्व त्रिलोचन से अनुमति लेते हुए धूमिल

बाएँ धूमिल दाहिने त्रिलोचन सुनते हुए

कुर्सी पर (बाएँ से दाएँ) : सर्वश्री विजयशंकर मल्ल, चन्द्रबली सिंह, केदारनाथ अग्रवाल, शिवप्रसाद सिंह, त्रिलोचन शास्त्री।
पहली पंक्ति : सर्वश्री सुरेन्द्र प्रताप, वशिष्ठ, धूमिल, वाचस्पति, योगेन्द्र नारायण, सुधेन्दु पटेल, सुरेश भ्रमर, वीरेन्द्र शुक्ल।
दूसरी पंक्ति : सर्वश्री अमित प्रकाश सिंह, अज्ञात, नरेन्द्र नीरव, शिवजी सतयोगी, अवधेश नारायण सिंह, ओमकार जासवाल, अवधेश प्रधान।

धूमिल

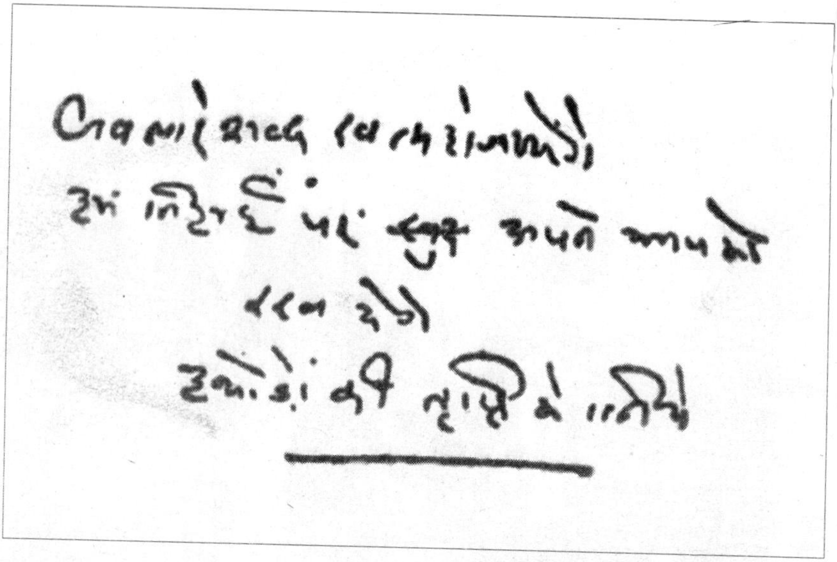

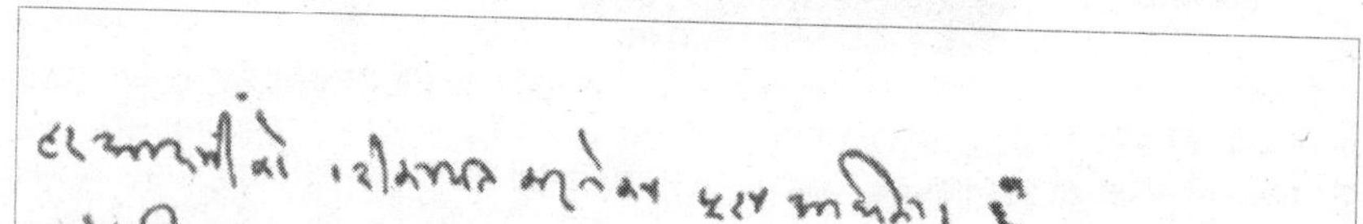

हस्तलिपि

यह खंड

'धूमिल समग्र' के इस दूसरे खंड में उनके गीत, कहानियाँ, लघुकथाएँ, नाटक (प्रहसन), निबन्ध एवं समीक्षा तथा अनुवाद के साथ-साथ उनकी पांडुलिपियों में जहाँ-तहाँ कविता के रूप में लिखे वाक्यों को 'दस्तक' शीर्षक से शामिल किया गया है।

हमने पहले ही लिखा है कि उन्होंने वस्तु को गीत का लय देना आरम्भ किया 1956 के बाद। आरम्भ में लय और तुक में वस्तु को ढालने का काम किया गीतों ने। पिछले दशकों में धूमिल के कवि को इसी लय और तुक के भाषागत आग्रहों के साथ रखकर पढ़ने-पढ़ाने की कोशिश भी की गई। इस आग्रह को अच्छा भी कहा गया और उनकी कमजोरी भी। लय और तुक को लेकर उनकी दो स्पष्ट टिप्पणियाँ हैं : 'निष्ठा का तुक बिष्ठा से मिला देना' या फिर 'तुक के मोह में तुगलक होने से बचना'। कवि के इन दोनों टिप्पणियों की कसौटियों पर फिर से हमें इन गीतों को पढ़ना चाहिए।

रूपाकर्षण, संयोग और वियोग की अनुभूतियाँ, प्रकृति के सौन्दर्य, कहीं-कहीं किसानों के श्रम को विज्ञापित करनेवाले गीत तो कहीं पुकार रही धरती!—खास कर धूमिल का 'श्रमिक' गीत निराला के 'भिखारी' की याद ताजा करता है।

धूमिल की 1958 से 1963 तक की पांडुलिपियों में कुल पाँच कहानियाँ मिली हैं। 'साकी' के जून, 1960 के अंक में प्रकाशित कहानी 'फिर भी वह जिन्दा है' का मात्र एक छपा पृष्ठ मिला। उसे ज्यों का त्यों 'समग्र' में शामिल कर लिया है। इसी प्रकार 'कल्पना' के मई, 1963 के अंक में छपी कहानी 'सीमाओं का बोझ' भी।

प्राप्त पाँच कहानियों में से उक्त दो धूमिल के जीवन-काल में ही छप चुकी थी। शेष तीन कहानियाँ पहली बार 'धूमिल समग्र-2' में प्रकाशित होने जा रही हैं। वे कहानियाँ हैं : 'रतना', 'कुसुम दीदी' और 'नई पौध : नया माली'।

गाँवों में अछूतों के जागरण की चेतना को लेकर लिखी गई कहानी है : 'रतना'। इस जागरण का मुद्दा बनता है मन्दिर-प्रवेश और रतना उसका नेतृत्व करता है।

रतना की ओर से भैरों पुजारी को निशाना बनाकर एक पत्थर दे मारता है। तभी रतना दौड़कर पुजारी के आगे आ जाता है। पत्थर उसके सिर में लगने पर वह वहीं गिर पड़ता है। रतना के सिर से ख़ून रिसने पर पुजारी सोचते हैं—अगर आज रतना न होता तो? उनका हृदय-परिवर्तन हो जाता है। वे मन्दिर का द्वार खोल देते हैं और रतना को उठाकर उसमें लिटा देते हैं।

'नई पौध : नया माली' कहानी में नौकरों के प्रति मालिक के दुराव को चिह्नित किया गया है कि एक मालिक अपनी अहं की तुष्टि के खातिर किस तरह अमानवीय हो उठता है।

'कुसुम दीदी' कहानी का वाचक स्वयं कहानीकार (मैं) है। कहानी अपनी भावभंगिमा के साथ एक ऐसा यथार्थ चित्र प्रस्तुत करती है, जिससे लोग छूटकर, सन्देह में उलझ जाते हैं।

'फिर भी वह जिन्दा है' कहानी के अधूरे अंश में दीपू मन्दिर, मस्जिद और गिरजाघर में आने-जाने वाले आदमी के बारे में सोचता है कि कोई हिन्दू है, कोई मुसलमान है, कोई ईसाई है, लेकिन आदमी? आदमी रहा ही कहाँ?'

'सीमाओं का बोझ' कहानी में मनुष्य के आत्मबोध को बड़े ही दार्शनिक अन्दाज में प्रस्तुत किया गया है। वह भी तीन घोंघों के माध्यम से।

पाँच छोटी कहानियाँ भी पांडुलिपियों से ली गई हैं, जो अपनी आकृति में लघु और पूर्ण होने की दशा में उसे 'लघुकथा' शीर्षक में रखना उचित समझा गया है।

धूमिल जी की पांडुलिपियों को देखने से पता चलता है कि उनकी बहुत-सी कविताएँ अधूरी हैं। कहीं-कहीं कागज के छोटे-से टुकड़े पर उन्होंने एक या दो पंक्तियाँ लिखी हैं तो कहीं तीन-चार पंक्तियाँ कविता की पूर्ण अभिव्यक्ति लगती हैं। ये पंक्तियाँ कविता के बने-बनाए अकादमिक तंत्र से सर्वथा अलग। लेकिन उसमें एक खास किस्म की आत्मीयता, जिन्दादिली और मस्ती का आलम दिखाई पड़ता है। इन छोटी-छोटी पंक्तियों में बनारस की मिट्टी की सोंधी गन्ध है। अक्खड़ी-फक्कड़ी, हँसी-ठिठोली, व्यंग्य-विनोद, मौज-मस्ती घुली-मिली है। इस तरह की पंक्तियाँ बनारस शहर से खेवली गाँव की साइकिल-यात्रा के दौरान ही मिल सकती हैं।

उन्होंने एक जगह लिखा भी है कि 'जब मैं साइकिल पर सवार होता हूँ तो मेरा दिमाग साइकिल की तीलियों की तरह चलता है।'

ये पंक्तियाँ किसी टकसाल की उपज नहीं हैं और न बन्द ए.सी. कमरे की। यह सड़कों-फुटपाथों पर, किराना-बिसातबाना और चाय-पान की दुकानों पर,

रिक्शा-ठेलों के साथ-साथ गाँव के बोड़र, घीसन, कतवारू, जियावन के जागर से; पुरवट, फरसा, कुदाल, जुताई-बुआई से पैदा हुई हैं। यह आवाज रसोई के कठवत की रोटियों से, चूल्हे के ताप से, तवे पर मचलते हुए चिमटे से, बटलोही से बतियाती हुई कलछुल से निकली है। यही कारण है कि धूमिल का एक ही शब्द, उनका एक ही वाक्य अपनी-अपनी जगह अर्थ की अलग-अलग गहराई पाता है। क्या कारण है कि धूमिल का मौन सबसे ज्यादा बोलता है? सार्थक वक्तव्य की कविता में मौन भी सार्थक वक्तव्य बन जाता है? उनकी कविता की यह अकेली बनावट-बुनावट है। एक पंक्ति या कुछ पंक्तियाँ बहुत मुखर हैं इसीलिए इन्हें 'दस्तक' शीर्षक से समाहित कर लिया गया है। ज्ञातव्य हो कि 'धूमिल' ने इसी शीर्षक से एक संकलन देने की योजना भी बनाई थी।

कविता शब्दों, पंक्तियों से बनती है। धूमिल की कविता का एक-एक शब्द और शब्दों के समुचित प्रयोग से बना पूरा-का-पूरा वाक्य एक गहन अर्थ देता है। जब वे कुत्ते के घाव को देखते हैं, उसके ठीक होने की प्रक्रिया को समझते हैं तो ऐसे विचार व्यक्त होते हैं : 'कुत्ते का घाव और पड़ोस का झगड़ा चाटने से ठीक होता है।' यह धूमिल की कविता का एक मुहावरा है, जो पहली बार अनुभव के दृश्य को भावों में बाँधकर, विचारों में सम्प्रेषण की कला देकर, सिर्फ धूमिल की कविता की पहचान बनता है। यह जुमला नहीं बल्कि परिस्थितिजन्य अभिव्यक्ति की भाषिक समझ है। इस तरह के शब्द-चयन एवं वाजिब वाक्य-संरचना कविता को नई जमीन प्रदान करती है।

आरम्भ यानी 1958 से लेकर अन्त तक के उनके प्रकाशित-अप्रकाशित निबन्धों एवं समीक्षाओं को रचना के कालक्रम में देने का प्रयास किया गया है। सभी निबन्ध उनकी रचना-प्रक्रिया से तालमेल खाते हैं। इन निबन्धों के केन्द्रीय विषय हैं—समकालीन भाषा और रचना-प्रक्रिया, जिसमें 'तुलसी और आधुनिक लेखकों की समस्याएँ' उनका शब्दश: छपा भाषण है। 'नई कविता और उसके बाद' एवं 'नवलेखन विमर्श' 1964-65 के गहराते संकटकालीन मोहभंग की मन:स्थिति की उपज हैं जिसे साठोत्तरी कविता को समझने के लिए पढ़ना नितान्त आवश्यक है।

धूमिल जी के पाठक शायद जानते हों कि धूमिल जी ने 1973 में बांग्ला के अत्यन्त लोकप्रिय क्रान्तिकारी कवि सुकान्त भट्टचार्य के कविता-संकलन 'छाड़पत्र' का हिन्दी में अनुवाद 'पारपत्र' के नाम से, कंचन कुमार के साथ,

किया था। व्यक्तिगत, साहित्यिक, असाहित्यिक रुचियों की चर्चा तो उनके मित्रों के संस्मरणों में हैं, लेकिन उनके अनुवाद की चर्चा कहीं नहीं है।

प्राय: कवि-लेखक जिस कृति का अनुवाद करता है, तो कहीं-न-कहीं वह कृति और कृतिकार से भावनात्मक साम्य स्थापित करता है, तब जाकर एक अच्छा अनुवाद सम्भव हो पाता है। कविता का भाषान्तरण तो हो सकता है लेकिन उसकी भावनाओं का अनुवाद दुष्कर होता है। भावनाओं को तो बस समझना पड़ता है। इस प्रकार हम पाएँगे कि धूमिल ने सुकान्त की कविताओं का सिर्फ भाषानुवाद ही नहीं किया बल्कि कविता की भाषा में भावनाओं की समझ भी पैदा की, जो 'भाषा में आदमी होने की तमीज' से पैदा हुई थी। इसके लिए किसी भाषा में डिग्री हासिल करने की जरूरत नहीं होती, बल्कि होती है अपनों की तकलीफ पढ़ने-समझने की क्षमता।

'पारपत्र' में कुल पैंतीस छोटी-बड़ी कविताओं का अनुवाद है। उसमें लगभग दो दर्जन शब्द ऐसे हैं जो आज भी धूमिल की मूल भाषा-संरचना की याद दिलाएँगे।

मेरी हार्दिक इच्छा थी कि धूमिल जी की सम्पूर्ण रचनाएँ बिना किसी बदलाव के प्रकाशित हों, और अब अशोक जी के सार्थक प्रयास से 'धूमिल समग्र-2' आपके सामने है। मैं मानता हूँ कि अब रचनाएँ बिना किसी आलोचना के सीधे पढ़ी जा रही हैं, इसलिए सम्मतियाँ आपके हाथों में!

—रत्नशंकर पाण्डेय

धूमिल शोध संस्थान
खेवली, वाराणसी

अनुक्रम

गीत

पाँच बिरहा

कहानी

लघुकथा

नाटक

दस्तक

निबन्ध एवं समीक्षा

पारपत्र : अनूदित कविताएँ

धूमिल समग्र

खंड-2

गीत

कवि-उर की कोमल पीड़ा
साकार शब्द में होती
निस्सीम व्यथा मानव की
जिसमें सिर धुनती रोती

आ गया मधुमास...

आ गया मधुमास नीरस प्राण में
मैं सरस रसधार भरने जा रहा हूँ

जा रहा हूँ दूर तुमसे स्नेह-बन्धन जोड़कर
जा रहा हूँ दूर लेकिन मन यहीं पर छोड़कर

प्राण! तुम रूठो नहीं, पतझार से
मैं अपरिचित प्यार करने जा रहा हूँ।

बादलों की छाँव में तूफान ही के गाँव में
मैं किनारा ढूँढ़ता मझधार बाँधे पाँव में

प्राण! तुम रोको नहीं आई लहर,
द्वार पर, सत्कार करने जा रहा हूँ।

द्वार पर बारात आई बज उठी शहनाइयाँ
किन्तु दुलहन पर उदासी की बढ़ी परछाइयाँ

आह, दे दो साथ, नीरव भाग्य का,
मैं अभी सिंगार करने जा रहा हूँ
आ गया मधुमास नीरस प्राण में,
मैं सरस रस-धार भरने जा रहा हूँ।

बसन्त

लिये हृदय उल्लास
आ गया गंध मदिर मधुमास
लिये नव वय में नव विश्वास
लिखे कलि का विकास इतिहास॥ लिये हृदय... ॥

खिले वृन्त पर फूल
डाल के कटु-काँटों को भूल
महकने लगी धरा की धूल
शान्त सरिता, समृद्ध है कूल॥ खिले वृन्त... ॥

है निरभ्र आकाश
झुका उस ओर क्षितिज के पास
चूमता धरती को सविलास
बाँध कर निर्भय भुज के पाश॥ है निरभ्र... ॥

सुमुखि! अभी नभ ओर
उठेंगे मेरे चरण अथोर
उड़ाना तुम चुनरी का छोर
नये बासन्ती रँग में बोर॥ सुमुखि!... ॥

सांध्य-तारा

दूर हटते बादलों में सांध्य स्वर
डूब कर रवि-रश्मियों के साथ में,
आ गया बाहर निकल तम-सिन्धु तर
ले नवल नक्षत्र मोती हाथ में।

क्षेत्र में नभ के, तिमिर के वृन्त पर
एक तितली श्वेत पीले पाँख से,
झिलमिलाते श्रान्त तन को साध कर
पी रही है सृष्टि का रस आँख से।

दूर तक फैले गगन की राह में
ठेलता गाड़ी श्रमिक तम रात की,
प्रात किरणों की कुँवारी चाह में
हिल रही श्रम बूँद अविकल साथ की।

स्वप्न के मधु-लोक में जलता अहो
दीप का जैसे मधुर आभास है,
किन्तु यह क्या? क्या कहा तुमने कहो
यह तिमिर में भोर का विश्वास है।

फागुन में

पीत वर्णा अपर्णा बनी रसभरी
मंजरी मत्त हो झूमती, फूलती,
आम की डाल पर गंध झूला पड़ा
श्वास-बाला हुलस पेंग भर झूलती।

कोंपलों में खिली सृष्टि की रूप-श्री
प्यार का जिस घड़ी मंत्र थी फूँकती,
उस घड़ी बावली डाल के गर्भ में
साँवली कोकिला हूक भर कूकती।

छेड़ सुधि के स्वरों को नई तान पर
प्रान में दर्द मीठा जहर घोलता,
जब किसी कुंज की छाँव से पी विहग
पी-कहाँ, पी-कहाँ, पी-कहाँ बोलता।

आग किंशुक वनों में लगी थी कहीं
पात पीले झुलसते हुए झड़ गए,
आँच महुवे सहन कर न पावे कि जब
फूल-छाले खड़े के खड़े पड़ गए।

लो भरे खेत की स्वर्ण सी वह फसल
झुक गई है स्वयं रूप के भार से,
हो खड़ा शान्त मन साध के द्वार से
देखता है कृषक भर ललक प्यार से।

मद भरी आँख में लाल डोरे उठे
स्वर उठा फाग का गाँव की छोर से,
राधिका की पलक कुछ झुकी-सी उठी
बँध गया श्याम जब स्नेह की डोर से।

जाओ साथी, रात हुई!

जाओ साथी, रात हुई!
हाथों की कुदाल कितनी ही बार भीग कर सूख चुकी,
कितनी बार निगाह राह पर घूमी सहमी हुई झुकी।
साँझ हुई अब सूरज ढलका
दीवट पर लघु दीपक झलका
रजनी के आँखों का काजल
चन्दा के गालों पर छलका
एक एक कर तारे आए, मिल पूरी बारात हुई,
जाओ साथी, रात हुई!

इस चिन्ता-कैकेयी का अभिशाप सदा वरदान बने,
इस अभाव-दशरथ की चुप्पी, तेरा पथ सन्धान बने।
छाती चीर चीर तम-भ्रम की
जला ज्योति तू अपने श्रम की
साध सिया का हरण नहीं हो
खींच 'लखन रेखा' संयम की
तुमको पाकर शक्ति उर्मिला, कितनी विह्वल गात हुई,
जाओ साथी, रात हुई!

पंथ मेरा निहारो नहीं

पंथ मेरा निहारो नहीं चाँदनी,
आज की रात तो मैं न आ पाऊँगा।
दूर नभ के सितारों की देकर शपथ
आज राही को अपने पुकारो नहीं
है घनी कालिमा, साध का दीप ले
आरती प्राण की तुम उतारो नहीं
मान करना नहीं आज तुम मानिनी,
मान कर भी न तुमको मना पाऊँगा॥ पंथ मेरा... ॥

रात कुछ कह रही बात कुछ चल रही
चाँद नीले गगन में मचलने लगा
मंद झोंका पवन का महकने लगा
स्वर उठा यों कहीं प्राण जलने लगा
आ रही है कहीं से विकल रागिनी,
राग आसावरी मैं न गा पाऊँगा॥ पंथ मेरा... ॥

है उठी दूर पर आर्त वाणी कहीं
चेतना को विवश सी भुलाने लगी
बाँह धर कामना का मनाने लगी
मैं चला साथ में जब बुलाने लगी
बस जगाने चला विश्व को प्राण मैं
फूल की मैं न शय्या सजा पाऊँगा॥ पंथ मेरा... ॥

कविता से

मनुज के विश्वासों की शक्ति
प्रात का जिसमें है आभास,
हार कर मलिन बदन क्यों आज
बनी संध्या सी विकल उदास?

न बोलो भले मानसी! मौन
खोलते मूक निवेदन भेद,
लुटाया तुमने इतना फूल
छा गए माथे पर श्रम-स्वेद।

प्राप्त कर यह विराम सन्देश
चकित सा है सारा संसार,
उठो अनुप्राणित कर दो विश्व
रणित हो नूपुर की झंकार।

नयन के सूखे बिन्दु अमोल
लगे ब्रण, जमी रक्त की धार,
किन्तु हे! सुनो सुनो सुकुमारि!
अभी तक रसमय मेरा प्यार।

तुम्हारा पाकर पावन स्पर्श
हुआ चेतनता का संचार,
विवशताओं का बन्धन तोड़
उठी जीवन की क्षीण पुकार।

तुम्हारा कर, कर में सानन्द
लिये मैं करता रहूँ विहार,
तुम्हारा मुझको मिलता प्यार
जगत को बाँटूँ मैं भी प्यार।

साधने! कर उन्मुक्त प्रवाह
गिरा गति भर कर बहे अमंद,
स्वरित हो जिससे सारा विश्व
खोल दे मंद-मंद मधु छंद!

दूरी

हम दोनों चुप हैं।
परिचय की व्यर्थता
हमारे बीच अर्थ लिये बैठी है—
तपती दोपहरी की उमस भरी छाया सी।
अनकहे शब्दों की परछाईं
होंठों के पर्दों पर नाचती।
आँखों की रिक्तता
अनबुझे गीतों को बाँचती।
हम दोनों चुप हैं

पर,
भीतर कुछ चलता है
जैसे खपरैल पर
कागा के पैरों की भीगी सी आहट हो।
मन के अस्तित्व की
इतनी-सी सीमा है
इतनी मजबूरी है
सट कर बैठा हूँ
किन्तु बड़ी दूरी है।

ईश्वर लजा कर रह गया

सरकती रात सहमी प्रात का पथ नापती जाती
जली नव ज्योति लेकर दीप की फिर काँपती बाती
तुम्हारे बोल के स्वर थे उठे इतने मधुर साथी
कि मेरी बाँसुरी का स्वर लजा कर रह गया।

बिछा था सामने मेरे तुम्हारा जो फटा आँचल
हुई थी मौन क्षण भर बज तुम्हारे पाँव की पायल
तुम्हारी याचना में कामना इतनी रही घायल
कि मेरे देवता का वर लजा कर रह गया।

तुम्हारी साधना के थे पड़े इतने यहाँ फेरे
तुम्हारे दैन्य के इतने यहाँ पर थे गड़े डेरे
झुका विश्वास इतनी बार आगे पाँव के मेरे,
कि मेरे मान का ईश्वर लजा कर रह गया।

तुम्हारे बोल के स्वर थे उठे इतने मधुर साथी,
कि मेरी बाँसुरी का स्वर लजा कर रह गया।

तुम तो पाषाण थे...

वंशी थी बाँस की किन्तु मुखर हो गई श्वास से मेरे

उठते स्वर ये नहीं, जो न हम पुकारते
होता क्या मान, छिद्र जो न हम दुलारते
तेरी आराधना तेरा ही भार थी
मेरी यदि कामना न आरती उतारती
तुम तो पाषाण थे किन्तु बने ईश्वर विश्वास से मेरे
वंशी थी बाँस की किन्तु मुखर हो गई श्वास से मेरे।

स्वर के आलाप को मुझसे ही छीन कर
तुमने है ढाल दिया जगती के बीन पर
कर्मों के नृत्य में पद-गति को साध कर
सद्गति के बन्धन में मुझको ही बाँध कर
हँस-हँस परिहास कर, खेले उल्लास भर लास से मेरे॥ तुम तो...॥

दे दिया पराग कर हँसते से फूल को
मेरी इस धरती की मुट्ठी भर धूल को
देखा विश्वास को तुमने जब तोल कर
छाती दी चीर एक इंगित पर, बोल पर
धरती के अंक में लिखते निर्माण तुम नाश से मेरे
तुम तो पाषाण थे किन्तु बने ईश्वर विश्वास से मेरे।

प्रभात

नव प्रभात की नई शिविका
लेकर आए काल-कहार,
मृदुल हासिनी ऊषा जाती
मिलने प्रियतम रवि के द्वार।

चमक रहा है राग-रंग भर
सूर्य क्षितिज रेखा से दूर,
स्वर्ण-पात्र से छलक रहा है
जैसे रह-रहकर सिन्दूर।

तैश तिमिर के अवरोहण पर
लघु आशाओं का अवरोह,
पनप उठा किरणों ने सींचा
चक्रवाक दम्पति का मोह।

दूर-दूर तक जीवन गति के
जाग उठे सोये पद चाप,
तिमिर पंक निज अंक लपेटे
छूकर परछाईं की छाप।

प्रात रश्मि की स्वर्ण रज्जु में
बाँध विश्व का निद्रित छोर,
गा गाकर जागरण गीत तुम
खींच रहे कर्मों की ओर।

उड़ते सुधि शावक तितली से
चिह्नित पंखों का परिवेश,
पूछ रहे हैं कली कली से
कहाँ, कहाँ स्वप्नों का देश।

स्वप्न नहीं? अव्यक्त सत्य है
मुस्काती मोती सी ओस,
मुझे देख लो, और देख लो
मेरे मिटने का सन्तोष।

आह! तनिक उस ओर निहारो
उठती घंटी की झंकार,
खेतों का चल पड़ा पुजारी
निजमन के संकल्प सँवार।

'माँ वसुन्धरे, इन चरणों पर
स्वर्ग झुकाऊँगा सानन्द,
मुझे शपथ है मधु प्रभात की
मुझे...मुझे वैरी सौगंध।'

धरती का भगवान

पसीनों के दानों का बीज धरा में बोने वाला है,
एक दिन धरती का भगवान कृषक ही होने वाला है।

शूल मिटेंगे जीवन-पथ के मुस्काएँगे फूल
कुंकुम सी चमकेगी माथे पर धरती की धूल,
पंखा पवन लहर झमकाएगा पुरवइया में
फसलें झूमेंगी गाएँगी गीत सुमंगल-मूल।
बनेगा धरती का अभिमान बोझ जो ढोने वाला है,
एक दिन धरती का भगवान कृषक ही होने वाला है।

जाग उठा है अब चेतन का पथ-गति-रत विश्वास
काँप उठा है थर-थर डर से कल्मष-क्रूर-विनाश,
नव उमंग में नये ढंग से लड़ कर बिघ्नों से
आज श्वास ले नई राह पर बढ़ने चला विकास।
तनेगा यश का विशद वितान श्रान्ति जो खोने वाला है,
एक दिन धरती का भगवान कृषक ही होने वाला है।

काम-क्रोध-मद-लोभ मिटेगा दुख से होगा त्राण
दबा परिस्थितियों को नीचे उठता है निर्माण,
विश्व-वल्कि में पनप रहे नव-अंकुर आशा के
हास भरा, उल्लास भरा, उत्साहित जीवन-प्राण।
बहेगा कर्म-विमल-जल-स्रोत शोक जो धोने वाला है,
एक दिन धरती का भगवान कृषक ही होने वाला है।

जलन-ज्योति

दीये की बाती जलती है
शलभ की छाती जलती है,
न पूछो जलता है क्या-क्या
प्यार की थाती जलती है।

पतंगे की जलती है देह
दीपका जल जल मिटता स्नेह,
दीये की लौ के नीचे एक
तिमिर की छाया पलती है।

मिटाती जीवन मन की भूख
कलेजे कितने कर दो टूक,
जवानी के दो पल की शान्ति
मिलन की माया छलती है।

मोह में मिला अमर वरदान
ज्योति बन जले, मिले दो प्राण,
रात में राही की यह कथा
राह बतलाती चलती है।

दीये की बाती जलती है
शलभ की छाती जलती है।

श्रमिक

खड़ी बरौनी
        फैले सीने
फूले नथुने,
लू जैसी है श्वास धधकती
उभड़ी, सूखी मांसपेशियाँ
ये दधीचि की वज्र हड्डियाँ
        पसली में धँस,
        उभड़ कसकती।

श्रमिकों के दल
आज कार्यरत,
श्रमकण-मुक्ता दान दे रहे
        ले जीवन व्रत।
धूल भरे आँचल के हीरे
        काट रहे हैं दुख के सीसे
जीवन की उघड़ी तसवीरों को मढ़ना है।
फूल सदृश कोमल तन वाले
        तोड़ रहे हैं कंकड़ पत्थर
स्वयं भाग्य की रेख राशियों को गढ़ना है।

नये प्रहर के नये गीत स्वर—
        बिखरी बातें,
उलझन में जलता सारा दिन
        आहों सी हैं ठंडी रातें
चुप-चुप चारों ओर उदासी

प्यासी...दो बूँदों की प्यासी
और नहीं कुछ—
इन्हें प्यार दो।
ये,
जिनका सारा जीवन ही
श्रम की गर्म आँच में जलता,
जो हरियाली के स्रष्टा हैं,
सृजन साथ जिनके चलता।

नई फसल

नई फसल के फूल-फूल पर
धूल स्वर्ण बरसा जाती है
नित्य प्रात में जब सतरंगी,
किरण गगन में मुस्काती है।

नई फसल के हर अंकुर में
ज्योतित जगमग हुआ पसीना,
दीन कृषक के श्रम का प्रतिफल,
जिसको विष भी पीकर जीना।

ये हैं सपने खलिहानों के
जो होने साकार चले हैं,
लाल फूल की चिनगारी से
तृषा-क्षुधा के अंग जले हैं।

नई फसल जिसकी आशा पर
आँसू की हर बूँद सूखती,
नई फसल, जिसके स्वरूप में
धरा सृजन का मंत्र फूँकती।

नई फसल की हर अँगड़ाई
हँस-हँस देती मधुर चुनौती,
सरसों के पीले फूलों में
मधु लेकर ऊषा है लौटी।

मधु लेकर ऊषा है लौटी
दूर किसी अनजान नगर से,
ढेर-ढेर-सा सोना लेकर
मिलने को अपने ईश्वर से।

वह ईश्वर जिसके तन पर है
फटी-फटी-सी एक लँगोटी,
जिसकी हर आहें लम्बी हैं
जिसके सुख की घड़ियाँ छोटी।

जिसके श्रम पर सोना बरसे
जो पत्थर को कर दे पानी,
जो धरती को दे हरियाली
लेकिन जिसकी ठूँठ जवानी।

आँसू बहें न पोंछ उसे रे
नई फसल की कर अगवानी,
उठ पगले! अब दुर्दिन बीते
तुम पर फसल हुई दीवानी।

सम्बोधन

खड़ा है अतुलित मीनाकार
तिमिर दिन भर की द्विधा समेट,
नींद में रमी, थमी-सी बात
आ रही नीरवता को भेंट।

घूमते स्वप्न-हंस सानन्द
प्राप्त कर जग-मानस में वृद्धि,
भोगते संसृति - नासा - रन्ध्र
दीर्घ-लघु सरगम-स्वर समृद्धि।

श्रमित तन निद्रित स्वप्नाकार
सो रहा है जब सारा विश्व,
धो रहीं तुम बरतन की मैल
आह! बैठी आँगन में नि:स्व।

नहीं छूटा हल्दी का रंग
अभी है पीले-पीले हाथ,
अभी तो कल की ही है बात
कि फूलों पर चढ़ आई रात।

अभी तो कल की ही है बात
जुटाया जितनी निधि कौमार्य,
समर्पित कर प्रिय को चुपचाप
किया सम्पादित पावन-कार्य।

थाम यौवन-उद्दाम-प्रवाह
किया तुमने जीवन-सम्मान,
और तितली-सा अपना रूप
दे दिया इन्द्र धनुष को दान।

नयन ढोते पलकों पर नींद
थके कुछ देर जगे सुकुमार,
अचेतन से अलसी के फूल
उठाए ज्यों सुगंध-मधु-भार।

कलकती उर-धड़कन साभार
छलकती है आँखों की कोर,
तुम्हारे पद तल में आकाश
तुम्हारी आँखों में है भोर।

तुम्हारी आँखों के ये अश्रु
तुम्हारे होंठों की मुस्कान,
लिखेंगे जीवन का इतिहास
नये श्रम का सखि, नया विधान।

मिटे नक्षत्र विभा के मौन
श्रान्त हिलते-से विकल विचार,
हँसेगा श्रम का नया विहान
ज्योतिमय होगा यह संसार।

न होगी यह अभाव की रात
बिगत की संस्मृतियों का शोक,
बहेगी गंध-मधुर-मृदु वात
प्राप्त का फैलेगा आलोक।

आह वह परिवर्तन का दृश्य
बनेगा कितना मधुर अनूप,
फटे मैले आँचल की ओट
समा पाएगा तेरा रूप?

प्राप्ति का यह अनुपम संयोग
धरा का होगा स्वत्व-स्वतंत्र,
लिये मन के कोमल संकल्प
सुमुखि दुहराना पावन मंत्र।

जुटा कर अपने हित के हेतु—
नहीं रखना वैभव-समुदाय,
उसे देना जिसका हो दाय
उसे देना जो है निरुपाय।

वर्षा की रात

वर्षा की रात में
        सिहर-सिहर वात में
        काँप रहे मंद-मंद
        तरुवर के पात रे,
        वर्षा की रात रे।

                छाई काली घटा
                चाँद का नहीं पता
                चाँदनी छिपी कहीं
                सून है गगन अँटा
नन्हे पर खोल कर
राह को टटोल कर
तारों को ढूँढ़ती
जुगनू की पाँत रे,
वर्षा की रात रे।

        भूमि हुई साँवरी
        भीग गई बावरी
        दूर कहीं सुन पड़ी
        मेघों की बाँसुरी
वर्षा की फुल झड़ी
धरती पर छूटती
बिजली की ज्योति में
बूँदों के हाथ रे,
        वर्षा की रात रे।

उन्मन-सी कामिनी
चमक रही दामिनी
सूनी सी सेज है
सौत बनी यामिनी
प्रिय परदेश में
जोगन के भेस में
बैठी मन मारकर
प्राणों की साध रे,
वर्षा की रात रे।

सुख सुषमा है बढ़ी
किन्तु प्रकृति रो पड़ी
चू रही किसान की
झीनी सी झोपड़ी
टूटी सी खाट में
गठरी से गात में
सोच रहा प्रात की
हाथ धरे माथ रे,
वर्षा की रात रे!

स्नेह मुझको दो, तुम्हें मैं...

स्नेह मुझको दो, तुम्हें मैं ज्योति का वरदान दूँगा।

भोर के विश्वास में ही जल रही मेरी जतन है
इस तिमिर के अंक में ही पल रही मेरी लगन है
ओट आँचल का मुझे दो, मैं बिखेर विहान दूँगा॥ स्नेह...॥

चेतना के सजग प्रहरी जागते हैं प्राण मेरे
बिन तुम्हारे पर अधूरे हो रहे निर्माण मेरे
गीत के स्वर दो मुझे तो, मैं तुम्हें नव गान दूँगा॥ स्नेह...॥

काँपते अगणित सितारे, दूर नभ गंगा किनारे
कौन है जो इस तिमिर की छाँव से रह रह पुकारे
तुम मनुजता दो, तुम्हें मैं देव का सम्मान दूँगा॥ स्नेह...॥

जीवन-बसन्त के मधु हुलास

जीवन-बसन्त के मधु हुलास,
प्राणों की सुषमा में पलते, मेरी संसृति के शिशु विकास।

यह चिर परिचित मर्मर स्वर
मेरे सूनेपन में भर-भर कर
चलती नित श्वासों की बयार
लेकर मन का लघु-लघु विलास,
जीवन-बसन्त के मधु हुलास।

यह आत्म चेतना का बन्धन
है बाँध रहा तन-मन चेतन
प्रिय दूर किन्तु आलिंगन में
मेरे भावों के पास-पास,
जीवन-बसन्त के मधु हुलास।

गेहूँ की बाल

अरी गोरी गेहूँ की बाल।
धरा की अंक-ज्योति गतिमान
धान्य श्री, शोभा भरी अनन्त
तुम्हें पहुँचाकर मेरे गाँव
अभी तो कल ही गया बसन्त
अरी गोरी गेहूँ की बाल।

हवा पर चढ़ यौवन के साथ
झूमती रह-रह देती ताल।
अरी गोरी गेहूँ की बाल।

सजनि चमकाना सारा विश्व
ठाट सुख के सारे शुभ-ठाट
बढ़ाना मनुज-मनुज में प्यार
विवर्तित उदर-गर्व को पाट
अरी गोरी गेहूँ की बाल।

चढ़ाना श्रम-सीकर का अर्घ्य
उठाना श्रम का ऊँचा भाल।
अरी गोरी गेहूँ की बाल।

समर्पित करना अपना स्वत्व
बाँटना संसृति में उपहार
'जगत की नश्वरता का सत्य

मनुजता का पावन उद्गार'
        अरी गोरी गेहूँ की बाल।

तुम्हारी छाया में सन्तोष
श्वास ले मिटता रहे अकाल।
        अरी गोरी गेहूँ की बाल।

होली भीग गई

रंग-राग से
पछुवाँ के झोंकों पर उड़ते
मुक्त फाग से
मधु पीते, पाते जीवन के
सत्य-भाग से।
नर नारी की
प्रिय प्यारी की
टोली भीग गई
होली भीग गई।

बरस बरस रस,
भर भर विह्वल रूप नयन में
झुक झुक हँस हँस
खींच अंक में पास प्राण के
प्रेयसि, कर बस
भर पिचकारी
प्रिय ने मारी
चोली भीग गई
होली भीग गई।

ले गुलाब कर
छिप छिप प्रिय की आँख मूँद मल
लाल गाल पर
हँसी फूल सी प्रिया, प्रणय के
ताल ताल पर

केश गंध भर
श्रम-कण छूकर
रोली भीग गई
होली भीग गई।

भर उछाह से
पिक-स्वर झाँके मंजरियों की
गुप्त राह से
चातक बोले डाल डाल पर,
अमर चाह से—
मधुर हिया की
पिया पिया की
बोली भीग गई
होली भीग गई।

फूलों ने अंगार पिया

फूलों ने अंगार पिया
सुधियों के पंख न गीले हों
नयनों ने आँसू धार पिया
यह लाली नहीं बसन्त रँगी—
इन फूलों ने अंगार पिया।

जलते संध्या के दीप नहीं
वह मेरा जलता घात था
वह रजनी का गहन तिमिर
बस मेरा विकल अभाव था।

सपनों के टूटे तारों को
मैंने भर अंक दुलार लिया
यह लाली नहीं बसन्त रँगी
इन फूलों ने अंगार पिया।

मेरा विश्वास पहुँच पाया
जब जब किरणों के गातों में
मैंने तब तब है देख लिया
बेड़ी शबनम के पातों में।

हँस हँस खुशियों की घड़ियों ने
बस सोया दर्द उभार दिया
यह लाली नहीं बसन्त रँगी—
इन फूलों ने अंगार पिया

साँसों में किरण गंध महकी
पलकों पर बोझिल फूल है
मन बिंधा कली से शूलों का
पथ पाती उलझी भूल है।

पर रात नहीं यों ही बीती
मैंने जगकर भिनसार किया
यह लाली नहीं बसन्त रँगी—
इन फूलों ने अंगार पिया।

चले आओ, मिलन की प्यार की घड़ियाँ बुलाती हैं

चले आओ, मिलन की प्यार की घड़ियाँ बुलाती हैं
न थकती आज पग-नूपुर
थकी झंकार नीरव है
थका सा मान है मन की
विकल मनुहार नीरव है

शपथ है रात की तुम को
गगन के चाँद-तारों की
हृदय की काँपती धड़कन
अकेला प्यार नीरव है

चले आओ नयन-जलधार की लड़ियाँ बुलाती हैं
चले आओ मिलन की प्यार की घड़ियाँ बुलाती हैं।

[श्री यदुनन्दन लाल श्रीवास्तव 'नन्दन' से मौखिक ज्ञात हुआ।]

हर कली बनी अंगार है

भागती रही उमर
दे रंगीन ख्वाब दे
दे नई सुराहियाँ
फिर नई शराब दे।

साधना विहीन हाय
कामना अधीर है
अश्रु धार की उदास
टूटती लकीर है
प्यार का महल गिरा
रूप खँडहर हुआ
आज हर जवान उम्र
राह का फकीर है
साथ छोड़ मोड़ पर
रास्ते गुजर गए
किन्तु प्रश्न जिन्दगी से—
कह रहे जवाब दे।

छा गईं उदासियाँ कहाँ-कहाँ
कौन दर्द का पहाड़ ढो रही
कौन रो रहा सिसक सिसक यहाँ
क्यों जवान उम्र आज रो रही
आसमान टूटकर बिखर गया
आज जिन्दगी हुई तबाह है
रो रही जवान उम्र रो रही

क्योंकि प्यार बन गया गुनाह है
साँझ से उदास बन
डूबती रही किरन
किन्तु लोग कह रहे थे—
धूप का शबाब दे।

कौन जा रहा विदेश जा रहा
फिर उजड़ रहा कहाँ सुहाग है
कौन काँप-काँप हाय गिर रहा
फैलती विषाक्त कौन आग है
जा रहा बसन्त दूर जा रहा
जल रहा बहार का सुहाग है
पात-फूल काँप काँप गिर रहे
क्योंकि हर कली बनी अंगार है।

[इस गीत का एक अंश 'नीहार' : अक्टूबर, 1961 में संकलित है]

तीन मुक्तक

थकी, गंध की सेज पर सो रही है
भरी नींद में, बेखबर सो रही है
न छेड़ो, गुलाबी किरन की गली में—
कली की कुँवारी उमर सो रही है।

गति ढल कर आँसुओं में बह न जाए
प्यार को निस्सार कोई कह न जाए
हर कली से आज बस इतना कहो
फूल का यौवन कुँवारा रह न जाए!

जो कि मन के घाव अपने सी न पाए
साँस ले पाए नहीं जो जी न पाए
बूँद भर मधु हो गई दुर्लभ जिसे
दर्द से घबरा वही विष पी न जाए।

[1958]

दिनचर्या

सिर पर मटमैले
गमछे की छाँह
फटे हुए कुर्ते से
झाँक रही बाँह
देख चुका जो जाड़े—
गर्मी बरसात
कातिक की चाँदनी को
चैता की रागिनी को
देख चुका सुन गुफा
भीगी बहावी रात
पर्व त्योहारों पर
मन के इशारों पर
तन पर जो डाला गया
और फिर तुरते ही निकाला गया
अन्यथा यह शोभा है
कन्धे की।
मिहनत के वन्दे की।

साँझ

दिन यह पहाड़ सा
        कट गया है
दूर धुँधलके में कहीं
बादलों के पीछे
घने-घने पेड़ों के नीचे
सूर्य हट गया है
बहते-बहते थम सा गया
नदियों का पानी।

[20.1.1958, मंगलवार]

शेर

हम टूटे हुए दिल से गाएँ क्या खाक,
पहलू में अपने पाके दिल ही मसल दिया।

इश्क में अश्कों का बाजार गरम होता है,
संसार गरम होता है दिलदार नरम होता है।

साकिएदस्त में छलक रहा पैमाना था
आँखों में थी शोखी लब पै मान था,
न भुला सका उसे मगर 'साहिल'
कि जिसकी नज़रों में मैं बेगाना था।

[1958]

सुबह हो गई

आँगन-आँगन, किरणें डोलीं
सुबह हो गई चिड़ियाँ बोलीं।

फूल खिले, कलियाँ मुस्काईं
खोले पंख तितलियाँ आईं।

इन्द्र धनुष के पंखों वाली
हर तितली की चाल निराली।

लाल गुलाबी नीली-पीली
सुन्दर, चंचल रंग रँगीली।

ओस बिन्दु मोती से झलके
हरी हरी घासों पर ढलके।

किया सुबह ने जादू-टोना
बिखर गया सूरज का सोना।

रस्ते जगे जगा जन-जीवन
महकी हवा, महकता उपवन।

प्यारे बच्चों तुम भी आओ
धूप-धार में धूम मचाओ।

[1957]

इतना मत तोड़, मुझे जीने दो और मन

रात के अँधेरे में कमरे का सूनापन
यों गूँजे खँडहर से गूँजे जो कोई बन,
डाल डाल, पात पात सोये हैं घर बिस्तर
मेरे मन प्राणों में जाग रहे क्यों सपन।

अपनों की खोज में भटका मैं द्वार-द्वार
कोई आलिंगन दे भेंटे बाँहें पसार,
लेकिन हर ओर सिर्फ मतलब की बातें हैं
दुनिया ने सुविधा का रक्खा है नाम प्यार।

अपनी परछाईं को फिर कैसे धोखा दूँ
पैरों में घाव करें टूट गए जो दरपन
इतना मत तोड़, मुझे जीने दो और मन।

मैं इनको चूमूँ दुलराऊँ
ये सफेद सपनों के दल हैं,
अन्धकार के जल में उगी
तुम्हारी आँखें, नील कमल हैं।

लेकिन जब होंठों से छू लूँ
तो जीवन में चलते चलते
अक्सर मैं अपना पथ भूलूँ,
आँखें एक सघन जंगल हैं

अन्धकार के जल में
उगी तुम्हारी आँखें
        नील कमल हैं।

[25.2.71, रात एक बजकर 17 मिनट पर]

मन दरपन में तन छवि देखा

मन दरपन में तन छवि देखा मैंने तुमसे प्यार किया,
किन्तु गैर बाँहों की लोभी! तुमने तो दुत्कार दिया।

अपनी हालत समझ-बूझ अब यह कहते संकोच नहीं है
बीता हुआ वक्त हूँ मैं मेरी बातों में लोच नहीं है
लेकिन मेरा प्यार किसी नन्हे बच्चे सा हठ करता है
तुम्हें देखकर खुश होता है बिन देखे सिसकी भरता है
इसीलिए मैं रोज तुम्हारे दर पर आता
एक झलक के लिए फटी झोली फैलाता
मैं न रूप का लोभी था अथवा सपनों का था व्यापारी
लेकिन तुम में था कुछ ऐसा बना हाय मेरी लाचारी
जीवन का घट भरता जाता बीत रहा हूँ धीरे-धीरे
आँसू एक गिरा लेना, यदि, सुनो, मरा मैं नदिया तीरे।

[वाराणसी, 25.2.71, रात एक बजकर 17 मिनट पर]

पूछता भँवरा कली से फूल से

पूछता भँवरा कली से फूल से,
यह अधूरा प्यार फिर किसके लिए?

फेंकता अंगार में सूरज निठुर
जब नखत गहने निशा के छीन कर
और किरणों ने कहीं पर रख दिया
ओस का मोती अचानक बीन कर
जब कि टूटा चाँद घायल जा चुका
जब कि ढलती रात का सरगम रुका
आह! पतझर की नशीली छाँव में
रात का सिंगार फिर किसके लिए?

रात मुरझे केश फूलों की महक
ताजगी को छोड़ बासी हो गई
पी गई मुस्कान की प्याली उठा
आँसुओं की धार प्यासी हो गई,
जब कि छाया आँख के आगे धुआँ
पथ न पाता जिन्दगी का कारवाँ
बेबसी की बेड़ियाँ जब पाँव में
मद भरी झंकार फिर किसके लिए?

धुल गया सिन्दूर टूटी चूड़ियाँ
और दुलहिन ने उतारी चूनरी
चुक गई शहनाइयों की रागिनी
रो पड़ी जब रूप की नीलम परी

लौटती जब द्वार से बारात है
लौटती सिंगार की सौगात है
जब कि मंगल-वर-कलश फूटे यहाँ
आज बन्दनवार फिर किसके लिए?

नीड़ पर दुर्दैव की अँगुली उठी
बिजलियों का नाच नंगा हो रहा
एक भी तिनका न ऐसा शेष है
घाव छाती पर नहीं जिसने सहा,
जब कि बुलबुल चीर छाती मर गया
और माली थाम कर दिल घर गया
आ रहे उजड़े चमन में लौट कर
रूप और बहार फिर किसके लिए?

['नीहार' : 1961]

तब से यह प्यार कुँवारा है

जब से सपनों के पंख झरे, पर तुमने नहीं निहारा है,
तब से गीतों का स्वर घायल, तब से यह प्यार कुँवारा है।

कुछ अलसाया सा दिन आया,
आँसू भींगी आई रातें,
चन्दा की हलकी बेहोशी
भरती मन में भूली बातें,
लेकिन जब रातों को दिन ने, औ दिन को संध्या ने लूटा,
तब से न चाँद को ठौर मिली, तब से सूरज बनजारा है।

जब मन के बन्धन टूट गए,
जब दो हृदयों में प्यार उठा
तब अन्तस की गहराई से
लहरों का अविरल ज्वार उठा
लेकिन लहरों का मन डूबा, तट की अनन्तता के आगे,
तब इतना रोया है सागर, सारा पानी ही खारा है।

जीने को लम्बी उम्र मिली
बस, इससे ही हम जीते हैं
मधु रूप तुम्हारा मिला नहीं
यह विरह गरल ही पीते हैं
जब से तट की मादकता में मेरा पागल मन डूबा है,
तब से भँवरे का स्नेह मिला, मुझको मझधार किनारा है।

दुख सह कर जीना मस्ती है
जीवन में पीड़ा सस्ती है
मुझसे मतवाले राही को
बंजर उजाड़ भी बस्ती है
बस इसीलिए जब से मैंने कंकड़ काँटों से प्यार किया
तब से राहों ने याद किया, मंजिल ने मुझे पुकारा है।
तब से गीतों का स्वर घायल, तब से यह प्यार कुँवारा है।

['चाँद सितारे' : मार्च, 1961]

यहाँ हर एक आँचल से कफन तैयार होता है

कहें हम दर्द किससे, है बड़ी बेदर्द यह दुनिया,
यहाँ पर आदमी से आदमी लाचार होता है।

यहाँ मेहँदी न लग पाती महावर पाँव से छूटे
निराशा प्राण के विश्वास की बारात को लूटे,
चमकती चूनरी का रंग फीका रोज पड़ता है
धुले सिन्दूर माथे का सुहागिन चूड़ियाँ फूटे।

यहाँ पर फूल बिकते हैं, कली नीलाम होती है
खुले बाजार नीरव प्यार का व्यापार होता है।

निशा की लाश पर सूरज यहाँ अंगार धरता है
सुलगती सांध्य बेला में तिमिर सिंगार करता है,
हजारों दर्द का सौगात बिन माँगे यहाँ मिलता
किसी से भूल कर आदमी जब प्यार करता है।

ढलकती चाँदनी के आँसुओं से भीगती धरती
यहाँ पर चाँद रोता है कि जब भिनसार होता है।

झरे जब फूल डाली से कली का रूप खिलता है
उनींदी ज्योति-रेखा के लिए लघु दीप जलता है,
हृदय के फूटते छाले नया जब गीत बनता है
यहाँ बरदान पलता है कि जब अभिशाप मिलता है।

नयन के आँसुओं को पी, थकी मुस्कान जीती है
यहाँ हर जिन्दगी को मौत का आधार होता है।

किनारे पर मचलती हर लहर मझधार देती है
बता कर मधु यहाँ मधु-यामिनी विषधार देती है,
हमारी प्यास का करके करुण उपहास यह दुनिया
बुलाकर द्वार पर, भर प्राण में अंगार देती है।

सजाकर श्वास की शैया उमर है रूप को ठगती
यहाँ हर एक आँचल से कफन तैयार होता है।

['चाँद सितारे' : अप्रैल, 1961]

पुकार रही धरती

गगन है गरजता,
दिशाएँ हैं महकती
रगों में रक्त है छलकता,
है बसन्ती बयार बहती।
जागी जवान देश के,
पुकार रही धरती॥ 1॥

प्रकट करती है वेदना,
कच्छ काश्मीर की धरती।
अब जान पड़ता है वहाँ,
हिन्द की कौम नहीं रहती।
जागो जवान देश के,
पुकार रही धरती॥ 2॥

भाई भाई का नारा है,
पर दिल में कपट रहती।
नेफा-लद्दाख हमारा है,
चीनी आवाज यही कहती।
जागो जवान देश के,
पुकार रही धरती॥ 3॥

सुनो पड़ोसी चीनी-पाकिस्तानी,
है काल तेरा यह धरती।
कभी न टकराना इससे,
तुम सबसे है कहती।

जागो जवान देश के,
पुकार रही धरती॥ 4॥

महाभारत की वह लड़ाई,
थी भाई-भाई में होती।
सारथी बन बताते थे कन्हाई,
उठाओ शस्त्र नीति यही कहती।
जागो जवान देश के,
पुकार रही धरती॥ 5॥

अब दूर हटो कौरव भाई,
है यह तुमको चुनौती।
वरना होगी महाभारत की लड़ाई,
है भारत माँ कहती।
जागो जवान देश के,
पुकार रही धरती॥ 6॥

सपना

चाँदनी रात
मौन संसार
सांसारिक आपदाओं का पथिक
प्यार
विहग
दुखी जीवन
सपना या उपसंहार?

युगल विहारी

प्रेम उन्मत्त उन शलमाँ का दीपक पर
गिर-गिर मिट जाना गति अति न्यारी है,
खाता अंगार नित ध्यान को लगाए वह
प्रेम से मयंक पर चकोरी मतवारी है।

मस्त सुमनों की नित कलिका के सौरभ की
घूम घूम करता मिलिन्द रखवारी है,
गाते हम प्रेम से मृदुल उर भाव लिये
रम्य पाठशाला श्री 'युगल विहारी' है।

[1958]

दीप जलाकर तू हँस ले

दीप जलाकर तू हँस ले
कभी खतम जीवन होगा।

पद्य चार मुक्तक

आशाओं का कमल खिला पर उस पर पड़ा तुहिन
पीले पातों की अमराई से कूकी विरहिन।

इस बसन्त की बेला में क्यों आया है पतझार
मादकता में सूनापन ले सिहा रहा है प्यार।

× × ×

विस्मृति की सुखदा छायाएँ
रहता है भूला मेरा मन।

× × ×

उस ओर चलो मेरे मन
हो जहाँ न आती आहें,
नित प्रति पूरी हो जावें
मानव के मन की चाहें।

× × ×

किसलय अंचल में डूबे
ले अपनी मौन उदासी,
फिर भी रह जाए मेरी
अभितप्त कामना प्यासी।

[1958]

शत-दल-संपुट में अलिका

शत-दल-संपुट में अलिका
लग मौन बँध जाना,
मन व्यथित हमारा नाचे
गाये कुछ गुन-गुन गाना।

काँटों में उलझे फूलों
फूलों का लख मुस्काना,
मन व्यथित हमारा नाचे
गाये कुछ गुन-गुन गाना।

खग कुल के कलरव संग क्यों
संध्या की रक्तिम लाली?
रवि किरण जाल की रोल में
क्यों ज्योत्स्ना बनी निराली?

सुखदा ऊषा रानी की
गोदी में रवि का आना?
क्यों गगनांचल में सुन्दर
पीताभ स्वर्ण का छाना?

[1958]

शबरी

चिन्ता, शबरी, गुप्त-सेवा, मतंग, प्राकट्य
पूजा—महाप्रयाण-प्रतीक्षा-मिलन

सपनों की माया में भूली
संसृति के आवाहन आना
निर्बल की आह करुण-क्रंदन
दीनों के जीवन-धन आना।

[1958]

विदा-गीत

विदा करता हूँ प्राणाधार विदा।

किसलय पीड़ा से मचल उठा
जब दूर हुआ उसका प्रसंग
पर गया सुरभि जग को देने
पर सोच छिपा ली हृदय-आग
कब देखा जग ने उसमें
है फूलों का संसार विदा ॥1॥

रजनी रानी की आँखों के
हैं विरह बिन्दु शबनम स्वरूप
दिनकर की किरणों में कहते
ले धवल रूप सुन्दर अनूप
मलयज में तिरती है वाणी
हा! रजनी का अभिसार विदा ॥2॥

मेरे मानस के लहरों की
तुम मधुर-मधुर मादक कम्पन
मेरी हृद्-तंत्री के तुम स्वर
जो गूँज रहा हर पल हर क्षण
आज मौन है बीन हाय
है उसके नीरव तार विदा ॥3॥

तुम नित प्रति पथ पर प्रगति करे
आशा फुलवारी महक उठे

मन पंछी सुख से विह्वल हो
कामना डाल पर चहक उठे
हम चले दूर होने प्रियतम
लेकर आँसू की धार विदा ॥4॥

विदा करता हूँ प्राणाधार विदा॥

[1958]

कवि

तू बुझी हुई चिर चिर जागृत
मृदु-तप्त हृदय की अमिट प्यास,
पाखंड पाप के निर्मोही
छल निर्दयता के महानाश ॥1॥

नूतन बिहान तुम संध्या के
हो अन्धकार के रुचिर दीप,
आलोकित पथ करने वाले
दारिद्र्य-मूर्ति-उर के महीप ॥2॥

तुम हो जगती के प्राण और
जीवन की ज्योति जगाते हो,
अवसाद बने इस अवनी के
आशा नवीन ले आते हो ॥3॥

तुम विकल विश्व की चेतनता
हो दीन हृदय के अमिट प्यार,
शाश्वत निर्मल तेरा जीवन
कवि सचमुच कितना निर्विकार ॥4॥

[1958]

कलम

चल कलम आज क्षण भर तो तू
टूटे उर के साहस बटोर,
पीड़ा का कर वह स्वर झंकृत
जो फूट पड़े रे चहुँओर ॥1॥

निर्जन निशीथ वे लाए तू
वह विकल रागिनी टेर टेर,
जग जागे सुनकर चौंक पड़े
उठ पगली मत कर अधिक देर।

तेरा वह क्षण जग का शत-युग
बनता जाए इस कलयुग में॥

[1958]

कविता

कवि-उर की कोमल पीड़ा
साकार शब्द में होती,
निस्सीम व्यथा मानव की
जिसमें सिर धुनती रोती।

चिर-संचित व्याकुल आँसू
तेरी लहरों के कम्पन,
है द्रवित भावना मन की
तेरा यह विकसित जीवन।

रे व्यथा व्यथित ईड़ा का
अपने ही में लय होना,
कविते! मैंने है देखा
जग-बोझिल तन का ढोना॥

[1958]

जलता है दीपक मेरा

जलता है दीपक मेरा

इसमें है तू बोल प्रमादी, क्या प्रमाद जग पूछे,
आह्लाद कौन सा है बतला दे, क्या विषाद जग पूछे?

मैं पूछूँ अपने अन्तर से
पर दीपक तले अँधेरा
जलता है दीपक मेरा।

जीवन निशीथ में मंद-मंद जलती आशा की बाती,
दुर्दैव बुझाना चाह रहा है क्रूर कुटिल व्याघाती।
पल रहा निरन्तर अन्तर में
प्राणों का सुभग सवेरा
जलता है दीपक मेरा।

[1958]

जिन्दगी के तार बजते

जिन्दगी के तार बजते
गूँजती है आज क्षण क्षण एक अति मधुरिम कहानी
मौन रह-रह झाँकती है मृदुलतम सुन्दर जवानी।

आह! नयनों में किसी के
प्यार के अभिसार सजते
जिन्दगी के तार बजते।

[1958]

अन्तिम किरण

अवनि-धरातल से मिटती-सी आभाहीन
सोचती थी रश्मि मधु अपने अतीत को

स्वर्णमय मादक क्षण
उज्ज्वल जगत कण
कम्पन मृदु नृत्य-गीत
जीवन के मधुर मीत

किन्तु अब—
        पथ विराम
शान्ति और सुख हीन।
        मन मलीन,
स्तब्धता है जीवन में

एक चिर दारुण दाह भरती है झंझानिल
परिश्रान्त मानस में।

मोह का विछोह दुख मूलक है
        कितनी विडम्बना है।

        कौन यहाँ अपना है।
        विश्व सब सपना है।
किन्तु भ्रम मायाजाल
        चेतना की ग्रन्थियों को करता विवश है।

और हम भूल जाते—
आत्मा की चिर सत्य
जीव का पुनीत तत्त्व
जीव का पुनीत स्वत्व
जो अमर्त्य जो अनित्य
ज्ञेय और ज्ञाता का मिलन विधान
शान्ति का मधुर गान
बनता जो जीवन की उच्चतम साधना
सिमटी-सी काँप रही आमरण
अन्तिम किरण।

[1958]

कौन कितनी दूर

नित लिये अज्ञान मन में
नियति समता औ' विषमता
कालिमा में हो तिरोहित
चेतना की ले विकलता
मरण, जीवन की हँसी को
        नित रहा है घूर
                कौन कितनी दूर।

इस जगत ने कब मिलन का
आदि या अवसान पाया
विरह के कटु मोह का भी
कौन कब अनुमान पाया
पर मनुज के मधु-मिलन में
दैव बनता क्रूर
        कौन कितनी दूर।

[1958]

रंग राग के हर सरगम पर मन लहराया है

रंग राग के हर सरगम पर मन लहराया है
कोई कहे संदेशा उनसे 'फागुन आया है'।
(खलिहानों की साध जगी मन का विश्वास जगा है)
ओढ़ स्वर्ण की झीनी चादर बालें अब गदराईं
हर किसान का मन नाचा आँखें चमकीं मुस्काईं।

[1958]

जब जब मन में पीड़ा उमगी

जब जब मन में पीड़ा उमगी
तुमने मेरा स्वर छीन लिया

प्राणों के बन्धन शिथिल हुए
आँसू से भर गए नयन
गद्‌गद कंठ, अधर हिलते हैं
रोमांचित है सारा तन

तारों की झंकार मुझे दो
जब साँसों का बीन दिया

जब जब मन में पीड़ा उमगी
तुमने मेरा स्वर छीन लिया।

[1958]

जलन भी जलती रहेगी

जलन भी जलती रहेगी
        उर जला कर हाय मेरा स्वयं भी दहती रहेगी
        जलन भी...
ऐ हृदय की भावना प्रतिकार का प्रति रूप ले ले
जाग रे अब जाग तू संहार का प्रति रूप ले ले
        सहन भी करती रही क्या और भी सहती रहेगी।
        जलन भी जलती रहेगी।

[1958]

नेत्र अलसित श्यामलांगिनि शून्यता में हो अकेली

नेत्र अलसित श्यामलांगिनि शून्यता में हो अकेली
सुघर तारक-पुष्प लेकर अर्चना करती नवेली
मधुर चरणों में लिपट कर भावना की भेंट देकर
आज व्रीडा में सिमट वरदान सुख का माँगती है।
रूप यौवन भार केवल एक तृष्णा जागती है।

[1958]

अवनि और अम्बर के मादक विनत मिलन में

अवनि और अम्बर के मादक विनत मिलन में
रात्रि दिवस शुभ संधि विमोहित प्रभ चेतन में
अरुण बिन्दु से ज्योतित शुभ ऊषा ललाट था
अनजाना जाना सा था वह लघु विराट था

रश्मि रूप को छिपा हृदय में मलयज भर कर
चली बाँटने सुरभि अधर में उन्नत तज कर
त्रिपुट का संयोग जगत उसने जाना था
तुच्छ सुरत्व नरत्व महत् उसने माना था
खोज रही थी धरणि वक्ष पर उतर उतर कर
जगत द्वंद्व परिवर्तन का उत्तर वह गुरुवर

प्रकृति सौम्यता सकल दिवार्चन में अभिरत थी
साधन में अभिजात चेतना में अभिमत थी

वसुधा के उत्तप्त हृदय पर सुधा धार सी
नीरस उर कम्पन में निस्सीम प्यार सी

निर्झर था गतिमान जगत जीवन प्रवाह सी
था अशान्त उद्दाम निरन्तर हृदय चाह सी
कठिन कूल से टकराती थी लहर लहर कर
छिपती थी अनजान अतल में विकल सिहर कर
नियति क्रूरता से नर की आशा टकराती
मिट जाती है एक आह! सिसकी रह जाती॥

सिक्त शिला पर जीवन का उच्छ्वास निरखता
निराधार कण कण डर ले शत रूप, निखरता

तामस की छाया में पलता है तापस का त्याग
सूनी आँखों की सिसकी में घुलता उर का राग
अन्धकार में ज्योति पुंज नित अपना रूप निहारे
दुख में सोने से जग जाता सुख का सुन्दर भाग।

[1958]

लालसा की किरण का जिसमें भरा हो ओज

लालसा की किरण का जिसमें भरा हो ओज
कौन हो तुम, इसी भूले हृदय की चिर खोज
कौन हो तुम खींचते यों मुझे अपनी ओर
और ललचाते स्वयं रहते उधर की ओर
धमनियों में वेदना सा रक्त का संचार
हृदय में है काँपती धड़कन लिये लघु भार

तुम हमारे हो गए हो यही सुदृढ़ विचार
चेतना का परिधि बनता धूम चक्राकार॥

[1958]

करुण का उद्‌भव पाता है ज्योतिर्भव

करुण का उद्‌भव पाता है ज्योतिर्भव
माँ के ममता भरे नयन
जाग रहे—
रक्षक बन
सोचा शिशु निर्भय बन
भर कर मन मोद में
ममता की गोद में

पीड़ा से उद्वेलित मन
मीठी दुलार की थपकी से
सो जाता है
सच माँ!
ममता भरी हुई आँखों में
खो जाता है।

गीत क्या गाएँ

गीत क्या गाएँ
पास क्या आएँ!

वे बहारों के दिन
चाँद तारों के दिन
अब रहे ही नहीं
उन इशारों के दिन
गीत क्या गाएँ
पास क्या आएँ!

[1958]

आँचल में धूल भरे

आँचल में धूल भरे
झंझा पर पाँव धरे
नाच रही धरती पर
जेठ की दुपहरी है।

पंछी सिर ढाँप चले
सोने फिर पाँख तले
पातों की छाया में।

सृष्टि सभी हहरी है
जेठ की दुपहरी है।

[1958]

राखी का त्योहार

भैया की साँवली कलाई
बहिना के गोरे हाथ रे!
बाँध रही है पूनो-राखी
उर-उछाह के साथ रे!

सावन की हरियाली फिर से लाना है
फूल-फूल की लाली फिर से लाना है
राखी के ये फूल चुनौती देते हैं
लदी फलों से डाली फिर से लाना है
लाना है मधुमास कि जिसमें फूल बने
हर पात रे
बहिना के गोरे हाथ रे!

शशि-ज्योत्स्ना में भीगी रातें,
हँसे फूल-सा प्रात रे!
काँटें चूमूँ, चला करूँ अंगारों पर
आना मन हलका कर लूँगी
कह दुख-सुख की बात रे!

यह राखी ही नहीं कि एक चुनौती है
हँसने की, जीने की मान-मनौती है।
एक रक्त की धारा दो-दो प्राणों से
राखी के तारों पर बहिनें लौटी हैं।
आशा के हिंडोले पर झूल रहा है गात रे!

भैया! की साँवली कलाई
बहिना के गोरे हाथ रे!

[1958]

फागुन

कास के सफेद फूल
पिघले हिमखंड-से
बासन्ती लोर झरी,
मुसकाई
खेतों में
फसलों की सोनपरी...

आमों के बौर
गंध टेकुआ की धार
गड़ी नन्ही गौरैया,
अनजाने ही चौंक पड़ी...

परदेशी आया
बन पाहुन
बड़े नोखे का
कुंकुमी चुटकियों ने
काम किया धोखे का
रँग डाला तन-मन को...

मुसकाई पछुवा की
अनब्याही छोकरी
बासन्ती लोर झरी...।

['आज' : 21.3.1962]

सावन की अर्थी पर

सावन की अर्थी पर
कजली का इन्द्रजाल
बदली का अन्ध-काल
        क्या लोगे?

फूलों-सी बाँहों की
आँचल की छाँहों की
पीड़ा दो राहों की
        झेलोगे?

छूछे आदर्श से
सच बहलाओगे
चूमोगे झूठ को
कलियों को तोड़ कर
डाल को मरोड़ कर
पालोगे ठूँठ को
चुप क्यों हो
बोलो भी,
कुछ भी तो
        बोलोगे?
क्या लोगे
सावन की अर्थी पर?

चमका है आसमाँ पर

चमका है आसमाँ पर
मुहब्बत का सितारा है,
उमड़ी हुई ये महफिल
तेरी शोहरत का इशारा है।

हम तो आते ही मगर उनका इशारा न हुआ

हम तो आते ही मगर उनका इशारा न हुआ
अब भी उस पर मुझे है नाजे वफा धूमिल,
मेरे गिरने पै मेरा जो कि सहारा न हुआ।

रुनझुन में सुधि प्रिय की बोल रही है

रुनझुन में सुधि प्रिय की बोल रही है
पायल न बजा रात कहीं डोल रही है।
सपनों के गाँव में परदेशी आया है
मन का बन मीत रे॥
सुखियों की छाँव में सरगम लहराया है
        स्नेह बना गीत रे॥

[1962]

इस तरह से बर्तन न माँज

इस तरह से बर्तन न माँज
आए न कलाई में मोच।
फूलों सी हथेली में
काँटे सा लगे न खरोंच॥

[1959]

गहराये रंगों में एक रंग बिखरा है

गहराये रंगों में,
एक रंग बिखरा है;
मेरे घर बाहर फिर
सूनापन बिखरा है।
इन्द्र धनुष मुट्ठी में बाँधकर
बरसाती बादल ने तोड़ दिया
मेरा मन अनबूझे दर्द से
मौसमी हवाओं ने जोड़ दिया
रिश्तों की परत को खरोंचकर
यादों का धुँधलापन उभरा है।
अनछुई परिधियों के घेरे
तोड़ती रही किरन सबेरे
टूटे संकल्पों के द्वार से
धूप-गंध बार-बार टेरे
परिचय की आँच, किन्तु
छू कर मन सिहरा है।
सूनापन
बिखरा है।

[1963]

पढ़ता है हर बन्दी-बन्दा

पढ़ता है हर बन्दी-बन्दा
प्रेमचन्द या गुलशन नन्दा
कविता के माथे की बिन्दी
अच्छी हिन्दी चिन्दा चिन्दी।

विश्वास मुझको जी रहा है

प्यास इतनी है कि मेरा दर्द
मुझको पी रहा है
किन्तु मेरे स्नेह का विश्वास
मुझको जी रहा है,
अन्यथा मैं चुक गया होता
अँधेरी-घुप्प इन बँसवारियों में
भटकते से जुगनुओं की दीप्ति सा।
मैं रुक गया होता
थके से पाँव की गति सा।
और मेरा—
मान-मर्दित मन-
कभी का झुक गया होता
कमर पर से अधूरा टूट कर।
किन्तु मेरे स्नेह का
विश्वास मुझको जी रहा है।

पाँच बिरहा

[लोकगीत]

[एक]

प्रभु जी! दीनानाथ मदनमोहन और किशोर,
रघुवीर स्वामी एक तुझी पर है मेरा जोर।

नरसिंह माधो और मुरारी यह तेरे नाम,
जपते हैं सच्चे दिल से जो रहते हैं खुश मुदाम।

महिमा मैं तेरे नाम की क्योंकर बयाँ करूँ,
जी चाहता है कुछ कहूँ पर बेवकूफ हूँ।

क्या वाल्मीकि गंगा अजामिल ने किया,
सीधा किसी ने उलटा तेरा नाम था लिया।

भवसागर इस वसीले से वह पार हो गए,
मुक्ति की गोया नाव है, हो पार, जो जपै।

कितने ही जाते-जाते हैं, दोजख से फिर गए,
है नाम तेरा ऐसा कि पत्थर भी तिर गए।

गाते हैं शेष सारदा गुन तेरे हर घड़ी,
माया का तेरे पार नहीं पाते पर कभी।

क्योंकर करूँ मैं वस्फ़ रकम तेरी जाति का,
जब इंतिहा ही है नहीं तेरी सिफात का।

प्रह्लाद को बचाया ध्रुव को किया निहाल,
पर्दा द्रौपदी का रखा किस तरह सँभाल।

सुग्रीव और बाली की देखी जो दीनता,
करुणा निधान आपने उनको अभय किया।

वाराह परशुराम के अवतार हैं लिये,
और नन्दलाल बृज में गोपाल तुम बने।

गजेन्द्र को बचाने गए आप दौड़ कर,
फिर क्या है देर करते हो कृपा की जब नजर।

कच्छप और मच्छ आपने अवतार धार कर,
कुदरत का अपने जलवा दिखाया है कुछ मगर।

गोवर्धन आपने था उठाया अँगुलियों पर,
और बृज को बचाया तुम ऐसे हो मुरलीधर।

नरसी की कैसी टेक रखी भगत जानकर,
भात अपने हाथ से जो दिया आप आनकर।

भिलनी के बेर खाए सुदामा पर मेहर की,
लंका की राजगद्दी विभीषण को बख्श दी।

नाथा जो नाग काली, हुए बृजनाथ आप,
दुष्टों को मार धोये हैं पृथ्वी के सारे पाप।

शिशुपाल और कंस का विध्वंस कर दिया,
हिरनाकुश और बड़े-बड़े दैत्यों को हर लिया।

रावण को मारा राम का अवतार धारकर,
कुदरत ये तेरी दखल दे है कौन वो वशर।

बली को छला है पल में जो त्रिलोकीनाथ जी,
अवतार बावन आपका जाने है हर कोई।

मल्लाह तिर गया ये बड़ी कुछ न बात थी,
चरणों की रज से तेरी अहल्या भी तर गई।

जब मोरध्वज की भक्ति पसन्द आई आपको,
दर्शन दिये हैं उसको चतुर्भुज स्वरूप हो।

कृपा की जब शना पै हुई आपकी नजर,
खिदमत को उसकी आपने झट बांध ली कमर।

सत आपने जरूर हरीचंद का रक्खा,
और जो मनोरथ उसका था पूरा वो कर दिया।

बिल्ली के बच्चे आवे में किस तरह बच गए,
कुदरत में तेरी सब है जो चाहे सो तू करे।

घंटा गिराया तूने टिटिहरी के बच्चों पर,
क्यों कर वे बचते, लेता न उनकी जो तू खबर।

मुश्किल के वक्त होता हमेशा है तू सहाय,
तू उसको भूलता नहीं जो तुझसे लौ लगाय।

त्रिलोक में नहीं है कोई तुझ सा दूसरा,
मुझको तो प्रभु जी है, तेरा आसरा बड़ा।

लोभ और क्रोध मोह अहंकार और काम,
इन पाँच जालिमों का हुआ हूँ जो मैं गुलाम।

दिल है फँसा हविश में यही है उधेड़बुन,
दुनिया के ऐश उड़ाऊँ नहीं दूसरी है धुन।

परवा नहीं है रिस्क की कृपा से आपके,
देते हो रोज जब से कि पैदा किया मुझे।

पर हिर्स को मैं क्या करूँ होती नहीं ये सैर,
जितना ज्यादा मिलता है होती हैं ये दिलेर।

माया में ऐसा डूबा है दिल कुछ पता नहीं,
वह कौन सा है ऐब जो मैंने किया नहीं।

कश्ती जो है गुनाहों से मेरी भरी हुई,
अब देख मझधार में है ये पड़ी हुई।

चारों तरफ से जोर का तूफान है उठ रहा,
आती उमड़ के कैसी ये घनघोर है घटा।

मौजों का जोर देख के दिल पास पास है,
सीने में दर्द और जिगर में खराश है।

बहरे अभी और है गिरदाबे-पुर-बला,
इन मुश्किलों में आन के बेड़ा है अब फँसा।

खेवे न खेवे इसको तुझे अख्तियार है,
पर तेरी मेहर हो तो अभी बेड़ा पार है।

मोहा है तेरी माया ने मेरा है क्या कसूर,
अब भी गुनाह बख्शो तो कुदरत से क्या है दूर।

कृपा करो बिहारी जी आया हूँ मैं शरण,
मैंने तो कुछ किया है भजन और न कीर्तन।

आवागमन से मुझको छुड़ाओ तो बात है,
लाखों तिराये मुझको तिराओ तो बात है।

मेरा तो जोर तुझ पै है करुणानिधान जी,
बन्दों पै अपने करते हो तुम मेहर हर घड़ी।

मुझ दीन पर भी हस्त-कमल तुम जरा रखो,
मेरा नहीं है कोई यह तुम आप देख लो।

मेरी सहाय कौन करे आपके सिवा,
मुझको जो दे पनाह नहीं कोई दूसरा।

आजिज हूँ कर तू लुत्फो-करम मेरे हाल पर,
कर बेड़ा पार राम मेरा अब न देर कर।

आया हूँ मैं शरण तेरी है तुझको मेरी लाज,
सुन ले पुकार दीन की ऐ दीनानाथ आज।

जब मुझको आसरा है तुम्हारी ही जात का,
फिर फिक्र क्या रहा मुझे अपनी निजात का।

[दो]

भरे को चाहे खाली कर दे, खाली को चाहे तू भर दे
तेरी आस पै खेती बोई, सारी उम्र इसी में खोई
आ पहुँची है फसल करीब अब, फजल का तालिब है ये गरीब अब।

[तीन]

नक्शे निगारे कुदरत देखो,
कामिल उसकी कुदरत देखो।

क्या क्या चीजें पैदा की हैं,
फ़ैयाजी से हमको दी हैं।

चाँद औ' सूरज और सितारे,
हुक्म में है खालिक के सारे।

लालो-जवाहिर संग को बख्शे,
क्या क्या रंग पतंग को बख्शे।

रेशम मूँगा मोती सच्चे,
कीड़ों से हैं ये उपजे।

तेरे गुणों को कौन बखाने,
अपनी कुदरत आप तू जाने।

आदमी को दी है गोया भी,
हैवानों से ही है बड़ाई।

शक्लें वह मिट्टी से बनाई,
हूर व परी जिनसे शरमाई।

पर खालिक का है ये तमाशा,
नक्शा है सब थेटर का सा।

पर्दे के पीछे आप हैं पिनहां,
अपने खेल का आप निगहबां।

है वो बेत बाजे हकीकी,
गोया कहना है गुस्ताखी।

सब पुतले कुदरत से बनाए,
नाचते हैं जिस कल वो नचाए।

मिलते-जुलते हैं आपस में,
पर हैं सब करतार के वश में।

[चार]

हेच है दुनिया हेच सरासर,
कोई शै नहीं इसमें स्थिर।

इसमें हुबाब आशा है जीना,
खोल के देखो दीदा-बीना।

अदम का रस्ता चलता है कैसा,
सैकड़ों को है जाते देखा।

रात औ' दिन इक रेल है जारी,
आमदोरफ्त है बारी-बारी।

सबके पास रिटर्न टिकट है,
अच्छा है वो या नटखट है।

है इस रेल में आने वाले,
मुल्के बका को जाने वाले।

लाइन है हर वक्त क्लीयर,
बाँध रखो तुम अपना बिस्तर।

तारे नब्ज करता है खट खट,
गोया कहता है चलिए झट पट।

यूँ तो स्टेशन खूब बना है,
जैसा चाहे वैसा सजा है।

पर यहाँ रहते हैं पाँच उचक्के,
राहजनी में हैं वे पक्के।

उनसे बचना नहीं है आसान,
उनके हाथों लुटता है इनसान।

अपनी पूँजी उनसे बचाना,
हम भी तुमको कहेंगे दाना।

इंजिन अब तैयार खड़ा है,
सीटी बजा के पुकार रहा है।

घंटी बजी सँभालो गठरी,
राम नाम की ले लो बिल्टी।

हुकुम नहीं कि कुली को बुलाओ,
अपना बोझा आप उठाओ।

अव्वल दर्जा उनको मिला है,
जप-तप जिन्होंने खूब किया है।

उनके लिए है दोयम दर्जा,
दुख-सुख जिन्होंने यक-साँ समझा।

औसत दर्जे में वो चढ़ा है,
नाम पै उसके जिसने दिया है।

तीसरे दर्जे में आम है खिलकत,
जिससे है इस रेल की बरकत।

उनको रिजर्व का टिकट मिला है,
जिन्होंने खौफे खुदा किया है।

उसको स्पेशल मिल जाता है,
सरन जो भगवत की आता है।

[पाँच]

अजब तरह का बागेजहाँ है,
कभी बहार औ' कभी खिजाँ है।

पर दिल्लगी है इसमें ऐसी,
अक्ल ठिकाने ही नहीं रहती।

जो कोई इसकी सैर को आए,
होकर सैर कभी न जाए।

हर इन गुल का रंग जुदा है,
सब में एक नई ही अदा है।

गुल को है क्या नाज चमन में,
फूला: समाता है नहीं तन में।

सैकड़ों बुलबुल उस पै फिदा हैं,
उसके कुश्त ये नाजों अदा हैं।

पर जिस वक्त ये गुल कुम्हलाए,
कोई बुलबुल पास न जाए।

गुलचीं को कब चैन मिला है,
गुल के साथ इक खार लगा है।

जितने दिन दुनिया में रहना,
दुख-सुख है किस्मत का सहना।

ढलती फिरती छाँव है दुनिया,
खूब तरह से हमने ये देखा।

इस पर तुम मत करो भरोसा,
रैन बसेरा कह गया दाना।

भक्ति करो जो मुक्ति चाहो,
सुमिरन में ध्यान लगाओ।

[रचनाकाल : 1956]

कहानी

रतना

गाँव के दक्षिण ओर विशाल वट-वृक्ष की छाया में चमारों की पंचायत बैठी थी। अछूतों की पंचायत में, समाज के वे पंगुल अंग इकट्ठे हुए थे जिनकी परछाईं भी छूना पाप समझा जाता है।

रतना उनका चौधरी है, उनको राह दिखाने वाला है। रतना का बाप भी चौधरी था और उसके मरने पर आज छब्बीस साल के रतना पर वही पगड़ी बाँध दी गई है।

बूढ़ा बाप घिस-पिटकर सूखी रोटी के कौर काट-काटकर जीवन के ऊबड़-खाबड़ से उठ-गिरकर उसे 6वीं कक्षा तक की शिक्षा दे पाया था, किन्तु अपने समय की कटुता से बहुत कुछ सीखकर नौजवान रतना अनुभव में बूढ़ों के कान काटता है।

चमारों की उस जमात में रतना रतना नहीं, राम रतन है। और तभी तो सब उसके सामने बैठे ऐसे टुकुर-टुकुर ताक रहे हैं, जैसेकि भ्रान्त-पथिक दूर जलते दीये की लौ को आँख में बिठाए रहता है!

चिलम भैरो के हाथ में थमाते हुए रतना ऊँची आवाज में कहने लगा, "भाइयो! मन्दिर का भगवान सभी का है। सभी को उसने जनम दिया है। क्या ऊँच, क्या नीच, उसकी निगाह में सभी एक समान हैं।"

उपस्थित जनसमूह ने धीरे-धीरे सिर हिलाया।

रतना ने एक सरसरी दृष्टि सबके ऊपर डाली और कहा, "फिर क्यों बाप का एक बेटा उसकी गोद में बैठा रहे और दूसरा धूल में गिराकर कुचल दिया जाए? किसी को क्या हक है कि एक भगवान के प्रसाद का उपभोग करे और एक को चरण-धूलि भी न मिले? कौन-सा नियम है?" उसका चेहरा तमतमा उठा था।

"लेकिन..." बैठे हुए बूढ़े घुरहू कुछ कहना चाहते थे पर वह उसी तेजी से कह गया :

"लेकिन, क्या दादा! बिना इच्छा किए क्या कोई चीज कभी मिलती है? नहीं, कभी नहीं। हमें अपने अधिकार के लिए माँग करनी है।"

"सो तो ठीक है, भैया!" घुरहू बोला, "लेकिन क्या बड़ी जाति के लोग इसे सहन करेंगे?"

"नहीं सहन करें, न सही। बड़े होंगे अपने घर के, हम छोटे हैं अपने घर के।"

"इज्जत तो सबकी बराबर है। मरने पर एक ही दरवाजा तो सभी खटखटाते हैं।" मुँह से तम्बाकू का धुआँ निकालते हुए भैरो ने कहा।

रतना चुप था, वह कुछ सोच रहा था।

धीरे से उसने कहा, "सच है दादा कि वे सहन नहीं करेंगे। जब आदमी का स्वार्थ कुचला जाता है तो वह कुचले साँप की तरह फुफकार मारता है। किन्तु उस समय..."

"उस समय साँप को कुचलना पड़ता है," भैरो उसकी बात काटकर बीच ही में बोल पड़ा था।

"नहीं भैरो, नहीं, उस समय सहकर, शान्त रहकर उस भयानक क्रोध का सामना करना पड़ता है। सहन करना ही शक्ति की मर्यादा है," समझाया रतना ने।

भैरो उसकी ओर जलती आँखों से देखता रहा। उसकी समझ में नहीं आया कि मार खाकर भी चुप क्यों रहा जाए। पिसकर भी चिल्लाहट कैसे रोका जाए। किन्तु बोला कुछ भी नहीं।

क्षण भर सभी शान्त थे।

"तो भाइयो! शिवरात्रि के दिन हम मन्दिर में जरूर जाएँगे। अपने हक को जरूर माँगेंगे। बोलो, तैयार हैं सब?"

एक गम्भीर स्वर उठा, "तैयार हैं!"

भैरो चिल्लाया, "जो पैर पीछे धरे, उसके एक माई, सौ बाप।"

"एक माई, सौ बाप।"

समीप बँसवारियों में बैठी हुई चिड़ियाँ भर्र से एक साथ ही उड़ीं और फिर चें-चें करती हुई बाँस की फुनगियों पर बैठ गईं।

पंचायत उठ गई।

अन्धकार को भेदता हुआ सियारों की हुआँ-हुआँ की ध्वनि समीप के खेतों में फैल गई और तभी—मन्दिर से संध्या आरती का समवेत स्वर उठने लगा। विशाल घंटा बज उठा :

'टन-टन-टनन-टनन...'

[2]

बात हवा में उड़ रही थी :

'चमार मन्दिर में प्रवेश करेंगे।'

'राम! राम!!'

'क्या कलियुग आ गया है!'

बड़े घर की वृद्धाओं ने कान पर हाथ रखे।

बूढ़े कुड़बुड़ाए :

'अरे जो अनर्थ न हो जाए, थोड़ा है।'

'अपनी सरकार क्या हुई...'

दूसरे ने नमक-मिर्च लगाया, 'अरे भाई! उठाने के माने यह थोड़े ही है कि किसी के सिर पर पैर रखकर चला जाए। राजा राजा की तरह रहे और प्रजा प्रजा की तरह। एक जमाना था कि शेर और बकरी एक घाट पर पानी पीते थे। लेकिन आज...आज न धरम, न करम।'

प्रत्येक की डफली बज रही थी और हर आवाज अलग थी। किन्तु इस आवाज में भी विरोध की नींव रखी जा चुकी थी। अहम् की सीमा के भीतर ऊँच-नीच, बड़े और छोटे का दल संगठित हो गया था जिसका अस्तित्व था, स्वार्थ, मिथ्याडम्बर।

गाँव की पूर्वी सीमा पर विशाल शिव मन्दिर है। सामूहिक चन्दे की पूँजी से मन्दिर का निर्माण कराया गया। मूर्ति की प्राण-प्रतिष्ठा की गई। और उस पवित्र दिन की स्मृति में प्रत्येक शिवरात्रि पर विशाल जनसमूह एकत्रित होकर मेले में आनन्द-भोग करता था। भगवान का दर्शन करता था। सभी मन्दिर में जाते थे। न तो किसी को किसी से जाति पूछने का अवकाश था, न धर्म। सामाजिक नियम से अछूतों का प्रवेश अवैध था। सभी ने उस नियम के सामने इच्छा या अनिच्छा से सिर झुकाया था किन्तु नये कानून ने पत्ते ही पलट दिये। हृदय की चाह, जो समय के साथ बेबसी-सी तकदीर की रस्सी से जकड़ी हुई सन्तोषपूर्वक कर्तव्य में परिचित हो गई थी अचानक हवा पाकर दबी हुई चिनगारी की तरह धधक उठी।

अछूतों ने माँग की थी : 'भगवान हमारा भी है, मन्दिर में हमने भी अपना श्रम दिया है। उसमें प्रवेश करने का हक हमारा भी है' और इस समाचार ने दु:स्वप्न की भाँति सुख से सोते समाज के मस्तिष्क-तन्तुओं को एक साथ झनझना दिया था।

मन्दिर के साफ-सुथरे चबूतरे पर पंडित रामभजन तिवारी चिन्तामग्न बैठे हुए थे। वे पुजारी हैं। अपनी चेतना से उठकर उन्हें पैतृक सम्पत्ति के रूप में यहीं काम मिला था और आज भी 60 वर्ष की अवस्था में एक पाँव मृत्यु-देहली में रखे वे बराबर मन्दिर में दीया-बाती करते चले आ रहे हैं किन्तु आज तक स्वप्न में भी उन्होंने नहीं सोचा था कि यह दिन भी आएगा। वे चंचल हो उठे थे :

"हे भगवान, क्या होने वाला है!" उन्होंने आँखें बन्द कर लीं, "अछूत भगवान के चरण छुएँगे? यह पुण्य-विग्रह अपवित्र करेंगे? नहीं होने दूँगा यह सब," उनका संस्कार चीख उठा, "अपने जीते-जी नहीं करने दूँगा ऐसा।"

वे कुछ सोचते-सोचते उठे और अनजान में ही चमारों की बस्ती की ओर उनके पाँव बढ़ चले।

सामने ही रतना का घर है : टूटा-फूटा। पखवारे का छाजन बरसात की मार से झुका-झुका, खपरैल उड़े-उड़े से।

रतना बैठा हुआ 'मोट से गूढ़न' लगा रहा था।

पंडित जी उसके सामने जाकर खड़े हो गए।

रतना ने आँख उठाकर देखा फिर सिर नीचे कर लिया। न तो अपने स्थान से उठा, और न प्रणाम, न दंडवत्। जिस कटु सत्य का अनुभव पंडित जी ने किया था, उनकी सम्भावना के एकदम विपरीत था। इतनी अवज्ञा, इतना अपमान? वे तिलमिला उठे। पर समय नाजुक था। खून का घूँट पीते हुए उन्होंने पूछा :

"रतना, आजकल दिखलाई नहीं पड़ता। तबीयत तो ठीक है?"

"ठीक ही है पंडित दादा। जी रहा हूँ किसी तरह।" उसे भी बोलना पड़ा, पर बात में रस नहीं था। जबान दबी हुई थी। वह सोच रहा था कि यह झंझट कहाँ से आ गई।

"आजकल बहुत-सी नई-नई बात गाँव में हो रही है।" पंडित जी ने बात का रुख बदलते हुए कहा।

"कौन-सी नई बात?" रतना ने पंडित जी की ओर देखते हुए पूछा।

"नहीं मालूम है तुम्हें क्या?" मन में कुढ़ते हुए पंडित जी ने कहा। वे सोच रहे थे कि कल का यह छोकरा कितना चालाक है! सारी बात मेरे ही मुँह से कहलवाना चाहता है।

पंडित जी के मन की बात रतना ताड़ रहा था।

अनजान बनते हुए उसने कहा, "मुझे क्या मालूम पंडित जी!"

"इतना बन क्या रहा है, रतना," पंडित जी फूट पड़े, "क्या कल तुम लोग शिवरात्रि पर मन्दिर में प्रवेश करने नहीं जा रहे हो? तुम्हारी ही चौधरियाई में यह सब हुआ, और तुम कहते हो कि..."

"तो साफ-साफ क्यों नहीं कहते पंडित जी?" रतना भी ताव खा गया। "लेकिन इसमें नई बात कौन-सी है?"

आग में घी पड़ गया।

"नई बात नहीं है...नई बात...?" पंडित जी उत्तेजित हो गए, "शास्त्र, वेद सब झूठे हैं? इतना सनातन से चला आता नियम वर्णाश्रम-धर्म झूठा है—सब झूठा है?...बस, तुम सच्चे हो। बड़े आए..."

आवाज सुनकर बस्ती के बहुत-से लोग इकट्ठे हो गए थे पर रतना शान्त रहा—धीरे से उसने कहा, "शास्त्र, वेद को हम झूठा नहीं कहते और न आपको। हम तो अपना हक चाहते हैं। भगवान हमारा भी है। उसके दर्शन का अधिकार हमें भी है!"

"छि:-छि:!" घृणा से होंठ बिचकाते हुए पंडित जी ने कहा, "क्यों नरक का रास्ता बना रहे हो? इतना पाप किस जनम में भुगतोगे?" पंडित जी की अपनी भाषा

थी, अपना ब्रह्मास्त्र था, कितनी बार कितनों को वे इसी अस्त्र से पराजित कर चुके थे, पर आज रतना के आगे उनकी सभी शक्ति निरर्थक हो रही थी।

"पाप...पाप क्या पंडित?" रतना भी आवेश में भर गया। "पाप का इससे बीभत्स रूप क्या हो सकता है कि आदमी आदमी से घृणा करे? एक को दबाकर दूसरा आनन्द करे, खुशी मनाए?"

"तो तुम उपदेश दे रहे हो..." पंडित जी की साँस फूल गई थी, "मुझे... मेरा गुरु बन रहा है तू?"

"मैं..." रतना ठंडा पड़ता हुआ बोला, "मैं तो आपके पैरों की धूल हूँ, पंडित जी, लेकिन..." बात पूरी किये बिना ही वह चुप रह गया।

"पैरों की धूल...उँह..." पंडित जी ने सावेश कहा, "सुन ले, तू कान खोलकर सुन ले...मन्दिर में जाने का विचार छोड़ दे रतना। लाशें उठ जाएँगी...लाशें! और उस खून-खराबी का जिम्मेदार तू होगा।"

"अरे, जो होगा, देखा जाएगा," पास की मड़ही से भैरो चीखा। वह अभी तक चुप था, "मन्दिर में एक बार नहीं, हजार बार जाएँगे। जो जी में आए, कर लेना। सुनते-सुनते कान पक गए, धरम-धरम..."

"तू चुप रह रे!" डाँटा उसे रतना ने।

पंडित जी ने इन नीचों के मुँह लगना अच्छा नहीं समझा। अपमान अपनी सीमा पार कर गया था।

"सोच लेना तुम लोग—अगर यह गर्मी ठंडी न हो गई तो कहना।" बड़बड़ाते हुए, पैर पटकते हुए वे चले गए। आए थे गुत्थी सुलझाने और स्वयं उसी में उलझकर रह गए।

रतना स्वयं दुखी था कि उसने पंडित को व्यर्थ क्रोधित कर दिया।

पर क्या सब दोष उसी का है...? नहीं। —समझाया उसने अपने को और चुपचाप अपने काम में लग गया।

भीड़ छँट गई।

[3]

महाशिवरात्रि!

पुनीत आस्था का पुण्य पर्व।

हर वर्ष शिवरात्रि पर प्रात: की प्रथम किरण बिहस-बिहस सोना बिखेरती थी, मंगलमय दिन की प्रतिष्ठा करती थी।

किन्तु आज? आज विहान उदास-सा था और उषा मलीन।

आज का सवेरा एक आतंक, एक अनहोनी भवितव्यता अपने अंक में लेकर उदय हुआ था।

शिव-मन्दिर पर थोड़ी-सी भीड़ इकट्ठी हुई थी। कुछ बड़ी जातियों के लोग। चमार मन्दिर में प्रवेश करेंगे, धर्म की रक्षा अनिवार्य थी। अपने बड़प्पन के पैबन्द को दृढ़ करना ही था—चाहे जान भले ही चली जाए।

मध्यवर्ग के लोगों की कोई आकांक्षा नहीं थी। 'कोउ नृप होय हमैं का हानी' की बात थी। हाँ, एक बात मन के झरोखे से उत्सुकतापूर्वक झाँक रही थी कि इस नवीन अभियान का परिणाम क्या होगा? इस दुस्साहसपूर्ण काम की चर्चा हर दिल में थी, हर जबान पर थी :

'अछूत मन्दिर में जाएँगे?'

पंडित जी की आँखें बार-बार टेढ़ी-मेढ़ी पगडंडी पर दौड़ जाती थीं। अछूत, जो सुदूर अमराइयों में खो गए थे, उनका जुलूस उधर से ही आने वाला था।

खड़े ही खड़े पंडित जी ने पुकारा, "बदलू?"

"आया महराज!" और तत्क्षण एक हट्टा-कट्टा जवान सामने आया।

"सब ठीक हो गया?" पंडित जी ने पूछा।

"जी हाँ। लठैत चालीस के करीब हैं जो एक इशारे पर..." बदलू रुका।

"ठीक है। उन लोगों को लेकर बगल वाले कमरे में चले जाओ और मेरे कहने के अनुसार..." समझाया पंडित जी ने।

"जी हाँ, जी हाँ, सब समझ गया।" और बदलू तेजी से चला गया।

उन नापाक हस्तियों को कुचलने का पंडित जी ने जो प्रबन्ध किया था, उसे सोचकर वे मुसकराए।

विश्वास एवं श्रद्धा के मुक्ति-मंडल पर जिस भीषण अनाचार का आरोपण आचार और संस्कृति के नाम पर हो रहा था, उसे देखकर दुर्दैव का हृदय भी भय से काँप उठा था। पवित्रता के स्वच्छ अंचल में जो धब्बा लगने जा रहा था, उसे सोचकर दया संकुचित थी।

प्रतिरोध की सब तैयारियाँ सम्पन्न हो चुकी थीं। दिन कुछ ऊँचा चढ़ आया था। और तभी दूर पतली पगडंडी पर अमराइयों के पीछे एक विशाल भीड़ उठी और तेजी से मन्दिर की ओर बढ़ चली। यह अछूतों की मंडली थी।

पंडित जी ने देखा कि रतना उनके आगे-आगे था। ढोल, झाँझ के साथ गति का मधुर-मृदु स्वर धीरे-धीरे हवा पर लहरा रहा था। क्षण-प्रतिक्षण वह स्पष्टतर होता गया।

पंडित जी ने सुना :

'रघुपति राघव राजा राम
सबको सन्मति दे भगवान!!'

पिघलाए शीशे की तरह एक-एक कड़ी कानों से होती हुई हृदय में धँस गई। उन्होंने मन्दिर का द्वार बन्द किया और आकर सामने खड़े हो गए।

तत्क्षण रतना उनके सामने खड़ा हो गया।

गीत बन्द हो चुका था।

दो प्रतिद्वंद्वी—एक वृद्ध, एक जवान। एक हिंसा पर कटिबद्ध और एक शान्त रहकर सब कुछ सहने को तैयार। एक कुछ माँगने आया था और दूसरा छीनने के लिए खड़ा था। एक के पीछे थे दर्शनाकुल प्राण और दूसरे के पीछे था भगवान। दोनों ने एक-दूसरे की आँखों में देखा।

"पीछे लौट जा। रतना।" पंडित जी गम्भीर स्वर में बोले।

"सामने से हट जाओ पंडित, दरवाजा खोल दो।" रतना दृढ़ आवाज में बोला, पर आँखों से आँसू आ गए। कितना स्वार्थी है, आदमी! कितना निर्दय।

"दरवाजा खोलो। सामने से हटो पंडित!" भीड़ चिल्लाई।

"चुप रहो तुम लोग। क्यों मृत्यु को घर बैठे न्योता दे रहे हो? चले जाओ।" पंडित जी जोर से चिल्ला रहे थे।

बगल के कमरे में बैठे हुए लठैत इशारे की ताक में थे।

भीड़ खामोश खड़ी थी।

"भगवान के रास्ते की खाई न बनो पंडित। यह धर्म नहीं है।" रतना ने अनुनय की।

"चुप नीच!" और पंडित जी का बूढ़ा हाथ रतना के गाल पर जा पड़ा—चट्!

"धर्म की शिक्षा देने आया है?" पंडित जी आवेश में उन्मत्त-से हो रहे थे। इस अवसर पर चमार को छूते हया नहीं थी।

रतना के पीछे तमाम लोगों को लगा कि थप्पड़ उन्हीं के गाल पर लगा था। सभी की आँखें जल उठीं। भैरो के मुँह से एक हुंकार निकली। पर वह उन्हें पी गया। रतना का, उनके चौधरी का यही आदेश था।

"मार डालो पंडित," रतना बिलख पड़ा, "पर मन्दिर में जाने दो। हमारी आने वाली पीढ़ियों की राह रोक मत, राह दिखा दो।"

"तेरा बाप भी कभी गया है?" पंडित जी गरजे।

"बाप की बात मत करो।" भीड़ से भैरो चिल्लाया।

"हजार बार करूँगा, कुत्तो, हजार बार।" संसार को राह दिखाने वाले पंडित जी स्वयं भ्रान्त हो रहे थे।

"हमारी भी इज्जत है। हम अपना अपमान नहीं सह सकेंगे।"

"इज्जत?" पंडित जी एक क्रूर हँसी हँसे, "तुम्हारी इज्जत? टुकड़े पर तेरा बाप पला और तुम हरामखोरों की औलाद..."

"पंडित!" भैरो पागल-सा हो उठा। उन्मत्त की तरह चिल्लाया वह। वह भूल गया अपने चौधरी का आदेश, अपनी स्थिति, और इससे पहले कि पंडित जी कुछ

कहते और कोई इशारा करते, पास ही पत्थर के एक टुकड़े को लपककर उठा लिया और अपनी पूरी शक्ति से पंडित जी के ऊपर दे मारा।

पलक झपकते रतना ने यह सब देख अपने स्थान से उछला और पंडित जी के सामने जाकर खड़ा हो गया। सरसराता हुआ पत्थर का टुकड़ा उसके मस्तक से टकराया और खून से लथपथ रतना कटे वृक्ष की तरह धरती पर गिर पड़ा। आह भी मुँह से नहीं निकली। सिर क्षत-विक्षत हो गया।

क्षण भर भीड़ इस आकस्मिक प्रसंग से ठगी-सी खड़ी रही।

'खून हो गया!'—सहसा आत्म-रक्षा की भावना ने सबकी चेतना को झकझोर दिया। सभी को अनुभव हुआ कि कानून का लम्बा हाथ उनके गले की ओर बढ़ रहा है।

और दूसरे ही क्षण मैदान खाली था। न तो वादी थे और न प्रतिवादी।

सामने पंडित जी आश्चर्यचकित-से खड़े थे और चबूतरे के नीचे रतना का लहूलुहान शरीर। बेहोश था वह। घाव बहुत गहरा था।

'यदि रतना बीच में न आता तो?' पंडित जी के मस्तिष्क में यह प्रश्न तीर की तरह घुसा।

उन्हें लगा कि मन्दिर की दीवार के कण-कण से उनके लिए श्राप निकल रहा है। काँपते हाथों से उन्होंने मन्दिर का दरवाजा खोला : खड़...खड़...खड़...!

'रतना बीच में न आता तो?' बेचैन-से पंडित जी घूम पड़े। न जाने बूढ़े शरीर में कहाँ की ताकत आ गई थी! उन्होंने रतना की विक्षत देह को गोद में उठा लिया और दरवाजा ठेलकर मन्दिर में घुस गए।

मूर्ति के सम्मुख उसे लिटाकर पंडित जी ने उसकी ओर देखा। खून की लकीरें बह-बहकर गालों पर सूख गई थीं।

'यदि रतना न होता तो?' पंडित जी की आँखों से आँसू की लम्बी लकीर बह निकली।

"राम रतन!" रतना का सिर गोद में लेकर वे फफक-फफककर रो पड़े।

"देख रतना, देख, कहाँ है तू..." पंडित जी ने उसे झकझोरते हुए कहा।

धीरे-धीरे रतना की आँखें खुलीं—भगवान की पवित्र प्रतिमा, अनुपम शान्ति... क्षण भर को जैसे वह अपनी सारी पीड़ा भूल गया। आँखों के कोरों से दो बूँद आँसू छलक पड़े...अपलक वह देखता रहा।

और पंडित जी की आँखों से गंगा-जमुना बहती रहीं। आँसू रतना के मस्तक पर गिरते रहे, जैसे वे उस देव-पिंड को नहला रहे हों!

[जनवरी, 1958]

नई पौध : नया माली

ज्ञान जिस समय अन्तिम क्यारी की घास निकाल चुका था, उस समय पश्चिम आकाश में क्षितिज की घनी कालिमा के पीछे सूर्य डूब चुका था और अन्धकार की एक पतली परत आकाश में धीरे-धीरे बिछ रही थी।

हाथ में खुरपी लिये ही लिये वह खड़ा हुआ और दिन भर की थकान से चूर बूढ़े शरीर को जरा दाएँ-बाएँ किया। एक लम्बी-सी साँस खींची। माथे पर चुहचुहाते पसीने को अँगुली से पोंछकर हवा में झटक दिया।

"चल बिटिया," उसने कहा और पास ही मेंड़ पर अपने घरौंदे से उलझी हुई नन्ही-सी मासूम बच्ची उसके साथ आ खड़ी हुई।

दोनों चल पड़े।

पास ही बगीचे के एक कोने में छोटी-सी झोंपड़ी अपना विस्तार बढ़ाए खड़ी थी। यही है ज्ञान का रैन-बसेरा, जो रात को बसता और सवेरे उड़ जाने वाले पंछी की राह उदास-सा देखता रहता। दिन निकलने पर उसका भाग्य सो जाता और दिन डूबने पर जागता था।

ज्ञान माली है—बड़े अफसर के बड़े बगीचे का माली। बड़े सरकार और उनके परिवार के लिए जीवन के सम्पूर्ण प्रसाधनों की उपलब्धि के बाद वह मिट्टी में दूबों के मखमल बिछाता। माथे के छलकते पसीने के छींटे मार-मारकर फूलों को नई ताजगी, नया नाज, नई मुस्कान देता।

प्रात: की प्रथम किरण उसे क्यारी में काम करते हुए पाती और शाम को उसे काम करते हुए देखती चली जाती। यह क्रम आज का नहीं, कल का भी नहीं, न जाने कितने बरसों, कितने दिनों का है। जब ज्ञान की शिराओं में जवानी का खून था, हृदय में जवानी की उमंगें थीं, तव से आज तक जीवन की सम्पूर्ण कामना केन्द्रीभूत करके वह बगीचे की सुषमा में चार चाँद लगाता आ रहा है।

बड़े सरकार जगत नारायण आते। हवा की लहर पर झूमते, इठलाते फूल देखते और गर्व से भर उठते। उनके पास ऐसा बगीचा था, ऐसा माली था, जो किसी के पास नहीं : लाखों में एक!

और तब...

ज्ञान का मन-मयूर नाच उठता था। भूल जाता वह मेंड़ पर बैठी हुई तीन वर्षीया बालिका को जिसे बेटे को खोकर, बहू की अन्तिम साँस जोह-जोह कर पाया था।

मंगला उसकी नातिन है। जवान बेटा राह में बाँह छुड़ाकर थके-हारे जर्जर शरीर को निस्संबल छोड़ अपनी मंजिल चला गया और बहू उसका वियोग न सह सकी तो वह भी अन्तिम साँस ले पति से जा मिली। डूबते हुए मन को नन्ही-सी अनजान मंगला का सहारा मिला था। दहकते घाव पर नर्म रुई का फाहा। और तीन साल से उसे छाती से लगाये वह जी रहा है। उसके लिए हँसता है, उसके लिए गाता है।

नन्ही-सी मंगला के साथ वह बच्चा बन गया है।

ये बातें याद आने पर उसका मन रो पड़ता है। और तब किसी फूल को विक्षिप्त-सा पकड़कर वह कह पड़ता है : हँसो और जोर से हँसो। अपनी हँसी देकर दुनिया को हँसा दो।

फूल डाल पर हिल उठते हैं और उसकी आँखों के कोर में जल-कण भर जाते हैं।

दिन जल्दी-जल्दी ढलता जा रहा था।

ज्ञान का हाथ भी और तेजी से चल रहा था। कुछ पौधे अभी लगाने को बाकी थे। बाबू जगत नारायण फूलों की क्यारियों में घूम-घूमकर आँखों में फूलों का सौन्दर्य भर रहे थे।

आज गुलाब के नई किस्म के पौधे आए थे और उन्हीं को लगाने में माली दिन भर से श्रम कर रहा था। अनवरत श्रम के बाद भी वह सभी पौधे लगा ही देना चाहता था क्योंकि उन्हें रात की ठंडी छाँह मिल जाती और वे जड़ पकड़ लेते।

क्यारियों में गुलाब के पौधों की एक लम्बी श्रेणी हवा में सिर हिला रही थी। ज्ञान को लगता, जैसे हर वृन्त पर एक कली खिली और फिर बढ़ते-बढ़ते फूल होकर मुस्करा उठी। नन्हा बचपन जवानी की हिलोर में लहर उठा और एक सुगंध भरी लहर हवा में समा गई।

वह और शीघ्रता से काम करने लगा। क्षण भर को उसने एक दौड़ती दृष्टि मंगला पर डाली जो बड़े सरकार की हमउम्र बेटी माया के साथ खेल रही थी। और फिर अपने काम में जुट गया।

"बाबू!" सहसा मंगला की किलकारी हवा में थिरक उठी।

चौंककर ज्ञान ने सिर उठाया। उसने देखा कि एक पतंग, जिसकी कटी हुई डोरी जमीन छू रही थी, हवा में तैरती हुई बगीचे में ही गिर रही है और दोनों

लड़कियाँ—मंगला और माया—अपने नन्हे-नन्हे पैरों से उसी को पकड़ लेने की होड़ लगा बैठी हैं। पतंग का रुख उधर ही था जिधर जगत नारायण खड़े थे। डगमग पैरों की इस दौड़ ने माली का मन मोह लिया। उसके पोपले मुख पर एक हल्की हँसी की रेखा खिंच गई।

जगत नारायण ने भी यह सब देखा किन्तु उन्हें यह भाया नहीं। उनकी लड़की, और वह माली की लड़की के साथ...? जोर से डाँटा उन्होंने, "मुन्नी!"

नन्ही-सी बालिका सहमकर खड़ी हो गई।

तभी...

पतंग लहराकर उनके सामने गिरी और मंगला दौड़ती हुई उसे उठाने लगी किन्तु अचानक रुक जाने के कारण वह अपने को सँभाल न सकी और लड़खड़ाती हुई नये लगे गुलाब के पौध पर गिर पड़ी। सुन्दर, कोमल हरा-भरा पौधा टूटकर छितरा गया।

जगत नारायण गुस्से में जल उठे और दो-तीन तमाचे मंगला के गाल पर जड़ दिये।

अपरिचित, असहनीय प्रहार से मंगला चीख उठी।

माली उसकी ओर दौड़ पड़ा। उसे छाती से चिपकाते हुए उसने भीगी आँखों से बड़े सरकार की ओर देखा—न जाने कितनी घृणा, कितनी भर्त्सना थी उनकी आँखों में।

"इसे क्यों लाते हो यहाँ?" जगत नारायण ने गुस्से में भरकर उसे डाँटते हुए कहा।

"बाबूजी!" माली की आँखों से बरबस रोके हुए आँसू बह चले—झर...झर...।

जगत नारायण माया की अँगुली थामे बँगले की ओर मुड़ गए थे और सिसकती मंगला को छाती से चिपकाए ज्ञान झोंपड़ी की ओर।

चूल्हे में आग नहीं जली थी।

किन्तु एक आग ज्ञान के हृदय में भी धधक रही थी : 'इसे क्यों लाते हो यहाँ?'

काश, तुम यह समझ पाते!

बगल की टूटी चारपाई पर मंगला रोते-रोते सो गई थी। दीये की मद्धिम लौ टिमटिमा रही थी।

वृद्ध माली उदास-सा बैठा-बैठा सोच रहा था :

'निर्दय! जरा भी खयाल किया होता कि बच्ची है, गलती हो ही गई लेकिन उफ...!' ज्ञान ने छाती पर हाथ रख लिया।

वह निरीह कोमलता, जिसे वह अपनी पलकों की छाया में बिठाए रहता है, कितनी निर्दयता से एक साधारण-सी भूल के लिए प्रताड़ित की गई थी! यह घटना बर्छी की गाँस-सी उसका हृदय बेध रही थी।

अभी चार दिन पहले की बात है जब टामी एक चिड़िया के ऊपर झपटते हुए इतने जोर से उछला था कि उसके नीचे आ जानेवाला पारिजात का पौधा जड़ से टूट गया था किन्तु...उस कुत्ते को साहब ने एक भी फटकार नहीं दी थी और स्वयं ज्ञान से कहा था कि दूसरी पौध यहाँ पर लगा देना।

लेकिन आज...?

कितना बड़ा अन्तर है! आदमी से आदमी की इतनी विशाल दूरी? प्रकृति के समान स्नेहांचल की छत्रच्छाया में पले मानव को मानव खरीद रहा है : अपने हेय आत्मतुष्टि-साधन के लिए। इतनी बड़ी कृत्रिमता...यह बिडम्बना...! अरे, चक्र गिर पड़ेगा इस दुनिया पर। किन्तु धरती...अभागिनी धरती माँ...उसके नयन भर आए।

चिन्ताकुल वह अपने स्थान से उठा और चारपाई पर मंगला के बगल में सो गया।

'गुलाम!' धिक्कार रहा था उसका अन्तरमन उसे। सचमुच जीवन भर वह किसी का क्रीतदास ही तो रहा है।

'नहीं करेगा वह गुलामी,' उसके स्वत्व ने ललकारा। इतनी विशाल धरती में क्या दो प्राणियों की भूख नहीं मिट सकती? और फिर उसके हाथ में गुण है। लाखों उसे हाथों पर लेंगे।

हाँ...पर वह गुलामी नहीं करेगा और उसने बगल में सोये नन्हे फूल को छाती से लगा लिया।

क्षण भर में ही उसका चिन्तित मन, श्रमित तन निद्रा देवी की बाँहों में लुढ़क गया। कहते हैं कि दिन भर के ऊहापोह में भ्रान्त मन, जिस समस्या का समाधान करने में संलग्न रहता है, नींद आने पर, उसी को सुलझाने के लिए, नाना प्रकार के भ्रामक रूपों का सृजन करता है। मन की यह दुश्चिन्ता ही स्वप्न की प्रतिकृति है।

ज्ञान भी स्वप्न देख रहा था—झोंपड़ी के पास दो छाया खड़ी हैं। कुछ संकेत पाने पर उन्होंने अपने हाथ में आग के गोले लेकर फेंकना आरम्भ किया। उस प्रकाश में ज्ञान ने देखा—उसकी बहू और बेटा आग के गोले उड़ा-उड़ाकर सम्पूर्ण बगीचे पर गिरा रहे हैं। एक-एक फूल, एक-एक डाल झुलस-झुलसकर धरती पर गिर रहे हैं।

एक भीषण धुन्ध फैल रही है। हरहराती हवा में विषाक्त वातावरण की गंध मिलकर धरती के कोने-कोने में छा रही है।

प्रलयंकारी दृश्य उपस्थित है। बड़े सरकार परिवार सहित विक्षिप्त-से चिल्ला रहे हैं।

ज्ञान अपने को न रोक पाया। जीवन भर का श्रम क्षण भर में धूल में मिल रहा है। ये सुन्दर फूल...धरती का सुहाग उजड़ रहा है।

'रोको यह सब,' वह पागल-सा उसी ओर दौड़ पड़ा और तभी एक गोला उसके ऊपर आ गिरा, भभककर उसका शरीर जल उठा।

चिल्लाकर ज्ञान चारपाई पर बैठ गया। नींद टूट गई। उसका हृदय धक-धक कर रहा था। कहीं कुछ नहीं था। बँगले से ज्योति की एक क्षीण रेखा बाहर निकल रही थी। झोंपड़ी के आसपास अभेद्य अन्धकार छाया हुआ था।

'कितना भयानक सपना!' उसने मन-ही-मन कहा और फिर चुपचाप सो गया।

प्रात: की प्रथम किरण ने साश्चर्य देखा कि वह नये आए पौधों की अन्तिम पौध लगा चुका है और एक बड़े से खिले फूल के सामने खड़े होकर कह रहा था :

"हँसो...विश्व में इतना हास, इतनी खुशी भर दो कि आदमी तुम्हारी तरह कोमल और स्वच्छ बन जाए। इतनी सुगंध भर दो कि वह द्वेषरहित उन्मुक्त हँसी हँस सके।"

फूल डाल भर झूल रहे थे और माली की आँखों में अश्रुकण...!

फिर भी वह जिन्दा है

अब तो सब कुछ घने अँधेरे ने समेट लिया है। वह पश्चिम का आकाश, जो सूरज डूबने से पहले लाल था, काला हो चुका है और उसी अँधेरे में एक सितारा राह भूले राही की तरह झिलमिला रहा है। बगल वाली कदम्ब की डाली पर चिड़ियों का शोर...। यह सड़क और यह मस्जिद जैसे सबको काठ मार गया है। निस्तब्ध वातावरण रात की काली चादर ओढ़े खड़ा है, निस्पन्द...। दीपू देख रहा है—सड़क पर बत्तियाँ जल उठी हैं।

मस्जिद पर बैठे हुए कबूतर, ईंट की ताखों पर मिट्टी के लोंदे-से दिख रहे हैं : काले-काले लोंदे, जो शाम को इतना तड़फड़ा रहे थे, जिन्होंने अपने आसपास की जगह पर अपना सिक्का जमा रखा था। घड़ी भर आराम करने की चाह लिये आनेवाले को डैनों से मारकर दुत्कार दिया था, अब वे सो रहे हैं। दिन भर के बाद...भूख और अधिकार रक्षा के बाद...थककर सो रहे हैं।

सड़क की खामोश छाती पर दौड़ती हुई मोटरों का प्रकाश मस्जिद पर आ रहा है। एक-एक कोना, एक-एक ईंट, एक-एक कबूतर आँखों में झलक उठते हैं। रिक्शा के घंटियों की करकराहट कानों में कसक उठती है। दीवारें प्रतिध्वनित हो रही हैं और नींद में सोये कबूतर चौंक उठते हैं।

बगल के मन्दिर में आरती हो रही है। घंटे, शंख, घड़ियाल बज रहे हैं। मस्जिद की अजानें दूर क्षितिज के किसी कोने में खो गई हैं। सामने की दुकान से वह पादरी ईसा मसीह का चित्र खरीद रहा है। सूली पर लटकाये गए ईसा, ईश्वर से आदमी की खुशी माँग रहे हैं : 'उन्हें क्षमा कर दो मेरे पिता! ये अबोध...'

मन्दिर...मस्जिद....गिरजाघर।

दीपू सोच रहा है। सोच रहा है और ऊँघ रहा है। यद्यपि आँखों में नींद की परछाईं भी नहीं है। एक हसरत है, एक थकान है, बस...और कुछ नहीं।

हाँ, तो यह गेरुए रंग में रँगा हुआ मन्दिर, पीला-पीला ऊँचा-सा गिरजाघर और दूध जैसी सफेद मस्जिद—सबके निर्माण में एक ही धरातल है : विश्वास का,

श्रद्धा का, प्रेम का। निर्माण में ईंटें लगी हैं, पत्थर और चूना है, और सीमेंट भी ठीक उसी तरह, जैसे सभी पहले आदमी हैं : खून, हाड़, मांस के आदमी और फिर हिन्दू, ईसाई और मुसलमान...फिर काले-गोरे, लेकिन हैं आदमी ही।

लेकिन अब आदमी आदमी रहा ही कहाँ?

दीपू को अपने विचारों पर आश्चर्य हुआ और साथ ही दुख भी। कितना अप्रिय सत्य था यह! तो क्या सचमुच अब आदमी...?

बीते दिनों की याद आ गई।

लाहौर की एक गली में वह अकेला रहता था। गली के अन्दर की गन्दगी में भी कितने जिन्दगी के दिन काट रहे थे! धूल में भरे लदबदे बच्चे उसके खोमचों को चारों ओर से घेरकर खड़े हो जाते और वह उन ढलकती उम्र के स्वप्नों को देखता रहता, जो उसके सामने साकार खड़े रहते थे। [अधूरी—पत्रिका को दीमक खा गया है। **—सं.**]

['साकी' : 15 जून, 1960]

कुसुम दीदी

कुसुम दीदी की आँखों में पानी नहीं है। वैशाखी नीम की निर्वसन शाख-सी कुसुम दीदी...। गली जहाँ खत्म होती है, उसी की बगल में कोठरी है। सामने बिसाती की दुकान। उसी दुकान की आधी जगह में बुद्धू की परचून की दुकान है।

कुछ मिठाइयाँ, तेल की जलेबियाँ किसी मनचले की शह पर खींचे गए केन्द्रहीन काले वृत्तों-सी गिलट की थाल में मक्खियों और भौंरों के लिए खास आकर्षण हैं।

गुड़ के सेव पर मुहल्ले के बच्चे मँडराते रहते हैं और लाई-चना—कई-कई दिनों की बासी, लेकिन ताजगी के लिए कई कसमें एक साथ ढोता है। बुद्धू झूठ नहीं बोलता। यह पेट का धन्धा है। एक राम-कहानी की तरह : न कहने वाले का दोष, न सुनने वाले का दोष। ये बुद्धू के गवाही के शब्द हैं। और वह कुछ तेज स्वर में इसे दुहराता है।

जब कुसुम दीदी के टाट लगे दरवाजे के पीछे आकृति की एक धुन्ध होती है, मुझे न जाने क्यों यह कथन बुरा...शायद तटस्थ कड़वा-सा लगता है।

लेकिन हर बार ऐसा होता है।

गली के क़ोने में म्युनिसिपैलिटी के लैम्प-पोस्ट की रोशनी दुकान पर जलती ढिबरी की काँपती लौ को कालिख समेत पीती रहती है और मैं बुद्धू की बातों को। किन्तु मेरी आँखें बगल की दुकान पर होती हैं। यों सहुआइन बुरी भी नहीं और दुकान पर उसके बैठने का अन्दाज...। लेकिन मैंने कहा न कि कुसुम दीदी की आँखों में पानी नहीं है।

जब लौटकर वापस आया तो दीदी डाँटने लगीं कि शरीफ लड़कों को यह शोभा नहीं देता। और भी न जाने क्या-क्या! लेकिन ज्योंही मेरी आँखें ऊपर उठीं, वे तेजी से घूम गईं और दूसरे कमरे में रोहित के पास चली गईं। मुझे अब भी समझ में नहीं आया कि दीदी की आवाज काँप क्यों रही थी!

मैं कुछ देर खड़ा रहा। फिर अन्यमनस्क-सा उनके कमरे में चला गया। रोहित सो गया था और वे उसके पायताने सिर झुकाए बैठी थीं। आहट पाकर उन्होंने आँख उठाई, 'बैठ जा।' और उनका इशारा खाट के सिरहाने की ओर था। मैं चुपचाप बैठ जाता हूँ।

सारा कमरा खामोश है और समय बेअन्दाज भाग रहा है। न कोई आवाज, न आवाज की प्रतिक्रिया। केवल इकलौते नन्हे रोहित की प्रसुप्ता साँस घड़ी की मद्धिम आवाज-सी गूँजती है। यह बोझिल वातावरण मैं झेल नहीं पाऊँगा और... और दीदी चुप हैं। मैं चुप हूँ। दुर्निवार चुप्पी...। अस्तित्व-बोध की प्रक्रिया न जाने कौन-सा उद्बोधन ढूँढ़ रही है। और सहसा दीदी की आँखें ऊपर उठती हैं। न जाने कब वे इतने पास सरक आईं! उन्होंने मेरा हाथ थाम लिया है। मेरे सारे शरीर में बिजली के गरम तार छूने की प्रतिक्रिया है। उफ्...यह झनझनाहट और मैं...और दीदी...नहीं, नहीं...!

दीदी से मुझे घृणा नहीं है। मैं देखता हूँ—दीदी की रीती आँखें मेरे चेहरे पर लोट रही हैं :

"मुझसे नाराज हो गया?"

"..."

"दुत् पगले! मैंने तो...। अच्छा, माफ कर दे अपनी दीदी को।" और मेरे गालों पर ढुलक आए आँसू को उन्होंने धीरे से पोंछ दिया। सिर पर उनके हाथ घूमने लगे हैं और मैं संकुचित हो गया हूँ।

"दीदी! गलती तो मेरी ही...।"

"नहीं रे! उम्र की...लेकिन बेकार बातें नहीं दुहराते," दीदी ने मेरी बात काट दी।

मैं फिर मौन।

"माँ कैसी है?" दीदी पूछती हैं।

"अच्छी।"

"और कुनी?" किरन को प्यार से यही कहती हैं।

"वह भी।"

"तुझे मेरा मोह लगता है रे?" दीदी अचानक पूछती हैं।

और मैं चौंक पड़ता हूँ। यह कैसा प्रश्न...? मेरी नस-नस में फास्फोरस की कौंध बजती है। और दीदी की हथेलियों में मेरी अँगुलियाँ पसीजती-सी लगती हैं। एक काला कीड़ा तेजी से उड़ता है और आईने से टकराकर फर्श पर गिर पड़ता है। तेज झनझनाहट से कमरा भर गया है।

तो क्या दीदी यह जान गई हैं कि सारे परिवार की आँख बचाकर मैं दीदी से मिलने आता हूँ?

पिताजी कलंकिनी सन्तान के शोक में टूट गए। और माँ ने खून का रिश्ता तोड़ लिया है। और मैं जो तोड़ न सका, उसी में बँधा दीदी के पास आता हूँ। माँ की आशीष कहता हूँ और प्यार भी। दीदी को बता चुका हूँ कि माँ सब कुछ भूल चुकी हैं, और उन्हें अक्सर याद करके रोती हैं।

लेकिन मैं जानता हूँ कि माँ रोती रहती हैं, किन्तु यह याद की रुलाई नहीं है। दीदी के भागने की कसक उन्हें निचोड़ती है। वंश-मर्यादा के टूटने की पीड़ा उनकी आँखों से बरसती है, परन्तु मैं दीदी को यह सब नहीं बतलाना चाहता।

अब मैं जान गया हूँ कि किसी के साथ भागने में दीदी का रोल नहीं। वह उम्र थी जो अपने पाँव रोक न सकीं। यह सब कहकर दीदी की टूटी चूड़ियों को उनकी छाती में चुभो दूँ? नहीं...नहीं, दो वर्ष के नन्हे रोहित के अलावा कौन है उनका? एक भाई, और वह भी आस्थाओं का गुनहगार...। अपाहिज स्नेह!

क्या उत्तर दूँ दीदी को?

मैं देखता हूँ कि दीदी की आँखों में खाली झील की प्रतिध्वनियाँ हैं और रेत की वीरानी पर कई पद-चिह्न...। क्या उत्तर दूँ दीदी को?

"चुप हो गया?"

"नहीं दीदी! लेकिन तुमने यह पूछा ही क्यों? क्या मैं कोई गैर..." और मैं कोशिश करके भी अपने आँसू रोक नहीं पाता हूँ।

दीदी निर्विकार हैं। कोने में मकड़ी के जाले हैं। और मेरी आँखों पर घूमता हुआ दीदी का मटमैला आँचल।

"अच्छा...अच्छा...उठ, हाथ-मुँह धो ले और आ, आज मैं भी तेरी ही थाली में खाऊँगी।...लड़कियों की तरह रोता है, इतना बड़ा हुआ पर..." दीदी उठ गई हैं, और...

मुझे नींद नहीं लगती। बाहर गहरे अन्धकार में प्रत्येक क्षण कंकड़ियों की तरह डूब रहे हैं और हर लहर मुझसे टकरा रही है। मैं कई-कई बार टूट रहा हूँ कुछ जोड़ने की अप्रत्याशित प्रतिक्रिया में। दीदी भाग गई हैं, न जाने किसके साथ...!

पिताजी का साया उठ गया है।

माँ हर वक्त रोती है।

मैं किसी तरह ग्यारहवीं कक्षा में पढ़ाई चला रहा हूँ : एक ऐसी साइकिल की तरह, जिसकी चेन हर दूसरे डग पर उतर-उतर जा रही है।

फिर अचानक दीदी मिल गई हैं। अन्धकार की पहली किस्त टूटी है। गली का मोड़ घूमने के साथ ही दीदी पर नजर पड़ी और मैं अनायास ही चिल्ला उठा, 'दीदीऽऽ।'

वे चौंक पड़ी हैं। मेरे पास आने पर दीदी के चेहरे पर बहुत क्षीण-सी पीली हँसी है और आँखों में सूखी झील की कौंध...दीदी रोईं नहीं...हँसी नहीं। मैं अवाक्। पर कुछ ऐसा है जिसे दीदी यत्नपूर्वक आँचल के नीचे छिपा रही हैं। फिर उनके

साथ घर चला गया हूँ। रोहित से परिचय हुआ। दीदी की पूँजी है वह। शायद भविष्य की चिन्ता वर्तमान की सबसे बड़ी उपलब्धि होती है।

यह सब माँ नहीं जानतीं। दीदी ने मना कर दिया है और मैं माँ को और दुखाना भी नहीं चाहता। जो जलकर राख हो गया है, उसे सुलगाने से क्या लाभ...?

उसे नींद नहीं आ रही है।

कमरे में निगाह घूमती है। कहीं कोई रेखा नहीं। शून्य का आकार केवल मस्तिष्क में प्रश्नचिह्नों को समेट रहा है। खिड़की की बगल में बीती हुई तारीखों का कैलेंडर है और दीवाल पर रेंगती हुई एक भूरी मटमैली छिपकली...।

दीदी कोठरी खोलती हैं। क्षण भर आहट लेती हैं। फिर दबे पाँव बाहर निकल जाती हैं। मैं अधमुँदी आँखों से देखता हूँ...दीदी आँचल में कुछ छिपा रही हैं। किवाड़ों की दरारों से ढेर सारा अन्धकार कमरे में घुस आता है।

दीदी अपना खर्च कैसे चलाती हैं? और मुझे एक अवांछनीय तर्क कचोट रहा है।

अन्धकार में कई आकृतियाँ काँप रही हैं। मैं...मुझमें कुछ जल रहा है। अथाह गहराइयों में डूबने के बावजूद दुर्निवार प्रवाह मेरे रोम-रोम में सहसा बढ़ता जा रहा है। दीदी और...

बुद्धू की तेज हँसी मुझसे टकराती है और अन्धकार के कंधों पर दूर-दूर घूमती हुई मुझमें डूब जाती है। सन्नाटा गहरा हो गया है। कैलेंडर की तमाम पुरानी तारीखें मिट गई हैं केवल काले बार्डरों से घिरा एक अन्धकार चित्र दीवाल पर झूल रहा है।

दीदी वापस अपने कमरे में लौट गई हैं।

बाहर से आवाज आती है :

'कितने दिये?'

'दो रुपए।'

'मैं तो तीन लूँगी।'

'तुम अपनी बात छोड़ो सहुआइन।'

बुद्धू की हँसी से खनकती आवाज आती है। यह सब...यह सब क्या है? उफ! ...और मैं झटके से दीदी के दरवाजे पर पहुँचकर एक धक्का दे देता हूँ : तुम ऐसी हो...दी...दी...?

दीदी चौंक पड़ी हैं। अवाक् वे मुझे निहार रही हैं और मैं उनके हाथ में अधबने कागज के ठोंगे को। चारों ओर कागज की कतरनें हैं और पीतल की कटोरी में आटे की लेई...। ढिबरी की रोशनी कुछ तेज हो रही है। अन्धकार कमरे से भागता जा रहा है।

[26.6.1963]

सीमाओं का बोझ

दूर से देखने पर वे केवल धब्बे-से लगते थे—मटमैले धब्बे, जैसे किसी ने नारंगी का छिलका उतारकर फेंक दिया हो और वह गर्द से और नम हवा में आहिस्ता-आहिस्ता सूखकर आधा मुड़ गया हो!

किन्तु अब वे रेंगने लगे थे, एक सीधी रेखा के किसी नपे-तुले क्रम में। और उनकी यह चाल बड़ी धीमी थी, शायद वे और तेजी से चलना चाहते थे।

चौपाटी के आसपास काफी भीड़-भाड़ थी। इसलिए वे किसी एकान्त की तलाश में थे। उनके पीछे आहटों की एक लकीर छूटती जा रही थी जिस पर ज्वार का पानी रह-रहकर अपने छींटे उलीचे देता था। सारा आकाश समुद्र की सीमाओं से छू लिया गया था और किनारे की रेत नम हो आई थी। हवा तनिक 'कुनकी' भरी थी, किन्तु उन्हें इसकी परवाह नहीं थी। वे केवल जल्दी से जल्दी बालू के उस टीले के पास पहुँचना चाहते थे जिसके आसपास पैरों के चिह्न पानी की उलीच ने मिटा दिये थे और जहाँ से सूरज का डूबना सबसे करुण दिख पड़ता था।

सूरज की परछाईं नीले 'ग्राफ' पर तीस अंश के कोण बना रही थी और सारा वातावरण एक अजीब रंग से भर गया था : ऐसा रंग, जो प्रत्येक देखने वाले की आँख में अलग ढंग से उभरा था।

हवा में हलकी भीगी रुई के रेशे उभर आए थे और सूरज केवल दूर जलती अन्धी लालटेन की तरह लग रहा था जिसके चारों ओर लगे शीशे पर कालिख उग आई थी। शीशे पर हवा की नमी चुहचुहा रही थी। और उसी से सटे लहरदार नीले फर्श पर एक दूसरी लालटेन औंधी पड़ी थी। यह उसकी परछाईं थी।

वे तीनों टीले के बगल में खड़े थे और सारा दृश्य उनकी आँखों में भर गया था। एक दूसरे की बगल में खड़े होकर अपने को भोगने में वे चुक गए थे। और उनकी इस सहभोग की मन:स्थिति का साक्षी शायद इकाई सौन्दर्य का एक-एक टुकड़ा था जिसे वे अपने अस्तित्व की सीमा में झेल रहे थे किन्तु जो किसी का साझीदार नहीं था।

अकस्मात् अदृश्य काले हाथों ने लालटेन को उठाकर दीवाल की ओट में रख दिया। अब सतह पर केवल उस हटने की रिक्तता थी और थी केवल उस रिक्तता को बाँधने की शंकालु जिज्ञासा।

सहसा वे एक-दूसरे को वह महसूस कराने के लिए व्यग्र हो उठे जो उन्होंने महसूस किया था और तब पहली बार उन्हें लगा कि वे अपने अतिरिक्त किसी दूसरे अस्तित्व की भी तलाश में हैं जो उनके धरातल पर उनके द्वारा भोगे गए क्षणों का तटस्थ सहयोगी बन सके। उन्हें उस पहले आदमी की आवश्यकता थी जो दुनिया में पहले-पहल किसी दूसरे आदमी की पहली बात को समझ सका था।

उन्होंने एक-दूसरे को शंकालु नजरों से देखा और धीरे से मुस्करा दिया और फिर आपस में बातचीत करने का क्रम ढूँढ़ने लगे। वे देर तक उलझ गई संवेदनाओं का छोर पकड़ने की कोशिश करते रहे और तभी तनिक गहरे रंग वाले धब्बे ने धीरे से कहा—सूर्यास्त...। कितना करुण...यह शायद ढेर सारी होनेवाली बातों की प्रस्तावना थी जो भविष्य के गुण की तरह सूक्ष्म आकारों में कुलबुला रही थी। उसने लम्बी साँस खींची और फिर कहा—इस टीले से सूरज का डूबना नितान्त करुण लगता है और हमें डूबते अस्तित्व का दृश्य भी कितना सुखद लगता है! शायद उतना ही, जितना कि सूर्योदय, किन्तु...।

समाधान को केवल हवा के बीच छोड़कर वह चुप हो जाता है, शायद इस आशा में कि उसके स्तर की संवेदना का सहभोगी अपना मत देगा और निर्वात की इस चल स्थिति में उसकी चुप्पी स्वयं एक उत्तर आत्मसात् करती-सी लगती है।

आवाज हवा में कई तरंगें बिखेर देती है। टूटती लहरों का पानी छींटे उड़ाता है और बालू पर पैरों के चिह्न मिटते रहते हैं। किन्तु दोनों धब्बों से कोई प्रतिध्वनि नहीं लौटती, केवल आवाजों के टकराने की आवाज किनारों के आसपास डूबती है और आकाश में धुएँ की कुहरीली परत चढ़ गई है, जैसे पाटी पर कबूतर के पंखों का रंग उलटकर कोई ढीठ लड़की चित्तीदार फ्राक साफ कर रही हो, और ढेर सारा रंग उसके कपड़ों पर उभर आया है। रात गाढ़ी हो गई है।

चौपाटी की चिकनी सड़क पर तेज सरसराहट छोड़ती हुई कार परछाइयों को आगे फेंकती दौड़ गई है और तीनों धब्बे चौंक पड़े हैं।

दृश्य की सार्थकता उसकी अभिव्यक्ति की ईमानदारी है—दूसरा बोलता है, किन्तु पहले की आवाजों से दूर, जैसे उससे छुआ भी नहीं गया हो, और वह बोलता ही रहता है—देखने की प्रक्रिया दृश्य की प्राकृतिक-तटस्थता होती है। हम न तो दृश्य को सब ओर से देखते हैं और न पूरे दृश्य को देख पाते हैं, केवल दृश्य का वह यथार्थ देख पाते हैं जो हमारी किसी खास भावनाओं को छूता है। सच तो यह है कि दृश्य में हम प्राकृतिक यथार्थ नहीं, बल्कि अप्राकृतिक यथार्थ को भोगते हैं। अभिव्यक्ति की ईमानदारी अनुभूति की ईमानदारी पर निर्भर करती है और अनुभूति का सही...।

उसे बीच में ही चुप होना पड़ता है, शायद, इस व्याख्यान का प्रभाव तीसरे पर कुछ उलटा पड़ा था और वह बीच में ही बोल बैठा—हम दृश्य को भोगते

ही कब हैं। हम तो केवल दृश्य को समर्पित होते हैं और निश्चय ही यह समर्पण व्यक्तित्व का एकांगी समर्पण नहीं होता है और न तो हम पूर्णरूपेण समर्पित होते हैं। हाँ, समर्पण की प्रक्रिया से गुजरते समय इतिहास का साक्ष्य ढोते हैं अवश्य। और अनुभूति का सही अर्थ इसी साक्ष्य को दुहराने की प्रक्रिया है जिसमें दृश्य और दर्शक दोनों ही अनुषंगी होते हैं।

सहसा तीनों महसूस करते हैं कि वे बातों की परिधि में घिर गए हैं और उनमें से कोई भी केन्द्र नहीं है; केवल परिधि पर माने गए बिन्दुओं की भूमिका अदा कर रहे हैं। प्रत्येक बिन्दु एक-दूसरे से सटा होने पर भी अपनी परिधि में दूसरे को बर्दाश्त नहीं कर पा रहा है और वे अचानक चुप हो जाते हैं।

पानी उसी प्रकार उछलता है। छींटे बिखरते हैं और नम बालू पर पैरों के चिह्न मिटते रहते हैं।

क्षणों की कैद से छूटने का प्रयास—सीखचे टूटते हैं। पहला धीरे-धीरे बोलता है—मैं दृश्य के स्थिति-बोध की बात नहीं कर रहा था और न दृश्यों के एकान्त सहभोग की। मैं, दृश्य का होना अनुभूति की वैयक्तिक आवश्यकता नहीं मानता बल्कि क्षण में रीतने की, दर्द को झेलने की शर्त मानता हूँ। मैं नहीं कहता कि चीज है या नहीं है किन्तु उसके होने या न होने के व्यवधान का दुख अनुभूति की ईमानदारी का साझीदार होता है और यह दुख नहीं बल्कि दुख की आँख है जो हमें दृश्य की अनुभूति सही अर्थों में कराती है।

एक लम्बी साँस खींचकर वह चुप हो जाता है, और दूसरा, जो शायद इसी अवसर की तलाश कर रहा था, बोला—यदि कला के लिए दुख की आँख ही...।

सब व्यर्थ है, तीसरा चीख पड़ा—कला, संस्कृति, सभ्यता, सारी की सारी बातें मेज पर सजी खाने की प्लेटों पर खुदी रंगीन चित्रकारियाँ हैं जिसकी सार्थकता उपयोग की पहली शर्त है। व्यर्थ ही इन बातों में हमने इतनी अच्छी शाम खराब की। और वे पहली बार एक-दूसरे से सहमत थे और खुश थे।

ठंड बढ़ गई थी और पानी का काला पक्षी बार-बार अपने डैने फड़फड़ा रहा था। सीमाओं में बँधी इस उड़ान के चिह्न पानी के छींटे कितनी बार मिटा चुके थे, कौन जाने! रेत नम थी और हवा 'कुनक' भरी।

वे पुन: रेंगने लगे। हाँ, अब उनके मुखों के आगे दिशाओं का दूसरा नाम था और पीठ पर नारंगी के सूखे छिलके-सी कड़ी खोल...।

वे तीन घोंघे थे जो उसी रास्ते लौट रहे थे जिस पर चलकर वे यहाँ तक आए थे।

['कल्पना' : मई, 1963]

लघुकथा

बच्चे का जन्म

कुआँ रज्जो के घर से कुछ दूर है। वैसे तो गाँव भर में दो कुएँ हैं : एक पक्का और दूसरा कच्चा। पक्के कुएँ को ठाकुर ने बड़ी लगन से बनवाया था। लोग कहते हैं कि ऐसा कुआँ चार-पाँच कोस के इर्द-गिर्द नहीं है। बड़ा पैसा लगा है उसकी बनवाई में, लेकिन उसका पानी पीने के लायक नहीं क्योंकि खारा है। न दाल उसमें गल पाती है और न प्यास बुझती है।

दूसरा एक कच्चा कुआँ है। ईंट की बँधाई भी नहीं। दो-तीन लकड़ी के कुन्दे रखकर उसी पर से लोग पानी खींचते हैं। एक गड़ारी थी, वह भी लोगों की भीड़-भाड़ से धकियाकर कुएँ में चली गई है। पानी निकालने में बड़ी दिक्कत पड़ती है। लेकिन पानी मीठा है।

रज्जो का जी कुछ भारी-भारी-सा लग रहा था। फिर भी पानी लेने के लिए वह कुएँ पर जा पहुँची।

भिखारी और चित्रकार

प्रदर्शनी का दिन सिर पर आ गया था। किन्तु चित्रकार स्थिर न कर पा रहा था कि किस प्रकार का चित्र वह बनाए। अपने चारों ओर बिखरे हुए प्रकृति के विविध उपादानों में वह अपनी साधना समाधिष्ठ करने में असमर्थ-सा हो रहा था।...मेघ-दूत, कृष्ण-गोपी, किसान-मजदूर, राजा-रंक या कुछ...तब? तब क्या? और मन की यह दुविधा उसका हृदय मथ रही थी। वह व्याकुल हो उठा था।

फिर भी चित्र तो बनाना ही था। एक ऐसा चित्र, जिसे आँख देखे तो देखती रह जाए, मन न माने और हृदय भर जाए।

लक्ष्मी ने उसके सिर से हाथ उठा लिया था किन्तु कला का कोमल हाथ उसकी पीठ पर था। मुरझाई प्राण-लता को आँसुओं से सींचता हुआ वह इसी आस पर जी रहा था कि कभी वह दिन आएगा, जब आगे चलनेवालों की पंक्ति में उसका भी स्थान होगा। वह यश का भूखा था। जीवन में पग-पग पर पददलित होकर यह भूख तीव्रतर होती गई थी। अपनी लालसा की गाँठ बाँधे वह किसी अवसर की ताक में था जब स्वप्न साकार होता और वह शुभ स्वर्ण अवसर आया भी, किन्तु चित्र...

मन की उलझन में उलझते मन के साथ भारी पाँवों से वह सूनी सड़क पर बढ़ा जा रहा था कि चौंककर खड़ा हो गया।

[15.3.1958]

नशे में

"उस दिन तेरे पैसे मैंने ही निकाल लिये थे," मिट्टी का पुरवा मिट्ठू के आगे बढ़ाए-ही-बढ़ाए जंगी ने कहा।

मिट्ठू कुछ बोला ही नहीं। बोतल की शराब उसके पात्र में उड़ेलता रहा। उसका पूरवा भर जाने पर उसने अपने लिए भी भरा और फिर गट-गट कर दोनों ने एक साँस में पूरा पात्र खाली कर दिया। तीखी शराब जलती हुई कलेजे से पेट में उतर गई। दोनों ने होंठों को सिकोड़ा और फिर जीभ से सूखते होंठ को तर किया।

गाँव से कुछ हटकर एक लम्बी-पतली सड़क चली गई है और उसी के एक किनारे टूटे-गिरे घर में कलवरिया है। शराब बिकती है और दिन भर की उलझन का समाधान करनेवाले थके-हारे प्राणी यहाँ पर आते हैं।

लाल-लाल शराब...और बोतल की गहराइयों में डूबकर जिन्दगी से भागे हुए मरियलों का जमघट, शाम को भाग्य के जिस सवेरे की खोज में आ जुटता है, उसके आने पर भी दुनिया से बेखबर बेहोश-सा पड़ा रहता है और हर सवेरे जब दुनिया की अँगुलियों से कोंच-कोंच कर जगाया जाता है तो वहाँ न आने की कसम खाता है। पर जीभ की चाह मस्तिष्क को घुमाती है और मस्तिष्क पाँवों को। हर शाम को पुन: वह अपने स्थान पर होता है। सामने शराब की बोतल और हाथ में मिट्टी का पात्र। यह लत शायद चिता पर ही जाकर छूटने वाली है।

[28.3.1958]

आँखें भीग गईं

बूढ़े बाप की झुकी कमर अब घर (परिवार) का बोझ उठाकर चलने में असमर्थ थी।

माँ : "हर समय इस तरह से कहना..."

बीच में वह बोल पड़ा : "बात यह नहीं है। बच्चू की माँ, कौन है ऐसा जो अपने बेटे को आराम न देना चाहे? लेकिन..." बीच में बूढ़ा चुप हो गया।

बच्चू की माँ ने देखा कि आँसू की एक लम्बी लकीर गड्ढे में धँसी आँखों से निकली और चुचके गालों की झुर्रियों में बहती हुई टप् से थाली में टपक पड़ी।

"बच्चू के बाबू!" और उसकी भी आँखें भीग गईं। मुँह खुला-का-खुला रह गया।

दिल की जली

1. स्टाइल

आज का जमाना आदमी की कीमत कपड़ों से आँकता है। कपड़े बने हैं पहनने के लिए; किन्तु हमारा सम्बन्ध उनको पहनने तक ही नहीं वरन् उनकी स्वच्छता तक है।

जब तक उनका स्वास्थ्य अच्छा है, वे उपयोगी हैं। कपड़े साफ होंगे। क्रीज्ड होंगे।

कमीज की यदि कलाई फटी हो तो उसकी आधी बाँह मोड़ लीजिए। जमाना आधा है। वह बाहर देखता है, भीतर नहीं।

आप कहेंगे कि मैं सत्य को ढाँप रहा हूँ।

जी नहीं,

आपको स्टाइल बता रहा हूँ।

जीने की 'स्टाइल', इज्जत पाने की 'स्टाइल'।

2. तो सुनो

इसके पहले कि तुम निम्नलिखित बातों को पढ़ो, तुम्हारे लिए यह अति आवश्यक है कि तुम अपने मन में यह दृढ़ निश्चय कर लो कि मैं आधुनिक समाज का एक जीता-जागता जानवर बनूँगा, जैसाकि सभी लोग बनते हैं या बनना चाहते हैं।

मेरे कहने का मतलब यह नहीं है कि मैं तुम्हारी आध्यात्मिक सादगी को बदलना चाहता हूँ बल्कि मैं चाहता हूँ कि तुम्हारी वह सादगी, जो तुम्हारे

अध्यात्म-तत्त्व को दूसरों तक—बेपरवाह और अल्हण की उपाधि तुम्हें देकर—जाने से रोकती है, रोक सकूँ। उसे बदल सकूँ।

समाज के बिलबिलाते जीवों को बचाने के लिए उनमें मिलना होता है और फिर अपनी स्वस्थता से उन्हें स्वस्थ करना पड़ता है।

नाटक

धरती की प्यास

प्रथम अंक

प्रथम दृश्य

[पर्दा उठने पर]

[शस्य-श्यामल-फलक-सम्यक् वनस्पतियों के बीच भारतमाता-कल्याणकर दिव्य रूप, फैले हुए वरदहस्त, दोनों ओर मालाएँ लिये हुए दो बालिकाएँ।]

पटाक्षेप

द्वितीय दृश्य

[पार्श्व संगीत के साथ]

'मैं धरती की प्यास बावरे
मैं धरती की प्यास रे!
मुझ बिन सावन सूना-सूना
मेरे बिन मन का दुख दूना
मेरे आँगन आग बरसती
मुझ बिन अनय उदास रे,
मैं धरती की प्यास रे।'

[विश्व-गोलक अपनी धुरी पर घूम रहा है और उसके अंग-अंग को नोच-नोच कर खाता हुआ विकटाकार—विरुपाक्ष! कंकाल का छायाचित्र।

पार्श्व में असहायावस्था में पड़ी नारी। फैले हुए कर। दरिद्र-विनीत-आहत भाव। विहत मुखमुद्रा। सामने दीन-भाव में खड़ा क्षीणकाय युवक-पुरुष।

दो क्षण पश्चात्—नेपथ्य में संगीत की मधुर-ध्वनि के साथ—हथौड़े की चोट। बढ़ती हुई संगीत-गति पर अनवरत हथौड़े की चोटों का गूँजता स्वर। धीरे-धीरे दयनीय स्त्री-पुरुषों की छाया का हटना और साथ ही एक कराह के साथ गोलक को नोचते हुए कंकाल का गिरना और पार्श्वगीत के साथ प्रफलित स्त्री का नृत्य।

गीत का स्वरारोह...क्रमश: अवरोह...]

पटाक्षेप

[समय—5 मिनट]

तृतीय दृश्य

[क्षीण संगीत के साथ पर्दा खुलता है। पर समूचे दृश्य पर अन्धकार की काली तह जमी है। कुछ दिखलाई नहीं पड़ता...। इसी स्थिति में...बहुत दूर से आता हुआ एक गीत का दर्द-भरा स्वर...जैसे स्वर की प्रतिध्वनि :]

'गजब काली रतिया
कहाँ भोर ढूँढ़े...'

*[धीरे-धीरे दृश्य पर मटमैला प्रकाश...
दृश्य स्पष्ट होने लगते हैं।]*

'उजाड़ वृक्ष-पंक्तियाँ
सूखे झड़े पत्ते और
वीरान पहाड़ियों पर फैली उदासी में बिखरा हुआ

सन्नाटा।...दम घोंटने वाले धुएँ में श्मशान का-सा सन्नाटा...'

[विक्षिप्त एक युवक का प्रवेश। बिखरे केश, अस्त-व्यस्त मुद्रा। झुककर मुट्ठी भर धूल उठाता हुआ करुण स्वर में :]

युवक : माँ धरती!

[धूल को हवा में धीरे-धीरे बिखरा देता है।]

चतुर्थ दृश्य

[गाँव का दृश्य। कुछ ग्रामीण आपस में बात करते हैं :]

वृद्ध : अब तो जबाना ही बदल गयल भैया। नाहीं ता पहिले...अरे बाप रे...उजरी चमड़ी वाले...अँगरेज गजब कइ देत रहेन। जे केहु सुराज क सुतंत्रता क बात करे वकरे जिनगी क ठिकाना नाहीं। लेकिन ओ हू टैम बाह रे हिम्मती...सब गोलियन के आगे खड़ा हो जायँ। धाँय...धाँय...और बस...

दूसरा : ई सब अपनी आँखी देखले रहल का दादा...?

वृद्ध : हाँ, सुखरन बचवा, सब देखले रहे। अरे! पँच पुरवा का पंडित...नीक नाँव बा...हाँ, दीना पाँड़े...गावत-गावत...

हम अन्धन क तोहई लोगन आँख हये।

दूसरा युवक : नीरज भइया कहाँ गए? उन्होंने एक गीत देने को कहा था।

वृद्ध : गीत?

दूसरा युवक : हाँ, काका! अपने कॉलेज में गाने के लिए!

वृद्ध : अच्छा, अच्छा, नीरज त थोड़ी देर भई कहीं गयल ह। शाइत कविता वोविता के पीछे। *(हँस पड़ता है)*

निर्मल : *(आश्चर्य से)* ओ...क्या बात है!

पाँचवाँ युवक : ही-ही-ही...*(हँसता जाता है)*

दूसरा युवक : सुखरन, आखिर बात क्या है?

सुखरन : नीरज भइया क नाम सुन के एक दिन का बात याद आ गइल? *(हँसता है)*

दूसरा युवक : *(हँसकर)* आखिर बताओ भी तो?

सुखरन : एक दिन एक साधू...से नीरज भइया लड़ गयेन।

दूसरा युवक : नीरज भैया? *(वृद्ध की ओर देखता है)*

वृद्ध : वह कोई बनल साधू रहल बेटा। राम...राम...कलियुग आयल...! इतना पाप...? *(खिन्न हो जाता है)*

उदय : अच्छा, काका, नीरज भैया से मिल लें और हाँ, हमारे जलसे में चलिएगा जरूर...।

वृद्ध : जरूरे चलब। बेटा, जरूर।

उदय : अच्छा, काका, प्रणाम!

[उदय और निर्मल जाते हैं।]

पटाक्षेप

पंचम दृश्य

[शराबखाना नीरम एक बिगड़ा हुआ युवक...दो-तीन साथी।]

नीरम : *(लड़खड़ाती आवाज में)* पी गया...
सब कुछ पी गया...
शराब...लाल-लाल...अँगुरी...छलकती हाला...बनाती मतवाली...
मैंने तो पी है भई, मगर अभी जी भरके नहीं पी है।

दूसरा : अरे...साकी से मुहब्बत है। साकी की खुशी की है।

नीरम : अजाँ हो रही है, पिला जल्द साकी! इबादत करूँ आज मखमूर होकर।

पहला : और हाँ, यार...। पैसे दिये हैं तब पी है...कोई डाका तो नहीं मारा...चोरी तो नहीं की है।

दूसरा : राजू! *(राजू की ओर देखकर)*, राजू, तुम चुप क्यों हो? बोलो! बोलो। तुम कहो तो चाँद, तारे तोड़ दूँ। तुम कहो तो तुम्हें धरती का राजा बना दूँ। तुम कहो तो साकी को तुम्हारे सामने झुका दूँ। हम दोस्त हैं...यार...वफादार... दोस्त...वफा...

राजू : तुम वफा दो न हमको खुदा के लिए...

[कव्वाली]

[सब लड़खड़ाते हुए उठते हैं और गिरते-पड़ते, नाचते-नाचते गिर जाते हैं। नीरज का प्रवेश और नीरम को उपदेश]

पटाक्षेप

षष्टम् दृश्य

[दृश्य पर अँधेरा। टार्च की रोशनी और फिर प्रकाश]

[जग्गा डाकू का प्रवेश]

जग्गा : *(अट्टहास)* धरती हिल रही है। पत्ते की तरह हिल रही है। आकाश थर्रा रहा है। मेरे पाँव के नीचे सब कुचल रहे हैं। पिसे जा रहे हैं। आग...एक धधकती आग जल रही है। हा-हा-हा...! और धुआँ निकल रहा है। चारों ओर धुआँ ही धुआँ...हा-हा-हा!...किसने लगाई है? यह आग किसने? मैंने... मैंने...जग्गा डाकू ने। अब पूछे समाज...कारण पूछे...तो मैं डंके की चोट पर कहूँगा—यह आग मैंने

अपनी छाती ठंडी करने के लिए लगाई है। और...
(चुप हो जाता है)

[दूसरे डाकू का प्रवेश]

दूसरा डाकू : सरदार...!

जग्गा : कौन, विक्रम?

विक्रम : आज बहुत चिन्तित हैं आप!

जग्गा : चिन्ता...! कैसी चिन्ता विक्रम? बड़ा भाई दीनानाथ देश के लिए गोली का निशाना बना। और आजादी के बाद सब कुछ लुटाकर विद्रोही का भाई होने के नाते जगन्नाथ जग्गा बन गया। एक आग जल उठी। समुन्दर के दो किनारे खिंचकर टकरा उठे और पानी...पानी आँसू बनकर बह गया। विक्रम...बचा ही क्या...और तब...तब चिन्ता कैसी? किन्तु...*(सहसा चुप हो जाता है)*

विक्रम : किन्तु सरदार...

जग्गा : *(कुछ सोचते हुए, ऊपर हाथ उठाकर)* देखते हो विक्रम, संध्या के उस सितारे को, जो इतने बड़े आकाश में अकेला चमक रहा है? आकाश के आँगन का अकेला दीपक...! किन्तु हमने अपना दीपक...उफ *(सिर थाम लेता है)*

विक्रम : सरदार...

जग्गा : मेरे घर का उजाला न जाने कहाँ चला गया! भूख से पागल होकर घर छोड़ दिया मेरे लाल ने। और दुनिया मुझे ताने देती रही। आँसू किसी ने नहीं पोंछे। घाव पर मरहम किसी ने नहीं लगाया। किन्तु नमक सब छिड़कते रहे। उसकी माँ पागल हो रही थी। भिखारी बाप की अंजुली में आँसू थे, रोटी नहीं थी। तड़पती आत्मा में दुआओं की सिसकियाँ चीख रही थीं और बाहर समाज की गालियाँ गरज रही थीं। बद्दुआएँ बरस रही थीं। सहसा जिन्दगी करवट ले बैठी। थकी-हारी जिन्दगी बेबसी से घबड़ाकर आकाश को ललकार उठी। मजबूर हाथों की बेकसी ने पर्वतों

को निचोड़ना शुरू कर दिया और आज...यह कायर समाज...जग्गा से अपने प्राणों की भीख माँगता है! लाखों बाप-बेटों की जिन्दगी के लिए गिड़गिड़ाते हैं! और जग्गा?...हा हा हा!...किसी की कुछ नहीं सुनता। किसी की भी...

[सहसा एक कैदी के साथ तीन डाकुओं का प्रवेश। कैदी को जग्गा के आगे ढकेल देते हैं।]

पहला डाकू : वह जंगल के पास भेद लेते हुए पकड़ा गया है।

कैदी : दोहाई है! ये झूठ है। क्षमा—क्षमा करिए...

जग्गा : क्षमा? *(हँसता है)*। हमारे यहाँ क्षमा? *(कठोर हो जाता है)* क्षमा चाहते हो तो महात्माओं से और बड़े-बड़े लोगों से क्षमा माँगो। उनसे गिड़गिड़ाओ...*(ठोकर मारकर)* ले जाओ! इसकी जीभ काटकर छोड़ दो।

[तीनों डाकू कैदी को ले जाते हैं। वह 'दोहाई-दोहाई' चिल्लाता चला जाता है। विक्रम भी जाने लगता है।]

जग्गा : तुम ठहरो विक्रम!

सप्तम् दृश्य

[नीलम, नीरज—पंचपुरवा गाँव।
कुछ ग्रामीण बैठे हैं। बीच में हुक्का है जिसे नीलम के पिता गुड़गुड़ा रहे हैं।]

नीरज : भाइयो! आपकी एकता का नमूना है यह आज का जलसा और अस्पताल के लिए चन्दे की व्यवस्था जिसमें एक 9000 रुपये इकट्ठा करके आप लोगों ने सहयोग दिया है। और ठीक भी है—जहाँ हम खून-पसीना एक करके

कमाते हैं, वहीं हम थोड़ा खर्च करके खुशी मना सकते हैं। बस...चाहिए एकता, विश्वास और प्रेम। आजकल... *(रुककर)* दुख का विषय है कि आजकल कुछ लोगों के कारण समाज गंदा हो रहा है। उन्हें सुधारना हमारा पहला काम है। यदि हम आपस में द्वेष और बुराइयों को छोड़ दें तो स्वर्ग क्या चीज, हमारी धरती स्वर्ग से भी बड़ी हो जाए।

भाइयो! मिट्टी की माँग है मिहनत...धरती प्यासी है...पसीने की। हमें धरती की प्यास बुझानी है। हमारी हड्डियों में दधीचि की शक्ति है। हमारी भुजाओं में समुद्र-मंथन की शक्ति है। और आज के इस खुशी के अवसर पर... *(कुछ रुककर)* हम प्रतिज्ञा करते हैं जीवन को सुखी बनाने की। प्यार से रहने की।

सौगंध है...हमें राम की सौगंध है...घनश्याम की पूर्वजों की है शपथ...सौगंध धरती-धाम की।

सब : सौगंध है। सौगंध है।

नीलम : *(उठकर)* आपने नीरज जी की बातों को सुना। अब आप के सामने नाच पेश किया जा रहा है। आप उसे देखें और आनन्द उठाएँ।

[नाच शुरू होता है]

अचानक रोशनी का बुझना। मारो-काटो के बीच 'हाय-हाय, डाकू-डाकू' की चीखें। फिर सब शान्त।]

[दृश्य पर प्रकाश]

[नीरज, नीलम के पिता, नीलम आदि रस्सी से जकड़े हुए हैं। और सामने जग्गा खड़ा है।]

जग्गा : *(प्रकाश होते ही)* ले चलो सबको।

[सब जाते हैं।]

[अट्टहास]

अष्टम् दृश्य

[वृद्ध का प्रवेश]

वृद्ध : कहाँ-कहाँ जाऊँ? कहाँ-कहाँ ढूँढ़ूँ? प्यास से पागल प्राण थके हुए हैं। पर वह कलेजे का टुकड़ा! आह! सगा बेटा न सही, पर इतने दिन पाला-पोसा और आज डाकू पकड़कर ले गए। तीन दिन से उसे ढूँढ़ रहा हूँ। देखा किसी ने उसे? बोलो, बोलो, अरे, कोई तो बोलो? मेरा बुढ़ापा टूटता जा रहा है। कमर झुकती जा रही है और साँस रुक रही है। नीरज, बेटा नीरज...*(पुकारता है।)*

: *(स्वत:)* कोई उत्तर नहीं...कोई जवाब नहीं...हाय रे...! *(ठोकर खाकर गिरता है)*

[तभी कई डाकू आकर वृद्ध को पकड़ लेते हैं।]

वृद्ध : मेरे बेटे नीरज को देखा है तुम लोगों ने?

डाकू : चुप...!

[डाकू वृद्ध को ले जाते हैं।]

पटाक्षेप

[नीरज, नीलम आदि रस्सी से बँधे हुए हैं। जग्गा और दो डाकू खड़े हैं।]

नीरज : मैं सौ बार कह चुका हूँ कि गरीबों को लूटकर, उनको सताकर तुम्हारी भलाई नहीं होगी। और तुम मुझे धमकी देते हो—मुझे, जिसके लिए धरती बिछावन है और आकाश का चँदवा तना है, जिसका प्रत्येक घर के अन्न पर अधिकार है? फिर भी...अन्तिम बात सुन लो...चाहे मेरे प्राण चले जाएँ किन्तु गाँव के अस्पताल का पैसा तुम्हें नहीं बतलाऊँगा। वह गरीबों की अमानत है। किसानों की...।

जग्गा : किसानों की?...*(गुस्से में)*

नीरज : गाँव का अस्पताल बनवाने के लिए इकट्ठा किया गया है। मैं जिन्दगी के मोह में...

नीरज के पिता : दे दो बेटा...

नीरज : नहीं पिताजी, जीवन के मोह में पड़कर यह पाप मैं नहीं करूँगा...ऐसा हो नहीं सकता। मैं...

जग्गा : *(गरजकर)* तुम्हें वह रुपया देना ही पड़ेगा, अन्यथा...।

नीरज : अन्यथा क्या?...जान ले लोगे, यही न!...*(कुछ सोचकर)* अच्छा, तुम्हीं सोचो, उस रुपये से अस्पताल खुलेगा। लाखों को जीवन मिलेगा। बीमारों को राहत मिलेगी। यदि तुम्हारा ही कोई बेटा बीमार हो और...

जग्गा : *(गरज पड़ता है)* चुप रहो...। ऐसी बात बोलोगे तो जबान खींच लूँगा। *(स्वगत)* फिर वही आग हृदय में सुलग उठती है। रोम-रोम हिल उठते हैं। उफ, यह नादान छोकरा... *(प्रकट)* देखो...अन्तिम बार कहता हूँ कि रुपये दोगे या...

नीरज : नहीं-नहीं, सौ बार नहीं।

जग्गा : ले जाओ इसे...तब तक सलाखों से दागो जब तक कि रुपये न बतला दे और यदि...

[तभी डाकुओं के साथ वृद्ध का प्रवेश]

वृद्ध : ठहरो!

[जग्गा आश्चर्य से वृद्ध को देखता है।]

जग्गा : तुम? निहोर, तुम?

वृद्ध : *(चौंककर)* कौन, जगन्नाथ? हाय रे अभागे!! इस रूप में और...और अपने ही हाथों...। अपने हाथों ही अपना कलेजा मसलने चला है! टूट पड़ आकाश...गिर पड़ बिजली... गिर पड़ इस अनर्थकारी पर...अरे, बाप होकर भी...

जग्गा : फिर वही धिक्कार! किसका बाप...कैसा कलेजा?

निहोर : मैंने उसे सड़क पर भूख से अचेत पाया था...तब वह तीन साल का था। तुम्हारा नाम होश में आने पर बतला रहा था।...मैंने कलकत्ते में कई बार पता लगाया, पर तुम्हारा पता न चला...और न गाँव में ही।...जगन्नाथ! तुम तो जानते ही हो कि मैं सात साल पहले ही गाँव से

नाता तोड़ चुका था...किन्तु उसके लिए मैं गाँव गया... पर तुमसे मिल न सका...। पता लगाता रहा और आज... हाय रे किस्मत! मिले भी तो इस रूप में...।

जग्गा : कौन? किसके लिए गाँव गए थे तुम?

निहोर : तुम्हारे बेटे के लिए।

जग्गा : कहाँ...कहाँ है मेरा बेटा?

निहोर : *(नीरज की ओर)* वह रहा।

जग्गा : नीरज?...

नीरज : कौन...क्या...

जग्गा : मैं...बेटा! मैं तुम्हारा अभागा बाप...

नीरज : *(वृद्ध की ओर)* बाप? यह...

वृद्ध : हाँ, बेटा।

जग्गा : नीरज बेटा...

[जग्गा बाँहें फैलाकर बढ़ता है।]

नीरज : ठहरिए...मुझे छूने के पहले एक प्रतिज्ञा करिए।

जग्गा : कहो, कहो बेटा...एक नहीं...सौ...सौ प्रतिज्ञाएँ।

नीरज : प्रतिज्ञा करिए कि आज से...

जग्गा : आज से धरती की प्यास पसीने से बुझाऊँगा।...बूँद-बूँद बहाकर मोती पैदा करूँगा।...हल की नोक से धरती की माँग सँवारूँगा।...उगती हुई फसलों से सिंगार करूँगा। सब करूँगा मेरे बच्चे...सब करूँगा।

नीरज : पिताजी...!

पटाक्षेप

[पार्श्व संगीत :]

'मैं धरती की प्यास बावरे
मैं धरती की प्यास रे...
मुझ बिन सावन सूना-सूना
मेरे बिन मन का दुख दूना
मेरे आँगन आग बरसती
मुझ बिन अनय उदास रे।...
मैं धरती की प्यास बावरे।'

मियाँ की जूती मियाँ के सर

[एक हाथ में हुक्का और कन्धे पर लाठी लिये हुए, जिसके सिर पर चमरौधा जूता लटक रहा है, वेश में वकील साहब के साथ गड़ेरिया का प्रवेश। गड़ेरिया की पलकें एक साथ कई बार ऊपर-नीचे गिरती हैं और वह हकलाकर बोलता है :]

वकील : हाँ, तो क्या नाम बतलाया?

गड़ेरिया : हजूर! लिपटू।

वकील : और बाप का?

गड़ेरिया : हजूर! पलटू।

वकील : कौन-सा गाँव है तुम्हारा?

गड़ेरिया : हजूर! सुसुआई।

वकील : अच्छा, तो सच-सच बताओ लिपटू कि तुमने सचमुच अपने चाचा की भेड़ें चुराकर बेच दी हैं?

गड़ेरिया : अरे चाचा की ऐसी-तैसी! हम तोहें का कही हजूर! *(दाढ़ी पर हाथ फेरकर)* कसम जवानी क हजूर, सब कहाँ तीन ही तो चुराई थीं और एक ही बेची पवली। दो तो बरामद हो गईं।

वकील : *(स्वत:)* बड़ा ही बेवकूफ है। एकदम पागल जैसा!... *(प्रकट)* देखो, अपराध तो तुम्हारा बहुत बड़ा है लेकिन मैं छुड़ा लूँगा। मगर फीस कुछ अधिक लगेगी।

गड़ेरिया : हजूर माई-बाप हैं।

वकील : अच्छा, तो सुनो। मजिस्ट्रेट साहब के कुछ पूछने पर जो मैं बता रहा हूँ, वही कहना।

[गड़ेरिया के कान में कुछ कहता है। गड़ेरिया सिर हिलाता है—'अच्छा हजूर, अच्छा।' और

तभी चपरासी पुकारता है : 'लिपटू वल्द पलटू हाजिर।']

वकील : अच्छा, अब चलो, पुकार हो रही है मगर मेरी बात तो याद है न?

गड़ेरिया : हाँ-हाँ, माई-बाप! भला इहौ भूलै कै बात हो!

[दोनों मजिस्ट्रेट के समक्ष उपस्थित होते हैं।]

मजिस्ट्रेट : तो तुमको अपनी सफाई में कुछ कहना है?

[गड़ेरिया चुप है। बगल में वकील साहब खड़े हैं।]

मजिस्ट्रेट : *(गड़ेरिये की ओर संकेत कर)*। तुम्हीं से कह रहा हूँ, तुम्हें अपनी सफाई में कुछ कहना है?

गड़ेरिया : *(भेड़ों की तरह कहता है।)* में...

मजिस्ट्रेट : ऑर्डर...ऑर्डर! साफ-साफ बोलो।

गड़ेरिया : में...

मजिस्ट्रेट : *(बिगड़कर)* यह क्या तमाशा लगा रखा है?

वकील : *(मौका पाकर)* श्रीमान्! यह गरीब भेड़ों के साथ रहते-रहते एकदम भेड़ हो गया है। अचानक झूठे अपराध लगाने की वजह से इसका दिमाग एकदम दुर्बल होकर भेड़ों की तरह हो गया है। श्रीमान्! अब जो आदमी...*(गड़ेरिया फिर 'में' करता है)* इतनी दयनीय हालत में आ सकता है, उसमें अपराध की शक्ति का आना असम्भव है। इसके ऊपर लगाया गया आरोप झूठा है।

मजिस्ट्रेट : ओ माई लॉर्ड! *(कुछ सोचकर)* जाहिर तो यही हो रहा है। अच्छा, यह मुकदमा खारिज किया जाता है और मुद्दई को हिदायत दी जाती है कि वह पुन: किसी को फाँसने की नाजायज हरकत न करे।

[वकील और गड़ेरिया का प्रस्थान]

वकील : मुकदमा तो जीत गए, अब लाओ मेरी पेशी।

[गड़ेरिया चुपचाप खड़ा रहता है।]

वकील : भई, जल्दी करो। मुझे दूसरा भी तो काम है।

गड़ेरिया : *(कहता है)* में...!

वकील : यह क्या मजाक है, पेशी लाओ!

गड़ेरिया : *(जोर से)* में...!

वकील : अच्छा तमाशा है! बरखुरदार को अक्ल से छुड़ाया और अब ये हजरत मेरी पेशी पर वही आजमा रहे हैं : मियाँ की जूती मियाँ के सर।

[गड़ेरिया 'में...में...' करता चला जाता है।]

वकील : सुनो-सुनो...मैं देख लूँगा...तुम्हारी ये मजाल!

[और बड़बड़ाते हुए चले जाते हैं।]

पटाक्षेप

दस्तक
सार्थक वक्तव्य

जिन्दगी एक सूराखदार बर्तन है
जिसमें जब तक
हम अनुभव के सिक्के डालते रहते हैं।

*

तू क्यों आया है यहाँ
तू क्यों आई है यहाँ
मैं तो तेरे लिए
और तू...और तू
सूर्यास्त।

*

खाना गेहूँ का, चाहे जहर क्यों न हो।
रहना शहर का, चाहे कहर क्यों न हो।

*

चाट चपट बनिये को खोवै
चोर को खोवै खाँसी
बहुती नींद किसानै खोवै
बीर को खोवै हाँसी।

*

दलित जातियों के अँधेरे में नेता एक
नारा फेंकता है और कभी गंगा की
गरदन कट जाती है, कभी जमुना का
गर्भपात होता है
ओ भाषा! ओ कविता! तू ही गवाह रह
इस राहजनी में, जहाँ
जंगल को लूटा गया, जंगल की राह पर
थाने से निकलती है हरी-हरी लाश।

*

कराह रही है
जीवित रहने का सबूत दे रही है
वे आपकी पहचान को
गलत जगह डालने की
कोशिश में हैं।

*

पेड़ जहाँ लेटे हैं नीले विस्तार में
खयालों की बारिश से
भीगता है
एक चेहरा राख-राख।

*

उगते हुए धान की फसलों में
धूप नहा रही है
एक ध्वनि आ रही है।

*

गुलाम
क्यों नहीं लेता है,
हिंसा का नाम?

*

अच्छे लगते हैं
        सुग्गे
मगर तभी जब वे
आसमान में हों या पेड़ की डाल पर
मगर जब वे खेत में उतरते हैं
तब बालियाँ ही नहीं
जीने की सम्भावना को भी
कुतरते हैं।

*

जिसके आगे थाली है
उसके लिए

भूखा आदमी
सबसे भद्दी गाली है।
*
और वे जोश के नाम पर कभी गाय को
इस्तेमाल करते हैं और कभी हाय को।
*
मध्यम व्यक्तित्व का अनिश्चित सहपार्श्व
काँच-कुटी सड़कों पर
होड़ भरी दौर और हँसने की शर्त
कितना गुमराह है—सूरज का निर्देशन।
*
अपने थके लहू पर लावे
अपनी ही यात्रा का बोझ
टूटे हुए जनों में करते
छूटे हुए जनों की खोज।
*
यह कैसी आजादी इसको
सोच-सोच मन हुआ उदास
जैसे किसी रेलगाड़ी में
जगह तो मिली
लेकिन पाखाने के पास।
*
चले गए सारे लोग
बल पौरुख कूतने
बाड़े के बाहर रात में
पड़ा रहा एक बैल
अपने मल-मूत में।
*
पोखर के मटमैले पानी में
झाँकते हैं तारे—जैसे
रत बच्चे।
*

और मैं हरिश्चंद्र का अवतार
अपनी तीसरी रखैल से
कर दिया साफ-साफ इनकार
तुम्हारे पेट में पलने वाले
बच्चे का जिम्मेदार
अब मैं नहीं हूँ।

*

मेरी तलाश होती रही
मेरी प्रतिमा
मवेशियों के बीच
खलास होती रही।

मेरी अनुपस्थिति में भी
सब कुछ इसी तरह
चलता रहेगा
कितना अलग कर देती
है मुझे यह बात
तमाम लगावों से!

*

इस काली रात जबकि चीजें सटी-सटी
सहमी खड़ी हैं
रोशनी को पोस्टरों पर टाँगते हुए
हाथ काँपते हैं।

*

आदमी का चिड़चिड़ापन इसलिए है
कि वह गलत है
आदमी का चिड़चिड़ापन इसलिए है
कि वह असफल है।

*

देश की जनता उदास है
क्योंकि

घास चारा काटने की
मशीन के पास है।

*

मैं अनागत की
प्रसव पीड़ा समेटे
ओ युगों के मौन सम्भावित,
तुम्हें यह पत्र लिखती।

[2.5.1962]

*

भूमिगत चेहरों की आँखों से
अब भी देखा गया है, कविता का मुख
आते हुए सूरज-सा
धुन्ध भरी, कुहरे की घाटी से।

*

भीड़ में घुसते हुए से पूर्व का
संकोच मेरा।

*

यह रात है
अपराध
गर्व करने की बात है।

*

अचानक पड़ोस की तेज हवा ने
दो बातचीत करते हुए आदमियों के बीच में
एक पेड़ लाकर पटक दिया।

*

मैं अब भी वहीं था
उसी चुप और चूने शहर में
अगली कविता के लिए
स्त्रियों को अपमानित करता हुआ।

*

मृत्यु कहीं नहीं हुई है सिर्फ कुछ बच्चे
फौवारों के पास
पिछली कहानियाँ भूल गए हैं।
और शहर : नींद का पिछलग्गू तमाशबीन
अँधेरा ओढ़े खड़ा है
मैंने उनसे पूछा था—
अपराध की राष्ट्रीयता क्या है?

*

व्यक्ति स्वयं भू कृत है
और आज
वही मृत है।
बातों से लौट आता है
हर वक्त पछताता है।

*

रात भर गिरती रही
बरसात
पत्तों की तरह
रात भर
खाते रहे हैं मात
बिस्तर की सतह
सिलवटों से भर गई।

*

और हाथ में
मकई की रोटी का टुकड़ा।

*

मैं चाहता हूँ आवाज
कराहने की या गुनगुनाने की
जंजीरों को बिछाने की
बटोरने की आवाज।

*

और भाषा के चौथे आयाम में
'मैं प्रभु हूँ' का चेहरा उतारकर वह व्यक्ति
अपने असली रूप में आ गया है
वहाँ कोई रोगन नहीं है
मेरी तर्जनी पर लगी मतदाता की स्याही
मिट चुकी है
भीड़ के अश्लील चेहरे पर चाकू सेल
लिखकर।

*

कौन सी भाषा इतने मुँहअँधेरे उठती है
अन्धकार
बच्चों की हँसी-सा गायब
माँ और बाप की आँखों में शिकायत की तरह
काँपता है
एक उदास और जर्जर रोजगार
मेरी आँखें भर आती हैं।
पेड़ों पर बसन्त है और मेरे देशवासियों के कन्धों
पर जुआ।
आशंका से काँप उठता है मेरा हृदय
फाँसी घर में आज एक भी आदमी
नहीं है।

*

शहर नामरिक धाराओं के साथ जहाँ
अपनी एड़ी पर घूमकर खड़ा हो गया है
वहीं से भाषा की सवर्णता शुरू होती है
और यह आम रास्ता नहीं है
मैं विश्वविद्यालय में जाता हूँ
ओ गरीब देश की साधारण प्रतिज्ञाओं के
विदेशी उपनिवेश!

*

यह अकाल दर्शन का काला दर्शन और
कला प्रदर्शन
एक भूखी लाश
मिट्टी की पपड़ी में
करती है क्रान्ति की तलाश
अकाल में पेट दिखलाती हुई वृद्धा
आज मेरी मजबूरी देखो—उदास संध्या के
इस रंग लोक में
मैं अपना मत मौत के पक्ष में दे रहा हूँ
वह लड़की जो कटे हुए पेड़ का पोर्ट्रेट है
अब औरत होने के लिए तैयार हो रही है
साँप या बिच्छू नहीं हैं आपके
वे इरादे जो घास को तजबीजते हैं
आप अपनी शराफत में खीजते हैं
या
शर्म में पसीजते हैं।

*

जिनके पास खाने के लिए
दान का अनाज है
उनके चरित्र की विशेषता
प्याज है।

*

आते-आते
नौबत यहाँ तक आती है
कि मशीन आदमी का हाथ
खाती है।

*

बैल जहाँ बधिया हुआ
तो समझो अधिया हुआ
इसके बाद हुआ न हुआ।

*

जिनकी आँखों में
सुरंगों के सपने हैं।

जब वे समझना नहीं चाहते
भाषा के सवाल पर बहस करते हैं।

*

जब भी किसी मर्द ने
तुम्हें घर दिया है
तुम्हारा 'पेट' बच्चों से भर दिया है।

मौके पर
मैंने देखा है उन्हें बैठे हुए चौके पर।

*

लोटा लटकन
डंड कमंडल
लेकिन वे
जो चुके हुए हैं
रोक रहे हैं भरसक
पर जाने के पहले रुके हुए हैं।

*

क्वार रंगीन हथेलियों की मार
मेहँदी के पत्तों पर।

पत्तों पर थरथराती हुई ओस में
तुतलाते बच्चे के शब्दों की आभा है।

*

सूर्य कन्धों पर टिकी
ओ ओ पिपासा

मैं तुम्हें आकाश देता हूँ।
लो समर्पित मौन।

[मार्च, 1967]

*

आती हैं तो आएँ
ये विटनिक संध्याएँ।

*

वे सभी तैयारियाँ
जो हिस्सा ले रही हैं
दृश्यों को बदलने में
सुबह बुनने में
तुम्हारी मदद कर सकती हैं।

*

तुम किसी निश्चित चीज के आगे खड़े हो
जो दिलासा नहीं देगी और
पलक झपकते वार करेगी।

*

जहाँ शहर अपना गर्व
शीशों में बदल रहा है
इस नगर संध्या में
चीजों ने अपने चेहरे पहन लिये हैं।

*

नंगापन अन्धा होने के खिलाफ सबसे सख्त कार्रवाई है
यह ऐसी सच्चाई है।

*

मौसम की तीसरी जुबान में
शरीर की भाषा का मतलब
रात है।

*

यह हिंसा है जो गति देती है
उसके अभाव में रातें मरी की गंध में डूबी रहती हैं।

*

उन परिवारों की चर्चा व्यर्थ है
जहाँ चश्मे का नम्बर ही कविता का अर्थ है।

*

राग बहार की अगली कड़ी है—आऽ आऽऽ आऽऽऽ आऽऽऽ
उस मजूर की जिन्दगी,
जो लोहे की जलती सलाखों को मरोड़ता है,
ठंडी पड़ी है
बुझी हुई भट्ठी में।

*

आह! मैं कहीं अनूदित नहीं हुआ
सिवा अपने सम्बन्धों के।

*

मेरी कविताओं में
पड़ोस की अँगीठी का धुआँ भर गया है।

*

अभी कई काम करने हैं
अभी उनसे भी निपटना है
जिनके लिए कविता दुर्घटना है।

*

उनकी भी बात करना बेकार है
जिनके लिए कविता
कमर के नीचे की वारदात है।

*

जनता अब तक नाप न पाई
दो जूते का फासला।

जनता और जनतंत्र के बीच
यह कैसा? यह किसका
जूता है?

*

तुम पाओगे कि ये बुद्धिमान कितने मूर्ख हैं
क्या मैंने अँधेरे में उबकाइयाँ नहीं सुनीं?

*

उसके दबाव से एक दिन
दिमाग की कोई दोगली नस
फट जाएगी
और सड़कों पर बहने लगेगा
अँधेरा और शहर और अजनबीपन।

*

ऐसा नहीं कि
उन्नति नहीं हुई है
हुई है, और कुछ इस तरह हुई है कि
दिमाग की वह जगह
जहाँ कल तक जंगल था
अब किताबों से भर गई है।

*

मकान और मैदान के बीच
पेड़ दुभाषिये की तरह खड़ा है

*

आह! मेरे पुल! तुम्हारे बीच में
ऐसी नदी है।

*

क्या हमारे जन्म से पहले ही
सूरज को
हमारी भूख का पता था?

इससे पहले कि मेरी आदतों पर
सूरज का दाग पड़ जाए
यहाँ तक कि हवा पर
और मेरे मैले खुले पैरों पर
मैं वापस लौट आता हूँ।

*

नष्ट हो गया शहर कई रोगों से
अच्छे बच्चों और बुरे लोगों से।

*

सूर्यास्त—थके हुए आदमी के लिए
छुट्टी का एक लम्बा साइरन है
किसी अनिश्चय से लौटकर
अपनी भयभीत मुद्राओं का प्रदर्शन
इस अन्धकार में।

*

इस उदास बस्ती में
जो सफेद है, वह मृत्यु है
जो छाया है, वह रात है
और जो हरे हैं, वे पेड़ हैं।

*

मेरे खून की यह उष्णता—
जो तुम्हारी जीभ पर जानवर बनाती है
जिससे तुम घृणा करते हो।
असंख्य पीली और मुरझाई नदियों के किनारे
सूर्यास्त
खून में डूबी हुई एक मद्धिम आवाज है
जिसे तुम नहीं सुनते
बावजूद इसके कि अब वह
भूख से पथराई हुई आँखों और आँतों के अन्धकार से
एक साथ टकराती है।

*

माँ धुएँ की ओर खिसक
बड़कू के लिए जगह करती है
अलाव के आसपास
सूर्य डूबे आकाश की तरह
चेहरे
उदास हैं।

*

आह! ये पत्ते शायद ही रह जाएँ
गिरने के लिए
पतझड़ में।

*

हमारा दोष यदि है तो केवल यह कि
रोटी के लिए रोते हुए बच्चे के हाथ में
हमने हमेशा एक किताब दे दी
जो 'ईश-वंदना' से शुरू होती
जिसमें फूलों की खुशबू के किस्से होते
अनाज की किस्में और उसके उत्पादन के हिस्से होते
या फिर एक कहानी होती कि किस तरह
एक गरीब लड़के ने मुश्किलें सहकर भी
देश और जाति का नाम रोशन किया।

*

उसकी आँखें छलछला उठी हैं
झुर्रियों में डूबा हुआ चेहरा
गर्दन पर झुक गया है
मुझे पानी टंकी के नीचे
गाटर पर लटका हुआ
वह सूखा छत्ता याद आ गया
जिसे पीकर
मधुमक्खियाँ उड़ चुकी हैं
और यही संध्या है

उस बूढ़े ने ललकते हुए
मुझे बताया।

*

उन अंगारों को छूने से जलते नहीं
किन्तु फूलों को छूने से छाला पड़ा।

[1964]

*

जब हम आदमी का
स्पर्श करते हैं वह
बासी रोटी की तरह
चूर-चूर हो जाता है।

[1966]

*

भीड़ में युवतियाँ बाँहों पर
धक्कों का ताबीज बाँधती हैं।
गुप्ती और फुफ्ती में
क्या ताल्लुक है
अपने फायदे के लिए मैं
किस-किसको नहीं निभा रहा हूँ!

[24.4.1967]

*

मामूली तौर पर क्रूरता भी आज
जिन्दा रहने के लिए
एक जरूरत बन गई है।

[3.2.1971]

*

एक कुत्ता खून से लथपथ लोथड़े को
मुँह में दबाए भाग रहा है, दूसरा

उस पर झपट रहा है
मैंने अपने हाथ के नक्शे को
मोड़कर छाती में बने चोर-जेब में
छिपा लिया है।

[1967]

*

कितना विचित्र है
वह मेरा मित्र है
जिन्हें काम मिल गया है
उनके पास कोई काम नहीं है।

*

शंकाएँ
उसे लड़के अच्छे लगते हैं और मुझे
प्रिय हैं महिलाएँ।
उधार वाली कॉपी पर अगल-बगल
हमारा नाम लिखा है
आँखें टिहिटती नहीं
हटती हैं।

*

धम्मपद तो पढ़ ही लूँगा
पहले इस मच्छर को मार लूँ
जो मेरी मसहरी में
चुपके से घुस आया है।

[1967]

*

जहाँ लय है हर चीज लेटी
जहाँ लय है
हर चीज लेटी हुई है
मृत है
जीवित नहीं है।

वहीं एक पेड़
लम्बवत् उस लय को तोड़ता हुआ खड़ा है
नहीं—हर 'कुछ' मृत नहीं है,
एक है,
जो जीवित है
और वह—
पेड़ है।

काश! हम अपने को
इस पेड़ की जगह
खुद को खड़ा करते,

तो क्या इस आसानी से मरते?

*

एक पत्ती के गिरने से जंगल की मौत
नहीं होती
मुझे झाड़ी में छिपे आदमी ने
बताया है।

*

उधर नीम के नीचे लेटे-लेटे
नष्ट हो रहे हैं किसान के बेटे
आप सहमत तो हैं
पार साथ चलने के खतरे से
बचना चाहते हैं
यद्यपि ऐसे में यह कम नहीं है कि आप सहमत हैं।

[1966]

*

इस देश में
ऐसी भुखमरी है
अकाल है, बेकारी है
ऊब है, थकान है

लेकिन अच्छी कहानियाँ
क्यों नहीं हैं?

[26.11.1967]

*

जब तुम थक जाना अपने सम्बन्धों—
फूल—
चिड़ियों और नींद से—
आना
एक शब्द मेरी
कविता से
ले जाना

नींद के बाहर
सोई हुई दुनिया को
जगाने के लिए।

*

शहर वहाँ से शुरू होता है—
जहाँ वे अपने मुर्दों के लिए
बोलना शुरू करते हैं :
'राम नाम सत्य है।'

*

वे सभी इच्छाएँ, जो बसन्त नहीं होतीं
और अपने इरादों में
मौसम ढोती हैं।

*

भोजन और भोग से आदमी को
आँकना
भोजन में संकोच सहित
आदमी की तरह
भोग में

भय रहित
पशु की तरह
कांग्रेस के चुनाव-चिह्न हैं।

*

जिन्दगी एक सूराखदार बर्तन है
जिसमें जब तक
हम अनुभव के सिक्के डालते रहते हैं।

*

वे रूखी-सूखी खा रहे हैं
केवल यह पानी है जो उन्हें
मदद देता है
चीजें
उनकी नली में
उतरती चली जा रही हैं।

[1966]

*

आज का लेखन
देश के
उस बड़े हिस्से का तरफदार है
जो कि एक बड़ी
साजिश का शिकार है।

[1966]

*

उनकी छातियों पर गत्ते बँधे हैं
सिर पर लोहे की टोपियाँ

आज शहर चौकन्ना दिख रहा है
पुलिस के दस्ते सड़कों पर
आँखें लड़कों पर

हवा में एक बिना बजती सीटी-सी
एक खिड़की खुलती है
एक सिर नीचे झाँकता है

गली में
फटाक से खिड़की के पल्लों के
बन्द होने की आवाज
राज?
पूछना मना है।

[1969]

*

मौत के पहले
उसने पेड़ काटने वाली निगाह से
देखा और मुँह फेरकर
खड़ा हो गया
अँधेरे में हजार आँखों की कोशिश।

*

कानून हिंसा के खिलाफ था
जबकि हिंसा कानून की रखवाली
कर रही थी।

*

क्षमा करना दोस्तो!
उम्र की
एक अपनी ही तर्ज है
सभी प्यार करते हैं
यद्यपि हम जानते हैं
कि यह भी एक मर्ज है।

*

मौत मद्धम, सुर-विहीन आतंक में आत्मीय
यह आवाज आ रही है

कहीं कंकरीट गा रहा है
कहीं लोहा बज रहा है।

क्या तुम भूल सकते हो जहाँ खून
खाद बना है बसन्त के मौसम में
फूल और हवा का रिश्ता
महक रहा है?

*

पूरे अवकाश में
बिखरी पड़ी है एक
सभ्य नगर-हीनता

क्षोभ से मरे हुए
चेहरे डरे हुए
होते हैं—
आँखों में ज्योति के
बच्चे मरे हुए।

*

जहाँ कहीं जाता हूँ
जब भी कभी
अचूक उद्दंडता की स्थिति में
छायाओं की ओर
देहों को सरकते हुए
पाता हूँ
अब भी रिश्तों के उखड़े हुए पैरों में
कोई सम्भावना छूटी है?
अब भी आकाश की गर्दन में सूरज का अन्धापन
ताबीज-सा लटका है।

*

आह, मैं सुरक्षा के लिए
पुकार भी तो नहीं
सकता

मारने वाले के हाथ
बचाने वाले से ज्यादा
सतर्क हैं।

*

मैं कविता सोच रहा हूँ
और मेरा पड़ोसी
कलेजियाँ पका रहा है

मैं घास नोच रहा हूँ
और मेरा पड़ोसी
रो रहा है

कविता मुझे यूँ मारती है
जैसे मेरे पड़ोसी की बीवी
जूँ मारती है।

*

कोई भाषा नहीं
दो-तीन बच्चे
जूठी पत्तलों पर झपटते हुए
एक-दूसरे से बेहद नाराज
और फिर दूसरी लूट के सुलह
करते हुए।

जैसे हिन्दी का एक वाक्य
बाएँ से शुरू होकर
दाएँ की ओर खत्म होता है
और यही समझौते का तरीका है
जिसे हम लोगों ने हिन्दी भाषा से सीखा है

मैं उनके बीच फेंकता हूँ
अपनी संवेदना और
वह उन्हें सोखकर

कविता बन जाती है
जैसे जलेबी शीरा सोखती है।

*

मौज करे
खाए-पिए
सहज शब्द की तरह
आदमी
सहज जिए
सहज मरे।

*

अपनी पराजय की कथा सतर्क होकर सुनो (कान खोलकर)
मुझे मालूम है कि उनसे क्या कहना है।

*

और तुम्हारे अन्धकार में
बैठा है अपना फन फैलाए
किसको किसको किसको किसको
चैरिटी शोज के चक्कों के नीचे दया पिस गई है।
पुरखों की यश-गाथाएँ ही अपने आड़े आईं।

तुम अपनी कलम में कोड़े फिट कर लो
और तेज दौड़ाते जाओ
वहाँ वे तुम्हें खड़े मिलेंगे
वे तुम्हारी चाबुक को अपना चमड़ा दे देंगे
अक्षर के आगे वे सब अन्धे हैं

बटन और बदहजमी
हत्याओं की खुशी
नगर का जलना
तुमको यदि भाता है
कितना विवश तुम्हारा गुस्सा है
किस दुख से तुम गुजर रहे हो—
मैंने समझा

हाय! तुम्हें
हिटलर भलमानुस क्यों लगता है?

[1966]

*

खाने को रोटी है
रहने के वास्ते पिता का मकान है
यों हर घरेलू सुविधा के साथ
विद्रोही होना कितना आसान है!

बच्चे गलियों में गोलियाँ खेलते हैं
बच्चियाँ रोगों में
झुनझुनी लिये घूमती हैं
औरतें—
सुबह होती है, एक
दरवाजा खुलता है
एक अधेड़ औरत—
उसका बेटा
खो-खो खेलते
नवाबगंज की इस बस्ती में देश का
काँपता हुआ कलेजा हर बार छला।

*

बम पुलिस की बगल में 'मतदान केन्द्र' बनाकर
उन्होंने जनता के सामने एक दिलचस्प हकीकत रख दी है

लोहे के मुहरबन्द डिब्बों पर सबके 'ट्रेड मार्क' हैं
बैलों की जोड़ी, हथौड़ा और हँसिया और बाली और
झोंपड़ी और दीपक और सायकिल और और और
मगर
किसी का चुनाव-चिह्न
'स्त्री-पुरुष' का जोड़ा नहीं है
(इसे बदनाम करने में किसी ने भी कोई कसर छोड़ा नहीं है।)

वोटर उनकी निगाह में
एक गूँगा सबूत है, वह दर्द नहीं है
वह दर्द नहीं है, एक चौकोर टुकड़ा है
औरत या मर्द नहीं है
सिर्फ शौचालय के दरवाजों पर एक तरफ एक पुरुष की
तसवीर है दूसरी तरफ एक औरत की
और लोग 'जरूरते-नागहानी' अपनी नीयत खारिज
करने जाते हैं।
'चुनाव व्यवस्था का खर्च और पेड़ पर चढ़ी हुई भूख'।

[1966]

*

सतर्कता टूटी हुई चीजों का
असावधानी का इतिहास है।

*

सिर्फ वही चीज तुम्हें गिरने में सबसे अधिक
मदद करती है जिसे लेकर
तुम खड़े हो।

तुम ठीक उस जगह से टूटते हो जहाँ
सबसे कड़े हो।

*

संध्या की पतली परतें
चित्र के धुएँ की लकीरें
माचिस की डिब्बियों को
लकड़ी के बक्सों में बन्द कर
उस पर लोहे की पत्तियाँ जड़ी
जा रही हैं।

*

अधरात जेल के घंटे की
ठंडी, महीन और लम्बी आवाज
हृदय की धड़कनों की बगल में

गिरती हैं और
खून के सीखचों के पीछे
अतीत का कैदी चेहरा
झिलमिलाता है।

[1966]

*

एक-एक पत्ती, एक-एक शाख, डालें, तना और जड़—हाँ, सभी कुछ
यानी कि एक समूचा पेड़ सब-के-सब एक सीधी लपट से बँधे हैं
आँच की एक लपलपाती भाषा
उन्हें खोल रही है
यह जंगल की आग है
जंगल में आग के माने सिर्फ आग नहीं है
क्योंकि वह मौसम का भाग नहीं है
मौसम मौसम है, आग आग है
और पेड़—
वह मौसम भी है और आग भी है
वह इन दोनों में शरीक है
शायद यह कहना ठीक है कि पेड़
एक हिलती हुई स्थिरता है
जो जमीन और आसमान के बीच
कहीं बेलाग नहीं है
आग जीवित रहती है
हरी आँखों की शोहरत
निगलकर।

*

दर्द की जड़ कहाँ है?
आदमी के खून में
या कि उस जनून में
जो उसे भीड़ का निवाला
बनाता है?

आह! गलत गुस्से की नीयत का फैसला
किस हद तक जाता है।

[1966]

*

उस बेचारे को क्या कहिए
वह तो था जन्मजात बोदा
वे और लोग थे जमे हुए
जिसने कविता की जड़ खोदी।

*

फिर यह मृत्यु हो सकती है, मैंने सोचा
जहाँ उसे फूट पड़ना चाहिए वह आहिस्ता से काँप कर
रह गई थी।
आसपास की हवा
उसकी मुस्कराहट में बह गई थी।

हाय-हाय-सी उसकी आँखें।

*

प्यार की सरहद पर पहुँचते ही वे
पेड़ पर चढ़ जाते हैं और
पत्तियाँ चबाते हैं
क्या सिर्फ पास होने के लिए
वे प्यार करते हैं
उदास होने के लिए?

[1966]

*

उसकी चुप्पी में भी कड़ी बेरुखी का स्वर था
ड्यूटी पर तैनात पुलिस के कॉलर-सा।

*

'अ' से शुरू होकर
'ज्ञ' तक फैली हुई
'मालूम' की शुरुआत।

*

जिनका गुस्सा
गोबर करने की फुरसत तक
काँख-पाद कर जाता है।

*

बनता और बिगड़ता क्या है?
जनता क्या है? जन 'ताक्या' है
इससे बढ़कर जड़ता क्या है?

*

यह स्वार्थों की टकराहट
और पिटे हुए चेहरों की मुस्कराहट
का युग है।

*

रातभर
औरत चमड़े के तापक्रम में हिस्सा लेती है
और सुबह
हल्दी के धोवन-सी सिल पर
फैलकर एक कथा बन जाती है।

[1966]

*

गन्दगी कुछ नहीं है
कुछ असुन्दर नहीं है
केवल उसे
जहाँ होना चाहिए था वह
वहाँ पर नहीं है।

*

वे सभी चीजें बीमार हैं
जो धूप की
तरफदार हैं।

*

उसकी जुबान शब्दों से पीछे
खिंच गई है
उसकी मुट्ठी भिंच गई है
पता नहीं कौन-सी गलतफहमी हुई है
उस छोटे बच्चे की आँख
धूप में
सहमी हुई है।

*

डूब रहा है खेत एक तरहा
आधी रात : मिला है पानी
रेंग गई है एक सिहरती लहर
पीठ के नीचे-नीचे
गुजगुज करती हुई किसी काले गोजर-सी
चौंक, अचानक
उठ बैठी है कच निंदिया में
फसल खेत की
जंघाओं पर
फेंक भाप का कम्बल भारी।

[24.1.1966]

*

सूजे घुटने—सँकरा माथा
भला कहाँ उसमें अँट पाता
भीतर का वह बड़ा आदमी
इसीलिए आँखों के रस्ते
चमक-चमक कर बाहर आया।

*

जब बसन्त घरों में
हत्याएँ कर रहा था
मैं हाथ में
कुल्हाड़ी लिये
जंगलों में
उसकी तलाश कर रहा था।

*

हम अपनी सारी खुशी
खबरों में फेंक देते हैं।

*

कोई चीज सहसा हो जाती है और
सुन्दर दिख पड़ती है
अपनी पूरी विवशता के बावजूद
दोनों हाथ तानकर
जब वह अस्तित्व के लिए
चीख पड़ती है।

*

बात का सटीक उत्तर नहीं दिया उसने
तुम्हारा मुँह लालच की तरफ कर दिया
यह समझना बाकी है कि
चिचियाते हुए
दोस्त के चेहरे में
कितनी चीख और
कितनी चालाकी है।

*

यह इकतीस तारीख बड़ी निर्मम है
यारी है परिवार आमदनी कम है
इसीलिए बन्दे को यूँ गुस्सा आता है
वर्ना जन सज्जन है औ' व्यौहार नरम है।

[1966]

*

मुझे गाँव में एक नई पीढ़ी मिलती है
अठवारे-पखवारे जब जाना होता है
मुझे गाँव में अपने लोगों की परिचित पहचानी दुनिया
नये सिरे से खुल जाती है मेरे आगे।

*

सुबह का इंतजार करना और उसको
टपकते हुए सुनना
ओस को सुनना और इंतजार करना
अन्धकार में
तनी हुई पत्तियों का आभास और नींद
मेरी शिराओं में बहता हुआ खून
और खून में उठती हुई
मुर्गे की बाँग।

*

किन्तु रात वाले गाहक की
गंध वहाँ, अब भी है लेटी।

[1966]

*

गमले में नीचे एक चित्र रखकर
उस पर कैक्टस उगा दिया।

*

दोनों परिचित हैं उस दुख से
जो आदमी उन्हें देता है कुछ सिक्कों के रूप में
माँ उसे पहचानती हैं अपनी निगाहों में
और लड़की अपनी छातियों से।

*

कितना घृणित है
महज भूख के लिए
माँ का

किसी गैर के साथ
भाग जाना
आह! और उससे भी घृणास्पद है
मेरे पिता का रोना
और वह भी
मेरे बच्चों के सामने।

*

एक विचित्र-सी खुशी
जैसे कोई अंग्रेज पहली बार
ऊँट पर चढ़ा हो!

[1966]

*

बच्चे सिर्फ नकल करते हैं और
किलकना जानते हैं
वे क्या जानें कि अपने अनुभवों को लाँघना
किस सुख से भर देता है?

*

पूछ रहे हो—और हुआ क्या?
नहीं क्या हुआ? खैर, आजकल
जबकि उधारी ही जरिया हो
परिचय और सलाम-दुआ का।

[1966]

*

पेट घुटनों से दबाए सो रहा है
गाँव
आ रही है
बहुत मद्धिम
रात कटने की—कहीं आवाज
चाँद : रेती पड़ी हो नाव
जैसे।

*

धूप जिनसे है टपकती
उन छतों में
छेद है।

*

वर्षों तक आबरू
नाक पर
ढो चुके
अब उसे उतार कर
डाल दो
ताक पर।

*

प्यार :
और अचानक किसी आगन्तुक की हत्या के
षड्यंत्र में
कई दूसरे चुंबन भी
शरीक हो जाते हैं।

[1966]

*

इतना बके हो
पर क्या शब्दों को
सही रास्ते पर ला सके हो?

*

उनका बेड़ा गर्क है
अधीरता ही जिनके लिए
सबसे बड़ा तर्क है।

*

मुँह से बात निकलते ही अगर
मकसद का पता नहीं चला

तो उस जीभ से
जूते का तल्ला भला।

*

टूट चुके हैं हाय! सब्र के सारे टाँके
अब न बने मुँह ढाँके-ढाँके।

*

धर्मनिरपेक्ष शब्द बड़ा गड़बड़ है
इसमें निभने वाली बात बहुत कम है।

*

इधर भूख है और हाय! हाय!!
उधर भाषा का सम्प्रदाय।

[1966]

*

कुछ हैं जो अब भी एक तर्क से बँधे हैं
उनको जाने दो जो 'गांधी के गधे' हैं।

[1966]

*

युद्ध खत्म हो चुका है और
अब वे चरित्र पर बोलने लगे हैं।

*

औरत क्या है
सम्बन्धों की एक बानगी
उनका जो विषाद है वह
बिस्तरों की भाषा में—
चमड़े का गद्यानुवाद है

*

चेहरों की तलाशी लेने पर क्या मिला?
चंद सड़े हुए दाँतों का सिलसिला और
नींद टूटने का गिला।

*

उनके कपड़ों से पशुओं के सहवास की गंध आती है
उनके दिमाग का खोखलापन
किसी गहरी उपेक्षा से भर गया है।

*

और एक दिन ऐसा वक्त भी आएगा
जबकि हमारा भय भी हमको बचा न पाएगा।

*

उसके दबाव से एक दिन दिमाग की
कोई दोगली नस
फट जाएगी और सड़क पर
अँधेरा और शहर और अजनबीपन बहने लगेगा।

*

मेरे युग की शिल्प कल्प रचनाएँ
अर्थ-उदास हैं।

*

क्या सही शब्दों के लिए
गालियों की ओर जाना पड़ेगा।
गालियाँ जो सबसे बड़ी रूढ़ि हैं।

*

सच्ची बात विदूषक कहता है।

*

वे सारी चीजें बीमार हैं
जो धूप की तरफदार हैं।

*

अक्षरों के आगे वे सब अन्धे हैं।

*

चालाक बनिया
अपने बाटों को साफ रखता है, यहाँ सवाल सफाई
का नहीं है बल्कि

वह समझता है कि
यही वह जगह है जहाँ गन्दगी
वजन बनती है।

*

और कल से हमने अपनी आँखें अखबारों को दे दीं
सारी घटनाएँ अब केवल समाचार हैं।

टूटे हुए पुल की कथाएँ पढ़ता हूँ।

*

यहाँ की तमाम चीजों
में 'अ' घुस गया है
मैं उन लोगों के बारे में
सोच रहा हूँ जिनके लिए
उनका 'था, थी, थे' ही गौरव की चीज है
अब कहीं शंका नहीं है
यह सिद्ध हो चुका है कि आदमी
एक जगह पहुँचकर रुक गया है, या रुका है
कोई चीज है जो उसे हर
बार तोड़ रही है
क्या अब भी कोई उम्मीद तुम्हें
'गा, गे, गी' से जोड़ रही है?

*

कॉलेजों में वे
दीवारों को पढ़ाते हैं।

[1966]

*

मैंने पतझड़ के पत्तों से
भूँजे को
बतियाते देखा।

अपनी बातों को मनवा दे
उसके पास न ऐसा तर्क है
आजादी या मरजादी में
खास तरह का एक फर्क है।

*

तुम्हारे लिए दुखद स्थिति है कि तुम
लगातार होड़ में जीते हो।

*

और एक भरा-पूरा चेहरा
जो किसी अधबनी कविता सा
बुदबुदाता था।

*

सच्चाई साफ-साफ दिखती नहीं है
जैसे चेहरा देखने वाले आदमी ने
आईने पर आईना चेहरा रख दिया हो।

[1968]

*

अँधेरे में हवा चाकुओं का खेल
खेल रही थी, आँखों में स्वागत
भाषा नहीं थी वहाँ
वजनी थे
लालच के दाँतों के चमकते सफेद रंग
और वह हौसला जो आदमी को
अपमानित करने के लिए
रोशनी का रास्ता पकड़ता है।

*

वक्त पर सही इलाज के लिए
एक कविता
अस्पताल की ओर दौड़ती हुई
एंबुलेंस की तरह होती है

जिसमें कई घायल विचार
होते हैं।

*

जरा-सा तेल दो स्साले को
फौरन बॉलबेयरिंग हो जाता है।
मौका देते ही चालू हो जाता है।

[1966]

*

क्या तुम्हें अब भी
उन लोगों की तलाश है
जिन्होंने औरतों के लिए लड़ाइयाँ लड़ी थीं?

[1966]

*

क्या ठिकाना आपके विश्वास का
हो गया है आजकल वह
पेट पेचिश का।

*

और जैसे ही तुम कहते हो—यह
'शुद्ध' है,
कहीं अपने वक्त से
पीछे तो नहीं जाते हो?

[1966]

*

औरत
अधूरे शिलान्यास की मुद्रा में
मेरे दिमाग में बैठी हुई औरतें हैं
संस्कार की परिभाषा पूछती हुई।

[1966]

*

पेट से गुजरती हुई भूमध्य रेखा से पूछता हूँ
शाम के खाने का हाल, हलका या भारी
वह चलती चली जाती है और बिना उत्तर।

*

सम्भावनाओं की आत्मग्लानि में डूबी हुई
यह दुनिया
उस लड़की की तरह उदास है
जिसे अपने बाप से हमल रह गया है।

*

मेरी आजादी
मेरे पिटे हुए मन को
बहलाती है
जैसे नसबन्दी शिविर में डबडबाई हुई बूढ़ी आँख
अंग कटने की पीड़ा को
बीस किलो गेहूँ के कूपन से
सहलाती है।

*

सुतुही से बोली कटोरी
बच्चे को तो सुला दिया। माथ पर
डिठौना दे।
कजरौटे से सटी ऊँघ रही
अधगाई लोरी।

[मार्च-मई, 1971]

*

बिना मौसम की वर्षा से—
खलिहान में रखे डाँठ की तरह
भीगते हुए बाप के सिर के
लिए क्या बनूँ : घोघी या घाघ?

*

एक नासमझ गुस्सा जब एक सरकारी बस जलाकर लौट रहा था
मलूका अगली कतार के सबसे तर्रार
लड़के से टकराया।

*

अगला पन्ना पलटता हूँ
वक्त—
तूल देने का नहीं है
साहसिकता धीरे-धीरे
सच्चाई में बदलने लगी है
सामने बैठे हुए दोस्त के चेहरे पर
कितनी चीख है
और कितनी चालाकी है।

*

एक दफा पूछती है दूसरी दफा से
पेट का समाचार।

*

तुम्हारी कविताएँ गौर से पढ़ी जा रही हैं
अगले हत्याकांड की सफाई के लिए
तुम्हें तैयार रहना चाहिए।

*

महावीर चक्र की दूसरी ओर गिरकर
मरे हुए आदमी की मौत कबूतर है
स्थानिक पुलिस जिसकी तफतीश
में मशगूल है।

*

अन्य पुरुष
घटनाएँ इसकी उपस्थिति का आभास देती हैं।
कल पुलिस ने उसे हिरासत में ले लिया था
कमीज का बटन टाँकते हुए

वह कब तुम्हारी सुई और कपड़े के बीच
आ जाएगा तुम्हें नहीं मालूम।

*

एक विमान दोपहर की धूप को चीरता हुआ
निकल जाता है मकान से।
एक चीख और तीन किलकारियाँ उठती हैं।
चार चेहरे अपनी आँखें पलटते हैं
पथराए आसमान से।
सरकारें सरकारों के साथ हैं
मेरे हाथ में चंद कविताएँ और जर्द
कुचले हुए हाथ हैं।

[1971]

*

मैंने अपने घर के सामने घास
उगाई थी। पड़ोसी के बैल
उसे चर गए।
मैंने आजादी का
एक नक्शा तैयार किया था
जिसके लिए कोई बाज़ार नहीं था।
किस्मत अच्छी थी नेहरू की
मुझसे बिना हाथ मिलाए ही मर गए।

*

वह आदमी को आराम से बैठाता है
बदहजमी के पास
पूँजीवाद की जड़
मैं बेधड़क कहूँगा
चूतड़ है।

*

शर्म से सिकुड़े हुए लड़कों
और खिलखिलाती हुई लड़कियों

के बीच
मेरी इंचियाँ छोटी पड़ गई हैं।

*

क्या
सन्देह न करने पर रिश्ते
हलके लगते हैं?

*

वे चीजों को अपनी आदतों से
पहचानते हैं।

*

किसी बूढ़े की हरकत से
एक बच्चे की सिसकी अच्छी तरह
बता सकती है मौसम का हाल।

*

मोटी जिल्दों और ऊँची आवाजों के
लोग।
लोग, लचीला ईमान जिनका।

*

अपनी मुस्कान और चमकदार वर्दियों से घिरे
जानवर।

*

लड़ती जुबान में
चीजों का नाम
सनकारता हुआ पत्थर
खिड़की में सूराख खोलकर
झाँकता है
आश्वासन एक भूतपूर्व शब्द था।

*

रात,
अक्सर आवाज

बदलकर
बोलती है।

*

यह तुम्हारा गुण है
कि तुम अपनी गलती नहीं जानते।

*

जूते के तल्ले से
चिपकी अफवाहें।

*

यह एक महान काव्य कृति है
यह आदमी के किसी काम की
नहीं है।

*

सूर्यास्त की कई किस्में होती हैं
और यह
इस बात पर निर्भर है कि
जमीन कितनी गर्म है।

*

नींद-जगी आँख-सी
लालटेन
जलती है।

*

ऐसी आँखें सिर्फ जुआड़ियों की हो सकती हैं
जो कौड़ियों के गिरने से पहले ही अपना दाँव
पहचान लेती हैं
पैसे को सही ढंग से अपमानित
एक जुआड़ी ही
कर सकता है।

*

मैं इन जवानों से परिचित हूँ
ये जहाँ छेद देखते हैं
छलाँग लगा देते हैं।

*

प्यासी आती है
गंध, जैसे जले बालों से आती है।

*

प्यार अब नसों में माचिस तीलियाँ नहीं फेंकता
और न
जलता है आग की तरह
वह सिर्फ
दिमाग पर बोझ बनकर लद गया है।

*

वे ऐसे बूढ़े थे जहाँ एक ही जगह बैठकर
गर्व और घृणा की जा सके।

*

यह सही है कि
पहले से हमारी रफ्तार तेज हो गई है
पर मित्र!
दूरियाँ कम हो गई हैं और
जितना दौड़कर वे अपने को कायम करते हैं
उतना दौड़कर हम खुद पर रहम करते हैं।

[1967]

*

शीलभंग के मुकदमे में
वकील के जिरह करने पर
कठघरे में खड़ी लड़की की तरह
जिन्दगी
डहक-डहक रोती है।

*

बात हमारी तभी तक है
जब तक हम बोलते नहीं।
बोलने के साथ ही
वह दूसरे की हो जाती है।

*

इन दिनों पर से मैं मिटाता हूँ
भेड़ियों के पंजों के निशान
और मिटा देता हूँ
अपना चेहरा।

*

बच्चे नौकरी की भाषा में
पढ़ना सीख रहे हैं
गुस्से में पेचखाई
आवाज की तरह सही हैं।

*

सुबह : कुहरे में
सुबह शीत
कुहरे में चलती
दुबली-पतली
धुँधली काया
मैंने देखा
रुई के उस घने ढेर को एक ताल पर
धुनती हुई
ताँत की रेखा।

*

पछताता है देख आईना
मचिया पर बैठा नकछेदी
हाय बुलबुली के बालों में
असमय ही आ गई सफेदी।

*

किस अचानक खुशी ने तुम्हें खोलकर
रख दिया है?

रसोईघर और बिस्तर में
बराबर बँटी हुई।

जब तुम असह्य प्रसव-पीड़ा से
जानवर-सी कराहती हो
दरवाजे के बाहर चहलकदमी करता हुआ पुरुष
किसी शरीफ घोड़े की तरह
सम्भावना की पूँछ से
यातना की मक्खियाँ उड़ाता है।

एक शिशु को जन्म देते वक्त
पतझड़ की तरह
तुम थरथराती हो।

तुम्हें दे दिया
चूल्हा-चकला।

*

दिन की मुरझाई हुई जड़
कंधे पर डालकर
एक मजदूर लौटता है
घर।

*

खुशामद और खुदकुशी
और इसी तरह की तमाम दूसरी
पाजी बीमारियों से
शहर भर गया है।

*

एक तेजी के साथ
शिष्टाचार के सहारे हम
अपरिचित हो रहे हैं।

*

फिर हम क्या करें
हल्ला न मचाएँ
और अपनी मजबूरियों को
तमाशा बनने से बचाएँ।

*

और पंजों के निशान उस फाटक पर
खत्म हो गए
जिसके भीतर एक 'परमहंस'
रहता है।

*

घास पर लेटा हुआ आदमी
उठता है और 'भगई' बाँधता हुआ
धूप के साथ जुड़े सभी रिश्ते काटकर
अलग कर देता है
शहर की ओर चला जाता है।

*

मैं पार्क में
पेड़ की तरफ मुख करके
पूछता हूँ—
क्या हमें जंगलों ने सिखाया है
बेतरतीब उगना और
सटकर खड़ा होना
पेड़ों की तरह
होड़ में
एक-दूसरे से
बड़ा होना?

*

मेरा सुख
किसी अन्धे भिखारी के हाथ में
रखे गए सिक्के-सा।

*

छोटी पत्रिकाएँ तो सती कथा
से शुरू होकर चरित्र का चकला
बन गई हैं।

*

कविता
मुनादी की तरह बजने लगती है।

*

ठंड से सिकुड़ी हुई रातों के गर्भ से
एक वियतनाम-बच्चा जन्मेगा।

*

कविता ही एकमात्र ऐसी सम्भावना है जहाँ
आदमी साँस ले सकता है।

*

सार्वजनिक शोक को
कविता की निजी पूँजी बनाओ।

*

बीसवीं शताब्दी के सातवें दशक में
कैसा आश्चर्य है कि चार कमरों वाले मकान में
बीस प्राणी रहते हैं।

*

मैंने पशुता को पढ़ने के लिए पश्चिम की भाषा सीखी थी
और अब यह चमत्कार कि मेरी हथेलियाँ
खुरों में बदलने लगी हैं।
जहाँ एक को पाल बसन्तोत्सव गाती थी।
ठहरे हुए रक्त की जड़ों में
आग जलने लगी है।

*

किसी चेहरे पर खुशी नहीं तिरती।
कोई चेहरा घंटे-आध घंटे

अपने को सँभाल नहीं पाता
पाँच मिनट बीतते ही चेहरे स्याह पड़ने लगते हैं।

*

समझ से भरा हुआ शोक
आदमी को निस्संगता देता है।

*

वह आदमी पेशाब करने से पहले एक लोटा जल लेता है।

*

मैं खुश हूँ कि ईश्वर ने, उसकी सरकार ने
उसकी बुद्धि ने, उसके लिए इतना दुख
इकट्ठा कर दिया है
यह घर है
कि यह नल है
यह पैखाना
यह दफ्तर है
मैं उससे नहीं कहूँगा कि इस नर्क से
निकल कर इस नर्क में आओ।

*

आदमी से ऊबकर
उसने दीवार को
अपना दुभाषिया बना लिया है।

*

इस वक्त जबकि ज्यादातर लोग चुप हैं या
चीख रहे हैं, असली रफ्तार के लिए एक शब्द
काफी है—शाबाश!
लेकिन याद रखो यहीं से फिसलन भी
शुरू होती है।

*

विद्यार्थी
भाषा के प्रचलित अन्धकार में

एक चौकन्ना शब्द
अपने लिए
टिकने की जमीन
तलाश रहा है।

तुमने लिखा—स्वतंत्रता—
और अपने दाँतों का लघुत्तम समापवर्त।

ताला खोलकर दरवाजा खोलते हैं
जैसे एक दुनिया खोलते हैं।

*

आदमी जिस दिन पैदा हुआ
उसी दिन उसकी नाभि-नाल पर
तेज धारदार हथियार का प्रहार हुआ
उसे देह के सम्बन्ध से
अलग कर दिया गया
जो पृथ्वी पर स्त्री के उदर से
दिया गया
पहला निर्वासन था।

*

पेड़ बौखलाए खड़े हैं
आखिर श्रीमान को
हो क्या गया है कि सड़क के पीछे
हाथ धोकर पड़े हैं?

*

आवभगत और जासूस आँखों के बीच
बैठा रहता है।

*

साहस को भाषा न दे पाने के कारण
लोग विक्षिप्त होते जाते हैं।

*

भारत जैसे वयस्क लोकतंत्र में यदि एक आदमी
अपनी समझ के लिए अपराधी है तो इसे समय
का अभिशाप ही मानना चाहिए।

*

यह आकस्मिक नहीं है
कि आजादी के लिए अहिंसक
आन्दोलन की शुरुआत
'नमक' से हुई थी।

*

भाषा के लिए एक सवाल करता हूँ,
इन दिनों जबकि कविताएँ
कमेंटरी में बदल रही हैं।

इस नागरिक अन्धकार में
लोकगीत की प्रामाणिकता क्या है?

*

जहाँ हवा अपनी प्रजनन शक्ति खो चुकती है
वहीं से हिममानव के पद-चिह्न शुरू होते हैं।

*

हमेशा
कविता के हाथ हवा में
खुले रहते हैं।
वे दलाल की तरह
जेब में नहीं बन्द
रहते।

*

वे अगली भूमिका के लिए
चेहरे बदल रहे हैं
जो रोटी पर
नमक की जगह बसन्त चाहते हैं।

*

मनीला
सड़क नहीं है, स्त्री
मनीला है।

*

दिनभर कविता अंडरवियर में रहती है
और रात में बिस्तर पर
रख दी जाती है।

*

तुम्हारी हर पंक्ति
आततायी के खिलाफ
भूख हड़ताल पर बैठे हुए आदमी का
संकल्प है। पूरे अनुशासन के साथ।

*

और श्रृंगारदान
का आईना टूटता है—
लहूलुहान कंघी की चीख से।

*

जादूगरों के इस नगर में
एक आदमी नागरिक बनना चाहता है
जो आदमी नागरिक बनना चाहता है
उसे यह शहर माफिक नहीं पड़ रहा है

*

रातें जिनके हाथों में पत्थर हो गई हैं
सिर्फ टपकता हुआ लहू जिनका पथ-प्रदर्शक है
हर जगह अजनबी हो जाने के बाद सिक्के पर गुनाह की
अधकचरी लज्जत जिनकी दिनचर्या है।

*

शरीर के जो हिस्से खुले हुए हैं
आदमी के ईमान की हत्या करने पर तुले हुए हैं।

*

यह घृणा करने वालों का गुस्सा है।

*

न काँटे, न फूल, न बर्फ, न बसन्त
निर्दयता ने वहाँ फुसफुसाहटों की फसल
उगा दी है
और आँखें सिर्फ अपराध की
पवित्रता के लिए नम हैं।

*

बूढ़े अपनी आदतों में जन्म ले रहे हैं।

*

गड़ेरिन की कथरी-सी गीली धरती।

*

झूठ की भाषा के गले में ढोल होती है
मुझे कहने दो, मुझे कहने दो
नफरत पैनी होती है
मक्कारी गोल होती है।

*

कविता रंगों में चहलकदमी है
सताये हुए आदमी का हलफनामा है।

*

मैं दर्द का द्वार खोले खड़ा रह गया
सुधि न आई, न आई।

*

कल रात जिसने मुझे सबसे अधिक डराया,
वह मेरे बच्चे की हँसी थी।

*

मेरा भाई
दबे पाँव बैलों की नाँद तक जाता है

और टटोलकर देखता है घंटियाँ
जिनमें कीचड़ भर गई है।

*

जो तेज होता है, वही कठघरे में जाता है।

*

शायद यह युद्ध है जिसने
मेरा पड़ोस लुच्चे आदमियों से
भर दिया है।

*

गम्भीरता केवल चोरों के चेहरों पर दिखती है
जिन पर वक्त की बेशुमार मार पड़ रही है
किन्तु वे कुछ भी कबूल नहीं रहे हैं।

*

झंझी कौड़ी फैकटबाज
पैसा है पास में नक्शे नगीन हैं
पैसा नहीं है पास तो कौड़ी के तीन हैं।

*

मुझे मालूम था
कि एक सुबह अचानक तुम जगोगी।
तुम्हें दाँत निकल आए होंगे और
मेरी लाख सतर्कता के बावजूद
मेरे हिस्से का अनाज
तुम खाने लगोगी।

*

मैं नहीं कह सकता कि यह मेरी लत है
या मेरे शरीर की जरूरत है।

*

बैल की गर्दन मेरी लाचारी का हिस्सा है।

*

रोटी ही एकता है
एकता का दूसरा नाम रोटी है।

*

बेगारी की पूँजी पर पलती, करती मौज
सड़कों पर आवारा फिरती
कोतल मजदूरों की फौज।

*

बकरे की गरदन ने चाकू की धार पर
कब एतराज किया है?
और एक क्षण के लिए
जो दया आई थी
वह दया नहीं थी
द्विविधा थी, कसाई की।

*

जब हम चालाक हो रहे थे
अपने देश के लोगों के दिमाग में
विष बो रहे थे।

*

दीवार और आदमी
आदमी—कौन है।
ढंढी, खुदगर्ज और बेलौस
दीवार—मैं दीवार हूँ
आदमी और उसके भाईचारे के बीच से
गुजरती हुई
चुप्पी के चद्दर पर
चुप्पी की चिप्पी दर चिप्पी थरती हुई।

*

हर वक्ता के लिए मरा हुआ
आदमी बहाना होता है।

*

बटलोई का भेद कभी
करछुल से छिपा नहीं रहता है।

*

गाड़ी नहीं है ये मुहब्बत का फूल है
माल उतना लादिए जितना वसूल है।

*

अस्पताल के बिस्तर को इतिहास-
बोध में
शामिल करते हुए
तुम्हारा मुँह यूरिन पॉट की तरह
बन जाता है और सिरहाने
रखे थूकदान में गिरा हुआ
तापक्रम।

*

पहली तारीख की तनख्वाह
जिन्दगी की राह।

*

मैंने देखा है बिजली कहाँ गिरी है
देखो यह जमीन जल गई है
और वह अपनी हथेलियाँ
दिखलाता है।

[1967]

*

किताबों को, उनके उपसंहार में
आप देखते हैं जाते हुए
स्टोर में—उसके अन्धकार में
इस तरह अन्त होता है
कि हर खलनायक आखिरकार मर जाता है या लौटकर

गुनाहों को अँधेरे से—
संत होता है, रात को दिन कहता है
औरत को जंगल में घसीट लेना चाहता था, जिसके नंगेपन से अपने खाल की खुजली दूर करना चाहता था
उसी को
हारकर बहिन
कहता है।

*

हर किताब शुरू होती है एक नये वादे से
और खत्म होती है
पूँजी के पिटते इरादे से
इशारों से—नारों से
सत्य की सर्वदा विजय होती है
असत्य का नाश होता है
नेकी और बदी के दो छोर हैं।

*

बात फैसले के नजदीक आते-आते रुक गई है
क्योंकि
अभियोग की भाषा चुक गई है।

*

समाधान की बेबसी ने
हमें अपराधों में शामिल कर लिया है।

*

अक्सर अफसर का मतलब
यह नहीं कि वह आदमी
जो रद्दी की टोकरी का पड़ोसी है।
वह रद्दी की टोकरी के बगल में बैठा है
और
अन्धकार माँगता नहीं, हथिया लेता है।
तमाम रंगों को, एक ही खाने में, दर्ज करता है
तुम्हें अजबे लगेगा

यदि मैं कहूँ कि खून का सफेद होना
(जो कि एक मुहावरा है) अन्धकार है।

*

वे सारी जानकारियाँ
जो आदमी से बचपन छीन लेती हैं
अब मेरी आदतों में शामिल हो चुकी हैं।

*

इस तरह तुम्हारी आत्मीयता
सामूहिक प्रार्थना में किसी बच्चे की पतली और सुरीली
आवाज है जो उसे गहन करती है और चीख का आकार देती है।

*

'आजकल तुम कहाँ हो', तुम पूछते हो और मुझे खींच
लाते हो एकान्त से जहाँ मैं मृत्यु के खिलाफ लड़ रहा हूँ
अकेला होना एक ठंडी मौत है और मेरी मददगार।

*

तुम सोचते रहे कि जब मैं लौटूँगा तो दूसरों की तरह
रंगीन गुब्बारे और चिड़ियाँ
साफ-सुथरे सलीके—संस्कृति या ऐसा ही कुछ लाऊँगा—

तुम जो वहाँ कीचड़ में बैठकर बसन्त का सबक याद
कर रहे हो
तुम जो बंजर हो गए हो—पढ़ रहे हो कि हिन्दुस्तान
नदियों का देश है
तुमने क्या किया, बहुत ऊबे तो
खिड़की खोल दी
और यह कि आदमी के हर काम में
पानी ने हिस्सा लिया है।

*

लड़कियाँ रात का हिस्सा
मालूम पड़ती हैं।

*

अपने बचाव के लिए
हम बातों को
सवाल के रूप में रखते हैं
या
जब हमें खुद उत्तर नहीं मिलता (सूझता)
तो हम बातों का सवाल बना देते हैं।

*

तुमने बुढ़िया को सड़क
पार करा दिया
रोते हुए बच्चे के आँसू
पोंछे।

यह सब क्या तुम्हारे
चरित्र का हिस्सा है?
यह क्या है उदारता या
दया क्या तुम्हारे चरित्र का
हिस्सा है?

*

संध्या एक गीत है : अस्थिर और उदास।

*

वे रात की आवाजें हैं : नम और धुन्ध से भरी हुई।

*

आँतों का अँधेरा
बातों की रोशनी से
दूर नहीं होने का।

*

गंगा पानी की एक बड़ी आढ़त है
मैं सूँसों को उछलते हुए देखता हूँ
देखता हूँ—किसी बनिये की
पसीने से तर-ब-तर देह उछलती है

और
समंदर बन जाती है।

*

उसकी मुस्कान में
जली हुई कलेजियों का स्वाद है
जिसे वह रोज 'ताजी' कहकर
बेचती है।

निबन्ध एवं समीक्षा

नई पीढ़ी का दायित्व

'बासन्ती' : मई ('62), सम्पादकीय के अन्तर्गत साहित्यकार की नई पीढ़ी के दायित्व पर उठाए गए प्रश्न बहुत ही महत्त्वपूर्ण हैं और उनका प्रतीकात्मक समाधान भी सुलभ है। वाणी के अलंकार के लिए जीभ छोलनी, मन की स्वस्थता के लिए नहाने का साबुन, मस्तिष्क-सन्तुलन के लिए नाइलॉन की कंघी, अध्ययन की सुपाच्यता के लिए वी.वी. फॉश की शीशी, साहित्यिक नोच-खसोट से सुरक्षित रहने के लिए नेलकटर, तिनके भर ज्ञान की कलम से फतवा देने और आर्थिक विषमताओं के अनुभूत विज्ञापन से मुंडनोपरान्त सिर की सुरक्षा के लिए टॉवल और आत्मनिरीक्षण के लिए शीशा—ये सभी वस्तुएँ व्यंग्यात्मक ढंग से एक सुझाव प्रस्तुत करती हैं।

और निश्चय ही इस संक्रमण काल में जबकि समाज का मानसिक सन्तुलन बिगड़ रहा है, साहित्यकार का एक महत्त्वपूर्ण दायित्व है कि वह इस बिगड़ती हुई स्थिति को पतन के ढलान पर लुढ़कने से सँभाले। आज साहित्य केवल समाज का दर्पण नहीं बल्कि हर मोड़ पर पड़ा एक लैम्पपोस्ट होना चाहिए जो अन्धकार में पथ-विभ्रान्त मानव चेतना को सही लक्ष्य-दृष्टि दे सके।

किन्तु खेद है कि नई सम्भावनाओं के द्वार बन्द कर उपलब्धियों का तिरस्कार कर गई पीढ़ी का साहित्यकार केवल एक-दूसरे को विजातीय, शोषित करने की घोर चेष्टा में रत है। हर व्यक्ति अपने 'टाट' पर परिचित बिरादरों के बीच मुखिया बनने का दम्भ कर रहा है। परिणामस्वरूप संवेदनाएँ टूटती जा रही हैं और अहंवादी प्रवृत्तियों के सर्पदंश से साहित्य की नस-नस में फैलता हुआ विष सामाजिक स्वस्थता को मृतप्राय कर रहा है। किन्तु अभी अवसर है सच्चे साहित्यिक को इस विघटन की अग्राह्य स्थिति से छुटकारा पाने का। इसके लिए प्रत्येक साहित्यकार के कुछ दायित्व हैं, जिनको दृष्टि में रखकर स्वस्थ साहित्य का निर्माण किया जा सकता है :

1. परिवेश की कृतज्ञता,
2. पूर्ववर्ती साहित्य की उपलब्धियों के प्रति आभार,
3. स्वस्थ सामाजिक जीवन-मूल्यों की स्थापना,

4. काव्य में सम्प्रेषणीयता और

5. डिमांड और सप्लाई की प्रवृत्ति का विरोध।

[1] नई पीढ़ी के अधिकांश साहित्यिकों पर यह आरोप लगाया जाता है कि उनके पास अपनी जमीन नहीं है, अपने साहित्यिक मूल्यों को अभिप्राणित करने की संवेदना नहीं है और यह सत्य भी है क्योंकि नयेपन के मोह में अजनबी एवं अग्राह्य वैदेशिक तत्त्वों का प्रतिष्ठापन प्राय: हिन्दी साहित्य में हो रहा है। यद्यपि विचारों को 'स्वदेशी' या 'विदेशी' की सीमा में बाँधना श्रेयस्कर नहीं, फिर भी निज के वातावरण की स्वस्थ-बोध दृष्टि ही समादृत होती है। अपनी जलवायु में कोई पौधा सुगमता से पल्लवित होता है। अत: नई पीढ़ी के साहित्यकार को अपने परिवेश की कृतज्ञता स्वीकार करनी चाहिए और जो यहाँ अघटित हो रहा है, उसकी कल्पना में विघटन की सृष्टि करना उचित नहीं। यह हमारा सौभाग्य ही रहा कि द्वितीय विश्वयुद्ध की विभीषिका हमें उतना आक्रान्त न कर सकी, जितना पश्चिम देशों पर उनका प्रभाव रहा। फिर पाश्चात्य के युद्ध से आतंकित, कुंठित मनोवेगों का अनुकरण भारतीय साहित्य का परिपोषण नहीं कर सकता। यथार्थ की जटिलता और आर्थिक विषमता की प्रेतात्माएँ जो चौरस्ते के अवकाश में नई पीढ़ी के साहित्यिक की अँगुली पकड़े खड़ी हैं, निश्चय ही किसी भविष्य की नहीं हो सकती, बल्कि दुरूहता और विषमताओं का जाल-सा बुन रही हैं। उनसे सचेत रहना हमारा पहला दायित्व है।

[2] लोकप्रियता प्राप्त करने की लोलुप प्रवृत्ति से नई पीढ़ी का साहित्यकार पूर्णरूपेण आक्रान्त है। एक ही अँगुली की रेखा-गणना तक सीमित रचनाओं के आधार पर वह साहित्य की सम्पूर्णता का आकलन करना चाहता है और उसके लिए वह किसी भी नैतिक-अनैतिक हथकंडे को अपनाता है। स्वयं को प्रतिष्ठित करने के लिए पूर्ववर्ती साहित्य एवं साहित्यकार को नकार जाता है। परिणामस्वरूप नये और पुराने के बीच एक दरार पैदा होती है और जो पूर्ववर्ती साहित्य नई पीढ़ी की नवीन चिन्ताधारा के अन्वेषण की पृष्ठभूमि में खड़ा होता है, वहीं नकारा जाकर अपनी प्रतिक्रिया विघटनकारी तत्त्वों में प्रकट करता है जिसके स्पष्ट उदाहरण पत्र-पत्रिकाओं में छपने वाले साहित्यिकों के सामयिक पत्र हैं। इसलिए साहित्य में (चाहे वह पूर्ववर्ती हो या सहवर्ती) उपलब्धियों का स्वीकार्य ही समीचीन है।

[3] साहित्यिक ढाँचे में स्वस्थ जीवन-मूल्यों की प्राण-प्रतिष्ठा ही महत्तम उपलब्धि है। यह तथ्य है कि आज युग एक ऐसी स्थिति से गुजर रहा है जिसमें अविश्वास, कुंठा, घुटन एवं 'स्व' में डूबने का जड़ अहं विशेष जागरूक है। किन्तु उस सत्य को भी हम स्वीकार नहीं कर सकते कि अतिरिक्त उतने दुरावों और अभावों के, एक प्रगति चेतना हममें उद्‌बुद्ध है, हम अनायास विकास की ओर प्रकर्षित हैं; अत: सम्पूर्ण विकास-वृत्ति को मात्र दुराग्रह की ध्वस्त-भग्नता से झुठलाकर भी

विघटनकारी कुंठित साहित्य का सृजन समाज के लिए बहुत ही घातक है। अनास्था के रौरव में संवेदना की परछाइयों का नंगा विद्रूप अनुभूति की ईमानदारी पर एक कलंक मात्र है। हो सकता है, आत्माएँ उसकी ओर आकर्षित न हों।

[4] क्योंकि काव्य साधारणीकरण की एक प्रक्रिया है और सहजता उसका धर्म; अत: काव्य को केवल 'क्लासिक' मानकर फिर उसकी रचना करना केशव की प्रेतात्मा को सम्पुष्ट करना है। ऐसे 'क्लासिक' से मेरा तात्पर्य उस साहित्य से है जो केवल साहित्यकार के 'स्पेशलाइजेशन' के अहं को तुष्टि देता है। यों सामाजिक परिवेश की सम्पूर्ण आस्था को उद्घोषित करनेवाले अनगिन 'क्लासिक' ग्रंथ हमारे पास हैं। किन्तु आज दुरूहता के वैयक्तिक आग्रह भरे प्रतिक्रियावादी 'क्लासिक' की आवश्यकता नहीं है, क्योंकि ऐसा साहित्य स्वयं में इतना भूखा होता है कि वह दूसरों को सन्तुष्ट कर ही नहीं सकता। अत: साहित्य की अवतारणा सामाजिक उत्तरदायित्व के प्रति सचेतन दृष्टि-रूपों में होनी चाहिए जो रास्ते के नये मोड़ उजागर कर सके। सृजन के नये आयामों, नये सन्दर्भों के ग्रहण में एक ऐसा आत्मीय भावोन्मेष होना चाहिए कि कृति, कृतिकार और पाठक एकाकार हो सकें।

[5] अधिकांश साहित्यिकों के पास स्वस्थ जीवन-दर्शन का अभाव है और यह कभी साहित्य में किसी भी नैतिक मूल्य को सुरक्षित नहीं रहने देता। साहित्यकार बिकने लगता है। परिणामस्वरूप उसकी रचना सामाजिक वर्ग विशेष की माँगों के अनुरूप होती है। इस स्थिति में सबसे बड़ा भय यह है कि यदि किसी पूँजीवादी अर्थपिशाच की दृष्टि उस पर पड़ी तो वह जीवन से पूर्णत: कट जाता है और कम-से-कम हिन्दी की नई पीढ़ी में यही हुआ। कितने मसीहे अपनी शिष्य-मंडली के साथ बिक गए। आज एक विशेष प्रकार के साहित्यिक मानदंड आश्रयदाता के गलत प्रोत्साहन या आवश्यक निर्देशन पर स्थिर किये जा रहे हैं। इसलिए नई पीढ़ी का दायित्व और अधिक हो जाता है कि अर्थ-जड़ता के निर्देशन में 'डिमांड और सप्लाई' की कुत्सा से अपने को सुरक्षित रखें।

इस प्रकार से मेरी दृष्टि में भारतीय भावभूमि पर पूर्ववर्तियों की उपलब्धियों को सकारते हुए, स्वस्थ सामाजिक जीवन-मूल्यों को आत्मप्रचार से बचाते हुए जन-जन तक सहज मन, सहज वाणी पहुँचाना ही नई पीढ़ी का दायित्व है और इसी में हिन्दी का गौरव है।

['बासन्ती' : जून, 1962 से साभार]

धरातल की खोज

'कल्पना' : 130 में डॉ. शिवप्रसाद सिंह का लेख अभी-अभी पढ़ा हूँ और इसके पूर्व सुनने का सौभाग्य भी मिला था जब काशी की प्रख्यात साहित्यिक संस्था 'रचना' की गोष्ठी में उन्होंने स्वयं सुनाया था। इससे कुछ समय बाद 'भारती' में श्री वीरेन्द्र कुमार जैन की घोषणा पढ़ी थी और अब तो घर के भाड़े, स्कूल की फीस, राशन वाले के पैसों की तरह माहवारी क्रम हो गया है कि कुछ ऐसा पढ़ने को मिल ही जाता है जिसमें नई कविता के प्रति आक्रोश या कुछ में उसके प्रति मोह होता है। शायद यह मेरी स्थिति ही नहीं बल्कि हिन्दी साहित्य के किसी भी पाठक की समस्या है।

वैसे आद्योपान्त मनन के बाद दोनों ही दलों के कुछ तथ्य सामने आते हैं जिससे नई कविता की उपलब्धि या उसकी ह्रासोन्मुखता का ज्ञान होता है। वे हैं :

1. लघुमानव : आत्मपीड़ित यथार्थ या आत्मान्वेषी यथार्थ
   उर्फ
   मैं : निर्वैयक्तिक व्यक्ति या सामुदायिक व्यक्तित्व;
2. आधुनिकताबोध : एक फैशन या परिवर्तन का सहज संवेदन।

ऊपर लिखे तथ्यों में सत्य चाहे जिसके पक्ष में खड़ा हो किन्तु यह निश्चित है कि तथाकथित नई कविता से एक समूचा जन-समाज कटकर अलग हो गया है या काटकर अलग कर दिया गया है। मैं साहित्य की सम्प्रेषणीयता या साधारणीकरण की वृत्ति पर अँगुली रखना नहीं चाहूँगा। किन्तु इससे इनकार भी नहीं किया जा सकता कि निश्चय ही नई कविता का कोई ऐसा स्वर छूट गया है कि वह मानव संवेदन को छू नहीं पा रही है। तमाम राजनीतिक दलीलों के बावजूद जनता ने अपने फैसले उसके खिलाफ दे दिये हैं। यहाँ जनता का तात्पर्य मात्र बौद्धिक आयामों से गुजरने वाले लोग से ही नहीं बल्कि उनसे है जो पाठक या श्रोता की सहज जिज्ञासा रखते हैं। नरेश सक्सेना के शब्दों में : 'निश्चय ही नई कविता के पाठकों की संख्या लेखकों से कम है—यही डेढ़ सौ, दो सौ या ढाई सौ...।'

यह साहित्य की किसी भी विधा के लिए दुखपूर्ण है और उसके लिए दोनों ही उत्तरदायी हैं—चाहे वे नई कविता के पक्ष में हों या विरोध में। जो नई कविता

की वर्तमान स्थिति से सन्तुष्ट होकर उसका नारा लगाते हैं, वे अपने स्थान पर सही हैं, ऐसा नहीं कहा जा सकता क्योंकि मात्र स्थितिबोध अपने में कोई उपलब्धि नहीं है। अत: सामाजिक, राजनीतिक और धार्मिक विघटन की चर्चाओं का प्रतिफलन नई कविता का प्रयोजन नहीं हो सकता। यह एक वैज्ञानिक सत्य है कि दृष्टिगत तथ्य होता है, सत्य नहीं। सत्य तो काल-सापेक्ष संवेदन की स्थिति है। व्यक्ति से व्यक्ति का दुराव, कुंठा, घुटन, विघटन तो बाह्य प्रतिक्रियाएँ हैं। इन्हें रचना का प्राण-तत्त्व नहीं माना जा सकता। वह तो कुछ और ही है यथार्थ के अति निकट। मन की छुअन के समीप।

दूसरे वे लोग जो नई कविता का विरोध करते हैं, पूर्णत: स्वीकार नहीं किये जा सकते क्योंकि यह मात्र प्रतिक्रिया की प्रतिक्रिया होगी या स्पष्ट कहें तो नकार का नकार। और इस प्रकार केवल 'निर्वात' की स्थिति पैदा हो सकती है। 'ऐसा होना चाहिए' तो केवल राजनीतिक नारा है, किन्तु वैज्ञानिकता तो उसमें है कि 'ऐसा हो', अत: नई कविता बुरी है तो उसकी चर्चा से लाभ क्या? उचित होगा ऐसे धरातल का अन्वेषण, जहाँ केवल कविता लिखी जा सके। वह धरातल चाहे धर्मसापेक्ष हो या धर्मनिरपेक्ष, व्यक्तिगत हो या सामुदायिक किन्तु उससे एक दिशा मिले। मैं फिर कहना चाहूँगा कि कविता ऐसी लड़की नहीं जो लालटेन लेकर अन्धकार में खड़ी हो और हर राहगीर रास्ता देखता चले लेकिन कविता ऐसा 'जादुई कुआँ' भी नहीं जिसमें हर झाँकने वाला हँसता हुआ कूद पड़े।

आज की 'आधुनिकता' वैज्ञानिक दृष्टिकोणों से प्रभावित है किन्तु इसके लिए वैज्ञानिक उपकरणों के स्थूलत्व को शब्दायित करना काव्य के प्रति क्या उचित होगा? विज्ञान को उस सन्दर्भ में कविता के साथ नियोजित करना होगा, जिसमें वह जीवन के साथ सम्पृक्त है। मानव जीवन में विज्ञान का यह विघटन केवल युद्धात्मक संवेगों के कारण निन्दनीय नहीं माना जाना चाहिए, बल्कि उसके उस अंग को भी स्वीकार करना चाहिए जो मनुष्य को जीवित रखने में सहायक है।

अत: सम्पूर्ण रूप से विचार करने पर यह स्पष्ट हो जाता है कि आज साहित्य—कविता या नई कविता—का कर्तव्य मनुष्य को मनुष्य के निकट लाने का है। उसके दिलोदिमाग में ऐसा भाव पैदा करने का है कि मनुष्य का हाथ बन्दूक की नालों का मुख निरीहता की ओर से मोड़ ले, बमों में बारूद के पलीते न लगाए, तेजाब में डूबी हँसी का छिड़काव सड़कों पर न करे बल्कि कारखानों और खेतों की ओर बढ़े ताकि स्पृह टूटने न पाए।

[11 अगस्त, 1962]

‘राम की शक्ति-पूजा’

[भारत-चीन सीमा संघर्ष के परिप्रेक्ष्य में]

भगवती महाशक्ति के तेजोमान कवि-पुत्र निराला ने अपने अमर काव्य ‘राम की शक्ति-पूजा’ में जगन्माता सीता के अपहरण पर, राम-रावण युद्ध की भूमिका में, शक्ति के आवाहन और अवतरण का जो काव्यायोजन किया है, वह वर्तमान भारत-चीन युद्ध के सन्दर्भ में, हमारी नसों के भीतर अमोघ शक्ति मंत्र का संचार करता है।

केवल अक्षांश-देशान्तरों का अन्तर; किन्तु कितना आश्चर्यजनक है कि शताब्दियों बाद काल देवता ने दिक्कालिक विलोम के साथ वही इतिहास फिर दुहराया है, जो दाशरथि राम के सन्दर्भ में विघटित हुआ था। अपनी समस्त मान्यताओं के साथ उपलब्धियों की सहायता में विरत लोकतंत्र की पावन आस्था से संचालित राम का वनयोगी वेश...सर्वजाति की एकसूत्रता का सम्मोहन, आदिवासी, वन-खंडी निवासियों को स्नेह-सिक्त करती मर्यादा पुरुषोत्तम की प्रेम माधुरी... और सहसा ‘भूमिजा’ का अपहरण...। लोकनायक की एकमात्र आस्था—भूमिजा का संलोप। सीता का यह अपहरण शान्ति-दूत राम के लिए युद्ध की चुनौती बन गया और फिर राम का बानर जाति की विशाल वाहिनी संयोजित कर विस्तारवादी रावण का प्रतिरोध और उस पर प्रत्याक्रमण। सारी घटना लगातार चित्र-पट पर चालित चित्र-क्रम में स्पष्ट हो जाती है और मैं सोचने लगता हूँ, नगाधिराज की अंकशायिनी घाटियों में चीन का बर्बर आक्रमण। अपनी आस्थावान शान्ति-चेतना को लेकर विश्व-चक्र में चलते हुए देश पर चीन की विस्तारवादी दृष्टि का पड़ना और फिर दुर्दान्त कठिनाइयों को पार करते हुए प्रगतिशीलता के प्रयाण में अग्रसर भारत पर अमानुषिक आक्रमण। विश्वास को चूर्ण-विचूर्ण करने वाली संहारक प्रक्रियाएँ, भ्रातृत्व की नींव हिला देनेवाली विषाक्त घोषणाएँ। भारतीय चौकियों का सामरिक पतन और सहसा एकपक्षीय युद्धविराम की घोषणा।

...आसेतु हिमालय लोकवाणी का अप्रतिम जागरित उद्घोष और शक्ति की अर्चना का कार्यकलाप, सब कुछ वैसा ही लगा, जैसा उस दिन राम के साथ हुआ

था। अमर प्राण महाकवि निराला की 'राम की शक्ति-पूजा' पढ़ रहा हूँ और देश की एक-एक स्थिति अतीत का वर्तमान बनकर उभरती जा रही है :

सांध्यकाल

दिनभर के विकट संग्राम के अनंतर भी राम-रावण का युद्ध अपराजेय है। उफ! वंदिनी भूमिजा...। अप्रतिम युद्ध-कौशल के बाद :

'रवि हुआ अस्त ज्योति के पत्र पर लिखा अमर
रह गया राम-रावण का अपराजेय समर'

किन्तु इस अपराजेय समर के परिपार्श्व में साम्राज्यवादी भूमिजा-लोलुप रावण की विजय और राम के प्रत्याक्रमण की सामयिक शक्ति-विफलता सन्निहित थी क्योंकि :

'रावण प्रहार दुर्वार विकल बानर दल-बल
लौटे युग दल। राक्षस पद तल पृथ्वी टलमल
बिध महोल्लास से बार-बार आकाश विकल'

और :

'बानर वाहिनी खिन्न लख निज पति चरण चिह्न
चल रही शिविर की ओर स्थविर दल ज्यों विभिन्न'

प्रारम्भिक प्रतिरोध में सहसा विशाल बानरवाहिनी का शौर्य संस्खलन और दुर्दान्त रावण की राक्षसी सेना का विध्वंसात्मक शक्ति सन्तुलन। कितना साम्य है, भारत भू-खंडों पर चीनी सैनिकों का सहसा आक्रमण और फिर भीषण प्रतिरोध के बाद भी एक-एक कर कई भारतीय चौकियों का पतन...उद्धत चीनी सैनिकों का विजयोल्लास और स्वतंत्रता की मान-रक्षा में आहुति देते भारतीय वीर-पुत्रों के कालजयी मरण-पर्व का उल्लसित समारोह—रात्रि के आगमन पर युद्धविराम की घोषणा होती है और लोकनायक की सारी चिन्ताधारा संकट की विपन्न स्थिति का पर्यालोचन करती है। दिग्दिगंत-व्यापी अन्धकार हवाओं की सहसा चुप्पी और परिश्रांत वातावरण में राम की सम्पूर्ण क्रियाशक्ति विगत युद्ध की आसन्न विभीषिका का विश्लेषण कर रही है :

'है अमानिशा उगलता गगन घन अन्धकार
खो रहा दिशा का ज्ञान स्तब्ध है पवन चार

अप्रतिहत गरज रहा पीछे अंबुधि विशाल
भू धर ज्यों ध्यान मग्न केवल जलती मशाल
स्थिर राघवेन्द्र को हिला रहा फिर-फिर संशय
रह-रह उठता जगजीवन में रावण जय भय'

राम के हृदय में मथता हुआ विचारों का संवेग, सीता-हरण की चिन्ता मात्र ही नहीं, बल्कि विश्व में शान्ति के निराश्रित होने का भय राम को झकझोर रहा है। 'भूमिजा' की अप्राप्ति का दुख नहीं, बल्कि संसार में स्वतंत्रता और लोकजीवन की समृद्धि के विनाश का भय और रावण की विस्तारवादी घृणास्पद प्रवृत्ति के विजय का भय बार-बार राघवेन्द्र को कँपा देता है और उसी मानसिक आन्दोलन में रावण का बर्बर अट्टहास गूँज-गूँज जाता है :

'फिर सुना, हँस रहा अट्टहास रावण खल-खल'

कोमल हृदय-तन्तु आघात से काँप उठते और नियति की इस विडम्बना पर राम के नेत्र छलक पड़ते हैं :

'अन्याय जिधर है उधर शक्ति कहते छल-छल
हो गए नयन कुछ बूँद पुनः ढलके दृग जल'

लोकनायक की पीड़ा आँखों में अश्रु-बिन्दु बन छलक पड़ी और सम्पूर्ण जाति का वीरभाव उद्विग्न हो उठा। पवन-पुत्र हनुमान की उष्ण रक्तवाहिनी शिराएँ तन गईं और तत्काल शक्ति का यह अतुल प्रतीक विश्वास का अनन्यदूत शक्ति के निवास-स्थल महाकाश को निगल जाने के लिए विकराल रुद्रवेश में अट्टहास करता हुआ ऊपर उछला। उसके वेग से :

'शत घूर्णावर्त तरंग मग उड़ते पहाड़
जलराशि राशि जल पर बढ़ता खाता पछाड़
तोड़ता बंध प्रतिसंघ धरा हो स्फीत वक्ष
दिग्विजय अर्थ प्रतिपल समर्थ बढ़ता समक्ष'

किन्तु महाकाश को ग्रहण करने के पूर्व ही शिव की आज्ञा से स्वयं शक्ति का निरोध और माता की आज्ञा मान रुद्र की शान्ति संस्थिति में फिर सोचने लगा हूँ—प्रारम्भिक पराजय के क्षोभ से देश के कण-कण में उफान खाता हुआ वीर-भाव तत्काल आक्रमणकारी के शक्ति उद्गम को निगल जाने के लिए उत्तेजित है। किन्तु इस उत्तेजना में मातृ-भाव का वीरोचित संयम और क्षमा का अपूर्व संयोजन

है। आबाल-वृद्ध अपनी मातृभूमि की स्वतंत्रता की रक्षा के लिए बद्ध परिकर है। साक्षी है इतिहास कि विस्तारवाद के प्रतिरोध में किसी भी सभ्य जाति ने इतनी बड़ी संख्या में एकसूत्र होकर अपनी स्वत्व-रक्षा के लिए ऐसा उत्सर्ग नहीं किया है। उत्तेजना और उत्सर्ग—संयम और शौर्य—शान्ति का यह असिधारा व्रत भारत की उसी मर्यादा पुरुषोत्तम की परम्परा की एक कड़ी है, जिसकी शीलता में वीर भाव स्वयं हनुमान के रूप में प्रस्थित-प्रशगित है।

मैं आगे पढ़ता हूँ :

जाम्बवान की वृद्ध जनोचित मंत्रणा पर शक्ति का प्रत्युत्तर शक्ति से देने का संकल्प-शक्ति सन्तुलन के लिए आराधना और राम की शक्ति-पूजा प्रारम्भ होती है। मंत्र जाप के बाद यथारूप इन्दीवर अर्पण और यही समायोजित क्रम चलता है। आराधनालीन राम का संयम शक्ति-केन्द्रों को हिला रहा है :

'संचित त्रिकुटी पर ध्यान द्विदल देवी पद पर
जय के स्वर लगा काँपने थर-थर-थर अंबर'

और अन्त में प्रमुदित शक्ति द्वारा राम की अग्नि-परीक्षा द्वारा अन्तिम पूजा का इन्दीवर हरण होता है। उसकी प्रतिक्रियास्वरूप राम कुंठित हो उठते हैं और कंपित वाणी वातावरण में कराह उठती है :

'धिक् जीवन जो पाता ही आया है विरोध
धिक् साधन जिसके लिए सदा ही किया शोध'

किन्तु निराशा कुहाच्छादित मनोदेश में पुन: एक विचार कौंध जाता है :

'यह है उपाय कह उठे राम ज्यों मंद्रित घन
कहती थीं माता सदा मुझे राजीव नयन
दो नील कमल हैं शेष अभी यह पुरश्चरण
पूरा करता हूँ देकर मात: एक नयन'

और मेरे आगे एक चित्र है—दक्षिण कर में नयन और वाम कर में लक-लक करता महाफलक लिये दृग-वेध को उत्सुक राम और उनका हाथ थामती भगवती महाशक्ति। इसी चित्र के सहपार्श्व में एक चित्र और है—अन्न-वस्त्र और रक्त, दान करते हुए बाल, युवा, वृद्ध—आकृतियाँ—जिन पर एक ऊर्जस्वित आलोक है। शक्ति-आराधना में प्राणार्पण करते हुए देश के नौनिहाल, सुहाग की चूड़ियाँ तोड़कर माँग के सिन्दूर से स्वतंत्रता का पथ प्रतिभासित करती ललनाएँ। मंगलसूत्रों को सौंपती सुहागिनें, दुधमुँहों को देश पर बलि

होने की लोरियाँ सुनाती माताएँ और मिट्टी की शिरा-शिरा से उद्गीरित जननी जन्मभूमि की विजय कामना भरी गीतिकाएँ अनुगूंजित करती कुमारिकाएँ और मेरी अश्रुपूरित आँखों में राम का हाथ थामती हुई देवी की मंगलमूर्ति है और श्रवण कुहरों में गूँजता हुआ उद्घोष :

'होगी जय होगी जय
हे पुरुषोत्तम नवीन—
होगी जय—होगी जय—होगी जय।'

['भारती' : मार्च-अप्रैल, 1963]

ये फूल रेडियम के : गोविन्द उपाध्याय

'कविता में 'अर्थ की लय' जैसी कोई बात होती ही नहीं और उस पर चर्चा करना निहायत सतही है।' वह तेज-तर्रार आवाज में बोल रहा था और उसके आसपास बैठे चेहरों पर उसकी तीखी आवाज के चढ़ने-उतरने का रंग साफ दिख रहा था।

टेबुल पर हाथ मारते हुए वह कहता रहा : 'सामुदायिक अर्थ में किसी बात को आकार देना और बात है और बातों को परिभाषा के स्तर पर ढोकर खड़ा करना और। हाँ, चित्रों में तूलिका रंगों को आकार की लय दे सकती है। इस आधार पर यदि कोई चित्रकार मनोवृत्ति का ढालुआँ व्यक्तित्व कवि-धरातल पर लुढ़क पड़े और उस सपाट संस्खलन को अर्थ की लय कहे तो नई कविता के लिए इससे बड़ी प्रलय की स्थिति और क्या हो सकती है?' इस संजीदगी में भी उसके साथी हँस पड़े हैं और उसके तने हुए गोल चेहरे का सारा खिंचाव सिमटकर पतली मुस्कान में फैल गया है।

केदार का चाय-घर। साँझ की सुर्खी ठंडे अन्धकार की शिराओं में भर गई है। मैं अपने कवि मित्र से उसके बारे में पूछता हूँ। उत्तर मिलता है : 'गोविन्द उपाध्याय, एम.ए. इतिहास से। 'ऋचाएँ' के कवि और अब रिसर्च स्कॉलर।'

अक्सर पत्र-पत्रिकाओं में उलटता हूँ—अज्ञेय, भारती, दुष्यन्त, शमशेर, रामदरश, त्रिलोचन, और भी कितने नाम जिन्हें अँगुलियाँ ढो नहीं पातीं, किन्तु इस लम्बी कतार में यह अकेला और संवेदनशील व्यक्तित्व नहीं दिखा—कभी नहीं, या कभी दिखा तो पन्नों के पलटने की निहायत जल्दी में चुक गया।

इसके कई दिनों बाद—तिराहे पर मोड़ की पान की दुकान। गोविन्द ठहाके लगा रहा था : 'सम्पादकों को अपने परिचितों से छुट्टी ही नहीं, फिर नये लोग जिनके पास न वाद है, न खाद है, और न जमीन...पहुँच-पातियों के युग में उगें तो कहाँ?' वह सहसा गम्भीर हो गया : 'कितना अजीब है कि पूजा के खिलाफ विद्रोह करनेवाले नायक ही पूजकों को उकसा रहे हैं, बढ़ावा दे रहे हैं।'

तब से आज तक...कई तरह से, कई कोणों की प्रतिध्वनियाँ मुझसे टकराती रही हैं, कई चर्चाएँ उसके बारे में सुन चुका हूँ।

'गोविन्द काशी की नई पीढ़ी का जोरदार कवि है,' एक छोटे मुँह की बात है।

'गोविन्द निहायत उद्दंड है,' एक चौड़े कन्धे की उचकती राय है।

'व्यर्थ ही लाइब्रेरी...' छब्बीस इंच सीने वाली मुँह बिचकाती मॉडर्निटी ने कहा।

'अच्छे आदमी हैं बाबू,' चाय वाले की तजबीज है।

और मेरे सामने साधारण कद के गोल चेहरे, घुँघराले बालों वाले स्वस्थ और सुन्दर नौजवान का आकार है, जो आदमी है, कवि है और पहचान के लिए एक नाम उठाए चल रहा है—गोविन्द उपाध्याय।

'ऋचाएँ' और फुटकर कविताओं की कुछ पांडुलिपियाँ :

'अस्ति का एक स्रोत हूँ मैं,
गत अनागत बीच अविरल वेग का
एक भाव—
मैं समय की भूमि का अलगाव।'

परिचय है अन्तरिम कवि-व्यक्तित्व का, जो दिशाहीन युग की संक्रमण बेला में अपनी स्थिति को पहचानता है और दिशान्वेषण की इस प्रवृत्ति ने उसे बन्द कमरे का मसीहा बनाकर नहीं छोड़ दिया, बल्कि वह दृष्टि दी जिसने उसे चौरस्ते के खुले अवकाश में समुदाय के दर्द का सहभागी बना दिया। सह-संवेदन के समतल पर उसने उस छटपटाहट को शब्द दिया जो देर से अभिव्यक्ति की प्रतीक्षा में थी :

'आकारों में घिघियाते कंठ
रूपों में छटपटाते भार-बोध
और शब्दों में बिखरी ध्वनियों की गंध
फूटो...बिखरो...!'

दर्द झेलने की यह शर्त समाज के प्रति मानवीय उत्तरदायित्व की पहली कड़ी है। इससे जुड़कर आदमी की आदम व्यक्तित्व के प्रति समर्पित होने की भावना बल पाती है।

व्यक्ति का यह सामुदायिक समर्पण जीवितों की महत्तम उपलब्धि है और गोविन्द उपाध्याय की कविताओं में यह पूर्णतः प्रतिफलित हुई है।

'मैं नहीं चाहता
मेन रोड पर
जीवित ऊब को चीरती
एक खाली कार

मेरे लिए ही रुक जाए।
मैं बिलकुल नहीं चाहता।
एक रिफ्लेक्टर-सा मैं ही
तेज रोशनी का भरसक फैलाव
किसी दिशा में मनमाना मोड़ दूँ।'

क्योंकि और लोग भी हैं। बेशुमार भीड के असंख्य चेहरे जो परिचय की जिज्ञासु मुद्रा में कतारों को अर्पित हैं और जिनकी बहुत मद्धिम चाल प्रत्येक आहट पर टिकी है :

'सभी नींद से पहले
अजानी यात्रा का दर्द ओढ़ लेते हैं।
सभी को खटका है
मुर्गे अगर सीटी न दें
चिड़ियों में खलबली न हो
अलार्म से स्टेशन न गूँजे
तब हम छूटेंगे
रह जाएँगे।'

किन्तु इस धरातल के अतिरिक्त :

गोविन्द उपाध्याय का वह व्यक्ति खंड जो बौद्धिक आयामों से तनिक छूटकर एकान्त को छूता है, अधिक तरल है। यहाँ कवि केवल अन्तर्वैयक्तिक आकार रूपों का संयोजन ही करता है। अत्यन्त सरल और स्निग्ध सम्भोग्य को काँपती अँगुलियों से छूने का प्रयास :

'जलती गई लाल अंगारे पर
छन-छन-छन...
आहटों की बूँद की कतार
बुझती हुई आँच में बचा है
राखों के ढेर-सा
इंतजार...'

या :

'झुक गई है चाँदनी की डार
मेरे पास तक
एक बिरवा तुम लगाकर भूल बैठे

सींच मैंने दे दिया है
वृक्ष का आकार।'

नई कविता में सौन्दर्यबोध को गलित वासना के नग्न सन्दर्भ में तथा मांसल रोमांस के फूहड़ चौखटों में काफी सजाया गया है :

'फिरोजी होंठों पर जिन्दगी बरबाद' होने के नारे लगाए गए हैं।

'बैठि पलोटत राधिका पायन' की तर्ज पर 'लाल कमल से पैर गोद में लेकर सहलाना' फर्ज मान लिया गया। किन्तु जब हम गोविन्द की सहज प्रेमानुभूतियों से छुए जाते हैं तो लगता है कि 'सही' और 'सत्य' में मूल्य का अन्तर है। अन्तर है झेलने के स्तर का :

'अपनी बाँहों से कस
बस फूटा
काँच से भरा
दिवालिए टहनी शाखों का
बासन्ती गीत
और तेजाब से जला मौसम
कराह उठा सीने में,
घायल सिपाही-सा...।'

शिल्प और दृष्टि की अचूक सम्भावना से गुजरते इस कवि के पास वातावरण का सही बोध तो है ही, और है उस बोध को आस्थावान संवेग देने का संश्लिष्ट संकल्प...। गुट और नारों की भीड़ में अलग से आकार-रूपों की खोज का अथक श्रम इसकी श्रेय सिद्धि लाएगा ही, और भी बल मिलेगा उन्हें, जो घने अन्धकार से लड़ रहे हैं—महज एक कौंध के लिए जिनके आगे-पीछे कोई रिफ्लेक्टर नहीं, कोई कम्यूनिकेटिंग एजेंट नहीं।

['विनियोग'-1, 15 मई, 1963]

तुलसी और आधुनिक लेखकों की समस्याएँ

तुलसी जयन्ती के पर्व पर एक ओर जहाँ हम तुलसी की उपलब्धियों पर विचार-विमर्श करते हैं, वहीं आगत की सम्भावनाओं की चिन्ता भी हमें होती है। परिवर्तित युग-बोधों और विघटित व्यक्तित्वों के अवमूल्यन के सन्दर्भ में कई प्रश्न चिन्तन के समानान्तर धरातल पर उग आते हैं। विश्वास और बौद्धिक विश्लेषण की विरोधी प्रवृत्तियाँ, रौंदी हुई इकाइयों की खंडित आस्थाएँ और दिशान्वेषण के लिए लगातार एक सीध में दौड़ती कतारें, एक रील की तरह एक ही क्षण में—क्षण ही क्यों, एक ही अनुक्षण में कई प्रक्षेपों और दिशा-कोणों से उभरती हैं, मिटती हैं। परम्परागत रूढ़ाग्रहों और आदर्श वाक्यों के उद्धरणों से घिरा सारा व्यक्ति परिवेश एक अनिश्चित विवाद से ग्रस्त है और तब इस वातावरण में फिर सोचने के लिए हम बाध्य होते हैं कि क्या तुलसी इन बौद्धिक असन्तुष्टियों के हाथ विश्वास का कोई ऐसा सूत्र दे सकते हैं जो हमें एक नये सन्दर्भ में जी सकने या परिभाषित होने के लिए उत्प्रेरित ही करें?

हम तुलसी के पात्रों से मिलें किन्तु इसके पूर्व यह देखना उचित होगा कि पात्रों के चुनाव की पृष्ठभूमि क्या थी और क्या वह अतीत खंड हमारी बौद्धिक असन्तुष्टियों का परिमार्जन वर्तमान के कुंठित और विश्वासों के नकार की स्थिति में करा सकता है या नहीं? अत: तुलसी को सामाजिक परिवेश में विकास की एक सीमा तक स्वीकार करके उसी क्रम में पढ़ना है।

भारतीय साहित्य का एक ऐतिहासिक क्रम है और उसकी आदि संख्या है वाल्मीकि रामायण। वाल्मीकि के समक्ष भी एक अद्भुत प्रश्न था, उस समय, जब वे काव्य की रचना करने जा रहे थे। विचारों की अमूर्तता को व्यक्ति का आधार देना था और यह आवश्यकता भी पहली अनिवार्यता थी...इसलिए नहीं कि एक ऐतिहासिक महापुरुष को काल की सापेक्षता प्राप्त होगी, इसलिए नहीं कि काव्य पुरुष के सन्दर्भ में रचनाकार विज्ञापित होगा, इसलिए नहीं कि देशज या दलगत मनोवृत्तियों को सन्तुलित पोषक तत्त्व मिलेगा, बल्कि इसलिए कि सम्पूर्ण जनमानस की चेतना को एक आधार मिल पाएगा जहाँ केन्द्रित सर्जक की सम्पूर्ण चिन्ताधारा

अपने अनुचिन्तन, अनुशीलन और तत्त्वावगाहन की संप्रेष उपलब्धियाँ पा सकेगी। और इसी कारण आदिकवि ने सर्वप्रथम नारद से पूछा था कि कथा का कौन समुचित पात्र है? किसमें है वह पात्रता जिसकी सीमा में सम्पूर्ण राष्ट्र की चेतना, उसके बौद्धिक और श्रद्धा-विश्वास की गुरुता से भरी जा सके?

और नारद द्वारा निर्देशित राम की सहज अपौरुषेय मर्यादा पर विश्व का पहला भावना भरा इतिहास लिखा गया।

तुलसी के सामने युग था—एक ऐसा युग, जहाँ आदर्श और मर्यादा की सीमाएँ टूट रही थीं और पात्रता का प्रश्न सूनी और उदास घाटी की आहत प्रतिध्वनि-सा लौट आता था। फिर भी कवि-मन की क्षण-अनुक्षण प्रपीड़ित आकांक्षा उसे निचोड़ रही थी। शब्द आकार पाने के लिए व्याकुल थे और सामाजिक विद्रूपों के प्रति परम्पराओं और रूढ़ियों के प्रति आकंठ डूबे विद्रोह की घायल, दर्पित, स्फीत चीत्कार अनाचार की नींव को तोड़-फोड़ देने के लिए उस पर सिर पटक रही थी :

'कोई अवधूत कहता है
कोई रजपूत कहता है
किसी की बेटी से बेटे का विवाह नहीं करूँगा
किसी की जाति बिगाड़ना नहीं चाहता
बिगाड़ूँगा नहीं—
फिर भी...फिर भी...'

और असहाय विपन्नता ने फिर उसी आधार को, उसी पवित्रता को अपना लिया—केवल कुछ नये सन्दर्भ जोड़कर, कुछ नये भाव-बोधों के साथ। राम फिर तुलसी के काव्य-नायक बने।

तुलसी का अध्ययन विराट था। जीवन को उन्होंने विभिन्न सन्दर्भों में जिया था और झेला था। अनुभव के कई साक्ष्य उनकी संवेदनाओं की अँगुली थामकर लड़खड़ाते चल रहे थे। किन्तु प्राप्य जिसे हम तुलसी की उपलब्धि कहते हैं, उसके विस्मरण का भय था। अत: तुलसी ने पूर्व कथा में कुछ परिवर्तन किया और असहाय भीड़ के हाथों अपनी कमाई सौंप दी।

जिसे हम प्रतिष्ठापित कर चुके थे किन्तु समारोह की आयोजन की सफलता के मोह से जिसके चारों ओर आवरण लगा रखे थे, तुलसी ने उस चिर प्रतिष्ठापित को अनावरित किया या यों कहें, जिसे समय ने धुँधला दिया था, जिसकी उज्ज्वल आकृति पर विस्मरण की कई परतें जम गई थीं, मात्र उसे तुलसी ने स्पर्श किया और फिर उसके उज्ज्वलतम स्वरूप को नई कलई के बाद हमारे सामने रखा। तुलसी के कवि की सफलता उसके सामाजिक बोध की परिचायिका है। एक ओर

उसने जनमानस में युगों से संचित दंतकथाओं के विश्वास का सूक्ष्म अध्ययन किया तो दूसरी ओर अपनी आत्मवेदना सम्प्रेषणीय बनाने के लिए बोलचाल की भाषा चुनी। तुलसी संस्कृत में भी सफलता से लिख सकते थे और इसके लिए उन्होंने प्रमाण भी प्रस्तुत किया है : प्रत्येक कांड प्रारम्भ होने के पूर्व संस्कृत के श्लोकों में। किन्तु उन्होंने परम्परागत रूढ़ियों के खंडन में संस्कृत भाषा की आडम्बरयुक्त उद्घोषणा के विरुद्ध जनभाषा का आधार लेकर विद्रोह किया और कहना नहीं होगा कि तुलसी कितने सफल रहे। आधुनिक लेखकों के सामने तुलसी की यह सामाजिकता, यह सहजता और शैली तथा भाषा के निर्धारण की युक्ति उदाहरण के रूप में है। क्या आज शैली का अटपटापन भाषा की परम्परागत रूढ़िवादिता, समाज सापेक्ष सन्दर्भों की पंगुता नये लेखकों की बड़ी से बड़ी कमजोरियाँ नहीं बन गई हैं? और जिन्होंने इससे छुटकारा भी पा लिया है, वे यथार्थ के प्रति जागरूक नहीं। उन्हें केवल सूर्योदय, केवल प्रकाश, केवल आत्मा और परमात्मा का निरुपाधि संलाप ही सूझता है। और यदि कोई यथार्थ के प्रति जागरूक होकर इनसे छूट भी पाया है तो वह यथार्थ में उसके पीड़ित अन्धे सत्य को नहीं देखता। उस आवेग को नहीं छू पाता है या छू सकने का साहस कर पाता जो नंगेपन की दरार से टुकुर-टुकुर ताक रहा है। अश्लीलता और नैतिकता के नाम पर सत्य (यथार्थ) को नकारने की एकांगी प्रवृत्ति हमारी अपनी संस्कृति की संकुचित मनोवृत्ति बन गई है। दुख तो तब होता है जब हम अपना अन्तिम निर्णय भी उसके पक्ष या विपक्ष में दे डालते हैं।

यह सत्य है कि इस धरातल पर तुलसी भी अभिन्न हैं। किन्तु आदर्श, परम्परा, रूढ़ि तुलसी की अपनी विवशताएँ थीं। उस वातावरण की विवशताएँ जिसमें तुलसी जीवित थे। तुलसी के आगे एक जाति का प्रश्न था, एक संस्कृति का प्रश्न था और तब समय भी एक परिधि में था और हमारा भौगोलिक ज्ञान सीमित इकाइयों तक ही था। किन्तु इन पाँच सौ वर्षों के बाद क्या वही परिवेश, वही सन्दर्भ आँख मूँदकर स्वीकार किया जा सकता है? यह एक महत्त्वपूर्ण प्रश्न है जिस पर आग्रहों से हटकर बुद्धिजीवियों को मनन करना है।

प्रश्न की सफाई में अतीत और वर्तमान के दो परिवेश हमारे सामने हैं :

राम और रावण
लक्ष्मण और कुम्भकर्ण
भरत और विभीषण
राम के बानरादि सेवक और रावण के
राक्षसादि सेवक गण
सीता और मन्दोदरी।

राम के माता-पिता और उनका आत्मीय वात्सल्य, रावण का मातृ-पितृहीन ऐकांतिक संवेग। यदि हम परिस्थितियों का विश्लेषण करें तो पाते हैं कि एक ओर दृढ़ सहयोगी भावनाएँ हैं तो दूसरी ओर चिरन्तन विरोध।

' 'लक्ष्मण' दैव-दैव आलसी पुकारा' की हुंकृति से भरा है, किन्तु कुम्भकर्ण लगातार निद्रा-विवश है।

भरत राज्य की लिप्सा छोड़ तपस्या करते हैं और विभीषण भाई का साथ त्याग शत्रु पक्ष में मिल जाता है।

तुलसी ने केवल दो ही पक्ष चुना है—पुण्य-पाप, स्नेह-द्रोह, सुमति-कुमति। यदि स्नेह ही है तो उसमें शंका नहीं। यदि द्रोही है तो कोई उसे द्रोह से डिगा नहीं सकता। और ऐसी स्थिति में निर्णय देना आसान हो जाता है। रामायण के पढ़नेवाले को घटना का एक क्रम एकरसता का आभा लिये हुए आवरणहीन-सा दिखता है जैसे पूर्व धारणा है कि कैकेयी वन में जाने के लिए कहेगी और कौशल्या विरोध नहीं करेंगी। जैसे दशरथ मर जाएँगे पर मुख से नहीं कहेंगे कि राम वन में जाओ। जैसे दशरथ के कहने के पूर्व ही राम सोचेंगे कि मैं वन में अवश्य जाऊँगा। ऐसा लगता है कि एक घटना घट रही है और उसका प्रक्षेप जहाँ पड़ता है, वह रंगमंच पहले से ही प्रस्तुत है और बुद्धि के स्तर पर सारी बातें रीतने पर भी भरी-भरी सी लगती हैं। जहाँ कहीं रास्ते बन्द हैं, उनके लिए प्रश्न चिह्नित होते ही तुलसी विश्वास, वेद और जनमत की दुहाई देकर आगे बढ़ जाते हैं दूसरी गली से। किन्तु क्या आज भी सब कुछ वैसा ही है? कैकेयी वन जाने को कहेगी और कौशल्या नहीं बोलेंगी? भाई के साथ बेटे को भेजने में सुमित्रा गर्वित होगी, शायद नहीं...नहीं। आज वैसा नहीं है। कहीं भी स्थिरता नहीं। हर चीज हिल रही है। हर जगह द्विविधा है। हर जगह स्नेह है और द्रोह है। द्रोह है क्योंकि स्नेह है और ये सब-के-सब क्षण-प्रतिक्षण अवमूल्यन की ओर दौड़ रहे हैं। प्रत्येक आदमी में वर्तमान की विवशता, भविष्य की चिन्ता और अतीत की कचोट फफोलों-सी फूट रही है। वह जिस वातावरण में है, वहाँ विश्वास की परिभाषाएँ बदल गई हैं। सत्य की स्थिरता मिट गई और अचानक व्यक्तित्व इतना अधिक दब गया है कि वह आयताकार पिचक गया है और आसानी से लुढ़क नहीं पाता। कहीं शिखर नहीं है और न कहीं प्रकाश-स्तम्भ और यदि है भी तो वे इतिहास के पन्नों पर मृत्यु जर्जरित जीवित असंगतियों की असूझ परछाइयाँ हैं जो स्वयं रास्ते टटोलती हमारे कन्धों का बोझ बनकर जी रही हैं। ऐसी स्थिति में आज के लेखक का एक अलग ही कर्तव्य हो जाता है जिसे वह अपनी विवशताओं में नहीं बल्कि अपनी संघर्ष-संचेतना में स्वीकार करता है।

तुलसी के सामने युगीन संक्रमण की स्थिति थी और आज के ईमानदार साहित्यकार के सामने है : साहित्य में मानव-मूल्यों का ह्रास, नैतिकता का प्रश्न और

साहित्य में अश्लीलता आदि ऐसे महत्त्वपूर्ण प्रश्न हैं जिनका समाधान अभी नहीं मिल पा रहा है। किन्तु इतना अवश्य है कि जहाँ साहित्यिक ईमानदारी का प्रश्न है, वहाँ इन प्रश्नों की यथार्थता जीवन-मूल्यों के सन्दर्भ में झुठलाई नहीं जा सकती। और तब एक धरातल पर तुलसी के और वर्तमान साहित्य के बीच की रेखा—विभाजन रेखा खिंच जाती है। तुलसी का साहित्य अन्तिम निर्णय का साहित्य है और उस युग के परिप्रेक्ष्य में यह सत्य भी हो सकता है। किन्तु वर्तमान साहित्य चरम यंत्रणा के क्षणों का यथार्थ अंकन है जिसका केन्द्रबिन्दु है द्विविधा और पछतावा। फिर हम यह निश्चित रूप से सोचने को बाध्य हैं कि क्या तुलसी के साहित्य में आज का भी कुछ है और यदि कुछ है भी तो मात्र व्यक्ति की बाह्य प्रक्रिया तो नहीं है? 'अश्लील का शील' तुलसी की अपनी विशेषता हो सकती है किन्तु वह सामुदायिक यथार्थ नहीं। सब कुछ मिलाकर कहें तो कह सकते हैं कि तुलसी के पात्रों का सुख-दुख बड़े आदमी का दुख-सुख है जिसकी कल्पना भी रोमांचक होती है और जो उपस्थित या भोग्य के पूर्व ही निर्धारित पीठिका पर पाँव टेकती है। जहाँ कहीं बाह्य प्रक्रियाओं से हटकर तुलसी के पात्र आत्म-मंथन की स्थिति में हैं, वहाँ भी उनमें समुचित आत्म-संवेग नहीं बल्कि है भी तो सेव्य आर्तता।

इसी प्रकार कई स्थल महत्त्वपूर्ण रूप से विचारणीय हैं और आशा है, उस पर उपस्थित महानुभाव मत देंगे।

फिर भी आधुनिक साहित्यिकों के लिए तुलसी की उपलब्धियाँ सम्भावनाएँ बन सकती हैं यदि उनकी शिल्पगत मान्यताओं और पाठकों तक विषय को सहज संप्रेष्य बनाने की सूक्ष्म दृष्टि का सही बोध हो सके।

['कुटज' : 28 अगस्त, 1963]

नई कविता और उसके बाद

रहस्य के स्वप्न सँजोये छाया की मीठी लोरियों में हम सो रहे थे कि शोर-शराबे में हमारी कच्ची नींद टूट गई और हमने चौंकते हुए देखा कि प्रगति के पोस्टर पर एक नया पोस्टर चिपका हुआ है, जिस पर अनगढ़ आकारों में उभरा है—'नई कविता' और यही साधारणतः इतिहास तथ्य है, हिन्दी साहित्य में नई कविता के प्रादुर्भाव का, जिसकी पृष्ठभूमि में द्वितीय विश्वयुद्ध के अमानवीय नरसंहार का अपरिहार्य, किन्तु अग्राह्य सत्य प्रतिष्ठित है।

इसके पूर्व प्रगतिवाद के नाम पर राजनीतिक वर्गान्तरीय विज्ञापन की वृत्तियाँ एवं महामानव की विभीषण कल्पनाएँ प्रतिफलित होती रहीं, किन्तु नई कविता ने सही अर्थों में व्यक्ति को परखा एवं अभिव्यक्ति की सम्पूर्ण ईमानदारी से मानव के नूतन परिवेश की भावात्मक कल्पना की। प्रगतिवादी पोस्टर के हाशिये अछूते रहे, केवल उन पर रचे गए राजनीतिक उग्रचित्र ढक दिये गए। सही अर्थों में नई कविता प्रगतिवाद की परिष्कृति के रूप में सामने आई और अपनी सामाजिक जटिलता की प्रतीक भी लाई। व्यक्ति में सब कुछ संपुंजित करने की चेतना उभरी।

आज का कवि वैज्ञानिक चेतना का कवि है—एक ऐसा कवि, जिसकी दृष्टि विश्व की सम्पूर्ण क्रियाशीलता का अध्ययन कर रही है। उसके सामने तीव्रगामी विकास है, निरंतर परिवर्तन के श्वास से दहकता हुआ। हर वस्तु, हर मान्यता टकराती हुई, टूटती हुई और पुनः संयोजित होने के लिए आतुर। और स्थापत्य की इस भयावह संक्रमिकता में अस्तित्व अकेला रह गया : घुटन भरे वातावरण में खंडित व्यक्तित्व। पर अनास्था हमारी कविता का मूल स्वर नहीं, और इसके प्रमाण हैं नई कविता के कुछ अकुंठित गायक।

हम क्षण-अनुक्षण को अनुभव करते रहे, वर्तमान को जीते रहे, जो हमारी पकड़ से फिसल रहा था और जिसके लिए हम हाथ बढ़ाए हुए थे। इस प्रकार काल के एक ही त्रिकोण में भूत, वर्तमान और भविष्य परिभाषित होता रहा। वर्तमान का अनुभूत सत्य हममें प्रतिभाषित होता हुआ यथार्थ तथाकथित नई कविता का आधार बना, फिसलन और पकड़ की निर्बाध आकुलता उसकी शेष दो भुजाएँ।

किन्तु, कालान्तर में यह रूप बदलता गया। अन्तर्कोणिक प्रवृत्तियों के दिग्जाल से हमारा कवि अपने को बचा न सका और जो अनुभव सामाजिक परिवेश में, सामुदायिक स्तर पर हमारे अनुभूत बने, वे ही अन्तर्वैयक्तिकता की ओर मुड़ गए। जहाँ हमने व्यक्ति को प्राणिमात्र की चेतना के प्रतीक के रूप में स्वीकार किया था, वहीं उसकी व्यक्तिगत अन्तर्मुखी क्रियाशीलता हमारे लिए अजनबी बन गई और इस घोर ऐकान्तिकता ने हमारी सम्पूर्ण ज्ञान-चेतना को बींध डाला। परिणामस्वरूप आकार की उबा देने वाली एकरूपता तो मिली, किन्तु भावात्मक एकता गूलर का फूल हो गई। व्यक्तिगत अनुभूतियों की स्थापना के लिए वैयक्तिक दर्शन का आग्रह नयेपन के विकास की जंजीर बन गया और कुंठाओं एवं संस्खलन का आदर्शीकरण एक बोझ। हम उन्हीं पुरानी लकीरों के समानान्तर एक लकीर खींचने लगे, जिसको नकारने का हमने संकल्प किया था।

यद्यपि विषय एवं शिल्प की दृष्टि से नई कविता में नई उपलब्धियाँ हुईं, किन्तु उनमें अधिकांश शिल्प के चमत्कारिक रूप को ही अभिव्यंजित करती हैं और कुछ केवल दलगत प्रवृत्तियों की संकीर्णता को। यह सत्य है कि विषयवस्तु शिल्प एवं साहित्य में जीवनगत मूल्यों को नई कविता में एक नवीन दिशा मिली है और परम्पराएँ भी टूटी हैं। किन्तु नवीनता के एकान्त आग्रह ने स्वयं अपनी एक परम्परा अजाने ही बना दी है, जो उसकी अदूरदर्शी हठ नीति का द्योतक है। अनास्था, कुंठा-घुटन, विघटन, लघुमानव की आत्ममूढ़ चेतना का अहं मात्र ही उसकी रागात्मक वृत्तियाँ हैं, जिसके धुँधलके में किसी की जिन्दगी जली हुई सिगरेट-सी लगती है और वह नाली में फेंक देने के लिए उतावला है, तो किसी को कण-कण में केवल अस्तप्राय सूर्यास्त के दर्शन हो रहे हैं। कोई अकेला जीवित प्रेत घड़ी की टिक-टिक में अपनी आत्मा का श्वास गिनता है। इसी प्रकार की अनगिन अनास्था की ऐकान्तिकता की सृष्टि नई कविता के वय:किशोर तन पर फफोले की छाप-सी उग रही है। धूप केवल पांडुता का प्रतीक है और साँझ नीलाम हो गई है। रात का अस्तित्व का खुदा जाने क्या होगा? अतिरिक्त इसके नयेपन का मोह और बौद्धिकता के आग्रह ने नई कविता को 'सुन्दर' से दूर रख दिया। 'बसन विहीना' नारी के खुले तन का आकर्षण नये कवि की मिचमिचाती धुन्धभरी आँखों के आकार में डूबता है, नंगी रात सीटियाँ बजाती है। और यदि यही नई कविता का स्वरूप है तो क्या होगा वह सत्य, जिसकी स्वयं आँख नहीं? क्या होगा वह शिव, जिसमें मांगलिकता नहीं? और क्या होगा वह सुन्दर, जिसकी छाया में मन रम न सके?

नई कविता के नाम पर अनुवादों के अधकचरे कुपथ्य एवं अनुकरण को प्रतिष्ठित करना क्या कवि के लिए प्रशंसनीय है? किन्तु हो यही रहा है। पाश्चात्य दर्शन की अपूर्णता का ढोल नई कविता में पीटा जा रहा है। जो शैली, जो विधा वहाँ

बीसवीं सदी के दूसरे दशक में मर गई, उसकी प्रेतात्मा को हिन्दी में उतारने का घोर प्रयास हिन्दी का बौद्धिक कवि कर रहा है। बिम्बों एवं प्रतीकों का अपर्याप्त सन्तुलन नई कविता की नाव डुबो रहा है। नई-नई उपमाओं का अमर्यादित रूप एवं अजनबी वर्णन नई कविता में केवल दुरूहता की सृष्टि कर सकते हैं, रस की नहीं। मात्र इतना ही नहीं, आज की पाश्चात्य साहित्य की शिक्षा-दीक्षा में पला कवि वहाँ के दर्शन का अपच हिन्दी साहित्य में उगल रहा है। मैं अध्ययन का विरोधी नहीं। सुविचार किसी के भी ग्राह्य होते हैं, किन्तु उनको बोझ के रूप में स्वीकार करना श्रेयस्कर नहीं। आवाजें शून्य में अटकी हुई हैं और उन्हें भूमि पर उतारने का मानवीय प्रयास ही कवि-कर्म है। और हिन्दी साहित्य में किसी भी स्वर को भारतीय भाव-भूमि पर प्रतिष्ठापित करके ही हम सामाजिक उपलब्धियों के रससिद्ध कवि बन सकते हैं, अनुकरण से नहीं। क्योंकि नई कविता वर्तमान से, कवि के परिवेश से एवं क्षण-अनुक्षण से संकल्पित है। किन्तु खेद है कि संकल्प केवल खूँटी पर टँगे आदर्श की तसवीर रह गया है।

आज नई कविता बदनाम है, अपने शिल्पगत प्रयोगों के लिए नहीं, वस्तुगत जीवन-मूल्यों के लिए नहीं, बल्कि खंडित बिम्बों के लिए अस्पष्ट, नितान्त असंगत एवं बौद्धिक प्रतीकों के लिए अपनी गद्यात्मक एकलयता की वृत्ति के लिए और साथ ही घुटन में डूबकर शहीद होने की दिखावट के लिए। नई कविता का नाम सुनकर हमारा पाठक कविता के प्रति अनास्था से उसी प्रकार भर उठता है, जैसे किसी महंत को देखकर धर्म के प्रति। क्योंकि विगत छल-कपट एवं आत्मिक कष्ट-प्रवंचनाओं की प्रतिक्रिया हमारे विश्वास को झकझोर देती है। उसे कविता की अप्रेषणीयता या पाठक का बौद्धिक अविवेक कहकर झुठलाना वृथा है। हमें नई कविता के आगे सोचना है, नई कविता के नाम पर फैली विकृति के विषय में सोचना है। दलदल पर नये तख्ते रखने हैं, ताकि नये भाव, नई आस्थाएँ उसे पार कर सकें। इसके लिए हमें एकान्त की 'दम-घोंट' उचाट से बाहर निकलकर प्रश्नों के उत्तर ढूँढ़ने चौरस्तों पर खड़ा होना पड़ेगा।

अत: लोक कल्याण के लिए सामुदायिक स्तर पर नीलकंठ बन जिस दिन हमारा कवि सूर्योदय बेला में अन्धकार की परतों को चीरता हुआ अग्निबाण-सा उदित होगा, उसी मंगल प्रभात में वर्तमान के अश्रुजल से नई कविता की कालिमा धुलेगी। इतिहास स्वर्ण पंखों पर उड़ेगा और नई कविता होगी पुनर्जीवित : 'नूतन कविता'।

['भारती' : 1 फरवरी, 1965]

नवलेखन विमर्श

प्रियवर,

यदि आप बाहर से आए हैं तो निश्चय ही आपको काफी चलना पड़ा है, थक गए होंगे। हमें आपसे पूरी सहानुभूति है। खान-पान और ठहरने की व्यवस्था से हमें विश्वास है, आप हमारी सेवाओं के प्रति आश्वस्त होंगे।

यदि आप स्थानीय हैं तो इस दुर्लभ सहयोग के लिए आप अपने को स्वयं धन्यवाद दें।

अब आप खुद विचार कीजिए कि गोष्ठी में आए हुए लोगों में आपका स्तर क्या है? वैसे भी क्या इस प्रकार की गोष्ठियाँ किसी ईमानदार साहित्यकार के लिए किसी अच्छे स्तर की सिद्ध हुई हैं? आप इस पूरी योजना की सफलता में भाग लेने आए हैं या सचमुच आपके सामने नवलेखन के गतिरोध का सवाल है? (वैसे इस प्रकार की शंका-गोष्ठियाँ स्वत: गतिरोध हैं।) इस पर 'घात-प्रतिघात, वीचि-विवर्त से अलग होकर आत्म-परीक्षा के लिए सचेष्ट हों, क्या यह नवलेखन की भाषा है?'

अपने आसपास यदि आप ध्यान दें तो प्राय: तीन तरह के लोग हैं—अध्यापक, द्वितीय श्रेणी के (औसत) लेखक और कुछ थोड़े से सही आदमी। अध्यापक खूँटे में बँधे हुए अत्यन्त दीन प्राणी हैं, जिन्हें जीविका ने बरबस बीते हुए साहित्य से जोड़ दिया है। ये साहित्य नहीं, साहित्य का इतिहास अधिक तत्परता से पढ़ते-पढ़ाते हैं। इनमें कुछ प्रतिभावान भी हैं, किन्तु यह प्रतिभा पुनरुक्ति की है। दिमाग के कटे रिकॉर्ड पर बुद्धि की घिसी सुई वर्षों से लगातार एक ही धुन बजाती है। अलमारियों में कोर्स की किताबों की कुंजियाँ और दीवारों पर ईंटें बढ़ती जा रही हैं। बँधी लीकों पर चलने से मेदे में चर्बी भर गई है और हाजमा खराब हो गया है। 'इनोफ्रूट सॉल्ट' और 'लवण भास्कर चूर्ण' पर पलने वाली इस असहाय जाति से किसी नई जमीन के तोड़े जाने की आशा करना व्यर्थ है। किन्तु नवलेखन के लिए विश्वविद्यालयों के अध्यापक क्यों चिन्तित हैं, यह महत्त्वपूर्ण सवाल है। इसे टालना अब अधिक उचित नहीं। निश्चय ही इनकी यह सजगता नये लेखकों की एक खास समस्या है। क्या यह किसी साहित्यिक चकबन्दी की पूर्वभूमिका है?

क्या यह फसल काटने और आनेवाले लोगों में अपनी मेहनत की साख गाड़ने की साजिश तो नहीं?

दूसरी श्रेणी में औसत साहित्यकारों की चर्चा व्यर्थ नहीं होगी। शोध-ग्रंथों की अनावश्यक सफलता ने इन्हें साहित्य लिखने पर बाध्य कर दिया है और जब वक्त के बीते हुए से इन्हें जरूरत की सामग्री मिल ही जाती है तो मौलिक एवं रचनात्मक साहित्य से इनका क्या प्रयोजन? सेठाश्रय = साहित्य × समाज के समीकरण का हल ही इनका उद्देश्य है। वैसे अध्यापक से इनका स्तर कुछ ऊँचा है अवश्य।

तीसरे वे कुछ थोड़े से सही लोग हैं जो नवलेखन से सीधे सम्बद्ध हैं और यहाँ उनकी स्थिति टाट में लगे रेशमी पैबन्द जैसी है। पता नहीं क्यों, अध्यापकों और औसत साहित्यकारों के आगमन का ज्ञान होते हुए भी ये इस प्रकार की गोष्ठियों में आते हैं? निश्चय ही इनका उद्देश्य इस धार्मिक नगरी में मनोरंजन का नहीं होगा। तो क्या यह उम्मीद की जाए कि सही बात कहकर वे पुराने लेखकों और अध्यापकों की नासमझी दूर करेंगे?

हम स्थिति से परिचित हो चुके हैं। अब आइए, हम गोष्ठी में प्रस्तावित कार्यक्रमों पर बात करें। निश्चय ही आपके पास 'परिपत्र-1' होगा।

पहली चर्चा रचनात्मक साहित्य के स्तर और उपलब्धि की है जिसके चलते नितान्त स्कूली ढंग से आशंकाएँ छापी गई हैं, जो संयोजकों की कुशाग्र मेधा की तारीफ के लिए चिरौरी करती है। इस 'प्रश्नपत्र' में सभी प्रश्न अनिवार्य हैं।

नवलेखन का रचनात्मक साहित्य अभी भी अपने निर्माण की प्रक्रिया में है, इसलिए उसकी उपलब्धि की चर्चा का प्रश्न ही नहीं उठता। उपलब्धि की चर्चा कृति-साहित्यकार के लिए महत्त्वपूर्ण नहीं है। जहाँ तक स्तर का प्रश्न है, नवलेखन में साहित्य सही अर्थों में जीवन के प्रति सचेष्ट है। सवाल यह नहीं है कि नवलेखन एकरस, वैविध्यहीन, समाज-विमुख और व्यक्तित्वहीन है और उसमें आवश्यक गहराई नहीं है; बल्कि महत्त्वपूर्ण सवाल यह है कि आज जीवन स्तर कैसा है और क्या नवलेखन पूरी ईमानदारी से इस जीवन स्तर के समानान्तर है? दरअसल नवलेखन सही अर्थों में जीवित रहने की एक समानान्तर प्रक्रिया है जिसे जीवन से अलग हटाकर परखना शायद ही न्यायसंगत हो।

क्या नवलेखन एक पेड़ है, जिसकी जड़ें लोगों के दिमाग में धँसी हुई हैं? नवलेखन का तात्पर्य क्या है? क्या पिछले पन्द्रह वर्षों में जो कुछ लिखा गया, वह सभी कुछ नवलेखन ही है? क्या प्रतिष्ठित होना रचनात्मक साहित्य का सही मानदंड है? प्रतिष्ठित होना महत्त्वपूर्ण नहीं है, बल्कि बात किन लोगों में प्रतिष्ठित हो रही है, यह महत्त्वपूर्ण है। प्रतिष्ठित होना अपने-आपमें सन्तुष्ट होना है और यह स्थिति वस्तु को उपभोग के नजदीक ले जाती है जिसकी परिणति है मृत्यु। यह बात कि

आज रचनात्मक साहित्य प्रतिष्ठित है, बड़ी भ्रामक है। सेठाश्रित पत्र-पत्रिकाओं में पालतू लोगों की फालतू रचनाएँ उछाली जाती हैं और वह भी नवलेखन के नाम पर। हुआ यह है कि अधिकांश प्रतिष्ठित साहित्य रथ के पहियों, दुर्गों, राजपथों और व्यासों की 'बृहत्तर चेतना' से ग्रस्त है। (विशद व्याख्या के लिए 'विनियोग-1' पढ़ें।) अन्धकार में बैसाखी पर झूलती हुई जिन्दगी के लिए जहाँ कोई जगह नहीं और यदि जगह मिली भी तो केवल प्रदर्शन या विज्ञापन के लिए क्या यह एक प्रकार की साहित्यिक वेश्यावृत्ति नहीं है? वे थोड़े से लोग स्थिति को भोगते ही नहीं बल्कि उसका विश्लेषण भी करते हैं, जिन्दगी को उसका सही सन्दर्भ देने के लिए काम कर रहे हैं। वैसे भी समुदाय में थोड़े ही लोग हैं, जो रचनात्मक कार्यों से सम्बद्ध हैं। शेष या तो स्थितियों से समझौता कर लेते हैं या फिर अनुसरण करते हैं। ऐसी स्थिति में साहित्य लोगों के लिए तो हो सकता है, किन्तु लोगों का नहीं। और तब नवलेखन को कुछ थोड़े-से लोगों के मन का विकल्प मात्र समझना मन की दुष्ट धारणा का पेट भरना है। चीज को उसके सही कोण से परिचित कराने में कुछ बातें ऐसी भी होती हैं जिन्हें 'सतह की' कह सकते हैं। किन्तु किसी भी रचनात्मक साहित्य पर उनका प्रभाव गौण हो, यह अन्त तक सही नहीं है। ऐसी दशा में सतह की बातों का महत्त्व भूल जाना रचना-प्रक्रिया के ऐतिहासिक क्रम को समझने में गलतफहमी पैदा कर सकता है।

'आधुनिक रचनात्मक साहित्य' के लिए पन्द्रह वर्षों का काल-निर्धारण असंगत है। इन पन्द्रह वर्षों की अवधि में प्राय: वे सभी लोग आते हैं, जिन्होंने लेखन की जरूरत को महसूस किया था, किन्तु किन्हीं आन्तरिक विवशताओं से वे अन्त तक ईमानदार न रह सके। दो सप्तकों का उदाहरण पर्याप्त होगा। दरअसल 'आधुनिक रचनात्मक साहित्य' उन थोड़े से लोगों की पूँजी है जो अपने प्रति, समाज के प्रति और साहित्य के प्रति ईमानदार हैं और लगन से काम कर रहे हैं। उनके लिए साहित्य में कोई गतिरोध नहीं। हाँ, पूँजीपतियों द्वारा संचालित विद्यापीठों, साहित्यिक संस्थाओं और धर्मपीठों के चलते उनके जीवन में जरूर गतिरोध आया है, किन्तु इससे उनकी सक्रियता बढ़ी ही है। वैसे इस महत्त्वपूर्ण स्थिति से अलग हटकर साहित्य में गतिरोध का प्रश्न पूँजीपतियों के पालतू दलालों द्वारा समय-असमय उठता रहा है, जिनके दौरान हुई बहसों से हमारा पर्याप्त मनोरंजन भी हुआ है।

इस क्रम में सबसे मनोरंजक बात है : नवलेखन के साथ 'क्लासिक' को समेटकर रखना और उसके साथ उम्र की चर्चा ने तो सचमुच ही भैंस की गर्दन में बजता हुआ ट्रांजिस्टर बाँध दिया है। वैसे भी यह स्थिति कम दयनीय नहीं है कि एक ओर जहाँ संक्रमण से गुजरते हुए 'राष्ट्र की पीड़ा, छटपटाहट और मनोमंथन' की बात कही गई है, वहीं दिव्य भाव से क्लासिक की रचना की बात भी। क्या

जिस तेजी से हम बीत रहे हैं, उसमें विराम देकर और अनावश्यक ढंग से कार्यक्रम बनाकर क्लासिक साहित्य रचने की बात सन्तुलित है? आज के युग में क्लासिक की रचना की बात सोचना ही बौद्धिक अध:पतन का सूचक है। फिर भी यदि 'रामायण' के बाद 'कृष्णायन' और 'कनुप्रिया' से किसी का जी न भरा हो तो गांध्ययन या जवाहरायण की रचना के लिए राजशेखर के अनुसार उसे कवि-दिनचर्या अपनाकर प्रतिभा बढ़ानी चाहिए, जिसमें सिर मुँड़ाकर प्रत्यूषकालीन नमी चाटना लाभदायक बतलाया गया है।

दूसरी गोष्ठी का सीधा सम्बन्ध बाजार-भाव से है। पता नहीं, हमने कब और किन मूल्यों की घोषणा की थी! हो सकता है, इसके लिए सरकारी और गैर-सरकारी दफ्तरों में कुछ टेंडर दिये गए हों! आजादी के साथ आर्थिक संकट की बात इतनी खुली हुई और आम थी कि चीजों के दाम इस हद तक चढ़ने पर भी हम चौंके नहीं, बल्कि उसके नियंत्रण के लिए श्रमशील रहे। फिर मूल्यों के लिए संघर्ष की चर्चा करना कितना सामयिक है, यह विचारणीय है। मूल्य अपने-आपमें कोई स्थिरांक नहीं है। फिर इस सन्दर्भ में यूरोपीय विचारधाराओं और आन्दोलनों के अनुकरण का अभियोग नितान्त असंस्कृत है। क्या यहाँ 'अभियोग' शब्द ही विचारणीय नहीं हो जाता?

नवलेखन में 'समीक्षण' का प्रश्न उठाना अप्रासंगिक है, क्योंकि यह उस युग का सवाल है जब साहित्य स्रष्टा किसी दैवी अनुकम्पा से इस लेखन के सुकर्म में प्रविष्ट होता था। आज के कृतिकार के साथ वह स्थिति नहीं है। आज वह कृतित्व के प्रति जितना सचेष्ट है, उसी के समानान्तर उसके विवेचन के प्रति जागरूक भी। यह कृतिकार जो अपने प्रति इतना सचेष्ट है, जो यह जानता है कि वह कहाँ है, उसके और रचना के बीच तीसरे आदमी के लिए स्थान कैसा? रही बात समीक्षा की तो उसको जीवित रखने के लिए अनेक हिन्दी कवि हैं, जिनके पुनर्मूल्यांकन की आवश्यकता है। हमारी तरफ से श्री नरोत्तमदास जी, महाकवि गंग और लोक-जीवन के अनन्यतम कवि घाघ और अप्रतिम भजनिया महाकवि मलूकदास तथा जनजीवन के महाकवि भिखारी ठाकुर का नाम सादर प्रस्तावित है। आलोचना के क्षेत्र में गम्भीर, निष्पक्ष एवं ईमानदार व्यक्तियों की इससे बड़ी उपयोगिता शायद ही और कहीं सम्भव हो। अन्तिम बात यह कि आज प्राचीन साहित्य और साहित्यशास्त्र को सूखे जूते की तरह धारण करने वाला व्यक्ति निश्चय ही चर्म-कर्म-कला विशारद होगा, उसे प्रणाम ही किया जा सकता है।

[वाराणसी : 27 मार्च, 1965]

कविता पर एक वक्तव्य

क्या आप आनन्द की तलाश में हैं? क्या आप समझदारी और शरीर से पीड़ित हैं? क्या आपको नौकरी नहीं मिल रही है? क्या आपके भाइयों को आपके चरित्र पर सन्देह है? और यदि हाँ, तो उसके लिए मेरी राय है, आप गुफाओं में जाएँ, आप किसी डॉक्टर से सलाह लें, रोजगार दफ्तर में कैरियर गाइड्स देखें, चापलूसी करें और भक्ति-भाव से संकट रामायण का पाठ करें। कविताएँ आपके लिए शायद नहीं किसी काम की हों। कविता कोई साधन नहीं, जिसके इस्तेमाल से आपकी जिन्दगी सुधर जाए।

फिर सवाल उठता है कि आप क्यों लिखते हैं? निश्चय ही यह एक मजेदार सवाल है। इसका पूरा मजा लेते हुए मैं कहूँ कि अब तक जो लिखा गया है, उसमें आवश्यक सुधार कर रहा हूँ। चौंकिए नहीं, क्योंकि इस क्यों का कोई गम्भीर उत्तर भी हो सकता है, मुझे सन्देह है। मैंने भी कभी लोगों से पूछा है और जब कभी किसी ने उत्तर देने का प्रयत्न किया भी, तो मैंने देखा कि उसका मुख प्रश्न की ओर नहीं, बल्कि मेरी ओर हो गया है, दरअसल लिखने का यह काम प्रश्न से पहले चालू था। मैं जीवित क्यों हूँ? मैं लिखता क्यों हूँ? और हर बार मुझे लगता रहा है कि इस क्यों का समाधान है—लेखक का अन्त और गहरा अन्धकार।

मुझे याद है—बनारसी लाल के साथ बैठकर मैंने पहली रचना की थी। हम दोनों सातवीं कक्षा के सहपाठी, बरना नदी का किनारा, साँझ का वक्त और कविता का विषय तय हुआ कि हम जिस पत्थर पर बैठे हैं, वही हो। लिखा। दो पंक्तियाँ अब भी याद हैं, लिखा था :

‘पड़ा हुआ है, बरना के तट पर
एक बड़ा काला-सा पत्थर’

मेरे मित्र ने रचना देखी। और अक्षर गिने। फिर कलम उठाई और पूरी गम्भीरता से ‘के’ काट दिया। मुझे समझाया कि पहली पंक्ति में दो मात्रा अधिक थीं। मुझसे गुनी थे, सो उनकी राय मान ली गई। उसके बाद से लिखता आ रहा हूँ।

प्रारम्भ में किशोर मित्रों के बीच विशिष्ट होने की तीव्र इच्छा ने, स्कूलों में पुरस्कारों के सम्मोहन ने, परिवार के लोगों में अपने प्रति उत्पन्न हुए गर्व ने अक्सर मुझसे लिखवाया है। तब मैं चीजों के प्रति नहीं, अपने पद्यों के प्रति सचेष्ट था। उनके नजदीक अधिक आत्मीय। और वर्षों बाद जब यह मोह-भंग हुआ तो यह जानते हुए भी कि कवि होना कितना हास्यास्पद है, कविताएँ लिखी जा रही हैं। यद्यपि यह न तो मेरी विवशता है और न मैं इसके लिए बाध्य ही हूँ। यह मेरी लत है—ठीक दातौन और ताश के पत्तों की तरह। और इसी हद तक मैं चीजों के निकट हूँ। मेरी रचना-प्रक्रिया एक ऐसी ऊब है, जो मुझे दूसरी रचना के आरम्भ से जोड़ती है और प्रत्येक अन्त के बाद मेरे लिए हर रचना व्यर्थ हो जाती है और मेरा अकेलापन मुझे मेरे आसपास से फिर जोड़ देता है, एक दूसरी रचना के लिए।

अभिव्यक्ति की ईमानदारी की बात मैं नहीं करता। हो सकता है, वह भी कुछ हो और स्कूलों में उस पर बहस भी होती हो। वैसे मैं जानता हूँ कि वक्त ने बेईमान होने के लिए कोई गुंजाइश नहीं छोड़ी है। इस सन्दर्भ में ईमानदारी की चर्चा केवल फटी हुई नकाब ही सिद्ध होगी।

मेरे लिए हर चीज खुली हुई और साफ है। इसके लिए मेरी समझ उतनी नहीं, जितनी कि उस चीज की स्थिति स्वयं सहायक है, किन्तु जब मैं लोगों को किसी चीज के प्रति सुनता हूँ और लगता है कि बात बनाने के लिए वस्तु केवल माध्यम होकर रह गई है, या केवल दृष्टिकोण की मौलिकता के नाम पर उसके अस्तित्व को गलत नाम दिया जा रहा है, तो बर्दाश्त करने की सीमा के बाद मुझे गुस्सा आ जाता है। गुस्से की जगह दया नहीं, मैं संवेदना के नाम पर लोगों को निरीह कर ही नहीं सकता। दया की स्थिति में मेरे लिए घृणा करना अधिक सामाजिक है। और ऐसी दशा में मैं कहना चाहता हूँ कि 'श्रीमान जी, आप बेईमान होने की व्यर्थ कोशिश में हैं। मैं जानता हूँ कि चीज असल में क्या है और सही नाम यह है।' ऐसा नहीं कि सही कहने की यह छटपटाहट मेरे भीतर पहली बार है। इससे पहले भी लोगों के साथ ऐसा हुआ होगा। वस्तु को उसके सही कद में प्रस्तुत करने की प्रतिज्ञा से हर आदमी शुरुआत करता है किन्तु एक विरल माध्यम से सघन माध्यम की ओर की गई यात्रा का प्रयास वस्तु को एक गलत 'विजन' में रख देता है। और होता यह है कि हम चीज को नहीं, बल्कि उस यात्रा-सन्दर्भ को ही उपलब्धि मान बैठते हैं। यह भूल अधिकतर लोगों में है। इसलिए वस्तु को सही आकार में जाँचने के लिए दृष्टिकोण का नहीं, बल्कि उसकी सही स्थिति का बोध होना आवश्यक है।

मैं गलत बातों का विरोधी हूँ। और मेरा यह विरोध कभी अपनी पूरी प्रतिक्रिया के साथ बेलौस व्यक्त होता है और कभी बुदबुदाते हुए। जब मैं किन्हीं कारणों से

(जिन्हें आप भी जानते हैं) खुलकर गलत का विरोध नहीं कर पाता, तो दुखी होता हूँ। दुस्साहस मेरी विवशता है।

मेरी कविताएँ गुस्से और ग्लानि की इन्हीं स्थितियों में लिखी गई हैं, जिनमें मेरी कविताओं के मूल स्वर-बोध को उसके सही 'डाइमेंशन' में रखना है। साथ ही एक चौथे 'डाइमेंशन' की सही शिनाख्त भी करनी है। अब तक चौथे 'डाइमेंशन' की धारणा में असीम और अलख की अभिव्यक्ति हुई है। चीज की लम्बाई, चौड़ाई और मोटाई से बाहर की किसी शक्ति विशेष की बात होती रही है। किन्तु मेरा तात्पर्य यह नहीं है। चौथे 'डाइमेंशन' से मेरा मतलब चीज के उस निजी सामर्थ्य से है, जो उसमें है और जिसकी मध्यस्थता के कारण वस्तु और व्यक्ति अपनी-अपनी स्थितियों में सुरक्षित एक तनाव के बावजूद एक-दूसरे से जुड़े हुए हैं। इसका तात्पर्य यह कदापि नहीं है कि हम चीज के प्रति प्रतिबद्ध हैं, बल्कि ऐसा केवल इसलिए है कि हम कहीं-न-कहीं संलग्न हैं और यह संलग्नता किसी हद तक हमें 'प्रतिबद्ध' होने की कोशिश तक जरूर ले जाती है। सिनेमा छूटने के बाद गहरी ऊब बाहर निकलने की जल्दबाजी के बावजूद न चाहते हुए भी जन-गण-मन-अधिनायक के अन्तिम चरण तक का धीरज देश के प्रति मेरी प्रतिबद्धता का नहीं, बल्कि मेरी संलग्नता का सबूत है। 'सतह की बातों' का भी एक खास महत्त्व है और वे घटनाएँ, जो खुर्दबीन से ही देखी जा सकें, मेरे लिए स्पष्टतर हो गई हैं। मैं जान गया हूँ कि किसी जगह बम गिरने की पीड़ा से चाय के ठंडे होने का दुख कितना बड़ा है। 'कोई चीज कहाँ है और कैसे है?' का सही बोध ही मेरी रचना का धर्म है। इसी क्रम में चीज को निर्वसन करने की बात भी महत्त्वपूर्ण है। चीज को नंगा करना उद्देश्य नहीं, बल्कि उसके सही 'कद' को प्रस्तुत करने की एक प्रक्रिया मात्र है। इस सन्दर्भ में एक बात स्पष्ट करना आवश्यक समझता हूँ। मैं इतना बिना शील नहीं कि पूरा एक पृष्ठ लजाने के बाद महावीरप्रसाद द्विवेदी की तरह यह कहूँ कि मैंने 'सुहागरात' लिखा था। और न मुझमें यह दुस्साहस ही है कि किसी गन्दे और स्पष्ट शब्द का साहित्य में पहली बार इस्तेमाल करने का दर्प ही झेलूँ। मेरे नजदीक शब्द अपनी पूरी मर्यादा और पवित्रता में आते हैं और मैं उनके अर्थ की रक्षा भर करता हूँ। 'अश्लीलता का शील' मेरी निजी समस्या है। वस्तु को उसके सही सन्दर्भ में रखने और उसके अस्तित्व की सुरक्षा के लिए मैं मानता हूँ कि वस्तु को उपलब्ध करना उपलब्धि के लिए किये गए सार्थक प्रयास से कहीं अधिक महत्त्वपूर्ण है।

सवाल उठता है कि फिर कविता ही क्यों? इसके लिए कहानी भी एक माध्यम है! और तथ्य है कि यह आर्थिक दृष्टि से भी एक व्यवस्थित माध्यम है। किन्तु अक्सर लगा है कि आज की कहानी में रचनाकार की स्थिति एक हकलाते हुए

आदमी जैसी है। इकाई सत्य के उद्घाटन की साधारण प्रतिज्ञा से उत्पत्ति के बीच उसे कई बनावटों से गुजरना पड़ता है, रचना-प्रक्रिया के लम्बे अन्तराल के बाद केवल यह कहने के लिए कि 'यह सिद्ध करना था'; जबकि कविता में रचनाकार का वस्तु से सीधा सम्बन्ध होता है और स्पष्ट कहता है कि 'यही था'। वैसे कविता ऐसी उपलब्धि नहीं जिस पर गर्व किया जा सके, क्योंकि कोई कविता वस्तु सत्य से आगे नहीं जाती। अतिरिक्त इसके मैंने हर समर्थ उपलब्धकर्ता को हारे हुए जुआरी की तरह आत्मघात करते हुए देखा है।

सही बात कहने में बड़ी कठिनाई है भाषा की। कम-से-कम सही शब्दों की तलाश, जिससे चीज को उसके पूरे आकार और व्यक्ति-सम्बन्धों के साथ फ्रेम किया जा सके। अब तक कविता के लिए एक विशिष्ट 'काव्य-भाषा' प्रचलित रही है, जिसके चलते हिन्दी काफी समृद्ध भी हुई है। इस कथित 'काव्य-भाषा' ने अनेक महान 'पद्यकार' पैदा किये हैं। 'कवि' शब्द का प्रयोग उनकी महानता से अभिभूत मैं संकोचवश नहीं कर रहा हूँ। विद्यालयों ने काव्य-ग्रंथों और शब्दकोशों को एक ही स्तर पर समादृत किया है। परिणामस्वरूप वस्तु और व्यक्ति के बीच कविता की भाषा एक दीवार बन गई है। अर्थात् भाषा और कविता की भाषा का अन्तर स्पष्ट किये बगैर सच्चाई तक जाना कदापि सम्भव नहीं, क्योंकि काव्य भाषा ने आधुनिक रुचि-बोध को एक गलत दिशा दी है। कविता पढ़ने के पहले ही हमारे मन में यह बात बैठ जाती है कि कविता पढ़नी है और इस प्रकार हम अनजाने ही 'काव्य-भाषा' के आतंक के शिकार हो जाते हैं। निश्चय ही 'काव्य-भाषा' कुछ को छोड़ आधुनिक कवियों की व्यवस्था बन गई है, क्योंकि यह उनकी जीविका के उद्गम-स्थान से सम्बद्ध है। इस सन्दर्भ में पहला काम कविता को 'भाषाहीन' करना है। साथ ही अनावश्यक बिम्बों और प्रतीकों से भी उसे मुक्त करना है। कभी-कभी (या अधिकांशत:) प्रतीकों और बिम्बों के कारण कविता की स्थिति उस औरत जैसी हास्यास्पद हो जाती है जिसके आगे एक बच्चा हो, गोद में एक बच्चा हो और एक बच्चा पेट में हो। प्रतीक और बिम्ब जहाँ सूक्ष्म सांकेतिकता और सहज सम्प्रेषणीयता से सहायक होते हैं, वहीं अपनी अधिकता से कविता को 'ग्राफिक' बना देते हैं। आज महत्त्व शिल्प का नहीं, कथ्य का है। सवाल यह नहीं कि आपने किस तरह कहा है। सवाल यह है कि आपने क्या कहा है। इसके लिए आदमी की जरूरतों के बीच की भाषा का चुनाव करना और राजनीतिक हलचलों के प्रति सजग दृष्टिकोण कायम रखना अत्यन्त आवश्यक है।

अन्त में इतना और : कविता में मूल्यों की चर्चा बनियों की फर्मों में काम करने वाले साहित्यिकों पर छोड़ना ही उचित है, क्योंकि मूल्य और मूल्यहीनता की बात अपने-आपमें न तो मौलिक रह गई है और न आधुनिक ही। यदि आज

जीवन-स्तर के सन्दर्भ में सोचें, तो क्या यह साफ जाहिर नहीं हो जाता कि 'मूल्य' शब्द ही अपने-आपमें एक धोखा है? और क्या बढ़ी हुई मूल्य-चर्चा इस ओर इशारा नहीं करती कि सारा-का-सारा माल कहीं चोर बाजार में चला गया है? आप विश्वास करें, मूल्यों का अन्वेषण करने वाला हर आदमी मुझे खुफिया विभाग से सम्बद्ध जान पड़ता है। और मुझे लगता है कि वह मेरे होने की नैतिकता पर सन्देह कर रहा है। एक बात स्पष्ट कर दूँ। गेहूँ बनियों की दुकान पर 74 पैसे किलो और सरकारी दुकान पर 62 पैसे किलो है। क्या इसके अतिरिक्त उसका कोई तीसरा मूल्य भी है? और यदि नहीं, तो रातभर कतार में सोकर सुबह की प्रतीक्षा क्यों? निश्चय ही बाजार के अतिरिक्त चीज का एक तीसरा मूल्य भी है और यही विचारणीय है। आज किसी भी स्तर पर आदमी जीवित रहना चाहता है और इसके लिए वह प्रयत्नशील है। यह मूल्यहीनता नहीं है, केवल स्वीकृत मूल्यों से इसका तालमेल नहीं बैठ पा रहा है। खड़ा रह सकने के लिए वह भाग रहा है और यह तथ्य अब आम हो गया है कि आज का आदमी अपने वातावरण से पलायन नहीं कर रहा, बल्कि अपने 'वातावरण के साथ' पलायन कर रहा है। वह इस पलायन के प्रति जागरूक है और उसके सही इस्तेमाल के लिए सचेष्ट है। पलायन, भागते हुए आदमी के हाथ में एक हथियार है, जिसके चलते वह गालियों के बीच भी अदब से खड़ा है और दूसरे को अपनी समझ में मूर्ख बना रहा है। उसके चेहरे पर पराजय भोगने का कोई चिह्न नहीं, बल्कि वह सतर्कता से पराजित होने का कारण ढूँढ़ रहा है। मूल्यों की चर्चा करते समय देश के साथ विदेश की बात उठती है। निश्चय ही मैं भौगोलिक नक्शों के आधार पर कोई मान्यता नहीं खड़ी करता। मैं मांटगोमरी से जानेवाले नीग्रो जुलूस के लिए उसी तरह चिन्तित हूँ जिस तरह अपनी खाद्य समस्या के लिए।

कहीं मुखौटा नहीं। हर चीज खुली हुई है। आज हम अलग-अलग साफ ढंग से बैठे हैं और हमारा विरोध बीच टेबुल की तरह पड़ा है। बात, जहाँ से हम अलग हो रहे हैं, साफ है। पुराने लोगों की तरह हम निबाहने की आत्मग्लानि से पीड़ित नहीं, बल्कि तनाव की स्थिति बनी रहने देना चाहते हैं, ताकि आपस में कोई गलतफहमी न हो। और इस तनाव के बावजूद हम आपस में बात कर रहे हैं और चूँकि हम एक-दूसरे को समझ रहे हैं, इसलिए सहमत हैं, बिना किसी शर्त या भविष्य के। दो आदमियों के बीच सम्बन्धों की स्थिति नेफा और लद्दाख की उस 'प्रवेश-निषिद्ध' जमीन की तरह है जिसके एक ओर भारत की चौकियाँ हैं और दूसरी ओर चीन की। आज व्यक्तिगत सम्बन्धों पर अधिकार की घोषणा न होकर अधिकार के लिए बातचीत चल रही है। सभी समझते हैं कि एक गम्भीरता कहाँ से खड़खड़ा रही है और एक चहकता हुआ आदमी कहाँ चुप है। छुट्टी

पर घर आए हुए जवान को उसकी बीवी ने बच्चा जनकर किस संकट में डाल दिया है? नवाबगंज में शुभराव भामा पराड़कर को 'चिन्तन का दारुण अकाल' क्यों पीड़ित करता है? क्या यह संक्रमण की स्थिति है? आप खुद ही सोचें कि रिश्वत ने अपना नाम उपहार क्यों रख लिया? कल तक की राधाबाई के दरवाजे पर 'श्रीनती राधिका देवी, गायिका एवं नृत्य-कला निपुणिका' की तख्ती क्यों झूल रही है? कोई औरत शरीर देकर अपने बेकार पति का पेट चलाती है। कोई बूढ़ा बाप अपनी बेटी की छटपटाहट से परेशान उसके पति की नामर्दी पर उसे कोसता है। अपनी बहिन की सुन्दरता से प्रभावित युवक उसे चूमने के बाद आत्महत्या कर लेता है। यह सब क्यों है? क्या यह मूल्यहीनता है? यदि है, तो कैसे—यदि नहीं, तो क्या है?

[रचनाकाल : 1972। प्रकाशित : 'नया प्रतीक' : फरवरी, 1978]

रचनाओं की भाषाहीनता

थोड़े-से लोगों के लिए सच्चाई की हत्या क्यों? अपने सामने अपने चारों ओर की दयनीयता रखकर देखता हूँ और अपना होना हास्यास्पद लगता है। अपने पर हँसी आती है, गुस्सा आता है, यह वक्त जबकि मेरे फेफड़ों में इतनी हवा आती है कि हुंकार भर सकूँ, मैं केवल नि:श्वास खींचने में नष्ट हो रहा हूँ।

अपनी रचना में इस समय ऐसा कुछ भी तो नहीं जिसे भारतीय कहूँ; जिसे कह सकूँ, यह सच है। सच यदि कहीं है तो वह मेरे बिना जाने अचानक आ गया है और मुझे हैरान और प्रसन्न कर गया है किन्तु इस सच को लगातार पाने का प्रयास मैंने अब तक क्यों नहीं किया?

अपनी कविताओं में कब से मैं भाषा पाने की कोशिश कर रहा हूँ। पहले की सारी रचनाओं को मैंने भाषाहीन किया है, लोगों की भाषा के लिए। लेकिन लोगों के दुख से, उनके सुख से, अलग रहकर क्या भाषा पाई जा सकती है?

मैं अपने चारों ओर फैली दयनीय और अभागी स्थिति का नाटकीय दृश्य अपनी कविता में नहीं उपस्थित करना चाहता। निराला का भिखारी मेरे नजदीक एक स्पष्ट एवं सही चित्र है। किन्तु ऐसा नहीं जिसे अपनी बैठक में टाँगकर एक सेठ उस पर अपनी सामाजिक जिम्मेदारी और सहानुभूति का गौरव कायम करता है। मेरी श्रद्धा रामायण के 'सातों कांड' संगमरमर पर नहीं खोदेगी और न मैं कोई कीर्ति स्तम्भ ही बनवाना चाहूँगा।

[प्रथम बार प्रकाशित 'सारिका' : जनवरी, 1980]

छोटी पत्रिकाएँ और छोटे लोग

असली कारण तक जाने के लिए, बात बड़ी पत्रिकाओं से शुरू करूँ तो कैसा?

अर्सा हुआ इसे चालू हुए कि पाठकों की रुचियों और आवश्यकताओं की ओर ध्यान देना 'बड़ी पत्रिकाओं' का पुनीत कर्तव्य है। लेकिन सही बात भेद खोल देती है। रुचियों का सतहीकरण और आवश्यकताओं का सरलीकरण—व्यावसायिक प्रतिष्ठानों का निशाचरी अनुष्ठान है। पूरे तौर पर भ्रष्ट रुचिबोध और 'अनावश्यक की आवश्यकता' का प्रचार करने की सफलता उन्हें एक हद तक सस्ते लेखन की ओर ले गया है। ये तथाकथित 'बड़ी पत्रिकाएँ' साप्ताहिक, मासिक, त्रैमासिक अंकों-विशेषांकों के रूप में लाल-पीले पन्नों पर जो कुछ फेंकती रही हैं, उससे आज का अधिकांश भावुक पाठक अपने बोदे दिमाग की ठंडी नसें गरमाता रहा है और बौद्धिक खुराक के नाम पर बासी प्रेम कहानियाँ, साप्ताहिक राशिफल, शिकार-वृत्तान्त, चुटकुले और कार्टून कोने का सड़ा-गला राशन पाता है। कुल मिलाकर आज के पाठक को, बड़ी पत्रिकाओं के माध्यम से गलत रुचि, गलत आवश्यकता, गलत मनोरंजन, गलत आधुनिकता और गलत भाषा का शिकार बनाया गया। और इस 'हाँके' में अक्सर जमे हुए और अधजमे लेखक कभी मंच और कभी मचान बनाते रहे।

लेकिन हाल में ही नये लोगों ने इस आपाधापी को महसूस किया। ये नये सिर्फ लेखक ही नहीं, उनमें राजनीतिज्ञ, इंजीनियर, मजदूर, अध्यापक, दुकानदार, सरकारी कर्मचारी, चित्रकार, कवि-कथाकार, वकील यानी हर खेमे और हर पेशे के लोग हैं। मैं इन्हें आयु और आमदनी के लिहाज से अलग नहीं करता। वे समय के अनुसार नहीं बल्कि समय की माँग के अनुसार चलने वाले लोग हैं। इन तमाम लोगों ने महसूस किया कि देश का आदमी और देश की भाषा दो जगह बँटी पड़ी है, बीच में प्रजातंत्र की चौड़ी दरार है। इन तमाम लोगों ने महसूस किया कि व्यवस्था ने एक खास वर्ग को भ्रष्ट भाषा की अंधेरगर्दी में लूट की खुली छूट दे रखी है। हिन्दुस्तानी समाज आम आदमी और खास आदमी में बँट गया है। इस माहौल से छूटने की बेचैनी ने हर जगह के इस धोखाधड़ी के खिलाफ आवाज बुलंद की

है। छोटे-बड़े शहरों-कस्बों से कामकाजी जिन्दगी के कुछ टुकड़े काटकर, जेब से खर्च का पैसा बचाकर लिखित रूप से आदमी ने अपनी ऊब को आकार देना शुरू किया। पहली बार रचना के लिए अकेले होने का खतरा उठाकर उन्होंने अन्याय के विरुद्ध रचनात्मक युद्ध शुरू किया। मेरे मत से छोटी पत्रिकाओं की शुरुआत की यही बुनियाद है। छोटी पत्रिकाएँ मेरे लिए तबका नहीं हैं। वे गलत भाषा के खिलाफ 'लोग' की आवाज हैं। मैंने कहा : 'छोटी पत्रिका का कार्यक्रम है, समकालीन आदमी को सही भाषा में लाना।' उसके तेवर को उसकी समूची नैतिकता और राजनीतिक प्रतिबद्धता के साथ आज के सन्दर्भ में इस तरह रखना कि वह अपनी विसंगतियों का कोई समसामयिक और कारगर हल ढूँढ़ सके। मैंने अपने आदमियों से कहा कि हमें साहित्यिक आन्दोलन नहीं करना है। साहित्य की मुखालिफत में किया जानेवाला साहित्य आन्दोलन हमें दूसरा साहित्यिक पाठ्यक्रम देता है। और अन्त में साहित्य को 'लाले हालरा' गाने वाले किंगरिहों की आमदनी का जरिया जनता है। नहीं, हमें विद्रोह भी नहीं करना है। विद्रोह बड़ी बात है। बड़ा नाटक है। इसकी कोई व्यावहारिक इकाई नहीं है। जैसे आधुनिकता व्यावहारिक नहीं है। क्योंकि मेरे विचार से आधुनिकता 'असंवाद की स्थिति' है जबकि जीने के लिए बातचीत जरूरी है। मेरे निकट, विद्रोह और आधुनिकता, दोनों अप्रासंगिक हैं। आधुनिकता शौक है और विद्रोह—एक सहूलियत। विद्रोह में जब शौक शरीक होता है तो वह समारोह बन जाता है। इसलिए साहित्य और विद्रोह से अलग हटकर फटेहाली के इन करमजले दिनों में, मैंने कहा, हमें अपने परिवेश के सन्दर्भ में अपनी प्रासंगिकता, अपनी उपयोगिता और अपनी साझेदारी साबित करनी है—बिना किसी आवेश के, बिना किसी रियायत के। मुझे रोटी चाहिए। येल्लो, मैंने उठा ली। तुम्हारे पास जरूरत से ज्यादा थी। इसके लिए मैं 'छीन लूँगा' की जगह 'ले लूँगा' इस्तेमाल करता हूँ। माँग लूँगा नहीं। छीनना, हीनता जाहिर करता है, ले लेना हक। तुम्हारी कविता 'वेणी संहार' मेरे पल्ले नहीं पड़ती। येल्लो, मैं कक्षा से बाहर चला। तुम्हारा सर्टिफिकेट नौकरी नहीं देता। खर्र...खर्र...खच्च...। भाड़ में जाओ! तुम्हारी संसद मेरे लिए सांसत घर है। तुम मुझे लालच नहीं दे सकते। धमकी नहीं दे सकते। और धोखा भी नहीं दे सकते। इस तरह एक संवैधानिक आदमी ने बचने के लिए रचना शुरू की। उसमें जितनी ईमानदारी थी, उससे कहीं अधिक समझदारी के साथ उसने अपने वक्त लिखा। मेरी निगाह में छोटी पत्रिकाएँ जिन्दगी के हर मोर्चे पर जुटे आज के ईमानदार और समझदार आदमी की जिह्वाएँ हैं।

लेकिन यहीं मेरी जुबान दाँतों के नीचे आ जाती है। सवाल ईमानदारी का है। क्या आज सचमुच 'छोटी पत्रिकाएँ' अपनी साधारण प्रतिज्ञा पर खरी उतर रही हैं?

कल मेरी पीढ़ी के एक लेखक ने कहा कि चोरी करके भी छोटी पत्रिकाओं का निकालना जरूरी है। सही भाषा के लिए नैतिक मूल्यों को दाँव पर लगाना अपराध नहीं है। तुम मानते हो? मैं भी नहीं मानता। वाकई यह एक सही काम है। कुछ पत्रिकाएँ निकाली भी गईं। एक माहौल ऐसा कि सब कुछ नये सिरे से आशानुकूल बदलता-सा लगा। लेकिन जैसे थोड़ी उफान के बाद सब कुछ फिर अपनी जगह थमक गया।

× × ×

यह सही है कि व्यावसायिक पत्रिकाएँ बाजार को स्वीकार कर चलती हैं। छोटी पत्रिकाएँ सम्पादक की निजी पूँजी हैं। उनमें छपने वालों पर यह दावा ठोंका जा सकता है कि उन्हें साहित्यिक बनाने का श्रेय सम्पादक जी को है। छोटी पत्रिकाएँ अधिकांशत: 'उखमज' हैं। भाषा का खून खराब हो गया है। और उस पर फोड़े-फुंसियाँ उग आई हैं।

शहर के दक्खिन एक विश्वविद्यालय है। वहाँ से एक पत्रिका प्रकाशित होती है, नाम है—'प्रज्ञा'। शोध-छात्रों और विद्वान अध्यापकों की सुरुचि से अभिमंडित। मुझे उससे कुछ लेना नहीं। किसी भी कृतिकार को उससे कोई सरोकार नहीं और इसी से कोई शिकायत नहीं।

अब अपने पास ज्ञान है, मुद्रा है तो कोई एक 'प्रज्ञा' क्यों न प्रकाशित करें?

—खैर, करें।

शहर के बीचोबीच यानी कि ठीक पेड़ू पर एक मकान है। उसमें एक पाँड़े हैं और एक पत्रिका है। छोटी पत्रिका है। उस दिन उसका उद्‌घाटन समारोह था। एक रंगीन निमंत्रण-पत्र एक मित्र के पास था। कविता-कथा अपने लिए सत्यनारायण की कथा है, सो बिना बुलाए ही चला गया। और आदतन ईमानदारी के रौ में, पत्रिका पर जब राय माँगी गई, कुछ समझदारी की बातें कर गया। मसलन उसमें बच्चन की बचकानी और मित्रों की चपकानी कविताएँ नहीं होनी चाहिए थीं। उस समय तो नहीं मगर बाद में पता चला कि मेरी बेलौस सलाह गलत जगह जा गिरी थी। श्रीयुत सम्पादक जी दुखी हैं। तब पता नहीं था कि बच्चन, उनके लिए, साहित्यकार नहीं, दरार हैं। मतलब कि दीवार के उस पार जाने की सुविधा। और उसी दिन यह नया मुहावरा मिला था कि संवाद के दाँत और होते हैं, और आशीर्वाद के और।

शहर की टाँग के नीचे एक और पत्र निकलता है। कभी उसके सम्पादक (जो अपने को लेखक भी कहते हैं) अपनी रचनाओं की बंगाली हिन्दी मुझसे खड़ी करवाते थे और वादा करते थे कि दस प्रतियाँ बेचने पर दो प्रतियों का दाम फ्री।

और कविता की छपाई मुफ्त। बिना एक शब्द बदले। उत्साह में हामी भर दिया। पहले तो काफी लिफ्ट मिली। मगर जब पत्रिका बेचकर पैसा दिया तो मुँह लग गए। दूसरी बार बोले : 'यार! धूमिल, तुम बहुत अच्छे हो।' मैंने कहा : 'हूँ।' बोले : 'अबकी कुछ मदद करो यार, कविताएँ तो मिल ही जाती हैं सो...!' उन्होंने अर्थभरी आँखों से झाँका।

मैंने कहा : 'हूँ।'

और मैंने अर्थ-सहयोग नहीं दिया और उन्होंने कविता नहीं छापी। सहयोग किसी ने नहीं दिया था शायद, सो उन्होंने पूरा अपना उपन्यास ही पत्र में छाप दिया।

नक्सलवादी आतंक और बुद्धिजीवी

नक्सलवादी आतंक ('दिनमान' : 28 जून, 1970) के सन्दर्भ में बुद्धिजीवी वर्ग के साहस के अभाव और अनिर्णय की स्थिति की चर्चा की गई है। कम-से-कम एक बात तो साफ है कि आज के इस देश में बुद्धिजीवी वर्ग में शुमार किये जाने वाले लेखकों, पत्रकारों और प्राध्यापकों जैसी समझौतापरस्ती 15 अगस्त, 1947 के पहले के बुद्धिजीवियों में नहीं थी। उनके पास स्पष्ट कार्यक्रम था। साफ नीयत थी। वे टेबुल के एक ओर बैठते थे—इधर या उधर। लेकिन अब स्थिति बिलकुल दूसरी है। आज का तथाकथित बुद्धिजीवी व्यवस्था का विरोध तो करता है, किन्तु वह व्यवस्था से मिलनेवाली सुविधा का विरोधी नहीं है। सुविधाभोगी होकर वह कायर हो गया है। अपने दास मन के समूचे उछाह से वह एक दिन का गौरवान्वित गृहस्थ है। फिर तथ्य यह है कि गृहस्थ हमेशा पिछलग्गू होता है। समकालीन बुद्धिजीवियों में से अधिकांश का समूचा चिन्तन इसी बेलाग पिछलग्गूपन की 'कुत्ता-दुम' के साथ जुड़ा हुआ है। अन्यथा इस नितान्त अबौद्धिक आन्दोलन के प्रति वह चुप न करता।

लेकिन यह स्थिति सिर्फ बिचौलिये बुद्धिजीवियों की ही है, जो निजी लाभ के लोभ में संघर्ष का नहीं, सत्ता का मुँह जोहते हैं। विपरीत इसके, इसी वर्ग के दो 'परम' छोर भी हैं। निश्चित रूप से ऐसे लोग 'बुद्धिजीवियों की अनुसूचित जाति' से सम्बद्ध हैं। इन्हें अपने समूचे पिछड़ेपन के साथ किसी भी वाद या आन्दोलन का 'सरकारी लाभ' उठाने की लत पड़ चुकी है। चौबीस घंटे में क्रान्तिकारी बनकर शहर की जुबान पर छा जाने का चस्का उन्हें बहुत कुछ नक्सलवादी नारे से जोड़े हुए है। जो सर्जनात्मक भाषा की दौड़ में पिछड़ गए हैं या तीसरे दर्जे के लेखन से आगे नहीं बढ़ पा रहे हैं, उन्होंने चर्चित होने का यह शार्ट-कट अख्तियार किया है, किन्तु यह धोखा टिकाऊ नहीं है।

मामूली तौर पर पढ़ने-लिखने से ताल्लुक रखनेवाले भी यह जानते हैं कि चन्द दिनों पहले हिन्दी में बंगला की 'भूखी पीढ़ी' के अनुवादक का काम करने वाले और अकविता के किशोर उच्छ्वास की वकालत करनेवाले लोग किस तरह

रातोंरात नक्सलवादी साहित्य के प्रवक्ता बन बैठे हैं। (गनीमत है कि इतिहास में इसका ब्योरा सुरक्षित नहीं रहेगा, अन्यथा आनेवाली पीढ़ियाँ देखतीं कि अव्यावसायिक लेखन का मिशन लेकर चलने वाले, राजनीति की भूल-भुलैया में, किस तरह बाँझ भाषा के प्रलोभन के शिकार हुए।) और एक बार फिर अपनी मौकापरस्ती रंगीन तबीयत का बुखार 'नक्सलबाड़ी' का तेज और ताजा लेबिल लगाकर बेच रहे हैं। इसी क्रम में उन्होंने तथाकथित क्रान्ति की 'बाल-पोथियों' में न केवल अपनी बालकोचित विह्वलता का ही प्रदर्शन किया है बल्कि हिन्दी के समर्थ रचनाकारों पर भी अपनी नंगी और 'भँडेहर भाषा' की गन्दगी उछालने का दुस्साहस किया है। उन्होंने अपने 'हलुआन चेहरे' को पूरी संजीदगी के साथ मेहनतकशों और किसानों के लिए आठ-आठ आँसू बहाए हैं, जबकि असलियत यह है कि ये नहीं जानते कि गेहूँ कब बोया जाता है और अरहर कब काटी जाती है। जमीन की नाप जरीब से की जाती है या लट्ठे से।

दूसरी किस्म उन दो पायों की है, जो राजनीतिक गुटबंदियों के चलते नक्सलबाड़ी की सींग एक-दूसरे की बगल में मारते जा रहे हैं। उनके लिए 'नक्सलवादी आतंक' सत्ता पाने की जीत का इंतखाब है जिसके जरिये वे इस देश के बंजर दिमाग पर अपना कब्जा व दखल जमा सकें। सतही राजनीति के नुमाइंदों के बीच नक्सलवादी आन्दोलन चुनाव के एक चालू हथकंडे से ज्यादा माने नहीं रखता। मामूली आदमी के समर्थ और सार्थक गुस्से को उसके सन्दर्भ से काटकर अपना मतलब गाँठ लेने में उन्हें महारत हासिल है। वे अच्छी तरह जानते हैं कि अपने मंच पर विद्रोह को किस तरह समारोह में बदल लिया जा सकता है। और इसके लिए बुद्धिजीवी वर्ग की मूक सहमति के प्रति धिक्कार की भावना का उठ खड़ा होना स्वाभाविक है।

किन्तु युवा लेखकों में एक वर्ग ऐसा भी है जो इस चालू और सनसनीखेज मुहावरे का मुकाबला सर्जनात्मक भाषा के स्तर पर कर रहा है। वह जानता है कि नक्सलवाद 'कम-से-कम काम और ज्यादा-से-ज्यादा आराम' की नीति में विश्वास रखनेवाले चंद सुविधाभोगियों और उनके दलालों की साजिश है जो सही काम करने के ऐन मौके पर आम आदमी का रुख दूसरी ओर मोड़ देने की कोशिश में लगे हैं। इस वक्त जबकि मामूली आदमी को अपनी तंगी और पस्ती की थोड़ी-बहुत समझ आने-सी लगी है, तब उस अधकचरी समझ को व्यवस्था की खिलाफत का जामा पहनाकर उसे हिंसा के अन्धे रास्ते पर डाल आने की खतरनाक चाल चली जा रही है। हमारे यहाँ, सौभाग्य की बात है, वयस्क समझ से भरपूर युवा लेखकों का एक ऐसा समूह है जो प्रत्येक वैचारिक मोर्चे पर इस मक्कारी का पर्दाफाश कर रहा है।

नक्सलवाद के नाम से नासमझी की सरहदों पर चलनेवाली इस जरायम-पेशा हरकत का विरोध सही भाषा की हिमायत करनेवाले प्रत्येक युवा लेखक की समकालीन जिम्मेदारी है और वह इसे अपनी जरूरत के स्तर पर पूरा कर रहा है। यह दीगर बात है कि बाजार में चलनेवाली पत्रकारिता उस समर्थ और सजग विरोध की बगल से चुपचाप गुजर जाने में ही अपने कर्तव्य की इतिश्री समझती है।

[24 जुलाई, 1970, आई.टी.आई., वाराणसी-5]

'आयतन' की भूमिका*

प्रस्तुत संकलन के कवि को मैंने अक्सर सड़क पर देखा है—जनसमूह के एक ऐसे सजग सहचारी रूप में, जिस पर बाजार का मोल-भाव कहीं से हावी नहीं है। कविता जीवनाभिव्यक्ति की चरितार्थता है; पूर्णत: इस सहज-सादे व्यक्ति के काव्यभाषा पर चरितार्थ होती है।

हर कहीं एक आत्मीय कोमलता और उद्दीप्त जिजीविषा अनुभवों की व्यापक जनवादी समझ पाकर रचनावृत्तों में ढल गई है और पाठक मन को पूरी तन्मयता से बाँधने में सक्षम है। काव्य-कर्म की इस रचनात्मक मनोदशा को मेरी समकर्मी शुभाशंसाएँ।

---

* युवा कवि डॉ. योगेन्द्र सिंह के कविता-संग्रह 'आयतन' की भूमिका। लेखन वर्ष : 1971

औद्योगिक शिक्षा ही भारतीय उन्नति का साधन

भारत जीवन के आरोह-अवरोह से चलकर जिस गंतव्य-स्थान पर पहुँचा, वहाँ उसे मिली स्वतंत्रता, जिसकी छत्रच्छाया में अमर-बलिदान, आत्म-सम्मान और सर्वस्व दान की महत्ता विहस रही थी। विजातीय-विजित, प्रताड़ित प्राणों के अनवरत कसमकस से, आकांक्षा-ध्वस्त हृदय की वेगवती आहों के प्रबल आघातों से परतंत्रता की बेड़ियाँ छिन्न-भिन्न हो गईं। देश की दुर्बह दासता का गुरु-भार फेंककर भारत-जननी पीड़ा-मुक्त हुईं। तिरंगा-ध्वज की छत्रच्छाया के नीचे जन-गण के उल्लसित नागरिकों ने मंगल-गान गाये। अपनी धरती पर अपना राज हुआ।

भारतीय इतिहास के पृष्ठों में एक नया स्वर्ण-पृष्ठ जोड़ा गया।

भारतीय-समस्या : किन्तु भारतीय-स्वतंत्रता ने अपने शैशव में ही जिस कटु-सत्य का अनुभव किया, वह है भारत की आर्थिक-हीनता। अतीत की डाल-डाल पर फुदकती हुई 'सोने की चिड़िया' विदेशियों द्वारा पद-मर्दित होकर अपनी अपूर्ण आकांक्षा लिये तड़फड़ा रही थी।

व्यक्ति का स्वत्व पेट की धधकती आग के सामने सिर झुकाकर खड़ा था : मान-हीन, मानवता-हीन। रोटी के टुकड़ों के लिए मानव अपनी हया नीलाम करने लगा और इस अग्राह्य याचना की भावना ने हृदय-हृदय में जिस दुर्भावना की सृष्टि की, उससे वातावरण विषाक्त हो उठा है। सुख सपना हो गया है।

आनन्द-प्राप्ति जीवन की महत्तम आकांक्षा है। उसके लिए स्वस्थ एवं सुस्थिर मस्तिष्क की आवश्यकता पड़ती है जो कारण की स्पष्ट रूप-रेखा समाज के सम्मुख उपस्थित कर सके और पुन: उसको कार्य-रूप में परिणत करने के लिए सजग उद्योग की आवश्यकता पड़ती है। क्योंकि 'उद्यमेन हि सिध्यंति कार्याणि न मनोरथै:।' और यह तभी सम्भव हो सकता है, जबकि मस्तिष्क को समुचित पोषण तत्त्व की प्राप्ति हो।

किन्तु बेकारी की समस्या ने जीवन को जिस ओर मोड़ दिया था, उस उलझन में पड़कर मस्तिष्क का निश्चित दिशा-परिज्ञान ही लुप्त हो गया।

भारतीय कर्णधार, जिनके हाथ राष्ट्र-गौरव की पतवार है, अल्प शिक्षा के झोंके में इधर-उधर भटकते हुए, थकित मन, खाली पेट किसी सुदृढ़ आधारशिला का आश्रय ढूँढ़ रहे थे और वह उन्हें मिली भी, औद्योगिक शिक्षा के रूप में।

कुछ समय पूर्व विद्यालयों में केवल मानसिक-विकास की शिक्षा दी जाती थी। किन्तु पारिवारिक-विषमताओं में उलझे हुए छात्रों के संरक्षक अपनी दीनता के कारण अपने संरक्षित को उपयुक्त शिक्षा नहीं दे पाते थे और असंगत-व्यवधान की सीमा में क्षुब्ध छात्र न तो इस पार होते थे और न उस पार। कम ही ऐसे थे जो साधन-सम्पन्न थे।

यद्यपि शिक्षा की यह प्रणाली अपने दुर्भाग्य का ही प्रतिफल थी फिर भी यह कितनी नव-विकसित आकांक्षाओं का हनन करके मस्तिष्क में जड़-दासत्व को स्थापित करने में सफल रही।

वैदिक काल की औद्योगिक महानता, राम-राज्य की सार्वभौमता, कृष्ण-युग की पावनता और आर्य-परम्परा के स्वर्ण-युग गुप्त-काल की औद्योगिक-चेतना अपने ध्वस्त भग्नावशेषों से चीख रही थी और सब कुछ सुनते हुए भी हम कान मूँदकर परवश-से मौन थे।

किन्तु स्वाधीनता के साथ ही विकास की जो भावना हमारे हृदय में उद्‌भासित हुई, उसमें मानसिक विकास के साथ ही औद्योगिक विकास को भी प्रमुख मात्रा में प्रश्रय दिया गया। सभी ने एक मत होकर सोचा : Technical education is the back-bone of a nation. किसी भी देश का निर्माण वहाँ के औद्योगिक निर्माण पर ही सम्भव है। फलस्वरूप प्राथमिक विद्यालयों से लेकर उच्च कक्षाओं तक औद्योगिक शिक्षा को प्रमुखता दी गई। कताई-बुनाई, शिल्प-कला, कृषि किं बहुना जीवन की सम्पूर्ण आवश्यकताओं की तुष्टि के लिए उचित उपादान प्रदान करने वाली शिक्षा का समुचित एवं संवर्द्धित रूप समाज के सामने रखा गया।

औद्योगिक शिक्षा ने समाज के उस तरुण-वर्ग को, जिसे एक समय की शिक्षा ने कहीं का न रखा था, पुन: नये उत्साह से, नये साहस से जीवन-क्षेत्र में प्रवेश करने का आह्वान किया। उनके हाथों में कुछ कर सकने की शक्ति भरकर उनके व्यक्तित्व को उन्नत किया। और वे अपने श्रमदान से धरती का आँचल भर रहे हैं। यह युग विज्ञान का युग है। किसी भी देश की उन्नति उसके वैज्ञानिक आविष्कारों पर निर्भर है। और आज समकक्षी राष्ट्रों को प्रगति की दौड़ में भारत का महत्त्वपूर्ण स्थान है। आज हम अपने नये अनुभवों, नये उपकरणों से खाद्य उत्पादन बढ़ाकर भुखमरी के मुख में कालिख पोतकर उसे वहाँ विस्थापित कर रहे हैं, जहाँ से कोई प्राणी उसका मुख न देख सके। इसी प्रकार जीवन की विविध-समस्याओं के समाधान में अपनी सम्पूर्ण शक्ति को केन्द्रित कर भारत का प्राणी-प्राणी संलग्न है।

पंचवर्षीय योजनाएँ जिनकी पूर्णता में भारतीय स्वर्ण-युग के सुख एवं समृद्धि की आकांक्षा सन्निहित है, औद्योगिक विकास की सफलतम उपलब्धि हैं और इसका संचालन-सूत्र औद्योगिक-शिक्षा के हाथ में है।

नल-कूप सिंचित अनाज के लहराते खेत विजन-वन-प्रान्त में दूर तक बिखरे हुए यातायात के साधन और हवा की लहरों पर लहराते गीत शारीरिक तथा मानसिक आनन्द की अभिवृद्धि कर रहे हैं। जीवन के सर्वांगीण क्षेत्र में इस आशातीत सफलता का श्रेय यदि किसी को है, तो वे हैं—औद्योगिक शिक्षा और उसके अंक में परिपोषित तरुण-वर्ग।

[मार्च, 1958]

पारपत्र

'छात्रपत्र' की अनूदित कविताएँ

मूल : सुकान्त भट्टाचार्य;

[अनुवाद : धूमिल और कंचन कुमार]

पारपत्र

जिस बच्चे ने आज रात जन्म लिया है
उसी से खबर मिली है :
उसे एक पारपत्र मिला है,
नई दुनिया के दरवाजे पर इसलिए अपना अधिकार जताता है
जन्मते ही उसका ऊँचे स्वर से रोना।
नन्ही-सी देह, बेबस, फिर भी मुट्ठी बँधे हाथ
ऊपर उठे हुए दिखते हैं
जाने किस दुर्बोध प्रतिज्ञा में।
वह भाषा कोई नहीं समझता,
कोई हँसता है, कोई हल्के से झिड़कता है।
मगर मैंने मन-ही-मन समझी है वह भाषा
आने वाले युग की नई चिट्ठी मिली है—
नवजात की धुँधली धुन्ध भरी आँखों में
परिचय-पत्र पढ़ता हूँ।
आया है नया शिशु उसके लिए जगह छोड़ देनी है :
पुरानी दुनिया में बेमतलब मरे हुए मलबे के ढेर पर
हमें चले जाना है।
चला जाऊँगा—फिर भी जब तक प्राण है शरीर में
जी जान से दुनिया के जंजाल को हटाऊँगा,
दुनिया को इस बच्चे के रहने के काबिल बना जाऊँगा मैं—
अभी-अभी जन्मे के सामने यह मेरी दृढ़ प्रतिज्ञा है।
आखिर मैं सारा काम निपटा कर
अपने खून से नये शिशु को
दे जाऊँगा आशीर्वाद,

उसके बाद इतिहास बनूँगा।

आगामी

जड़ नहीं हूँ, मृत नहीं हूँ, नहीं हूँ अन्धकार का खनिज
मैं हूँ जीवन्त प्राण, मैं एक अंकुरित बीज
मिट्टी में पला हुआ, भीरु, सिर्फ आज आकाश के बुलावे पर
संदिग्ध आँखें खोली हैं, सपने घेरे हैं मुझको
हालाँकि नगण्य हूँ, छोटा हूँ बरगदों के समाज में
तो भी इस नन्हे शरीर के भीतर मर्मर ध्वनि बजती है,
चीरी है मिट्टी, देखी है रोशनी का आना-जाना
इसीलिए मेरी जड़ों में जंगल की चेतना है।
आज सिर्फ अँखुए फूटे हैं, पता है कल नन्हे-नन्हे पत्ते
मुक्त हवा की ताल पर सिर हिलाएँगे,
उसके बाद मजबूत डालियाँ फैला दूँगा सबके सामने
खिलाऊँगा चकित फूल पड़ोसी पेड़ों की जुबान पर।
तेजतर तूफान में जिन्दगी को जोर से पकड़े है हर जड़
हर डाल में प्रतिरोध है, जानता हूँ तूफान को रोकेंगे जरूर।
उगे हुए जितने दोस्त हैं मेरी पुकार पर सिर उठाकर
पता है जंगल के नये गीत गाएँगे।
आगामी बसन्त में, जानो मिल जाऊँगा बड़ों की कतार में;
कोंपलों की जयध्वनि में सभी स्वागत करेंगे।
छोटा हूँ फिर भी हीन नहीं हूँ, पता है मैं भावी वनस्पति हूँ,

बारिश की, मिट्टी के रस में उसी की स्वीकृति पाता हूँ
उस दिन छाए में आना : चोट अगर करो सख्त कुल्हाड़ी से भी,
तो भी मैं हाथ के इशारे से बुलाऊँगा बार-बार;
फल दूँगा, फूल दूँगा, दूँगा मैं चिड़ियों की चह-चह
एक ही मिट्टी में पला हुआ तुम लोगों का अपनापन।

चारागाछ

टूटी-फूटी कुटिया में रहता हूँ :
बगल में एक विशाल महल
रोज-रोज देखता हूँ;

वह महल कितनी स्पर्द्धा से रोज
आसमान से दोस्ती जताता है;
मैं वही लगातार देखता रहता हूँ।
देखता रहता हूँ और मन-ही-मन सोचता हूँ—
इस महल की हरेक ईंट के दिल में
अनेक कहानियाँ हैं भीतर छिपी हुई
पसीने की, खून की और आँसुओं की।
फिर भी इस महल को हर रोज हजारों-हजार लोग
सलाम करते हैं, भौचक-से देखते रहते हैं।
मैंने इसीलिए इस महल में अब तक ऐश्वर्य ही देखा है।
देखा है एक शोहदे बड़प्पन का बड़बोलापन।
सहसा उस दिन
चौंककर देखा
बहुत पुराने उस महल की कार्निस की बगल में
बरगद की पौध!

तुरन्त ही दुनिया ने
मेरी आँख और मन के पर्दे पर
आने वाले दिनों की तसवीर पलभर में उकेर दी।

छोटे-छोटे पौधे—
रसहीन खादहीन कार्निस की बगल में
तन्दुरुस्त शिशु की तरह बढ़ते हैं दुरंत उच्छ्वास में।

एकाएक चकित
इस शिशु में मैंने देखा एक विशाल बूढ़ा बरगद
जिसकी हरेक जड़ ने पैदा की है बेरोक दरारें
उस शोहदे बड़बोले पुराने महल की देह में।

छोटे-छोटे पौधे—
चुपचाप हवा में हिलते हैं, कान लगाकर सुनते हैं :
हरेक ईंट के नीचे दबी अनगिन गोपन कहानियाँ
खून की, पसीने की और आँसुओं की।

तभी तो अवाक् मैं, तमाम बरगद के पौधों में देखता हूँ
भीतर-ही-भीतर विद्रोह उगता है, देह में ताकत की बारूद जमती है;
महल को चीरती हुई बाढ़ आती है हरेक जड़ में।
लगता है ये तमाम बरगद के शिशुओं की
पैदाइश खून की, पसीने की और
आँसुओं की धाराओं में है
इसीलिए वे विद्रोह के दूत हैं।

समाचार

खबर आती है!
दिशा-दिशा से आती है तार से खबर;
युद्ध, विद्रोह, बाढ़, अकाल, तूफान—
—यहाँ पत्रकारिता की रात का सन्नाटा।
रात गहरी होती है यंत्र के बजते हुए छन्द में—प्रकाश के उतावले में;
तुम लोगों के जीवन में जब नींद ढली आधी रात
आँखों में सपना और घर में अँधेरा।
गहरे अदृश्य बातों के समुद्र से चुपचाप शब्द उठ आते हैं;
आदी हाथों से समाचार सजाता हूँ—
भाषा से भाषान्तर करते हुए कभी चौंक पड़ता हूँ,
देखता हूँ युग से युगान्तर।
कभी-कभी हाथ काँप उठता है समाचार देने में,
22 सावन, 22 जून को।
तुम्हारी नींद के अँधेरे रास्ते से होते हुए,
समाचार-परियाँ यहाँ आती हैं, तुम लोगों से पहले,
उन्हें पाकर कभी कंठ से उतरता है दर्द, कभी आता है गीत;
सुबह दिन की रोशनी में जब वे तुम लोगों के पास
        पहुँचती हैं
उस समय हमारी आँखों में उनके पंख झर गए होते हैं
तुम लोग समाचार पाते हो,
सिर्फ समाचार नहीं रखते किसी की नींदहीन आँखों
        और खड़े कानों का
वह कम्पोजिटर क्या कभी चौंक पड़ता है सधी हुई यांत्रिकता के
        किसी मौके पर?
पुराने टूटे हुए चश्मे में धुँधली लगती है दुनिया—

9 अगस्त को क्या आसाम सीमान्त के हमले पर?
जल उठता है क्या स्तालिनग्राद के प्रतिरोध में, महात्मा जी की मुक्ति में,
पेरिस के उभार पर?
बुरी खबर लगती नहीं क्या
काले हरफों के लिबास में शवयात्रा?
जो समाचार प्राणों के पक्षपात से अभिषिक्त है
क्या बड़े हरफों के सम्मान में खुद को प्रकाशित नहीं करता?
यह सवाल अनकहा रहता है
सुबह के अखबार की साफ-सुथरी तह में।

सिर्फ हम रोजाना इतिहास लिखते हैं!
फ़िर भी इतिहास हमें याद नहीं रखेगा—
नवान्न के दिन कौन भला कटे हुए धान के गुच्छे को याद रखता है?
मगर याद रखना, तुम लोगों से पहले ही समाचार मिलता है
आधी रात के अँधेरे में
तुम्हारी तन्द्रा के अनजाने भी।
इसीलिए तुम लोगों से पहले ही समाचार-परियाँ आती हैं
        हमारी चेतना का रास्ता तय करते हुए
मेरे हृदयंत्र में चोट खाकर बज उठती हैं कई बातें
दुनिया आजाद—जनता विजयी है अन्तिम संघर्ष में।
तुम्हारे घर में आज भी अँधेरा है, आँखों में सपना है।
मगर जानता हूँ वह सुबह एक दिन आएगी ही
जिस दिन यह समाचार पाओगे हरेक के चेहरे पर
सुबह की रोशनी में, घास-घास में, पत्तों-पत्तों में।

आज अभी तुम लोग नींद में हो।

यूरोप के प्रति

वहाँ अभी मई का महीना है बर्फ गले दिन हैं,
यहाँ आग बरसाने वाला नींदहीन बैसाख है;
शायद वहाँ शुरू है धीमी-धीमी दक्खिनी हवा,
यहाँ बैसाखी लू के थपेड़े हैं पीछा करते हुए,
यहाँ-वहाँ फूल उगते हैं आज तुम्हारे मुल्क में
कितने रंग, कितनी विचित्र रात दिखती है।
घर छोड़कर रास्ते में निकल पड़े हैं कितने लड़के-लड़कियाँ
इस बसन्त में कितने उत्सव हैं कितने गाये हुए गीत।
यहाँ तो फूल सूख गए हैं, मटमैली धूल में
खाँ-खाँ करता है सारा मुल्क, चैन खत्म हो चुकी है
कड़ी धूप के डर से लड़के-लड़कियाँ बन्द हैं घरों में,
सब चुपचाप : जागेंगे शायद बैसाखी तूफान में।
कड़ी मेहनत बड़ी लड़ाई करने के बाद
चारों ओर फूल के बगीचे हैं तुम्हारे देश में;
इस मुल्क में युद्ध, अकाल, भूख हड्डी-हड्डी में जलते हैं—
आग बरसाती गर्मी के मैदान में इसीलिए नींद छिनती है
बेपरवाह प्राण; आज दिशा-दिशा में लाखों-लाख जमते हैं
तुम्हारे मुल्क में मई का महीना है; यहाँ तूफानी बैसाख है।

प्रस्तुत

काली मौतों ने आज स्वयंवर को बुलाया है
दिशाओं में हिलते हाथों के अनेक इशारे देखता हूँ बड़ी दुनिया में
डरा हुआ मन ढूँढ़ता है आसान रास्ता, संगदिल, आँखें
इसीलिए विषैली स्वाद भरी इस दुनिया में
मन के द्वन्द्व निरन्तर आग फैलाते हैं।

आखिर में भ्रम टूटे हैं, ज्वार आए हैं मन के कोने-कोने में,
तेज भौंहें तनी हैं कपटी फूलों के वन में;
अभिशाप भरी जो तमाम आत्माएँ आज भी बेचैन हैं,
उनके आगे लगाया है प्राणों का मजबूत खेमा
अपने को मुक्त किया है आत्मसमर्पण में।

चाँद के सपने में धुल गया है मन जिन दिनों
उन्हें आज दुश्मन जानकर ही पहचान लिया है,
नीच स्पर्द्धाएँ धूर्तों की तरह शक्तिशेल में—
छीन ले सकती हैं मुझे आज भी मौका पाने पर
इसीलिए सतर्क हूँ मन को रेहन नहीं किया।

असंख्य दिन बीते हैं प्राणों के व्यर्थ रुदन में
नर्म सोफे में क्रान्तिकारी मन के उद्‌बोधन में;
आज मगर जन-ज्वार में आई है बाढ़
अन्तहीन मन में रक्तिम पथ का अनुसरण
किया है पृथ्वी ने पहले के रस्ते का संशोधन।

उठाया है हथियार अब सामने दुश्मन चाहिए,
महामारण का निर्दयी व्रत लिया है इसीलिए;
दुनिया पेचीदा है, पेचीदा है मन का सम्भाषण
उनके प्रभाव में रखा नहीं मन में कोई आसन,
भूल होगी जानता हूँ आज उन्हें याद करना ही॥

इस नवान्न में

इस हेमन्त में धान की कटाई होगी,
फिर खाली खलिहान से फसल की बाढ़ आएगी
पौष उत्सव में प्राणों के कोलाहल से भरेगा श्मशान-सा शान्त गाँव
फिर भी इस हाथ से हँसुआ उठाते रुलाई आती है :
हल्की हवा में बीती हुई यादों को भूलना कठिन है;
पिछले हेमन्त में मर गया है भाई, छोड़ गई है बहन,
राहों-मैदानों में मड़ई में मरे हैं जितने रिश्तेदार;
अपने हाथ से खेत में धान बोना
व्यर्थ ही धूल में लुटाया है सोना,
किसी के भी घर धान उठाने का शुभ क्षण नहीं आया—
तुम्हारे-मेरे खेत फसल के अन्तरंग हैं।

इस बार तेज नई हवा में
जययात्रा की ध्वनि तैरती है,
पीछे मौत की अनकही नुकसान
इस हेमन्त में फसलें कहती हैं : कहाँ है अपना जन?
वे क्या सिर्फ छिपे रहेंगे?
अक्षमता की ग्लानि को ढकेंगे?
प्राणों के बदले जिन लोगों ने किया है विरोध का उच्चारण,
इस नवान्न में वंचितों को नहीं मिलेगा निमंत्रण?

एक मुर्गे की कहानी

एक मुर्गे को अचानक पनाह मिली
        विशाल महल के छोटे-से कोने में,
                टूटे हुए पैकिंग-बक्से के ढेर पर—
                        और दो-तीन मुर्गियों के साथ।

हालाँकि पनाह मिली
        मगर उचित आहार नहीं मिला।
तीखे स्वर से एतराज करते हुए
        उस मुर्गे ने गला फाड़ डाला
                सुबह से शाम तक—
फिर भी उस विशाल सख्त इमारत ने हमदर्दी नहीं जताई।

उसके बाद उसने कूड़ेखाने में आना-जाना शुरू किया :
आश्चर्य! वहाँ हर रोज मिलने लगा
फेंकी हुई भात-रोटी का काफी बेहतरीन खाना!

उसके बाद उस कूड़ेखाने में भी आए हिस्सेदार
        फटे मैले चिथड़े पहने दो-तीन आदमी;
लिहाजा कमजोर मुर्गे का खाना बन्द हो गया।

खाना! खाना! थोड़ा-सा खाना!
        असहाय मुर्गे ने खाने की खोज में
                बार-बार महल में घुसने की कोशिश की,
                हर बार ही वह बुरी तरह खदेड़ा गया।

छोटा-सा मुर्ग गर्दन ऊँचा करके सपना देखता है—
महल के अन्दर भोजन के ढेर का!

उसके बाद वाकई एक दिन उसे महल में जाने को मिला,
एकदम सीधा चला आया
सफेद चमचम कीमती कपड़ों ढकी खाने की मेज पर!
हालाँकि खाने के लिए नहीं—
खाने के तौर पर।

सीढ़ी

हम लोग सीढ़ियाँ हैं,
तुम हमें कुचलकर
        हर रोज काफी ऊँचे उठ जाते हो,
उसके बाद मुड़कर भी नहीं देखते पीछे की ओर;
        तुम लोगों की पगधूलि से धन्य हम लोगों का सीना
पैरों की मार से क्षत-विक्षत होता है रोज।

        तुम लोग भी इसे जानते हो,
इसीलिए गलीचों में ढककर रखना चाहते हो हमारे सीने का जख्म
ढक रखना चाहते हो अपने जुल्म के निशान
और छिपा रखना चाहते हो दुनिया से
        अपनी गर्वीली अत्याचारी पगध्वनि।

फिर भी हम जानते हैं,
        हमेशा और दुनिया से
                छिपा नहीं रहेगा
हमारी देह पर तुम लोगों का यह पदाघात।
        और सम्राट हुमायूँ की तरह
एक दिन तुम लोगों के भी पैर फिसल सकते हैं।

कलम

कलम, न जाने कितने अर्से से तुमने
अक्षर-अक्षर में
सिर्फ अनथकी कहानी शुरू की है।
कलम, तुम कहानी लिखते हो, तुम्हारी कहानी क्या है?
दुख में जली तलवार की तरह चकमक?
कलम, तुम सिर्फ बार बार,
झुकाकर थकी हुई गर्दन
लिख गए हो स्वप्न और पुरानी कितनी बातें,
साहित्य की दासता की भूखी अधीनता।
टूटी हुई निब, बीमार देह, पानी की तरह स्याही
कलम, तुम बेगुनाह हो फिर भी गालियाँ
मिली हैं और बरदाश्त किया है कितने लेखकों की नफरत।
कलम, तुम कोशिश करो, खड़े हो सकते हो या नहीं।

हे कलम! तुमने तो कितने इतिहास लिखे हैं,
लिख-लिखकर सिर्फ फैला दिया है चारों ओर।
फिर भी इतिहास कीमत नहीं देगा, थोड़ा सा कोना
नहीं देगा तुम्हें। याद रखना, इतिहास बहुत ही कंजूस है;
कितनी लांछना, कितना खटना पड़ा है लेखक के हाथ में
नींदहीन आँखों में लगातार जागती हुई रातें।
तुम्हारा छिपा हुआ आँसू इसीलिए तो फसलें उगाता है
बहुत से साहित्य बहुत से काव्य के सीने के नीचे।
फिर भी देखो लेखक की कृतज्ञता का बोध नहीं,
क्यों चलोगे इस मालिक की मर्जी से, लिखोगे बातें?

हे कलम! हे लेखनी! और कितने दिन
घिसते-घिसते होगे क्षीण?
और कितने मौन-मूक, शब्दहीन सीने में दुविधा लिये
स्याही का कलंक चिह्न रख दोगे चेहरे पर?
और, कितना और
काटोगे असहनीय दिन कठिन शर्म के?
यह दासता खत्म हो, यह कलंक मिट जाए आज,
काम करो—काम।

मजूर देखा नहीं तुमने? हे कलम! देखा नहीं बेकार?
विद्रोह नहीं देखा तुमने? खून में मिला नहीं कुछ सीखने को?
जाने कितनी सदियों, जमाने से तुम आज भी हो दास,
हर रचना में सुन पड़ती है महज तुम्हारी लम्बी साँस!
दिन नहीं है, रात नहीं, अनथक, कोई छुट्टी नहीं है
थोड़ा-सा बेलगाम होते ही भौंहें तन जाती हैं;
इसी तरह कटते हैं अभागे तुम्हारे बारह मास,
कलम, तुम हो चन्द पैसों से खरीदे गए दास।
इसीलिए जितना लिखते हो, उतनी ही मेहनत जमा होती है :
—कलम! विद्रोह है आज! गोलबन्द होकर आज हड़ताल करो।
लेखक को चौंकने दो, किरानी लोग लें चैन की साँस,
महाजनी बन्द हो, जमाखोरी का पाप;
उद्वेग से विकल हों तमाम प्रियाएँ जो दूर देशों में हैं,
कलम! विद्रोह है आज, आखिर में हड़ताल हो;
और काली स्याही नहीं, खून में आज इतिहास लिखकर
दीवार दीवार में साँटकर, कलम,
दिशाएँ भर दो।

दुराशा की मौत

दरवाजे पर मौत है,
जंगल जंगल में लगी है आग,
पीछे क्या दूसरा रास्ता नहीं है?

हमारा यह भागना
मौत ने जान लिया है,
धोखेबाज पीछा कर रही है
भागने की कोशिश बेकार है।

दावानल!
बेकार साबित हुआ सूखा आँसू,
बेनामी तरकीबें
बनवासी जानते हैं जिन्हें
इसीलिए अन्त में तबाह हुआ जंगल।

ज्वालामुखी

कभी अचानक लगता है :
मैं एक आग्नेय पहाड़ हूँ।
शान्ति की छाया-घिरी गुफा में सोए सिंह की तरह
मेरी आँखों में बहुत दिनों की खुमारी।
एक विस्फोट से दूसरे विस्फोट के बीच
मुझे तुम लोग बार-बार व्यंग्य से बींध चुके हो
मैं पत्थर हूँ : मैंने वह बरदाश्त किया है।
मेरे चेहरे पर हल्की मुस्कराहट,
मेरे सीने पर जमा हुआ खौलता लावा।
सिंह की तरह अधखुली आँखों से महज मैंने देखा है :
झूठ की नींव पर कल्पना की मशालों से बना तुम लोगों का शहर,
मुझे घेरकर रची गई उत्सव की निर्बोध अमरावती,
व्यंग्य की हँसी और नफरत की आतिशबाजी—
तुम लोगों के नगर में मदमत्त पूनम है।
देखो, देखो :
छाया-घना, अरण्य-निबिड़ मुझे देखो
देखो मेरा बेपरवाह जंगलीपन।
अपने शहर को मुझ पर व्यंग्य करने दो,
कुल्हाड़ी-दर-कुल्हाड़ी मेरे धीरज को चोट पहुँचाने दो,
किसी हालत में विश्वास मत करना—
कि मैं विसूवियस-फूजियामा का भाई हूँ।
खुद से अजान रहने दो,
भीतर ही भीतर मरोड़ देकर उठ रहे मेरे अगिन उद्गार,
जंगल ढकी अन्दरूनी उत्ताप की ज्वाला।

तुम्हारे आसमान में फीकी प्रेत-रोशनी,
जंगली पहाड़ों में हल्का धुएँ का घूँघट :
वह कुछ नहीं है, शायद एक नया मेघदूत।
उत्सव मनाओ, उत्सव मनाओ—
भूल जाओ पीछे है एक आग्नेय पहाड़,
विसूवियस-फूजियामा का जाग्रत वंशज।

और,
मेरी डायरी में नजदीक हो
विस्फोट की चरम, पवित्र तिथि।

पता

मेरा पता चाहते हो दोस्त—
पते की है तलाश,
आज भी नहीं मिला? दुख जो दिया उसके लिए करें नहीं मान?
ठिकाना न हो, न भी लो दोस्त,
सड़कों में रहता हूँ,
कभी पेड़ के नीचे
कभी फूस की कुटिया बनाता हूँ।
मैं यायावर हूँ राह के पत्थर चुनता हूँ,
हजार जनता जहाँ है, वहाँ
हर रोज चक्कर काटता हूँ,
दोस्त, घर की राह नहीं खोज पाता
इसीलिए तो राह के पत्थर से बनाऊँगा
मजबूत इमारत।

दोस्त, आज चोट मत करो
अपने दिये घाव में,
हमारा पता खोजना सिर्फ
सूर्योदय की राह पर।
इंडोनेशिया, युगोस्लाविया
रूस तथा चीन के पास,
मेरा पता याद रखना जमाने से
अमानत रखा हुआ है।
मुझे क्या कभी तुमने खोजा है
समूचे देश में?
फिर भी नहीं मिला? तब भटके हो

गलत राहों में।
मेरा पता जीवन के रास्ते पर
अकाल से
कुछ दूर जाकर चक्कर काट
मुक्ति के पथ पर मुड़ गया है।
दोस्त, कुहरा है, चौकस रहना
इस सूर्योदय की भोर में;
तुम अकेले गलती से
आशा की रोशनी में राह न खोना।
दोस्त, आज जानता हूँ,
खून और नदी का पानी अस्थिर हैं
घोंसले में पंछी और समुद्र चंचल हैं।
दोस्त, वक्त हो गया है
अब भी ठिकाना अज्ञात है
दोस्त, तुम इतना भूलते क्यों हो?
और कितने दिन आँखों को मलोगे,
जलियाँवाला में जिस रास्ते की शुरुआत है
उसी रास्ते में मुझे पाओगे,
जलालाबाद के रास्ते से होकर भाई!
धरमतल्ले के बाद,
देखोगे पता लिखा है हरेक के घर पर
क्षुब्ध इस मुल्क में खून के अक्षर से।
दोस्त, अलविदा!
देख रहे हो तूफानी हवा उठ रही है;
पता छोड़कर जा रहा हूँ,
अब मुक्त स्वदेश में ही भेंट करना।

लेनिन

लेनिन ने जनस्रोत से तोड़ा है रूस में अन्याय का बाँध
अन्याय के आमने-सामने लेनिन पहला प्रतिवाद।
आज भी रूस के गाँव और नगर में
हजारों लेनिन लड़ाई लड़ते हैं,
मुक्ति के सीमान्त को घेरकर फैले सुनसान मैदान में।
बिजली की इशारा भरी आँखों में, आज भी दस हजार लेनिन
क्रमशः नजदीक लाते हैं विश्वव्यापी इन्तजार के दिन—
पतनशील पूँजीवाद, रुँधे कंठ, सीने में आर्तनाद;
—आता है शत्रुजय का संवाद।
चतुरता से जिसने पहन रखी है नकाब उस अमीर की भी बन्द है उछलकूद,
काँपता है दिल उसका चेहरे पर मौत उपट आई है।
क्रान्ति शुरू है दबी हुई जनता के बेसब्री से उठ खड़े होने पर,
देश-देश में विस्फोट अचानक बरसाता है आग।
दिशा-दिशा में कोने-कोने में लेनिन की पदध्वनि
        आज भी सुन पड़ती है
दलितों के हजार कंठ से क्रान्ति की आज भी गाथा गाई जाती है
दुनिया के हरेक घर में,
लेनिन बढ़ते हैं सम्भावित उर्वर गर्भ में।
तेजी से दौड़ती हुई क्रान्ति के हरेक आसमान में
लेनिन की सूर्यदीप्ति खून की तरंग से बह आती है,
इटली, जर्मन, जापान, इंग्लैंड, अमेरिका, चीन,
जहाँ है मुक्ति का युद्ध वहीं है कामरेड लेनिन।
अन्धकार भारतवर्ष : भूख से सड़क पर मृतदेह—

फूट की चोराबालि* आपस में फालतू सन्देह;
दरवाजे पर चिह्नित है दुश्मन के उद्धत पदाघात
नियति की फटकार से थके दिन कटती है दुखभरी रात
विदेशी जंजीर में कैद, साँस उनकी लगातार क्षीण—
यहाँ भी तैयारी पूरा करते हैं निःशब्द लेनिन।

लेनिन ने जनस्रोत से तोड़ा है विश्व में अन्याय का बाँध,
अन्याय के आमने-सामने लेनिन करते हैं प्रतिवाद।
मौत का समुद्र-दोष, पाल में लगती है उद्दाम हवा,
मुक्ति का साँवला तट दिखता है, हिलती है घास,
लेनिन के भूमिष्ठ रक्त से क्लीवता का नहीं है कोई ऋण,
विप्लव-धड़कते सीने में लगता है मैं ही हूँ लेनिन॥

* जिस रेती में नाव, पशु आदि गड़ जाते हैं।

अनुभव

॥ 1940 ॥

अवाक् पृथ्वी! तुमने अवाक् किया!
क्षुब्ध है स्वदेश भूमि जन्मते ही देखा।
अवाक् पृथ्वी! हम हैं पराधीन
अवाक्, किस तेजी से गुस्सा जमता है दिनोंदिन;
अवाक् पृथ्वी! और भी अवाक् किया—
देखा इस मुल्क में अन्न नहीं है किसी का।
अवाक् पृथ्वी! अवाक् बार-बार
देखा इस मुल्क में मौत का ही कारबार।
हिसाब का खाता जब भी लिया है हाय
देखा है उसमें लिखा हुआ—खून का खर्च;
इस देश में जन्म लेकर पाया है सिर्फ पदाघात
अवाक् पृथ्वी! सलाम, तुमको सलाम।

॥ 1946 ॥

विद्रोह आज विद्रोह चारों ओर,
मैं उसकी डायरी लिखता चलता हूँ,
किसी ने इतना विद्रोह कभी नहीं देखा;
दिशा-दिशा में आजादी की लहर उठ रही है;

स्वप्न-शिखरों से उतर आओ सब—
सुना है? सुना है उद्दाम कलरव?
नया इतिहास लिख रही है हड़ताल,
जिल्द उसकी खून से रँगी हुई है।
हर रोज जो घृणित और दलित है,

देखो वे लोग तेजी से समुद्यत हैं;
उन्हीं के दल के पीछे मैं भी हूँ,
उन्हीं के बीच मैं भी जीता-मरता हूँ।
तभी तो डायरी लिखता जा रहा हूँ—
विद्रोह आज! विप्लव चारों ओर!!

सिगरेट

हम हैं सिगरेट।
तुम हमें जीने क्यों नहीं देते?
हमें क्यों जलाकर खत्म किये देते हो?
हमारी जिन्दगी इतनी कम क्यों है?
किस मानवता की दुहाई तुम लोग दोगे?

हमारी कीमत बहुत कम है इस दुनिया में।
इसीलिए क्या तुम लोग हमारा शोषण करते हो?
विलास सामग्री के तौर पर जला डालते हो?
तुम्हारे शोषण के कश-दर-कश में हम राख होते हैं :
तुम लोग चक होते हो आराम के उत्ताप से।
तुम लोगों का आराम : हम लोगों की मौत।
इस तरह और कब तक चलेगा?
और कितने दिन तक हम चुपचाप बुलाएँगे
आयु हरने वाले तिल-तिल अपघात को?
दिन और रात—रात और दिन।
तुम लोग हर क्षण हमारा शोषण कर रहे हो—
हम लोगों को आराम नहीं, मजदूरी नहीं—
और नहीं है कोई छोटी-मोटी छुट्टी।

इसीलिए, और नहीं;
और हम कैद नहीं रहेंगे
डिब्बों में और पॉकिटों में,
अँगुलियों में और जेब में;
सोना-मढ़े 'केस' में हम लोगों का दम नहीं घुटेगा।

हम निकल पड़ेंगे,
सभी एक साथ एकजुट होकर—
उसके बाद तुम्हारे बेखबर क्षण में
जलते हुए हम छिटक पड़ेंगे तुम लोगों के हाथों से
बिस्तर या कपड़े पर;
चुपचाप भभक कर
तुम्हारे घर भर को जला मारेंगे
जिस तरह तुमने इतने अर्से से हम लोगों को जला मारा।

दियासलाई की तीली

मैं एक मामूली दियासलाई की तीली हूँ
इतनी मामूली कि शायद नजर भी न पड़े :
फिर भी जानो
मेरे मुँह में चुलबुला रहा बारूद—
मेरे सीने में जल उठने की दुरंत इच्छा,
मैं एक दियासलाई की तीली हूँ।

याद है, उस दिन हड़कम्प मची थी?
घर के कोने में जल उठी थी आग—
मुझे बगैर बुझाए उपेक्षा से फेंक देने की वजह!
कितने घरों को जला दिया है,
कितने महलों को मलबा बना दिया है;
मैंने अकेले ही—छोटी-सी एक दियासलाई की तीली।

इस तरह अनगिनत शहर-राज्यों को बरबाद कर सकती हूँ।
फिर भी हमारी उपेक्षा करोगे?
याद नहीं है? अभी उस दिन—
हम सभी जल उठे थे एक डिबिया में;
चौंक पड़े थे—
हमने सुना था तुम्हारे बदरंग चेहरे का आर्तनाद।

हम लोगों की कितनी बड़ी ताकत है
उसे तो अनुभव किया है बार-बार;
फिर भी क्यों नहीं समझते,
हम लोग कैद नहीं रहेंगे तुम लोगों की जेब में,

हम लोग निकल पड़ेंगे, फैल जाएँगे
शहर में, मंडी में, गाँव में—दिशा से दिशा तक
हम लोग बार-बार जलते हैं, निहायत ही उपेक्षा से
यह तो तुम जानते ही हो!
मगर तुम लोग नहीं जानते :
कब हम सभी जल उठेंगे—
आखिरी बार के लिए?

बयान

अन्त में हमारे सोने के देश में उतरता है अकाल,
जुड़ती है भीड़ उजड़े हुए नगर और गाँव में,
अकाल का जिन्दा जुलूस,
हरेक भूखी जान ढो लाती है अनिवार्य समता।
खाने की खोज में हर मन में आदिम आग्रह
रास्ते रास्ते पर लाता है हर रोज नंगा समारोह;
भूख ने डाला है डेरा रास्ते के दोनों ओर,
हर रोज जहरीली होती है हवा बेतरतीब बेमतलब साँस से।

मध्यवर्ग का धूर्त सुख धीरे-धीरे नंगा होता है
चुपचाप घोषणा करता है बुरे दिनों की,

सड़कों पर झुंड-दर-झुंड कंगालों की शोभायात्रा,
अकाल की गूँज उठती है आतंकित जनानखानों में।
दरवाजे-दरवाजे पर व्यग्र उपवासी प्रत्याशियों का झुंड,
व्यर्थ प्रार्थना से थके, तेज भूख आखिरी सहारा है;
भरी दुपहरी में राजपथ में लाशों को देखकर,
विस्मय-सा लगता है अनभ्यस्त आँखों को।

मगर इस देश में खूँखार दुश्मन आज हमला करता है
भारी मौत का स्रोत प्राणों को जड़ से खींचता है
रोज गलत चोट करता है सठियाया हुआ विदेशी शासन
क्षीणायु कुंडली में नहीं ध्वंसगर्भ के संकट का नाश।
सहसा काफी रात को देशद्रोही हत्यारे के हाथ में
देशप्रेम से जोशीले प्राण खून ढालते हैं सूरज के साक्ष्य में।

फिर भी प्रतिज्ञा तैरती है हवा के अकेले में
यहाँ चालीस करोड़ अभी भी जीवित हैं,
भारतवर्ष पर गला हुआ सूरज झरता है आज—
दिशा-दिशा में उठ रही है आवाज,
खून में लालिमा भरो,
रात के गहरे ढोढ़ों से तोड़ लाओ खिली हुई सुबह।
उद्धत प्राणों के वेग से मुखर है मेरा यह देश,
मेरे बरबाद प्राणों में आया है दृढ़ता का निर्देश।

आज मजदूर भाई देश भर में अपनी जान हथेली पर लिये,
कारखाने-कारखाने में उठाते हैं एक आवाज।
अनखाया किसान आज नुकीले हल के फाल से
निडर होकर रचता है जंगी कविता इस मिट्टी के सीने में।
दूर से ही आज आनेवाली मुक्ति की ताक में है शिकारी,
इस मुल्क का भंडार जानता हूँ, भर देना नया यूक्रेन।

अन्नहीन मेरे देश में आज इसीलिए है उद्धत जिहाद,
लड़खड़ाते दुख के दिन, थरथर काँपती है जर्जर बुनियाद।
इसीलिए तो खून के सोते में सुनता हूँ पदध्वनि,
क्षोभ से भरी हुई टाइफून-मत्त चंचल धमनी :
संकटग्रस्त दुनिया की सुनता हूँ बार-बार पुकार।
हम लोगों की मजबूत मुट्ठियाँ आज उसे उत्तर दें।
दरवाजे से मौत के परवाने वापस हो
व्यर्थ हो गन्दा साजिश विपक्ष की मार से लगातार।

चील

राह चलते-चलते अचानक देखा :
पटरी पर मरी हुई एक चील!
चौंक पड़ा उसकी गन्दी दयनीय मूर्ति देख।
बहुत ऊँचाई से जिसने इस दुनिया को देखा है
लूट के बेरोक उपनिवेश,
जिसकी शिकारी नजर में थी सिर्फ
तेज लालच और झपट लेने की डाकू प्रवृत्ति—
उसे देखा पटरी पर औंधा पड़े हुए।
मीनार के शिखर पर रहती थी यह चील,
खुद को जताती थी तीखे चीत्कार से
हल्की हवा में पंख पसार देती थी आसमान की नीलिमा में
बहुतों को पीछे छोड़; अकेली :
दुनिया से काफी ऊँचाई पर।
बहुत से आज निरापद हैं;
निरापद आज चूहे के बच्चे हैं और खाना हाथ में लिये डरे हुए राहगीर,
निरापद—क्योंकि आज वह मृत है।
आज और कोई नहीं है झपट्टा मारने के लिए,
खुद के फेंके हुए जूठन की तरह
वह पड़ी है फुटपाथ पर,
सूखी, ठंडी, विकृत देह।
हाथ में जिनके रहा जीने भर का भोजन
सीने के पास यत्न से पकड़े हुए
वे आज आगे बढ़ गए बिना किसी डर के,
निष्ठुर व्यंग्य की तरह पीछे फेंक
आसमान से गिरी हुई उद्दंड चील को।

चटगाँव : 1343

भूखी हवा में सुनता हूँ सिर्फ एक नाम—
चटगाँव : वीर चटगाँव!
जख्मभरी देह पर चुपचाप सहने की शक्ति
हमारी नस-नस में
बिजली भर लाती है, आज चेतना के दिन।
चटगाँव : वीर चटगाँव!

अभी भी तुम चुप हो
इसीलिए आज पाशविकता की
असहनीय गश्त चलती है,
इसीलिए दुश्मन आज साहसी हैं।
पता है तुम्हारे दिल में
अनगिन उदारता है; पता है स्वस्थ शालीनता है
पता है तुम चोट-दर-चोट
अभी भी शान्त नहीं हो, पता है तुम अब भी हो उद्दाम
हे चटगाँव!

इसीलिए आज भी लहूलुहान तुम याद पड़ते हो
हजारों कामों के बीच याद पड़ती है बाघ की नींद
जंगल का सपना आँखों में, दाँत और नाखून में कठिन संकल्प
हे भूखे-प्यासे श्वापद—
तुम्हारे उठे हुए पंजे, एकजुट नाखून
अभी तक नहीं हैं निरापद।
दिशा से दिशा तक इसीलिए गर्जन ध्वनित है

तुम चाहते हो खून का स्वाद—
जो स्वाद जानता है स्तालिनग्राद।
तुम्हारे संकल्पस्त्रोत में बह जाएगा लोहे का छड़
यह तुम्हारा निश्चित विश्वास है।
तुम्हारी शपथ इसीलिए मेरी भी शपथ है, चटगाँव!
मेरे हृत्पिंड में आज उसी का लाल हस्ताक्षर है।

मध्यम वर्ग : 1942

दुनिया भर में जिस छुतही बीमारी में,
आज सभी भुगत रहे हैं एक साथ,
यहाँ कुछ-कुछ उसी का पूर्वाभास
पा रहा हूँ, यहाँ बह रही है पूर्वी-हवा।
उपाय नहीं है कि सँभालकर पकड़ूँगा पतवार,
खूँखार हवा में फटा है आज का पाल।
आग छिपकर बढ़ रही धान-खेतों में,
विदेशी समाचार में कान लगा रखा है,
डर से कट रहे हैं इस मुल्क के रात-दिन,
लालची बाजार में बीमार स्वप्नहीन।
अचानक नेता लोग बन्द देश भर के,
'देशप्रेमी' उग रहे हैं जमीन फोड़कर।
पहले उनके अन्धे वीर मद में
मतवाले हुए हैं और ठगे गए हैं पग-पग में;
देखा है सुविधा नहीं है यह काम करने में
अकेला प्रयास सिर्फ गलती करवाता है।
इधर मुल्क की पूर्वी सीमा पर
फिर बमबाज लहू पी रहे हैं
क्षुब्ध जनता आसाम में, चटगाँव में,
नंगे और दुहरे अन्याय से,
उनका हित हमारा हित है
आज चेतना ने एक आँख से देखा है॥

सितम्बर : 1946

कलकत्ते में चैन नहीं है।
खून का कलंक बुलाता है आधी रात में
हर शाम में।
दिल की धड़कन की आवाज तेज होती है :
मूर्च्छित शहर
अभी गाँव की तरह
शाम होते ही जनहीन शहर की सड़क;
भयभीत रोशनी का खंभा
रोशनी देता है निहायत ही डरते हुए।
कहाँ हैं दुकानें?
कहाँ है वह जनता का स्रोत?
शाम की रोशनी की बाढ़
आज और नहीं उठाती
जनता की नाव का पाल
शहर की सड़क पर।
ट्राम नहीं है, बस नहीं है—
हिम्मती राहगीरों से खाली
यह शहर आतंक फैलाता है।
कतार के कतार स्थान
लगते हैं कब्र की तरह,
मरे हुए आदमियों के ढेर अपने पीठ पर लेकर पड़े हैं
चुपचाप सन्नाटे में।
बीच-बीच में सुन पड़ता है
बख्तरबन्द गाड़ियों का गर्जन

रास्ता तय करते हुए दौड़ी जाती हैं बिजली की तरह
गर्व भरे क्रोध में
कलंकित काले-काले खून की तरह
अँधेरा हमला करता है खुमारी में डूबे हुए शहर पर;
शायद काफी रात को
लावारिश कुत्तों का झुंड
इनसान की देखा-देखी
अपनी जाति को देख
ललकारता है, हमला करता है।
रुँधी हुई साँस यह शहर
छटपटाता है सारी रात—
कब सुबह होगी?
जिलाने वाली लकड़ी का स्पर्श
मिलेगा उजली धूप में?
शाम से भोर का लम्बा समय
पहर-दर-पहर
सशब्द पूछता है घड़ी के घंटे से
धैर्यहीन शहर का प्राण :
छुरी क्या इससे भी अधिक निष्ठुर है?
चमगादड़ की तरह काला अँधेरा
अफवाह के पर तौलता
खड़े कान के पास
रातभर चक्कर काटता है।
सन्नाटे को कँपाती हुई
कभी किसी गृहस्थ के दरवाजे पर
उद्दंड, अटल और गम्भीर
आवाज आती है सख्त बूटों की!

शहर मूर्च्छित हो जाता है।
जुलाई! जुलाई! फिर लौट आए
आज के कलकत्ते की यही प्रार्थना है;

दिशा-दिशा में सिर्फ जुलूस का कोलाहल—
अभी भी पाँव की आवाज सुनाई पड़ रही है।

अक्टूबर को जुलाई होना ही पड़ेगा
फिर सभी खड़े होंगे सभी की बगल में,
अगस्त और सितम्बर का महीना
इस बार की तरह मिट जाए इतिहास से॥

ऐतिहासिक

आज आया हूँ तुम लोगों के घर पर—
दुनिया की अदालत का परवाना लेकर
तुम लोग मेरे सवाल की कैफियत क्या दोगे :
क्यों मृत्यु लिखी लाशों से पट गया सन् पचास?
आज सन् बावन की शुरुआत में उसका क्या उत्तर दोगे?
पता है! रुक गया है तुम लोगों का आगे बढ़ने का स्रोत,
इसीलिए तो लम्बी साँस के धुएँ से काला कर रहे हो भविष्य
और पछतावे की आग में राख हो रहा है उत्साह का कोयला।
मगर सोचा है क्या?
देर हो गई काफी, बहुत देर!
कतार में खड़े होने की आदत कभी नहीं डाली,
एकमात्र लक्ष्य के आमने-सामने खड़े होकर
लड़े हो आपस में,
तुम्हारी अलगाव भरी बेतरतीबी देख
बन्द हो गए मुक्ति की दुकान के टट्टर।
सिर्फ ठगे हुए की तरह कातर जिज्ञासा-भरी आँखों से
ताके हो हरेक की ओर;
—क्यों ऐसा हुआ?

एक दिन अकाल आया
भूख की बेरहम मार से
पास-पास सट-सट कर सभी खड़े हुए कतार में
नीच, शरीफ, हिन्दू और मुसलमान
एक ही हवा में सभी ने साँस ली।
चावल, चीनी, कोयला, किरासिन?

इन तमाम चीजों के लिए चाहिए कतार।
मगर नहीं समझा कि मुक्ति भी दुर्लभ और बेहद कीमती है,
उसके लिए भी चाहिए चालीस करोड़ की लम्बी, एकजुट कतार।
मूर्ख हो तुम लोग :
कतार में खड़े हुए : मगर मुक्ति के बदले मौत खरीदा,
खून देकर ठगे गए।
इस बीच तुम्हारी झगड़ती हुई बेतरतीब भीड़ में
मुक्ति झाँक गई है बहुत बार।
कतार में खड़ा होना जिन्होंने सीखा,
सोवियत, पोलैंड, फ्रांस
खून की कीमत से वे खरीद ले गए अपनी मुक्ति
सबसे पहले इस दुनिया की दुकान से।
अभी भी इस कतार में बहुत लोग इन्तजार कर रहे हैं,
प्रार्थी बहुत हैं; मगर मुक्ति सीमित है।
शायद इस विश्वव्यापी कतार के अन्त में
अभी भी तुम्हें जगह मिल सकती है—
इसकी घोषणा कर दो देशभर के पड़ोसियों में।
उसके बाद चुपचाप खड़े हो जाओ इस कतार में प्रतिज्ञा और प्रतीक्षा लिये
जान हथेली में लेकर तैयार रहो सभी
मैं इतिहास हूँ, मेरी इस बात पर गौर करना,
याद रखो, देर हो गई, बहुत देर।
और याद करो, आकाश में है एक ध्रुवतारा,
नदी की धारा में है गति का निर्देश,
जंगल के मर्मर में है आन्दोलन की भाषा,
और है पृथ्वी का चिरकालिक आवर्तन॥

दुश्मन एक है

आज यह एक गरीब देश है; जानता हूँ खाने को अन्न नहीं
मौत रोज-रोज की साथी है, लगातार दुश्मनों का हमला
खून की अल्पना उकेर, कान में बजता है रुदन का स्वर,
फिर भी मजबूत हूँ मैं, मैं एक भूखा मजदूर।
हमारे सामने आज एक दुश्मन है : एक लाल रास्ता है,
दुश्मन की चोट और भूख से जलती हुई शपथ है।
कठिन प्रतिज्ञा से स्तब्ध हमारे जोशीले कारखाने में,
हर रोज गूँगी मशीन प्रतिरोध का संकल्प बताती है।
मेरे हाथ के स्पर्श से हर रोज यंत्र का गर्जन
शपथ की याद दिलाता है। थकान धो डालता हूँ।
विक्षुब्ध यंत्र के सीने में हर रोज जो युद्ध-घोषणा है
वह लड़ाई मेरी लड़ाई है, उसी के रास्ते रुके हुए दिन गिनना है।
पास के दिगन्त में आता है दौड़ता हुआ दिन, जयोन्मत्त पंख—
हमारी निगाह में मुक्ति की पताका का लाल प्रतिबिंब है
रफ्तार से अन्वा मेरा हाथ, लगातार यंत्र का प्रसव
बहुत ज्यादा उत्पादन, आखिरी वज्र बनाने का उत्सव।

मजदूरों का तूफान

[लैगस्टन ह्यूज]

अभी यही तो मौका है—
कहाँ? कहाँ हो? निकल आओ हड़ताल-तोड़ दलालो;
वे तमाम दलाल—
बच्चों की आँख की तरह जिनके भेस बदलते हैं,
निकट आओ।
जहन्नुम गए मूर्खों का गिरोह,
अलगाव, कड़वापन, भटकाव
शिकस्त और मौत के फरिश्ते
निकल आओ।
ताकतवर जरखरीद गुलामो!
तंग गली की जहरीली साँस लेकर निकल आओ।
गटर के कीड़ो!
यही तुम लोगों का सही वक्त है,
गढ़ों को छोड़ निकल पड़ो—
निकल पड़ो छोटे-छोटे साँपों
बड़े और मोटे साँपों को जो घेरे रहते हो।
वक्त हो गया है,
अशरफी और पुरानी बेइज्जती के बदले
जिनके पेट सफेद हैं—
अब वे अपने सरीसृप दाँत निकालें,
यही तो मौका है उनका।
लोगों को अच्छी तरह पता है
बहुत से लोगों के खिलाफ एक आदमी को लगाने का वह
पुराना कायदा।

मुट्ठी भर लालचियों को
अनेक जरूरतमन्दों के खिलाफ—
और सेहतमन्द लोगों के खिलाफ
घिसे हुए लोगों के गिरोह।
सूरज की दिशा में जिनका सफर है
साँप लोग उनके खिलाफ हैं।

पहले हालाँकि ये साँप बहुत बार जीत चुके हैं।
मगर यही वह मौका है
सचेत इनसान। अब और गलती मत करना—
भरोसा मत करना उन तमाम साँपों का
चमकीले चमड़े में जो अपने को ढके रखते हैं,
आफत में फँसने पर जो बुलाते हैं
अपने से कम चटकदार जहरीले पिछलग्गुओं को।
हड़ताल तोड़ने में जिन्हें कोई शर्म नहीं
जो हड़ताल बे-आबरू भूख की आखिरी निशानी है।

—हालाँकि, अभी कोई इज्जतदार संगठन नहीं
जिसका गुमनाम नाम :
'हड़ताल तोड़ने वालों का गिरोह' हो,
कम-से-कम दरवाजे पर लिखा नहीं रहता।
तूफान आ रहा है—वही तूफान :
जो तूफान दुनिया के सीने से कचरे को खींचकर उठाएगा।
मजदूरो, होशियार!
वह तूफान लगभग आमने-सामने है॥

पुकार

मुख पर मुस्कराहट, अहिंसक बुद्ध की
भूमिका नहीं चाहता। पुकार आती है युद्ध की।
गोली बाँधकर सीने में, ऊँचा फिर सिर—
हाथ हाथ में घूमती है लेन-देन की खाता-बही
सुनो, हुंकार करोड़ों अवरुद्ध की।
अकाल को भगाओ, उन्हें भी भगाओ—
संधिपत्र कुचलो, दोनों पैरों से कुचलो।
तीन झंडे की विनती : नहीं दोगे आवाज भी?
असहनीय ताप करोड़ों-करोड़ क्रुद्ध लोगों का।

नई सुबह का कटा-फटा वक्त है
खत्म करूँगा खून की यह होली खेलना,
उठो सीधा तनकर, पाँव-पाँव में लगता है धक्का
देखो, भीड़ देखो स्वाधीनताकामियों की।

फागुन का महीना, झरने दो पुराने पत्ते
उगें नये पत्ते, सिर उठाएँ
नई दीवार दिशा-दिशा में चुनी जाय—
जगे विक्षोभ चारों ओर क्षुब्ध लोगों का।

झील में प्यास का पानी कब तक पाओगे?
सामने खींचता है समुद्र उत्ताल;
तुम किस दल में हो? जिज्ञासा उद्दाम :
'गुंडों' के दल में लिखाया नहीं नाम?

बोधन

हे महामानव, एक बार लौट आओ!
सिर्फ एक बार आँखें खोलो इस गाँव नगर की भीड़ में,
यहाँ मौत हमला करती है बार-बार;
लोगों की नजरों की ओट में जमा है—अन्धकार।
यह जो है आसमान, दिगन्त मैदान, स्वप्न से हरी धरती
मौत ने चुपचाप सब पर अड्डा जमाया है;
छुटकारा नहीं है कहीं
अकाल, महामारी, सूखा, लगातार बाढ़।
चोट-दर-चोट में फटे नाव के पाल,
चरम दुख ने यहाँ खोदा है सर्वनाश का नाल,
टूटे घर, खाली आँगन में जमी है सन्नाटे की कालिमा,
हे महामानव, यहाँ सूखे पत्तों में आग जलाओ!

रुकी है जीवन-यात्रा, चुपचाप रुलाई ढोते हो सीने में,
हे नीड़-विहारी साथी! आज सिर्फ मन-ही-मन हाँफकर
सोचते हो संसार-सागर किसी तरह पार हो जाओगे
पैरों से बाधाओं को टाल कर! फिर भी आज चकित हूँ
धूर्त, धोखेबाज जिन्होंने छीन लिये हैं मुँह के आखिरी कौर
उनको किया है माफ, बुलाया है अपना सर्वनाश।
तुम्हारे खेत की फसल
चुराकर जिन्होंने तहखानों में जमा किया है
उन्हीं के चरणों में तुमने प्राण सौंप दिये असहनीय क्षमा में;
लोभ-पाप का किला गुम्बज और महल की मीनार में
तुमने जो फैलाया हाथ; आज सिर पटककर बार-बार
अगर शाप दोगे, होगा वह निष्फल हर बार

तुम्हारे अन्याय से जानो यह अन्याय हुआ है प्रबल।
तुम तो पहर गिनते हो,
सिक्के वे गिनते हैं करोड़ों-करोड़,
भंडार भरे हैं उनके; खाली मैदान में कंकाल-खप्पर
तुमसे व्यंग्य करते हैं हाथ के इशारे से पास बुलाकर
कुहरा है तुम्हारी आँखों में तुम भटकते हो दुर्विपाक में।

पृथ्वी उदास सुनो हे दुनियादार!
सामने खड़ा है मौत का काला पहाड़
जले दिल से अगर मोड़ते हो गर्दन
सामने पीछे कहीं नहीं मिलेगा पार :
कैसे खुलेगा मृत्यु-छुआ द्वार—
अभी उसका क्या जवाब दोगे?

लाख-लाख प्राणों का दाम
बहुत दिया है; उजाड़ कर ग्राम।
सूद और असल में आज इसीलिए
युद्ध के बाद का पावना चाहिए।

कंजूस दुनिया, लालच का हथियार
देकर छीन लेती है अन्न-वस्त्र,
लालची जीभें दुनिया में फैली हैं
फैलाओ हाथ उसे उखाड़ लेने के लिए।
लालच के सिर पर लात जमाओ
लाओ, रक्त की भागीरथी लाओ
दैत्यराज के जितने अनुचर
मौन के फन्दे बिछाते हैं दर-ब-दर
खोलो आँख तोड़ो वह फन्दा
हाँक दो दिशा-दिशा में सिंहनाद
तुम्हारी फसल तुम्हारी माटी
उनकी जनम-मरण की काठी
तुम्हारे चेतना-चालित हाथ में।
अभी भी काँपोगे आशंका से?

स्वदेश-प्रेम के तोता-मैना
मारण मंत्र पढ़ते हैं सुनते नहीं?
अभी भी क्या हम स्वतंत्र हैं?
करो आवृत्ति, पढ़ो वह मंत्र।

सुन रे मालिक, सुन रे जमाखोर!
तेरे महलों में जमा है कितने मरे आदमियों के हाड़
उसका हिसाब देगा क्या?

प्रिया को मेरी छीना है तूने
        उजाड़ दिया है घर-बार,
इसे भला मैं जीते-मरते
        क्या कभी भूल सकता हूँ?

आदिम खूँखार मानवता का हुआ गर मैं कोई
स्वजन-खोए श्मशान में
        तेरी चिता मैं जरूर जलाऊँगा।
सुन रे जमाखोर,
फसल उगाने वाली माटी में
        रोपूँगा तुझे इस बार।
फिर सैकड़ों युगों बाद
भविष्य के किसी जादूघर में
नृतत्वविद् हैरान होकर पोंछेगा अपना कपाल
जमाखोर और आदमी की हड्डी में समानता खोजना मुश्किल है।
तेरह सौ साल के बिचौलिए मालिक जमाखोर
भला आदमी थे? उसका जवाब नहीं मिलता।

आज और विमूढ़ उछल-कूद नहीं,
दिशाओं में उमड़ रहा है सर्वनाश का तूफान;
आज का यह सन्नाटा लड़ाई की शुरुआत की स्वीकृति हो।
दोनों हाथों से बजाओ बदले का उन्मत्त नगाड़ा,
प्रार्थना करो :
हे जीवन, हे युग संधिकाल की चेतना—

आज शक्ति दो, युग-युग वांछित दुर्दमनीय शक्ति,
प्राणों में और मन में दो, जाड़े के अन्त का
        बर्फ पिघलाने वाला उत्ताप।
टुकड़े-टुकड़े करके फाड़ डालो अपनी
अन्याय और कायरता की कलंकित कथा।
शोषक और शासक की बेरहम एकता के खिलाफ
एकजुट हो हमारी एकता।

ऐसा अगर नहीं हुआ, सिर पर भयंकर
विपत्ति आए, तूफान से, बाढ़ से उजड़े घर;
ऐसा अगर नहीं हुआ, समझेंगे तुम इनसान नहीं हो—
छिप-छिप कर देशद्रोही का झंडा ढोते हो।
भारतवर्ष ने मिट्टी नहीं दी, नहीं दिया जल
नहीं दिया तुम्हारे मुख में अन्न, बाँहों में बल
पुरखे गायब हैं खून में, इसीलिए
भारत में आज कोई जगह नहीं तुम्हारे लिए।

हरकारा

हरकारा दौड़ रहा है इसीलिए रात में झुमझुम घंटा बज रहा है
हरकारा चला है खबर का बोझ हाथ में लेकर,
हरकारा चला है, हरकारा!
रात की राह चलता है कोई मनाही नहीं मानता।
दिशा-दिशा में दौड़ता है हरकारा—
नई खबर लाने का दायित्व है उसका।

हरकारा, हरकारा!
जाने-अनजाने का
बोझ है उसके कन्धे पर,
लदा हुआ जहाज हरकारा चला है चिट्ठी और समाचार में;
हरकारा चल रहा है, शायद भोर हो जाय,
और तेजी से, और भी तेजी से, यह हरकारा बेरोक और दुर्जय।
उसके जीवन के सपने की तरह जंगल पीछे खिसक जाता है,
बाकी है, बाकी है और राह—शायद लाल होता है वह पूर्वकोण।
अवाक् रात के तारे आसमान में लुपुर-झुपुर देखते हैं :
कैसे यह हरकारा तेजी से हिरण की तरह भागता है।
कितने गाँव, कितने रास्ते छूट-छूट जाते हैं—
शहर में हरकारा पहुँच ही जाएगा भोर में;
हाथ में लालटेन, करता है टुनटुन, जुगनू देते हैं प्रकाश
डरो नहीं, हरकारा! रात की कालिमा अभी भी है।

इस तरह जीवन के बहुत-से सालों को पीछे छोड़,
दुनिया का बोझ भूखे हरकारे ने पहुँचा दिया है 'मेल' में
थकी साँस ने छुआ है आसमान, मिट्टी भीग गई पसीने से
जिन्दगी की तमाम रातों को उन्होंने बहुत कम दामों में खरीदा है।
बड़े दुख में, वेदना में, अभिमान अनुराग से,
घर में उसकी प्रिया अकेली बिस्तर की नींदहीन रात जगती है।
हरकारा, हरकारा!
ये बोझ खींचने के दिन कब खत्म होंगे?
रात बीते सूरज कब उगेगा?
घर में है कमी; दुनिया इसीलिए लगती है काला धुआँ,
पीठ पर रुपये का बोझ, फिर भी ये रुपये छुए नहीं जाएँगे,
रात निर्जन है, रास्ते में कितने डर हैं, फिर भी हरकारा दौड़ता है,
डाकू का डर, उससे भी ज्यादा डर है कब सूरज उग आए।
कितनी चिट्ठियाँ लिखते हैं लोग—
कितने सुख में, प्रेम में, आवेग में, स्मृति में, कितने दुख में और शोक में
इसकी दुख की चिट्ठी जानता हूँ कोई कभी नहीं पढ़ेगा,
इसकी जिन्दगी का दुख केवल जानेगी रास्ते की घास,
इसकी दुख की चिट्ठी नहीं पढ़ेगा कोई नगर और गाँव में,
इसकी कथा ढकी रहेगी रात के ही काले लिफाफे में।
हमदर्दी से तारे टिमटिमाते हैं—
इसे जो भोर का आसमान भेजेगा हमदर्दी की चिट्ठी—
हरकारा, हरकारा! क्या होगा यह बोझ ढोकर?
क्या होगा भूख की थकान में क्षय होते-होते?
हरकारा, हरकारा! भोर तो हुई है—आसमान हुआ है लाल,
रोशनी की छुअन से कब कट जाएगा यह दुकाल?
हरकारा! गाँव का हरकारा!
वक्त हुआ है नई खबर लाने का;
शपथ की चिट्ठी ले चलो आज
        कायरता पीछे छोड़—
पहुँचा दो यह नई खबर
        प्रगति की 'मेल' में,

दिखेगी शायद अभी ही भोर
        नहीं, देर नहीं और,
दौड़ चलो, दौड़ चलो, और तेजी से
        हे दुर्दम हरकारा!

मृत्युंजयी गीत

तयशुदा दक्षिणी हवा एक शाम रुक गई
अज्ञातवास के अन्त में नींद टूटने से डरी हुई जनता
अचानक जंगलराज में डर से भौचक;
घुटन धीरे-धीरे दुर्भावना को मजबूत बनाती है।
दूर से आए सपनों के कितने बुरे दिन हैं।
महामारी दबा हुआ गुस्सा।
दुनिया की नस-नस में बढ़ा हुआ रक्तचाप
थके हुए विलास की सिकुड़ी हुई जिन्दगी।

बनिये की आँख में आज कितना लोभ झूलता है!
बार-बार रक्तपात से स्वधर्म की सूचना :
क्षय होते दिन रोते हैं व्यर्थ प्रसव-पीड़ा में।
नश्वर पौष के दिन, चारों ओर धूर्तों की समता
गहरी भँवर में सिर्फ रोजाना जिन्दगी की धड़कन;
शोक में डूबा हुआ, दुनिया की होने वाली बेवक्त मौत पर :
बुरे दिनों का जमघट, सामने अन्तहीन पहर
आँखों के आगे अँधेरा है, और आने वाले दिनों का सन्देह।
गला हुआ इसीलिए वैराग्य का ढोंग रचता है
कँटिदार प्रतीक्षा में है हमारा जंगल निवास।

अचानक खिड़की से देखता हूँ : अकाल के स्रोत में
जनता-जुलूस में आता है संगठित प्राण
अद्‌भुत रोमांचक लगता है समुद्र में, पर्वत में;
उस जुलूस में सुनाई पड़ा
जनता का मृत्युंजयी गान।

कनवय

अचानक धूल उड़ाकर
लड़ाई से वापस बख्तरबन्द गाड़ियों का हुजूम :
पगलाई टिड्डियों के झुंड की तरह
राजपथ चौंका कर :
आगे-आगे तोप ऊँचा किये
पीछे-पीछे खाद्य और रसद का ढेर लेकर दौड़ गया।
मैं इतिहास का छात्र हूँ,
खिड़की से आँखें फेर लीं
इतिहास की ओर।
वहाँ भी देखता हूँ एक उन्मत्त कनवय
दौड़ा आ रहा है युग-युगान्तर के राजमार्ग से।
सामने धुआँ उगलती हुई तोप :
पीछे फसलों को अँकवारती जनता—
तोप के धुएँ की आड़ में देखा
इनसान।
और देखा फसलों से उनका पीढ़ी-दर-पीढ़ी का लगाव।
अनेक युग, अनेक जंगल, पहाड़, समुद्र पार करके
वे आगे आ रहे हैं : झुलसे हुए सख्त चेहरों के साथ।

फसल की पुकार : 1351

हँसुआ दो मेरे इस हाथ में
सुनहला समुद्र सामने है, मैं उसमें कूद पड़ूँगा।

ताकत की खुली हवा मेरी बाँहों में
नस-नस में महसूसता हूँ चेतना का विद्युत-विकास :
दो पाँवों में बेचैन हैं आज मजबूत कदम;
हँसुआ दो मेरे इस हाथ में।

दोनों आँखों में आज धधक रही है मैदान की आग,
चुपचाप फैले हुए खेत में लहराता है प्राणों का ज्वार
मौसमी हवा से आती है जिन्दगी की पुकार
शहर की भट्ठी को घेर कर पतंगों के कान में।

बहुत दिन भूखे कंगाल जनपद में
मैदान-मैदान में फैली है हमारी सम्पदा
हँसुआ दो मेरे इस हाथ में।
याद है एक दिन तुम्हारे घर में
नवान्न उजाड़ कर भेजा है सोने के साल में।
बेफिक्री की हँसी फैलाई है चेहरे पर
तृप्ति का प्रगाढ़ चिह्न सामने लाया है।
उस दिन की अनदेखी सेवा के बदले
आज सिर्फ हँसुआ दो मेरे इस हाथ में।

मेरा पुराना हँसुआ जल गया है भूख की आग में,
इसीलिए दो जलता हुआ हँसुआ तेज और समझदार

जो हँसुआ झलकेगा रोज उग्र देश प्रेम में।
पता है मौत आज मँडरा जाती है तुम्हारे द्वार
अकाल की साया है तुम्हारे दैनिक भंडार में;
तुम्हें बचाने की प्रतिज्ञा है मेरी,
सिर्फ आज हँसुआ दो मेरे इस हाथ में।

पराजित हैं अनेक किसान : तेज चाल चुपचाप मौत
जलते हुए मौत के हाथ में देखा गया भूखों का आत्मसमर्पण
उनकी फसल खड़ी है, निगाह जलती है दूर-दूर खोजती हुई
उनके खेत की हवा चुपचाप करती है कानाफूसी—
मुझे ही हँसुआ लेना है।
रोज मेरे कानों में गूँजता है भूख का हाहाकार
बेचैन हवा लाती है मैदान की वह उच्छ्वसित पुकार
साफ-साफ मेरे पास जीवन का तीखा संकेत :

इसीलिए आज एक बार हँसुआ दो मेरे इस हाथ में।

किसान का गीत

इस बंजर धरती का सीना चीर कर
अब उगाऊँगा फसल
मेरी मजबूत बाँहों से
आज इस सन्नाटे को बोलना है।
इस मिट्टी के गर्भ से आज मैंने
देखा है तुरत जन्मे लोगों को
क्रमश: साफ-साफ इशारे में
अकाल की आखिरी कब्र।
मेरी शपथ सुनी है क्या?
(गुप्त एकान्त शपथ)
इस मिट्टी में उगाऊँगा मैं
फसल की अगणित पलटन
घिरती है टूटन आँखों में
रुकी हुई जनता के जीवन में
मेरी शपथ खड़ा करती है
भूखों के अगणित इशारे।
द्वार पर दुश्मन का हमला
मुट्ठी में मेरा उत्साह
जोती हुई मिट्टी की राहों में
नई सभ्यता रचती है राह।

प्रार्थी

हे सूर्य! जाड़े के सूर्य!
बर्फ-सी ठंडी लम्बी रात तुम्हारी प्रतीक्षा में
हम रहते हैं
जैसे प्रतीक्षा करती रहती हैं किसान की चंचल आँखें
धान कटने के रोमांचकारी दिनों की।
हे सूर्य, तुम्हें तो पता है,
हमारे पास गरम कपड़े की कितनी कमी है।
सारी रात घास-फूस जलाकर,
एक टुकड़े कपड़े से कान ढककर,
कितनी दिक्कतों से हम जाड़े को रोकते हैं!

सुबह की एक टुकड़ा धूप—
एक टुकड़े सोने से भी कीमती लगती है।
घर छोड़ हम इधर-उधर जाते हैं—
एक टुकड़े धूप की प्यास से।

हे सूर्य!
तुम हमारी सीलनदार भीगी कोठरी में
गर्मी और रोशनी देना,
और गर्मी देना—
रास्ते के बगल के उस नंगे लड़के को।

हे सूर्य!
तुम हमें गर्मी देना—
सुना है, तुम एक जलते हुए अग्निपिंड हो,
तुमसे गर्मी पाकर

एक दिन शायद हम सब एक-एक जलते हुए अग्निपिंड में
बदल जाएँ!
उसके बाद जब उस उत्ताप में जल जाएगी हमारी जड़ता,
तब शायद गरम कपड़े से ढक दे सकेंगे
रास्ते के बगल के उस नंगे लड़के को।
आज मगर हम तुम्हारे अकृपण उत्ताप के प्रार्थी हैं।

अट्ठारह साल की उम्र

अट्ठारह साल की उम्र कितनी असहनीय
स्पर्द्धा से लेती है सिर उठाने की जिम्मेवारी,
अट्ठारह साल की उम्र में ही रोज
दुस्साहस लोगों में ताक-झाँक करता है।

अट्ठारह साल की उम्र में नहीं है डर
लात मार तोड़ना चाहती है पत्थर-सी बाधाएँ;
इस उम्र में कोई सिर नहीं झुकाता—
अट्ठारह साल की उम्र नहीं जानती रोना।

यह उम्र जानती है खून देने का पुण्य
भाप की गति से स्टीमर की तरह चलती है,
जान लेने-देने की झोली खाली नहीं रहती
सौंप कर आत्मा को शपथ के कोलाहल में।

अट्ठारह साल की उम्र भयंकर है
ताजे-ताजे प्राणों की असहनीय यंत्रणा,
इस उम्र में प्राण तीव्र और प्रखर
इस उम्र में कान में आती है कितनी मंत्रणा।

अट्ठारह साल की उम्र जो दुर्वार
पथ-प्रान्तर में दौड़ता है भीषण तूफान,
आँधी-पानी में पतवार ठीक रखना मुश्किल है
क्षत-विक्षत होती हैं हजारों जान।

अट्ठारह साल की उम्र में चोट पड़ती है
लगातार, एक-एक करके जमते हैं,
यह उम्र काली है लाखों उसाँस से।
यह उम्र वेदना में थरथर काँपती है।

फिर भी अट्ठारह साल की जयध्वनि सुनी है
यह उम्र बचती है आँधी-पानी और तूफान में
खतरे में यह उम्र अगुआ है
यह उम्र फिर नया कुछ तो करती है।

यह उम्र नहीं है डरपोक
राह चलते यह उम्र रुक नहीं जाती,
इस उम्र में इसीलिए कोई शंका नहीं—
इस मुल्क के सीने में अट्ठारह उतर आए।

हे महाजीवन

हे महाजीवन, यह कविता और नहीं,
अब कठिन, कठोर गद्य लाओ,
पद-लालित्य झंकार मिट जाएँ
पद्य के सख्त हथौड़े से आज चोट करो।
कोमलता की जरूरत नहीं है कविता में—
कविता, तुझे आज छुट्टी दी,
भूख दुनिया के राज में दुनिया गद्यमय है :
पूर्णिमा का चाँद मानो झुलसी हुई रोटी है।